Curso de Griego Bíblico

Los elementos del Griego del Nuevo Testamento

III EDICIÓN *Inglesa* de CAMBRIDGE UNIVERSITY PRESS
I EDICIÓN *Española* de EDITORIAL CLIE *traducida del inglés, revisada y adaptada al castellano* por el Dr. Trevor R. Allin

Jeremy Duff

EDITORIAL CLIE
C/ Ferrocarril, 8
08232 VILADECAVALLS
(Barcelona) ESPAÑA
E-mail: clie@clie.es
http://www.clie.es

Publicado originalmente en inglés bajo el título *The Elements of New Testament Greek,* third edition por © Jeremy Duff, 2005. Cambridge University Press. Cambridge CB2 8BS, United Kingdom
Esta edición sustituye a la original de H.P.V. Nunn, publicada en 1914 por Cambridge University Press.

«Cualquier forma de reproducción, distribución, comunicación pública o transformación de esta obra solo puede ser realizada con la autorización de sus titulares, salvo excepción prevista por la ley. Diríjase a CEDRO (Centro Español de Derechos Reprográficos) si necesita fotocopiar o escanear algún fragmento de esta obra (www.conlicencia.com; 917021970/932720447)».

© 2019 por Editorial CLIE, para esta edición española.

CURSO DE GRIEGO BÍBLICO
ISBN: 978-84-8267-708-8
Depósito Legal: B 3084-2019
Obras de referencia
Estudios lingüísticos
Referencia: 224828

Impreso en USA / Printed in USA

Curso de griego bíblico:
Los elementos del Griego del Nuevo Testamento

Desde 1914, la Prensa de la Universidad de Cambridge, ha publicado *The Elements of New Testament Greek (Los Elementos del Griego del Nuevo Testamento)*, un libro de texto de gran éxito de ventas para académicos y estudiantes de la Biblia. El libro original de H.P.V. Nunn fue reemplazado en 1965, por el libro del mismo título escrito por J.W. Wenham. Ahora, esta tradición establecida hace tanto tiempo la continua en el siglo veintiuno Jeremy Duff con su nueva versión de este clásico.

Aprender el griego es un viaje de muchos pasos. En este libro se explica claramente cada uno de estos pasos y se practica por medio de preguntas, para ensayar, y con ejercicios. Se han ordenado las lecciones de manera que se aprende primero los aspectos más importantes del griego y el vocabulario consiste en las palabras que ocurren con mayor frecuencia en el Nuevo Testamento. Los centenares de ejemplos cubren todos los libros del Nuevo Testamento y hay un pasaje para traducir en casi todos los capítulos.

Además de todo esto, la página web de Editorial CLIE ofrece gratuitamente abundante material de apoyo, tanto para el profesor como para el estudiante.

Para poder descargar los contenidos adicionales, acceda a: http://www.clie.es/materiales/curso-de-griego-biblico/

JEREMY DUFF enseñó durante muchos años Griego y Nuevo Testamento en la Universidad de Oxford. Posteriormente fue "Director of Lifelong Learning" (Director de Aprendizaje continuo) en la Diócesis de Liverpool y Canónigo de la Catedral de Liverpool. Ahora es Rector de St. Padarn's Institute, entidad con responsabilidad para el discipulado y el desarrollo ministerial para la Iglesia Anglicana en el País de Gales. Catedrático de la Universidad del País de Gales (Trinity St. David) y Presbítero anglicano. En el curso de los últimos veinte años ha combinado un ministerio de enseñanza en universidades y entidades eclesiásticas con liderazgo de iglesias, más recientemente en una comunidad urbana marginada cerca de Liverpool, Inglaterra.

DAVID WENHAM es el Decano de Wycliffe Hall, Oxford y enseña el Nuevo Testamento en la Universidad de Oxford.

TREVOR ALLIN fue durante muchos años profesor y catedrático de idiomas, trabajó en la formación e inspección de profesores de idiomas y desarrolló y publicó materiales para la enseñanza de idiomas extranjeros. Tiene un doctorado en lingüística de la Universidad de St. Andrews (Escocia) y es traductor de varios libros.

PARA MIS ESTUDIANTES

JEREMY DUFF

Índice

Prólogo por David Wenham ... ix
Prefacio ... xi
Nota del traductor y revisor de la versión castellana ... xv
Introducción
    El propósito de este libro ... 1
    Cómo utilizar este libro ... 3
    La historia de la lengua griega ... 9

1. El alfabeto ... 11
2. Oraciones básicas ... 21
3. Los casos y el género ... 31
4. Las preposiciones ... 43
5. Los adjetivos ... 55
6. Los tiempos de los verbos ... 66
7. Los modos de los verbos ... 79
8. Otros patrones de sustantivos y verbos ... 91
9. Pronombres y conjunciones ... 100
10. Oraciones compuestas ... 111
11. Verbos especiales ... 123
12. La tercera declinación – Primera parte ... 134
13. La tercera declinación – Segunda parte ... 145
14. Los participios ... 154
15. La voz pasiva y la voz media ... 166
16. El perfecto ... 178
17. El subjuntivo ... 189
18. Más sobre los verbos ... 200
19. Verbos adicionales ... 214
20. Puntos finales ... 225

Para ir más lejos ... 237
Comparación con la gramática española ... 240
Guía de análisis morfológico ... 250
Las Partes principales ... 253
Tablas de gramática para referencia ... 255

Índice

Respuestas a las preguntas para practicar y a los ejercicios, Sección A	275
Diccionario Griego–Español	302
Diccionario Español–Griego	312
Índice de los versículos empleados para las oraciones en los ejercicios	327
Índice de temas	330
Índice de citas del Nuevo Testamento	337

Prólogo

Estuve muy agradecido cuando la Prensa de la Universidad de Cambridge me preguntó si tendría interés en escribir una revisión del libro *"The Elements of New Testament Greek"* (*Los Elementos del Griego del Nuevo Testamento*), el cual había sido escrito por mi padre ahora fallecido, pero decidí no aceptar la invitación. Soy una persona que empleo el griego en mi trabajo, pero he enseñado muy poco a principiantes. El libro de mi padre surgió de enseñar el idioma en una situación real y cualquier revisión tendría que ser realizada por un profesor.

Jeremy Duff es tal profesor, y un profesor muy efectivo, además. Cuando empezó a enseñar griego en Wycliffe Hall en Oxford, lo que a menudo es una asignatura impopular empezó de repente a ser muy bien recibida. Increíblemente, ¡a los estudiantes les gustaba el griego! Es por eso que se me ocurrió que Jeremy sería un revisor digno de *"The Elements"*. La Prensa de la Universidad de Cambridge entró en contacto con Jeremy y estuve muy contento cuando decidieron que se le debería dar a él la tarea de hacer la revisión del libro.

En realidad, lo que ha salido es mucho más que una revisión. En casi todos los sentidos es un libro totalmente nuevo, a pesar de que surge de Wenham. Hay un precedente excelente para tal revisión, ya que la obra de mi padre fue de forma similar una revisión radical del libro anterior, por H.P.V. Nunn.

Mi placer en escribir este prólogo tiene un motivo doble. Primero, Jeremy es un amigo y compañero de trabajo en Wycliffe Hall en Oxford; es una persona que ha aportado energía e interés al *College* y eso no ha sido limitado a la enseñanza del griego. Segundo, por supuesto, tengo mucho gusto en escribir este prólogo, debido a mi padre. Le asombró cuanto tiempo perduró su versión de *Elements*. Es una indicación de lo bueno que fue su libro, que siguió año tras año, mientras que otros libros aparecían y desaparecían. Pero él tenía la expectativa firme que sería reemplazado antes de que pasara mucho tiempo y ¡estoy seguro de que estaría muy contento de verlo reemplazado por alguien como Jeremy! De todas formas, quizás es bueno ser reemplazado como autor de un libro de texto griego: mi padre decía, a veces, que era, probablemente, el nombre más odiado en el mundo de los colegios de teología y los seminarios. Eso fue en los tiempos cuando la mayoría de los estudiantes de teología tenían que estudiar griego, incluso cuando no fueran muy buenos e incluso cuando no querían estudiarlo. Quizás haya disminuido ese odio ahora, pero si Jeremy toma, de buena gana, el papel del nombre más odiado, entonces ¡podremos ser agradecidos de parte de mi padre!

Prólogo

Todo eso tiene, también por supuesto, otra cara. Muchísimas personas, en numerosos países, están agradecidas por el libro de mi padre. Aprender griego puede que sea una dura tarea, especialmente para algunos, pero –al igual que aprender a tocar un instrumento de música– las recompensas por el duro trabajo pueden ser muy grandes.

Tenemos que reconocer que este punto no lo aprecian muchos en el mundo moderno. Estudiar idiomas antiguos les parece completamente inútil. No lo es, por supuesto. El estudio de la historia, incluyendo el estudio de idiomas antiguos, puede ser muy informativo para entender una cultura y para entender a los seres humanos y la naturaleza humana. Pero para la mayoría de los que estudian el Griego del Nuevo Testamento, no es cualquier idioma antiguo; es la puerta a las Escrituras cristianas, lo cual hace que sea importante para cualquier persona a quien le interese el cristianismo. Para los cristianos, el griego tiene una significancia especial, ya que la Biblia es su texto fundamental y, creen que les fue dada por la inspiración de Dios. Por lo tanto, creen que contiene la palabra de Dios para el mundo.

Fue por este motivo que le interesó a mi padre. Escribió numerosos libros sobre la Biblia, empezando con *Christ and the Bible (Cristo y la Biblia)*, en el cual demostró que la reverencia cristiana por la Biblia tiene sus raíces en las enseñanzas de Jesucristo. A mi padre le interesó el griego, porque creía que era necesario estudiar la Biblia con mucho cuidado: las palabras importan, como importa, también, el significado original de esas palabras. Las traducciones son a menudo muy buenas, pero no siempre; por ello, volver al original vale la pena de verdad. También es apasionante para los que alcanzan cierta facilidad con el idioma.

Yo, personalmente, le estoy agradecido a mi padre por el ejemplo y la inspiración que él fue para mí, como erudito cristiano a quien le importaban la Biblia y sus palabras. También me animó, a mí y a muchas otras personas, a estudiarla con integridad y honradez académicas. Estas muchas otras personas incluyen a los miles de estudiantes que fueron reforzados a entrar en el Nuevo Testamento Griego a través de su libro.

Una de mis historias favoritas en el Nuevo Testamento es el relato de los dos amigos que emprendieron el camino a Emaús en Lucas 24. Los dos compañeros de Jesucristo comentaron que "ardía su corazón en ellos" mientras Cristo les abría las Escrituras. Estudiar griego no es siempre así de emocionante, pero espero que el libro de Jeremy, como el libro de mi padre, será usado por muchos y será una puerta al entendimiento del Nuevo Testamento y de la persona extraordinaria descrita en él.

David Wenham
Decano y Tutor en Nuevo Testamento en Wycliffe Hall, Oxford

Prefacio

Son los estudiantes quienes cuentan. Los estudiantes y todos los que desean aprender, en general, son las únicas razones por las que existen los profesores y los libros académicos. Durante noventa años los que deseaban aprender a leer el Nuevo Testamento en griego han sido hábilmente atendidos por *The Elements of New Testament Greek (Los Elementos del Griego del Nuevo Testamento)* publicado por la Prensa de la Universidad de Cambridge. Originalmente en 1914 por H.P.V. Nunn y luego por la versión de J.W. Wenham que lo reemplazó en 1965. Tal fue el éxito del libro de John Wenham que durante, casi, cuarenta años ha sido el libro de primer año de estudios de Griego estándar, no solamente en el Reino Unido sino a través de gran parte del mundo de habla inglesa. Para generaciones de estudiantes, "Wenham" fue sinónimo de griego.

El éxito de Wenham se debió a que le importaban los estudiantes e hizo todo lo posible para hacer el aprendizaje de "los elementos" del griego del Nuevo Testamento tan fácil y sencillo como fuera posible. El ejemplo más llamativo de esto fue su manera de tratar con los acentos en el griego. La tradición erudita detrás del uso de los acentos remontaba muchos siglos, aunque no –como Wenham insistió en señalar– hasta el tiempo del Nuevo Testamento mismo. Sin embargo, Wenham prescindió de los acentos. O por lo menos prescindió de la mayoría de ellos, reteniéndolos únicamente en los pocos casos donde eran útiles al estudiante para distinguir entre palabras que, sin acentos, hubieran sido idénticas. Incluso hoy, muchos eruditos y profesores encuentran esto lamentable e incluso escandaloso. Sin embargo, yo no he encontrado nunca a un estudiante que compartiera esa opinión. El estudiante que trabaja duro para dominar la estructura básica y el vocabulario básico del griego del Nuevo Testamento acoge calurosamente cada ayuda y simplificación que se le ofrece. Wenham escribió su libro para ellos.

Sin embargo, el tiempo avanza y, a mediados de los años 1990 empezaba a parecer un poco anticuada la edición de Wenham de *The Elements of New Testament Greek*. A pesar de que el griego no había cambiado mucho, los estudiantes sí habían cambiado. Había llegado el momento para reemplazar a "Wenham", al igual que él reemplazó a "Nunn" cuarenta años antes. Para mí fue un privilegio muy grande que me pidieran emprender esta tarea.

Wenham explicó su relación con Nunn, usando estas palabras: "Esto empezó como una revisión radical, y terminó siendo un libro nuevo." Ocurre lo mismo con este libro. Habiendo enseñado griego con la versión de Wenham, yo estaba convencido de la sensatez de su forma de presentar las cosas: aprender la gramática y el vocabulario paso a paso, explicaciones claras, muchos ejercicios para practicar y, el principio primordial de enseñar solamente "los elementos" del griego del Nuevo Testamento y no cada peculiaridad "interesante". Sin embargo, era posible mejorarlo y ponerlo al día. A menudo se criticaba la manera de Wenham de presentar los participios, por ser demasiado tarde y demasiado denso. No contenía suficiente del Nuevo Testamento en sus ejemplos y ejercicios. El progreso, gota a gota, tras cuarenta y cuatro capítulos, cansaba a los estudiantes. Parecía suponer un conocimiento de las formas gramaticales. La gramática inglesa con la que empezaba era desalentadora. La falta de un diccionario adecuado Griego-Inglés era exasperante. Parecía un libro obsoleto.

Este libro pretende mantener cierta continuidad con Wenham. Otras formas de aprender griego son posibles y están representadas por las innumerables gramáticas del griego disponibles. El propósito de este libro ha sido continuar con el enfoque básico de Wenham –y de Nunn antes que él– pero poniéndolo al día, mejorándolo y revisándolo de forma apropiada. Mientas he trabajado en esta revisión, he sido abrumado por la cantidad de buena voluntad hacia *The Elements of New Testament Greek* dentro de la "comunidad" de los que enseñan griego. Por supuesto, esto se debe en parte a que muchos de ellos tuvieron su primer encuentro con el griego bajo la orientación de Wenham. Pero, más significativamente, es porque lucharon sin éxito por encontrar algo mejor. Por una razón u otra, muchos han dejado de usar Wenham, experimentando con libros más recientes. Y, sin embargo, permanecen insatisfechos. Lo que se quiere es un "Wenham del siglo veintiuno". Espero que, hasta cierta medida, satisfaga este libro esa necesidad.

Muchísimas personas me han ayudado a escribir este libro. Hay que hacer mención especial a Susan Blackburn Griffin, quien hizo gran parte del trabajo de producir las listas de vocabulario y los ejercicios. También agradezco a Jon Connell, Travis Derico, Claerwyn Frost, Jon Hyde, Hannah Rudge, Rachel Thorne y Richard Trethewey. Sin su trabajo y apoyo es dudoso si este libro hubiera visto la luz del día.

Borradores iniciales han sido usados a través del mundo por varios profesores y sus estudiantes. Sus reacciones han contribuido, de maneras innumerables, a la forma final y el contenido de este libro. Es posible nombrar a los profesores Atsuhiro Asano, Stephanie Black, Mark Butchers, Philip Church, Peter Groves, Nicholas King, Jonathan Pennington, Marian Raikes, Daniela Schubert, Margaret Sim, Matthew Sleeman, Henry Wansborough y Paul Woodbridge. Sus estudiantes, quienes señalaron tanto lo bueno como lo malo en los primeros borradores, son desconocidos para mí, pero merecen ser agradecidos sin embargo. También he sentido el gran apoyo de la comunidad extendida de profesores de griego. Entre estos, se debe un agradecimiento especial a John Dobson, quien –a pesar de ser él mismo el autor de un libro de texto importante de griego para principiantes, el cual aborda el tema de una forma algo diferente– me proporcionó unos comentarios de gran valor sobre una versión del borrador. Naturalmente, los errores y fallos siguen siendo míos; a decir la verdad, varias de las personas nombradas arriba descubrirán pronto donde no conseguí seguir sus consejos.

De una forma más personal, cuatro personas merecen el crédito por haber iniciado y alimentado mi propio interés en el griego, de maneras distintas: Douglas Cashin, Rodney Lavin, John Roberts y Brenda Wolfe. Más que a nadie, sin embargo, el agradecimiento por esto pertenece a Tim Duff, el verdadero experto griego de la familia Duff. Muchas de las pruebas y tribulaciones del "proyecto Wenham" han sido aguantadas por mi esposa

Jill con su sabiduría y amor característicos. Sin embargo, el crédito final pertenece a mis propios estudiantes en Oxford, quienes durante casi diez años me han inspirado a seguir mejorando y desarrollando el material. Han reaccionado con cortesía a mis errores y han apoyado las mejoras. Más que nada, me han convencido del valor de enseñar griego. Es a ellos, y a los estudiantes futuros, a quienes se dedica este libro.

Jeremy Duff
Wycliffe Hall, Oxford
Mayo de 2004

Nota del traductor y revisor de la versión castellana

No basta entender bien o incluso dominar un idioma extranjero para enseñarlo correctamente. Por eso, la experiencia nos demuestra que los *"profesores nativos"* sin calificaciones no son siempre las mejores personas para enseñar su propia habla, por lo menos en ciertas etapas. Para enseñar bien un idioma, es a menudo muy importante también conocer bien el lenguaje del estudiante y, así, entender cuáles van a ser los problemas a los que va a tener que hacer frente para entender un idioma que difiere del suyo no solamente en vocabulario, sino también en estructura.

Una de las mayores ventajas de *"The Elements of New Testament Greek"*, 3ª edición, se debe a que su autor, el Dr. Jeremy Duff, tiene años de experiencia en la enseñanza del griego del Nuevo Testamento y, por lo tanto, entiende los problemas del estudiante y ajusta sus explicaciones a las necesidades de este.

Los alumnos del Dr. Duff tenían el inglés, sino como idioma materno, por lo menos como medio de comunicación para sus estudios y la versión inglesa de *"Los Elementos del Griego del Nuevo Testamento"* ha tenido y tiene un bien merecido éxito mundial.

La versión castellana

Pero también es necesaria una obra de la estatura y categoría de este prestigioso libro para el estudiante cuyo idioma materno es el español; y esta versión española ha sido preparada para tales personas –sean estudiantes de universidad o de seminario– o cualquier individuo que desee aprender el griego con el fin de leer y estudiar el Nuevo Testamento en su idioma original.

Va sin decir que no ha bastado simplemente *traducir* el libro del Dr. Duff al español, ya que los problemas lingüísticos para el estudiante de habla española son muy diferentes a los del estudiante de habla inglesa. Ha sido necesario ajustar, por lo tanto, las descripciones y explicaciones para que correspondieran a las necesidades del estudiante hispanohablante.

En todas las listas de vocabulario y para los diccionarios al final de este libro se ha consultado la "Concordancia Manual y Diccionario Griego-Español del Nuevo Testamento" de Pedro Ortiz V., S.J.; y solamente, en muy raras ocasiones, se ha empleado una traducción al castellano que no figura en esa obra, pero solo después de consultar otras autoridades y diccionarios.

Ya que se trata aquí de los 'Elementos' del griego del Nuevo Testamento, no se pretende dar todos los matices de significado de las palabras griegas, sino que nos limitamos a los significados que corresponden a las citas del Nuevo Testamento presentadas en esta obra y a sus ejercicios. Una vez terminado este curso, se recomienda la obra de Pedro Ortiz para estudios más avanzados (Ver *Para ir más lejos*).

En cuanto a la traducción de las citas bíblicas, se ha hecho lo mismo que hizo el autor principal: *una traducción que fuese la más cercana posible al texto, para ayudar al estudiante a entender mejor la estructura y el significado del griego original.* Estas traducciones 'literales' a menudo dan por resultado un español que suena un poco –¡o incluso muy!– extraño, pero para el principiante son un buen primer paso hacia una traducción más fluida y con mejor estilo español. Por supuesto, he traducido estos textos del griego original, no de la traducción inglesa hecha por el Dr. Duff.

Se ha traducido la segunda persona del plural de los verbos, primero, al español peninsular (p.ej., coméis), dado que esta forma corresponde muy bien con el griego. Después he añadido entre paréntesis la forma latinoamericana (p.ej., ustedes comen). Se ha hecho igual con los pronombres y adjetivos de la segunda persona del plural (vosotros/as, ustedes, vuestro/su, etc.).

Agradezco a mi esposa, Mª Victoria Rivas Mira, su apoyo y ayuda en todo momento durante esta traducción y adaptación del libro para el estudiante de habla española. También quisiera expresar aquí mi agradecimiento al Dr. Brendan Devitt, mi primer profesor de griego bíblico, quien me introdujo en la versión inglesa de este libro por el Dr. Jeremy Duff y me animó a emprender la traducción al español. Por supuesto, le agradezco al Dr. Duff su permiso para traducir su libro y su apoyo y ayuda durante el proyecto. También agradezco a mis estudiantes de griego, cuyas preguntas y sugerencias han contribuido a mejorar esta edición española.

Considero de primordial importancia que haya por todo el mundo hispanohablante muchísimas personas que puedan leer el Nuevo Testamento en el idioma original, para, así, entender mejor lo que dice y enseña la Biblia verdaderamente. De esta manera podrán hacer frente a quienes presentan sus ideas particulares (y a menudo erróneas) basadas en una traducción o interpretación equivocada del libro que los cristianos creemos es la Palabra de Dios. Verdaderamente vale la pena el esfuerzo requerido para aprender griego. Después de terminar este libro, el estudiante tendrá una base sólida para estudios superiores del griego koiné y ¡podrá leer con entendimiento gran parte del Nuevo Testamento!

Trevor R. Allin
Provincia de Málaga, España
Mayo de 2018

El propósito de este libro

Este libro tiene un único propósito:

Ayudarle a aprender suficiente griego para poder leer el Nuevo Testamento.

Esto podría parecer obvio para un libro bajo el subtítulo *"Los Elementos del Griego del Nuevo Testamento"*. Sin embargo, hay muchos libros diseñados para los que están empezando a estudiar el griego del Nuevo Testamento que no parecen enfocarse exclusivamente en este propósito. Esta declaración se hará más obvia si pongo de relieve algunos de los propósitos que este libro *no* tiene.

Este libro no tiene como objetivo presentar mi forma de entender el griego del Nuevo Testamento. Es un libro para usted, no para mí. Si yo quiero impresionar a mis compañeros de trabajo con mi erudición griega, lo haré en otro lado. Usted merece un libro que haya sido escrito para ayudarle a usted. Del mismo modo, no es una "Gramática del Griego" como si mi tarea consistiera en hacer meramente una presentación de la gramática del griego y luego le correspondiera a usted entenderlo y aprenderlo. Este es un libro de texto, escrito para ayudarle en el proceso de aprendizaje del idioma.

Esta obra no intenta enseñarle el cristianismo. Toma como punto de partida que usted quiere leer el Nuevo Testamento en griego con el fin de entenderlo mejor. Para muchas personas la razón por la que quieran comprenderlo será una motivación religiosa y, eso, es estupendo; yo personalmente comparto esa motivación. Pero para otros, la razón será diferente. Puede ser que no esté usted seguro acerca del cristianismo, o incluso puede que tenga una actitud negativa hacia ello. Sin embargo, si quiere aprender griego para comprender mejor el Nuevo Testamento, este libro es para usted. Un conocimiento de griego es una herramienta. Mi propósito con este libro es ayudarle a adquirir esa herramienta, no persuadirle a usarla de ciertas maneras. El motivo por este enfoque es sencillo: aprender griego requiere cierto esfuerzo y se ha escrito este libro para ayudar. Y la mejor manera, para ello, es si se enfoca claramente en la tarea que hay que llevar a cabo y no intenta entrar en otros asuntos más generales. Con este libro usted recibirá ayuda para aprender griego y nada más.

La intención no es ayudarle a sentirse superior ni iniciarle en los rangos de un grupo selecto ni darle municiones para señalar los errores de los demás. Desgraciadamente, parece ser que a menudo la enseñanza del griego fomenta esta actitud –en parte, es natural–. Estará usted adquiriendo una nueva habilidad de gran valor que le ayudará a entender con mayor claridad el Nuevo Testamento. Sin embargo, el griego es un idioma no un arma teológica. Entender un lenguaje se adquiere lentamente. Gradualmente, usted empezará a apreciar las dificultades de los traductores de la Biblia y empezará a ver que hay matices, conexiones y "sabores" presentes en el Nuevo Testamento griego los cuales, inevitablemente, se pierden en la traducción. Adquirimos y ganamos gran riqueza a través de la lectura del Nuevo Testamento, sin embargo, si usted tiene la esperanza de que, después de cuatro clases de griego, se le enseñarán secretos teológicos no soñados, desvelados por la traducción, quedará profundamente desilusionado. Leer el Nuevo Testamento en griego, en vez de leerlo en castellano, es como ver un partido en la tele en lugar de oírlo por la radio. Es superior en distintos sentidos, pero no cambia el resultado.

Este libro no crea la ilusión de que esté usted aprendiendo griego como un idioma moderno ni que lo vaya a adquirir de la forma que lo hacen los niños. Si estuviera usted aprendiendo griego para hablarlo y escribirlo, lo haría de forma distinta. No es lo que está usted haciendo. Los niños pequeños tienen un éxito extraordinario en el aprendizaje de idiomas, con oírlo por todas partes, alrededor de ellos, gradualmente empiezan a entenderlo. Pero usted es un adulto no un niño y, por lo general, los adultos quieren entender las cosas. Después de todo, son personas racionales y con talento que están acostumbradas a comprender lo que ocurre en su entorno. Así que, este libro tiene como propósito ayudarle a progresar paso a paso, explicando cómo funciona el griego, y en lo posible haciendo resaltar las estructuras y los principios, para que sea comprensible lo que se le pide que aprenda. No se le introducirá de lleno en lo más difícil ni se esperará que usted lo adquiera de forma automática.

Finalmente, el motivo que impulsa este libro no es para que usted se divierta. No obstante, ¡espero que lo haga! ya que aprenderá mejor si le gusta lo que está haciendo. Sin embargo, seamos honestos, si usted quiere divertirse, probablemente se le ocurrirán maneras mejores que sentarse a leer este libro. Usted está leyendo esto, porque quiere aprender griego. Todos los profesores de griego luchan contra la fama que tiene el aprendizaje del griego de ser aburrido, complicado o demasiado difícil. Esto conduce a una tentación muy grande: sacrificar la meta –del aprendizaje del griego– para asegurar que todo el mundo esté contento y que la clase de griego sea popular. Este fenómeno, bien conocido, tiene como consecuencia que los estudiantes se diviertan mucho en las clases, pero un año más tarde no sean más capaces de leer el Nuevo Testamento en griego como lo fueron al principio. Mi compromiso con usted es diferente. Trabajar con este libro no será siempre fácil. Pero puede usted tener plena confianza de que no hay nada en él que no esté enfocado en ayudarle a leer el Nuevo Testamento en griego y que, cuando haya dominado lo que hay en este libro, precisamente es lo que podrá hacer. Espero, sinceramente, que disfrute aprendiendo griego, tal y como un entrenador puede esperar que al atleta le gusten las sesiones de entrenamiento. Aunque, el verdadero placer para el atleta viene cuando gana la medalla.

Cómo utilizar este libro

Además de tener un propósito claro, este libro está diseñado con varios principios específicos en mente, los cuales le dan una forma y estructura concretas. Usted encontrará más fácil el proceso de aprendizaje si entiende estos principios y es consciente de la estructura.

PRINCIPIO FUNDAMENTAL DE LA SELECCIÓN

Conforme al subtítulo *"Los Elementos"* y el propósito "aprender suficiente griego para leer el Nuevo Testamento", este libro no contiene toda la gramática griega que pudiera uno aprender, en vez de esto, contiene todo lo que usted necesita saber para poder comenzar a leer correctamente el Nuevo Testamento en griego. Hay varias irregularidades, o características del griego, que no se presentan aquí. La mejor forma de estudiarlas sería más adelante, en contexto, cuando las encuentre durante su lectura del Nuevo Testamento. El propósito del libro es darle los conocimientos necesarios para empezar a leer. Luego mejorará con la práctica. La sección "Para ir más lejos" al final del libro contiene ideas acerca de cómo edificar sobre lo que habrá aprendido. De momento tenemos que enfocarnos en lo que es importante.

El orden en el que se presenta el material no ha sido elegido por capricho ni en base a alguna tradición académica misteriosa. Al contrario, está ordenado conforme a lo que ocurre con mayor frecuencia en el Nuevo Testamento (con ligeras variaciones, lógicas, para el aprendizaje). Lo verá con mayor claridad en dos aspectos del libro.

Primero, el orden en el que se introduce la gramática está basada en la frecuencia relativa de las distintas partes de esta, en el Nuevo Testamento. Muchos profesores podrían considerar sorprendente dejar el pasivo hasta el capítulo 15, sin embargo, en la práctica el pasivo se ve poco en el griego. Igualmente poco frecuentes son muchos de los usos del infinitivo (capítulo 18). Por otro lado, el uso básico de los participios se ve con mayor frecuencia en el Nuevo Testamento, así que se aprenderá antes que en otros libros de gramática (capítulo 7).

Segundo, el vocabulario organizado –presentado en este libro– representan las 600 palabras más corrientes en el Nuevo Testamento (aunque no se introducirá ninguna voz antes de que entienda usted cómo usarla).

Así que, como estudiante, puede estar seguro de que cada paso que se le pida que tome ha sido elegido por ser el más útil en el desarrollo de su entendimiento del griego.

LOS CAPÍTULOS

Hay veinte capítulos en este libro. Cada uno de ellos enfocado en un área específica de la gramática griega, para que sus conocimientos crezcan paso a paso y se han diseñado para que sean igualmente de desafiantes. Si usted puede hacer el primero, solamente necesita repetirlo diecinueve veces más y lo habrá conseguido.

GRAMÁTICA ESENCIAL, ACLARACIONES Y GRAMÁTICA ESPAÑOLA

Gran parte del texto, en cada uno de los capítulos, es explicación. Ayudándole a entender elementos específicos del idioma griego. Sin embargo –a intervalos regulares– verá en el texto, uno de los cuatro tipos diferentes de cuadros que hay; cada uno con una función diferente.

GRAMÁTICA ESENCIAL

Este cuadro tiene un resumen corto en pocas líneas de lo que se está explicando. Si aprende estos puntos y se acuerda de ellos, ya está a mitad de camino.

Aclaración/Sugerencia

Este cuadro contiene una aclaración o una sugerencia para ayudarle con el punto que está siendo estudiado. No añade nada a la explicación completa, es más bien un comentario aparte, algo que le podría ayudar a recordar o a reconocer en la práctica.

Estos cuadros contienen una remisión a la guía comparativa de la gramática española en las páginas 240-249. Es así, porque el griego es –a menudo– muy parecido al español y, tomar un descanso para pensar acerca de cómo funciona algo en español, puede hacer más fácil entender el punto equivalente en griego.

1 Tim 1.1: Παυλος ἀποστολος Χριστου Ἰησου...
Esta parte señala citas del Nuevo Testamento, las cuales dan una vista inicial del tema gramatical que está a punto de explicarse en la sección siguiente. Muchos estudiantes consideran que estos ejemplos aportan una introducción útil a lo que van a aprender y que proveen un "punto fijo" que podrán volver a repasar cuando empiecen a estudiar los detalles.

EJERCICIOS Y PRÁCTICAS

Uno aprende practicando, no solo estudiando. Por tanto, a lo largo del libro, hay ejercicios y prácticas para realizar que se recogen en diferentes categorías.

Práctica: Después de cada punto importante de gramática hay una sección de práctica que tiene preguntas muy cortas (a menudo de tan solo una palabra). Estas están enfocadas, directamente, en el detalle gramatical que se acaba de explicar. Así que, las preguntas para las prácticas tienen como propósito ayudar a reforzar aquel punto gramatical concreto.

Práctica a mitad de camino: La encontraremos, aproximadamente, a mitad de cada capítulo, excepto en los dos primeros. Consta de doce oraciones cortas (ocho del griego al español y cuatro del español al griego), dando una oportunidad para consolidar la primera mitad del capítulo antes de pasar a la segunda parte.

Oraciones: Al final de cada capítulo hay unos ejercicios donde encontraremos dos secciones de oraciones (el capítulo 1 es diferente, puesto que solo hemos aprendido el alfabeto). Cada una de estas secciones consta de doce oraciones para traducir (otra vez, ocho del griego al español y cuatro del español al griego). Estas oraciones han sido seleccionadas para ayudarle a practicar lo que habrá aprendido en ese capítulo (gramática y vocabulario) y, a la vez, para integrarlo a lo que habrá asimilado en los capítulos anteriores.

Así que, las **preguntas para practicar** han sido específicamente creadas para ayudarle a enfocar el nuevo punto que está aprendiendo, mientras que los **ejercicios** le ayudan a ponerlo dentro del contexto de lo que le ha precedido, ayudándole a continuar practicando lo que ya ha aprendido. Las oraciones en sí no han sido tomadas directamente del Nuevo Testamento, desafortunadamente, no se escribió el Nuevo Testamento de tal forma que permitiera proveer suficientes oraciones para usar o practicar solo ciertos vocablos o puntos gramaticales. Sin embargo, tampoco se inventaron las oraciones. Al contrario, en la medida de lo posible, están basadas en frases y oraciones del Nuevo Testamento que han sido cambiadas conforme a la necesidad de aprendizaje, por ejemplo, cambiando una palabra del vocabulario por otra. Esto tiene por consecuencia que desde un principio usted trabaja, exactamente, el tipo de griego que encontrará en el Nuevo Testamento, incluso si ha sido cambiado para ajustarse a las necesidades del sistema paso-a-paso. Esto también tiene por consecuencia que, ocasionalmente, usted hallará una oración que no "obedece" a las reglas que ha aprendido. Será porque el pasaje del Nuevo Testamento, en el que está basado, tampoco siguió las reglas exactamente; el griego es un idioma, no un código matemático. Una parte del aprendizaje de un idioma es entender qué reglas tienen cierta flexibilidad y cuáles no.

Por si le interesa saber de dónde han sido derivadas las oraciones, se incluye una lista en las páginas 327-329. Puede ser útil ver algunas de las frases menos corrientes en su contexto original. Desde luego, también puede poner usted a prueba sus conocimientos del Nuevo Testamento intentando adivinar la fuente de las oraciones. ¿Cuántas puede usted identificar?

Es posible que se pregunte por qué necesita traducir del español al griego (¡usted quiere leer el Nuevo Testamento, no escribirlo!). Algunos profesores opinan que este ejercicio no es importante, pero muchos creen que solo cuando uno intenta escribir griego es cuando entiende realmente cómo funciona el idioma.

Pasajes del Nuevo Testamento: Al final de cada capítulo (excepto los dos primeros) se cita un pasaje del Nuevo Testamento sin cambios. Han sido seleccionados con la finalidad que usted podrá traducirlos. Sin embargo, siempre hay algunos detalles que usted no habrá estudiado todavía, especialmente palabras. Por ello, dentro de estos pasajes, encontrará *ayudas* entre corchetes [*así*] para facilitarle la comprensión.

Así pues, las *oraciones* están derivadas del Nuevo Testamento, pero han sido cambiadas para adaptarse a lo que usted ya sabe. Los *pasajes* son citas exactas del Nuevo Testamento, con una ligera ayuda adicional.

Respuestas. Hay muchas buenas razones por las que se dan las respuestas a las preguntas al final del libro. Sobre todo, le permite a usted tomar control de su aprendizaje. Usted puede intentar un ejercicio, una oración o una práctica y luego comprobar si lo ha hecho correctamente. Si no, entonces puede procurar entender por qué. Después de todo, el propósito del ejercicio es ayudarle a aprender, no demostrar lo que sabe o no sabe. Sin embargo, al profesor le puede ser de ayuda poder enunciar una serie de preguntas a las que sabe que no hay solución en el libro, porque entonces puede comprobar cómo está progresando cada estudiante y qué orientación adicional puede necesitar. Por lo tanto, se dan las respuestas al final del libro para practicar y para la mitad de las oraciones (las de la sección A). También, es posible encontrar una respuesta a los pasajes del Nuevo Testamento en cualquier Biblia española. No obstante, no se dan las respuestas de las oraciones de la sección B, para darle la oportunidad –a su profesor– de ver su trabajo realizado sin ayuda.

VOCABULARIO

Este libro emplea alrededor de seiscientas palabras griegas. Han sido seleccionadas por ser los vocablos más corrientes en el Nuevo Testamento –se repiten un mínimo de veintitrés veces–, más unos pocos términos adicionales que se necesitan para ilustrar elementos importantes de la gramática griega, o que particularmente merecen ser aprendidas. Le sorprenderá saber que 600 palabras representan más del 90 por ciento de los vocablos utilizados en el Nuevo Testamento. Así que, familiarizarse con ellos es una meta importante a la que aspirar: aprenda a reconocer estos términos y reconocerá el 90 por ciento de las palabras empleadas en el Nuevo Testamento.

Observe, como ejemplo, la siguiente entrada tomada del vocabulario al final del capítulo 2:

ἄγγελος (175) – mensajero, ángel

Indica que la palabra griega ἄγγελος (pronunciada ang-gue-los) se repite 175 veces en el Nuevo Testamento y significa "mensajero" o "ángel". Esta sola voz griega cubre el significado de dos palabras españolas. ¿Cuál sería la mejor forma de traducirla? En cualquier situación, dependería del contexto. Por supuesto, lo que pasa fundamentalmente es que un ángel es un mensajero de Dios, así que no es de sorprender que el griego emplee una palabra con ambos significados: un mensajero en general, o un mensajero de Dios. Es importante que se dé cuenta que, pocas veces, un término es, en un idioma, el equivalente exacto de una sola palabra. A menudo existen matices de significados y "sabores" (o connotaciones) que tiene una voz –en su idioma– mientras que su "equivalente" en otro idioma no los posee. Sin embargo, uno necesita andar antes de correr. Enfóquese, de momento, en aprender el "equivalente básico español" (o los "equivalentes básicos") de las palabras griegas que encuentre. En el curso del tiempo, adquirirá una apreciación de "sabor" (o de "matiz") diferente en las palabras griegas.

Aprender palabras no es tarea fácil, pero es muy importante; ya que una gramática sin palabras está muerta. Deberá seguir la orientación de su profesor en cuanto a lo que él o ella quiera que memorice, aunque el libro está diseñado para que usted aprenda el vocabulario paso a paso. Si intenta asimilar demasiados términos de una sola vez le resultará muy difícil, pero separadas en porciones, semanales o diarias, es alcanzable con un poco de determinación. El hecho de que la palabra ocurre muchas veces en el Nuevo Testamento puede darle ánimo.

Para el aprendizaje del vocabulario, usted necesita emplear todo su cuerpo en el proceso, no solo los ojos. Mirar fijamente una lista de palabras no le llevará a su memorización. Escríbalas, dígalas en voz alta, hágales pruebas a sus amigos… distintos métodos son buenos para distintas personas, pero *pruebe con diferentes técnicas*, no solo mirar fijamente.

Es muy importante, también, tener un sistema para volver a las palabras que ya ha adquirido anteriormente. A medida que siga aprendiendo, olvidará a medias ciertas voces, pero "visitándolas" de nuevo se fijarán permanentemente en su memoria. También, después de cada sección de vocabulario se dan varias "ayudas". Palabras españolas derivadas de términos griegos. Por ejemplo, el vocablo "agricultura" puede ayudarle a recordar que la palabra griega ἀγρος (pronunciada ag-ros) quiere decir "campo". Su primer paso para familiarizarse con el vocabulario debería ser determinar con qué término griego se relaciona cada una de estas "palabras ayuda". Finalmente, para un vocablo especialmente difícil puede ayudar pensar en una ilustración graciosa relacionada con la palabra. Por ejemplo, para recordar que la voz griega μια (pronunciada 'mía') quiere decir 'una' (en el femenino y obviamente singular), uno podría inventar una frase como 'esta casa/niña/mujer (/otra cosa femenina y única para mí) es mía, y solamente tengo una'. Uno podría hacer un "concurso" con los amigos para ver quién puede inventar las mejores maneras de recordar las palabras.

DOS CAMINOS

Como indicamos anteriormente, este libro emplea 600 vocablos griegos. El primer capítulo contiene ocho palabras que podrá entender tan pronto como sepa el alfabeto. Todos los demás capítulos contienen treinta y dos términos. El último capítulo contiene las últimas quince palabras. Un camino al aprendizaje de los elementos del griego del Nuevo Testamento consiste en utilizar este libro para aprender estos vocablos, capítulo a capítulo, a medida que se avanza en el libro.

Sin embargo, algunos profesores consideran que treinta y dos términos por capítulo es excesivo, dado que se está intentando dominar la gramática al mismo tiempo. Ofrecemos, entonces, otro camino enfocado a un vocabulario limitado en 390 palabras. En cada lista de vocabulario, y en el diccionario Griego-Español, ciertos vocablos están marcados con un asterisco (p.ej., *βαλλω). Se trata de las voces que forman este grupo más limitado. Las preguntas para las prácticas han sido seleccionadas para que empleen únicamente este vocabulario más reducido. Las oraciones sí emplean todos los términos, no únicamente los marcados con un asterisco (ya que las personas que estén tomando el camino anterior necesitan practicar con todas las palabras). Sin embargo, en cada sección de oraciones –por lo menos la mitad de ellas– están marcadas con un asterisco para indicar que emplean únicamente palabras del grupo más restringido. Así que hay dos caminos:

1. Tener como meta aprender los 600 términos, lo cual le permitirá hacer todas las prácticas y todas las oraciones.
2. Enfocarse únicamente en las 390 palabras con el asterisco, lo cual le permitirá hacer todas las prácticas y aquellas oraciones que estén marcadas con un asterisco (y otras, por supuesto, si no le importa buscar los vocablos sueltos que no le sean familiares).

LOS DICCIONARIOS

Al final de este libro hay dos diccionarios, uno "Griego-Español" y otro "Español-Griego". Estos glosarios recogen, sencillamente, todas las palabras presentadas en las listas de vocabulario al final de cada capítulo. Las entradas para ἄγγελος (el ejemplo empleado arriba) dicen lo siguiente:

ἄγγελος (175) – mensajero, ángel 2
ángel (mensajero) – ἄγγελος (175) 2
mensajero (ángel) – ἄγγελος (175) 2

Observe el número 2 después de cada una de estas entradas. Esto le indica que dicho término se introduce por primera vez en el capítulo 2. El 175 es el número de veces que ocurre ἄγγελος en el Nuevo Testamento. Observe, también, que en el diccionario Griego-Español se dan ambos equivalentes y en el Español-Griego se le recuerda la gama de significados del vocablo griego con la mención, entre paréntesis, de otras posibles traducciones españolas.

TABLAS DE GRAMÁTICA PARA REFERENCIA

Usted encontrará, en una de las secciones finales de la obra, tablas de gramática para referencia. Estos recuadros son una excelente herramienta, donde se reúnen todos los elementos que han sido estudiados a lo largo del libro.

La historia del idioma griego

El griego es un idioma extraordinario. Tenemos ejemplos de textos del siglo XIII a.C. y es un idioma que sigue siendo hablado y escrito por millones de griegos a través del mundo hasta el día de hoy. En el curso de la historia ha cambiado y se ha desarrollado de formas distintas, pero siempre ha seguido siendo griego. Tal evolución no ha sido una degeneración de lo mejor a lo peor ni un progreso de simple a complejo. Ha sido, sencillamente, un cambio. Al iniciar el estudio del griego, es útil conocer un poco de esta historia, aunque solo sea para entender lo que significan términos tales como griego "clásico", "koiné" o "moderno".

Vislumbramos el griego por primera vez alrededor del año 1300 a.C. Se hallaron inscripciones de aquella época en griego, aunque usando otra letra (llamada Linear B). Luego lo perdemos de vista durante la "edad de las tinieblas" ("tinieblas", porque no nos han dejado ninguna fuente escrita), hasta el siglo ocho antes de Cristo, cuando tenemos las primeras inscripciones utilizando el alfabeto griego. Poco tiempo después, Homero escribió sus poesías, una de las grandes glorias de la lengua griega. En los siglos quinto y cuarto a.C. Atenas había crecido y había llegado a ser la capital cultural del mundo griego, produciendo gran teatro, oratoria, historia escrita y filosofía. Más adelante, esta época fue considerada como el "Siglo de Oro" de la literatura y la lengua griegas. Es el llamado griego "clásico". El siguiente paso crucial vino con Alejandro Magno, quien en el curso de diez años conquistó todas las tierras entre Grecia y la India. En pos de él vino la helenización, la extensión de la lengua y la cultura griegas. Mientras que ciertos aspectos de la cultura griega causó polémica (por ejemplo, entre algunos judíos), la lengua pronto llegó a ser el idioma internacional a través de una extensa región. Este idioma es conocido como el "griego común". La palabra griega para "común" es κοινη –koine, así que se le llama "griego koiné". Los eruditos modernos lo llaman, también, el "griego helenista". Este es el idioma del Nuevo Testamento. En la época de Jesucristo los romanos habían llegado a ser la fuerza militar y política dominante, pero el idioma griego siguió siendo el "idioma común" del este del Mediterráneo y mucho más allá, y el griego era todavía considerado como el idioma de la cultura. Sin embargo, muchos escritores de la época pensaban que el lenguaje hablado en sus días era inelegante, así que imitaban el griego "clásico" de centenares de años antes. Por lo general, los textos del Nuevo Testamento dan pocas indicaciones de esto (salvo, quizás, Lucas, Hechos y Hebreos); están escritos en el griego común (koiné), el idioma de la época.

El griego siguió como el idioma del Imperio Romano Oriental (el Imperio Bizantino) hasta su destrucción en el siglo XV d.C. Aproximadamente, en la misma época, durante el Renacimiento en Europa Occidental, el griego empezó a ser estudiado por los académicos para poder acceder a la gran literatura griega del mundo antiguo, incluyendo el Nuevo Testamento. Durante este tiempo se formó la idea de que había dos tipos de griego –el clásico y el del Nuevo Testamento– aunque en realidad el griego del Nuevo Testamento es sencillamente el idioma estándar en su día y no una categoría diferente. Mientras tanto, por supuesto, los griegos siguieron hablando su idioma durante todos los años de dominación del Imperio turco otomano, y se hizo el idioma oficial del nuevo estado griego en el momento de su independencia en 1821.

CAPÍTULO UNO

El alfabeto

1.1 LAS LETRAS DEL ALFABETO GRIEGO

La primera tarea para aprender griego es aprender el alfabeto, el cual tiene veinticuatro letras. Muchas son similares a las españolas, y es posible que conozca ya algunas otras (por ejemplo, pi (π) y zeta (θ) de las matemáticas). Aprender el alfabeto griego tiene tres partes.

1.1.1 Aprender cómo escribir cada una de las letras griegas

En griego, como en español, diferentes personas tienen estilos diferentes de formar las letras. También hay a menudo una pequeña diferencia entre el griego imprimido y el griego escrito a mano. Eso no importa, el propósito no es ganar premios por las cualidades artísticas de su manera de formar las letras. Lo que cuenta es que las diferentes letras sean claramente distinguidas las unas de las otras. En la práctica, probablemente copiará usted el estilo de su profesor.

1.1.2 Aprender qué sonidos hacen las letras del griego

El griego se ha hablado durante más de tres mil años, y en muchos dialectos diferentes. Esto quiere decir que no hay una única forma correcta de pronunciar el griego. Lo que cuenta es que cada letra tenga su sonido distintivo. También es útil si su pronunciación es similar a la de otros académicos bíblicos (y a la de su profesor y de sus compañeros de clase), para que se puedan entender.

Posiblemente se preguntará usted por qué pronunciar las letras tiene importancia en absoluto, ya que su deseo es leer griego, no hablarlo. La contestación es que es casi imposible aprender vocabulario (y la gramática) únicamente por la vista, repetirnos la palabra a uno mismo es lo que ayudará a que se quede en la memoria. Es por esta razón que no se sugiere aquí emplear la pronunciación moderna del griego, ya que en el griego moderno varias vocales diferentes se pronuncian de la misma forma, lo cual hace muy difícil acordarse de la ortografía correcta.

1.1.3 Aprender el orden del alfabeto griego

Esto es importante porque se necesita saber el "orden alfabético" griego para buscar palabras en un diccionario. Es muy parecido al orden alfabético español, y empieza con alfa y beta, de donde viene la palabra "alfabeto".

Letra Griega		Llamada		Forma escrita en español	Sonido	Nota
Normal	Mayúscula	En español	En griego			
α	Α	alfa	ἀλφα	a	a como en casa	1
β	Β	bēta	βητα	b	b como boca	2
γ	Γ	gama	γαμμα	g	g como gato	3
δ	Δ	delta	δελτα	d	d como diente	4
ε	Ε	épsilon	εψιλον	e	e corta como en queso	1
ζ	Ζ	zēta	ζητα	z	"s" sonora como en inglés	5
η	Η	ēta	ητα	e	e larga	6
θ	Θ	zēta	θητα	z, c	z como en zeta	7
ι	Ι	iota	ιωτα	i	i corta como en cinco	8
κ	Κ	kapa	καππα	k	c como en casa	9
λ	Λ	lambda	λαμβδα	l	l como en labio	
μ	Μ	mu	μυ	m	m como mamá	
ν	Ν	nu	νυ	n	n como en nada	10
ξ	Ξ	xi	ξι	x	x como en taxi	11
ο	Ο	ómicron	ομικρον	o	o corta como en corto	
π	Π	pi	πι	p	p como en papá	
ρ	Ρ	rho	ῥω	r, rr	r como en río	12, 13
σ ο ς	Σ	sigma	σιγμα	s	s como silencio	14
τ	Τ	tau	ταυ	t	t como en toma	
υ	Υ	úpsilon	υψιλον	u	u como en uso	15, 16
φ	Φ	fi	φι	f	f como faro	17
χ	Χ	khi	χι	j	j en jabón	18, 19
ψ	Ψ	psi	ψι	ps	ps como en psicológico	
ω	Ω	ōmega	ωμεγα	o	o larga	20

Notas

1. Hay cinco vocales en español, pero hay siete en griego. Esto es debido a que hay letras diferentes para las formas "largas" y "cortas" de "e" y "o".

	a	e	i	o	u
Corta	α	ε	ι	ο	υ
Larga	α	η	ι	ω	υ

Así que las letras α, ι y υ pueden ser largas o cortas. De momento es mejor enfocarse en la pronunciación corta.

2. Es siempre un sonido bilabial oclusivo.
3. En su forma básica, tiene el sonido de la "g" oclusiva, como en "guerra" y "guisante", nunca el sonido de gente (Observar nota 16).
   Cuando aparecen dos gamas juntas: γγ, se pronuncian como "ng" como en "ángulos". Por ejemplo αγγελος es "anguelos" (ángel).
4. δ es siempre un oclusivo. Por lo tanto, no tiene nunca el sonido de la "d" española de nada ni el sonido al final de Madrid.

5   Raras veces se oye este sonido en español. La "s" en español es una consonante llamada "sorda", es decir, sin "voz" (la vibración simultánea de las cuerdas vocales). Su equivalente "sonora", es decir, con "voz" (la vibración simultánea de las cuerdas vocales) es el sonido que se describe aquí. A veces se oye en contextos como "mi_s_mo". No es la zeta española en ninguna de las formas de pronunciarla en cualquier país o dialecto.

6   La "eta" es *una* vocal, *una* sílaba, pero de duración más larga que la vocal "epsilón". Por lo tanto, las dos letras "ee" en una palabra española como "leer" no corresponde a este sonido, ya que en "leer" se tiene la misma vocal corta pronunciada dos veces, además con énfasis en la segunda "e". Se oye "eta" pronunciada de varias formas, y sugiero que siga usted la forma que lo pronuncia su profesor.

7   Como en la pronunciación castellana tradicional de _z_eta o _c_ero, o sea, *no* con el sonido de "s" que se oye principalmente en América Latina y ciertas regiones de España. Equivalente al sonido del "th" inglés en "think".

8   La ι puede a veces funcionar como una consonante cuando ocurre al principio de una palabra, como el "y" de "_y_a". Por ejemplo Ιακωβ es "Yakoob" (Jacob).

9   Asegúrese de que haya una diferencia entre el sonido de la κ, que es como en _c_asa y la χ, que es como la jota española.

10 Cuidado con ν –se parece a la "v" española, pero es una n (no hay v en griego).

11 Una mejor transcripción de ξ sería "ks".

12 La ρ debería de ser pronunciada como la "r" o "rr" en español. A veces se transcribe en algunos documentos en varios idiomas con las letras "rh".

13 Atención con ρ –se parece a la letra p pero es una r (p en griego es π).

14 La letra σιγμα se escribe de dos formas diferentes, según donde se encuentra en una palabra. Si es la última letra de una palabra se escriba ς, si no σ. Observe las dos formas de la letra σιγμα en Χριστος (Jristos – Cristo).

15 Los hablantes del francés la pronuncian con la "u" de "r_u_e", los del alemán con la "ü" de "m_ü_de". Pero en el mundo hispano se suele pronunciar con la "u" de "_u_so", como indicado en la tabla.

16 Puede ser de ayuda saber que en palabras españolas derivadas del griego la υ se ha convertido a menudo en i (por ejemplo μυστηριον → m_i_sterio).

17 A veces se transcribe esta letra al español con las letras "ph", pero como esto no corresponde en absoluto al sonido, se ha preferido transcribirla en este libro con la letra "f", a cuyo sonido corresponde.

18 Como en la pronunciación castellana tradicional. Esto es un fricativo sordo velar, es decir, pronunciado en la garganta. (¡Ojo! ¡La pronunciación en algunos otros países, por ejemplo, Argentina, es muy diferente!)

19 A menudo se transcribe al español con las letras "ch", pero como esto no corresponde en absoluto al sonido, se ha preferido transcribirla en este libro con la letra "j", a cuyo sonido corresponde.

20 Al igual que la ēta (ver nota 6, arriba), la ω es una vocal larga. Por lo tanto, no tiene el sonido de "loor", sino que es *una* sílaba larga.

Cómo escribir las letras

No hay ninguna forma especial de escribir las letras. Sería sensato empezar por copiar la forma en la que otra persona las escribe (p.ej., su profesor), y desarrollar su propio estilo a partir de eso. Sin embargo, es posible dar algunos consejos:

- Algunas personas escriben γ con un rizo abajo: γ̧ .
- ι se escribe sin un puntito arriba.
- Observe la diferencia entre υ (parte de abajo redonda) y ν (parte de abajo con una puntita).
- Muchas letras se escriben sin levantar el lápiz de la página y con curvas en vez de líneas rectas, en particular β, δ, θ, ρ, σ y ω.

La altura relativa de las letras es importante. El gráfico siguiente indica qué partes de las letras se escriben por encima de la línea, y qué partes se escriben debajo de ella. En general, sin embargo, las letras griegas tienen una altura mucho más uniforme que las españolas. La mayor parte de cada letra se contiene entre las dos líneas indicadas en el gráfico.

αβγδεζηθικλμνξοπρσςτυφχψω

- β, δ, ζ, θ, λ y ξ se extienden por encima de la línea de arriba (y la barra central de φ y ψ en la ortografía de muchas personas). Al contrario del español, la κ y la τ no sobrepasan esta línea.
- β, γ, ζ, η, μ, ξ, ρ, ς, φ, χ y ψ tienen "rabitos" que se extienden debajo de la línea de abajo.

PRÁCTICA 1.1

A. Escriba el alfabeto griego (en minúsculas) en orden alfabético griego, con el equivalente español de cada letra.

Aclaración

Use ē para representar η y ō para ω.

B. Escriba el alfabeto español y ponga la letra griega minúscula equivalente, donde sea posible (no ponga nada para h, q, v y w).
C. Escriba el sonido de las palabras griegas siguientes, usando el alfabeto español. También, ya que estas palabras han entrado en el español del griego, procure adivinar el significado.

Aclaración

El griego añade terminaciones especiales a las palabras, así que al pensar en las palabras españolas que puedan haber sido derivadas de una palabra griega, no haga caso a la terminación. Tenga también en cuenta que la letra griega υ se escribe a menudo en español con i (ver nota 16, arriba).

1. βαπτισμα
2. θρονος
3. κοσμος
4. μεγας
5. μικρος
6. μυστηριον
7. παραβολη
8. παραλυτικος
9. σαββατον

D. Las siguientes palabras son palabras griegas, pero escritas en letras españolas. Escríbalas en letras griegas (minúsculas), y procure adivinar su significado.

1. blasfēmē	4. mētēr	7. profētēs
2. kardia	5. patēr	8. pyr
3. logikos	6. pneumatikos	9. fōnē

1.2 LAS RESPIRACIONES O ESPÍRITOS

Una "respiración" (también a veces llamada "espíritu") es una marca encima de una vocal para indicar si se pronuncia de forma normal o si le precede una respiración fuerte, el equivalente de poner una "h" inglesa o una "j" española suave delante de la vocal, es decir, un fricativo *uvular* y no *glotal*, lo cual sería normal para la jota. El término técnico para la adición de este sonido delante de una vocal es *aspiración*. En griego hay dos marcas diferentes de aspiración:

- la *respiración áspera* indica que la vocal tiene que pronunciarse "aspirada", es decir, con la "jota suave" delante de ella;
- la *respiración suave* indica que no se pronuncia tal sonido delante de la vocal.

En este libro se reservará el uso de la "j" para representar a la letra griega χ. Por lo tanto, se empleará la letra "h" para representar una respiración fuerte. El lector tiene que tener en cuenta que en griego esto corresponde al sonido descrito arriba (no al silencio, lo cual sería el caso con el español).

Solamente es posible pronunciar una vocal con *aspiración* si es la primera letra de una palabra. Por lo tanto, las vocales que ocurran en otras partes de las palabras no se marcan con respiraciones, ya que por definición serán sin aspirar. Las vocales al principio de una palabra que tienen que ser aspiradas llevan el símbolo de la respiración áspera, y las que no son aspiradas llevan el símbolo de la respiración suave. No para cambiar la pronunciación, sino para indicar la ausencia de la "jota suave".

	Sonido en español	Escrito	Ejemplo
Respiración áspera	j suave o "h" inglesa	ʽ	ἅγιος (hagios – santo (adj))
Respiración suave	(nada)	ʼ	ἄγγελος (anguelos – ángel)

Notas

- Las respiraciones se escriben encima de la letra – ἀ, ἁ, ἐ, ἑ, ἠ, ἡ, ἰ, ἱ, ὀ, ὁ, ὐ, ὑ, ὠ, ὡ.
- Las respiraciones suaves no son opcionales, a pesar de que no se pronuncian: εκκλησια no puede ser correcto; tiene que ser ἐκκλησια – iglesia.
- Además, si una r es la primera letra en una palabra, tiene que llevar el símbolo de la respiración fuerte, ῥ, porque la r en griego siempre es "aspirada", p.ej., ῥαββι – rabí.

Toda vocal (α, ε, η, ι, ο, υ, ω) al principio de una palabra griega tiene que llevar un símbolo de respiración

PRÁCTICA 1.2

¿En cuáles de estas palabras griegas hay un error de respiración?

1. αγο 2. ʼβλεπω 3. ἐχω 4. λέγω 5. πιστευω

1.3 LAS MAYÚSCULAS

Se emplean las mayúsculas bastante menos en griego que en español. Solamente para el principio de un discurso o un párrafo, y para nombres (es decir, no al principio de cada oración).

Su forma es la que se da en la tabla que se ha presentado ya en este capítulo. La mayoría de las mayúsculas son fáciles de recordar. Sin embargo, Η, Π, Υ y Χ no se parecen a las letras españolas "correctas". Además, las mayúsculas Γ, Δ, Μ, Ξ, Σ y Ω no se parecen a sus equivalentes minúsculas.

Si es necesario ponerle una respiración a una mayúscula, esta se pone justo antes de la letra, p.ej., ᾿Ισραηλ (Israel).

1.4 LOS DIPTONGOS E IOTA SUSCRITA

Cuando ocurren dos vocales juntas en una sílaba, eso se llama un diptongo. Por ejemplo, la palabra española "<u>au</u>ricular" empieza con un diptongo. Hay siete diptongos corrientes en griego.

αι	como "ai" en T<u>ai</u>landia
ει	como "ei" en v<u>ei</u>nte
οι	como "oi" en <u>oi</u>go
υι	como "ui" en h<u>ui</u>r[1]
αυ	como "au" en <u>Au</u>stria
ου	como "u" en z<u>u</u>mo (o sea, no tiene *sonido* de diptongo)[2]
ευ / ηυ	como "eu" en <u>Eu</u>ropa

Si un diptongo viene al principio de una palabra, la respiración se escribe encima de la *segunda* letra del diptongo, p.ej., αἱμα (haima) – sangre.

También ocurren a veces dos vocales seguidas sin que formen un diptongo. Esto es igual que en español, por ejemplo, como en una palabra como l<u>ee</u>r, o l<u>eo</u>. En estos casos las dos vocales se pronuncian por separado y forman dos sílabas diferentes. En griego, en tales casos las dos vocales se tratan como dos letras separadas. Se pronuncian por separado, y si hay una respiración, se pone encima de la primera letra, p.ej., ἐαν (e-an) – si; υἱος (hui-os) hijo; εὐαγγελιον (eu-anguelion) – buenas nuevas.[3]

La **iota suscrita** es una forma especial de diptongo. Ocurre cuando una iota sigue una vocal larga (η, ω o la α larga), sobre todo al final de una palabra. Por convención se escriben estas iotas "suscritas", es decir, debajo de la vocal, así: ᾳ, ῃ, ῳ. Estas iotas no se pronuncian, "desaparecen dentro" de la vocal larga. Esto es una lástima, ya que es imprescindible escribirlas y como no se pronuncian es fácil olvidarlas. Así que λογῳ se pronuncia logō, pero de momento conviene transcribirlo logō(i).

---

1. No es el sonido que ocurre en "f<u>u</u>imos", donde la "u" se pronuncia como una semivocal ("w").

2. En la pronunciación española se suele pronunciar este diptongo igual que la υ, ya que esta vocal no suele pronunciarse como la "u" en la palabra francesa "r<u>u</u>e". Ver nota 15 de la tabla arriba.

3. Si existe duda en cuanto a si dos vocales forman un diptongo o dos sílabas, entonces es posible usar la diéresis para indicar que las vocales no son parte de un diptongo. P. ej., Μωϋσης es Μω-υ-σης. (Moisés)

PRÁCTICAS 1.3 Y 1.4

A. Escriba estos nombres con letras españolas.
   1. Παυλος
   2. Μαρια
   3. Ἀβρααμ
   4. Ἰωσηφ
   5. Σιμων
   6. Ἡρῳδης
   7. Ἰερουσαλημ
   8. Καισαρ[4]

B. Escriba estos nombres con letras griegas.
   1. Barnabas
   2. Petros
   3. Filippos
   4. Pilatos
   5. Timoceos
   6. Ioudaea[4]
   7. Satanas
   8. Farisaios

C. Aquí está la primera mitad del Padre Nuestro de Mateo (6:9-10). Decida cómo hay que pronunciarlo. Al principio, la manera más fácil de hacer esto podría ser escribirlo en letras españolas.

> Πατερ ἡμων ὁ ἐν τοις οὐρανοις
> ἁγιασθητω το ὀνομα σου
> ἐλθητω ἡ βασιλεια σου
> γενηθητω το θελημα σου
> ὡς ἐν οὐρανῳ και ἐπι γης

1.5 LOS ACENTOS Y EL ÉNFASIS

En tiempos antiguos se escribía el griego sin acentos. Sin embargo, cuando se hablaba había por supuesto una forma aceptada de pronunciar las palabras. Después de la época en la que se escribió el Nuevo Testamento, se estableció gradualmente un sistema de tres acentos, agudo: ´, grave: ` y circunflejo. La forma del circunflejo varía según la fuente empleada. A veces es como el circunflejo francés, con un pico: ^ , a veces redondo: ˆ , y a veces como la tilde española: ˜. En el curso del tiempo se desarrolló el sistema de acentuación que siguen los eruditos de griego de hoy día, y esto se imprime en los Nuevos Testamentos griegos. Probablemente esto reflejará la manera en la que se pronunciaban las palabras originalmente y los acentos indican lo que fueron, inicialmente, cambios de tono ("nota musical") en la pronunciación de las palabras, y posteriormente diferencias de énfasis (una mayor intensidad de la voz).

Sin embargo, no se enseñan los acentos en este libro, por tres razones importantes:

1. En la época en la que se escribió el Nuevo Testamento no había acentos.
2. La reglas sobre el uso de los acentos son complicadas, y tiene usted suficiente que aprender.
3. Los acentos no le ayudan a traducir ni a entender griego.

El tercer punto no es completamente verdad, en un número muy pequeño de situaciones pueden distinguir los acentos entre dos palabras similares o idénticas. En estos casos se

---

4. Cuando una palabra griega que contiene el diptongo αι se escribe en letras españolas (p.ej., con un nombre) "αι" se suele representar con la letra "e".

hará una nota especial para señalar esto, y estas notas se recogen en la página 274 en la sección de referencia.[5]

Sin embargo, tradicionalmente los textos griegos imprimidos emplean acentos. Por esta razón, para ayudarle a acostumbrarse a ver los textos con acentos, cuando los ejemplos de los textos del Nuevo Testamento se imprimen en este libro, se le pondrán los acentos. Aparte de esto, no se emplearán los acentos, salvo cuando son útiles para distinguir entre dos palabras de forma idéntica. No es conveniente que intente usted aprender los acentos de momento.[6]

Esto deja la cuestión de dónde debe de recaer el énfasis cuando se pronuncian las palabras griegas. Al igual que la cuestión de la pronunciación de las letras mismas, esto es un tema disputado y no es de importancia central para sus necesidades inmediatas, así que se le recomienda que se concentre en pronunciar las palabras de forma clara (y que siga las sugerencias de su profesor).

En el mundo hispano, se suele hacer recaer el énfasis sobre la sílaba de la palabra griega que tenga un acento, sin distinguir entre los distintos tipos de acento.

> **GRAMÁTICA ESENCIAL**
> Respiraciones – esenciales
> Acentos – sin importancia, así que es mejor no tenerlos en cuenta

PRÁCTICA 1.5

¿Cuáles de las palabras siguientes tienen una respiración suave?
 1. βάλλω   2. ἄγω   3. εὑρίσκω   4. ἅγιος   5. ἰῶτα

1.6 LA PUNTUACIÓN

El griego antiguo se escribía con poca puntuación. Sin embargo, para la puntuación hay un sistema estándar que está aceptado ahora. Esto hace mucho más fácil la lectura del texto (al contrario de los acentos).[7] En el griego hay cuatro marcas de puntuación.

Griego	Equivalente español	Usado para
. (en contacto con la línea)	.	Fin de una oración
,	,	Pausa pequeña dentro de una oración
· (más arriba que la línea)	; o :	Pausa principal dentro de una oración
;	?	Pregunta

---

5. Sin embargo, recuerde que los manuscritos originales no tienen acentos. Por lo tanto, cuando un acento distingue entre dos palabras, revela únicamente cuál de las palabras considera ser la correcta el editor del texto imprimido.

6. En la sección "Para ir más lejos" se da más información para los que quieran aprender más acerca de los acentos.

7. Cuando empieza uno a leer más griego, es importante recordar que la puntuación ha sido añadida por los editores del texto imprimido que tenga uno y que no es parte del texto mismo. Sin embargo, inicialmente ¡supongamos que los editores hayan sido sensatos al tomar sus decisiones!

Además, si una palabra que empieza con una vocal sigue otra que termina con una vocal, a veces ocurre la *elisión* –la vocal final de la primera palabra se suprime y esto se señala con un apóstrofe: ', p.ej. ἀλλ' ἐγω en vez de ἀλλα ἐγω.

PRÁCTICA 1.6

¿Cuáles de estas son preguntas?

1. βλεπεις; 2. ἐχω· 3. λυουσιν. 4. βαλλει; 5. λεγετε,

VOCABULARIO PARA EL CAPÍTULO 1

(Los números entre paréntesis después de la palabra griega indican el número de veces que ocurre la palabra en el Nuevo Testamento. Las palabras precedidas de un asterisco pertenecen al grupo más limitado de 390 palabras ver la discusión de los dos caminos en este libro en la página 7.

Siete palabras hebreas, escritas en griego tal como suenan

Ἀβρααμ (73) – Abraham   Ἰακωβ (27) – Jacob
ἀμην (129) – amén, en verdad   Ἰσραηλ (68) – Israel
Δαυιδ (59) – David   Ἰωσηφ (35) – José
ῥαββι (15) – Rabí[8]

Y la segunda más corriente palabra griega: *και (9161) – y

Ejercicios

Es importante acostumbrarse a hacer el paso de las formas de las letras griegas a los sonidos que representan (es decir, poder pronunciar las palabras griegas), y también hacer el paso en el sentido inverso; del sonido a la letra griega que lo representa. Sin esto no sería el griego más que una serie de marcas en una página, y así es casi imposible aprenderlo. Como se menciona en la página 7, la mejor forma de aprender el vocabulario o la gramática es con el sonido de las palabras, y haciéndoles pruebas a los amigos. Para hacer ambas cosas, es necesario poder escribir y leer las letras griegas sin dificultad.

---

8. Es difícil saber cuál es la mejor forma de traducir ῥαββι. Dado que es una palabra aramea que significa literalmente 'gran maestro mío', podría ser traducido 'maestro' o 'señor'. Es posible ver esto en Marcos 9:5, donde Pedro llama a Jesucristo ῥαββι, mientras que en la misma oración en Mateo (17:4) lo llama κυριος (señor), y en Lucas (9:33) ἐπιστατα (maestro). Sin embargo, en Juan 1:38 y 20:16 ῥαββι se traduce al griego con la palabra διδασκαλος (profesor) (ver también Mateo 23:8 y Juan 3:2). Esto corresponde a su empleo en arameo cuando se empleaba para profesores venerados. Sin embargo, traducirlo al español meramente con la palabra 'profesor' pierde algo – ῥαββι no es la palabra griega normal para profesor sino un término que viene de un contexto histórico y lingüístico muy específico. Una regla útil es que si un escritor griego emplea una palabra aramea (en vez de traducirla al griego), entonces haría uno bien de retener la palabra aramea, en vez de traducirla al español. Por lo tanto, yo 'traduciría' ῥαββι con la palabra "rabí".

1. Decida cómo pronunciar el pasaje siguiente de Juan 1:1-14.
   Inicialmente, es posible que la manera más fácil de hacer esto sea escribiéndolo en letras españolas. Para distinguir entre las formas largas y cortas de 'o' y 'e', le puede ser de ayuda usar 'e' para ε y 'ē' para η, 'o' para 'o' y 'ō' para 'ω'. A pesar de que no se pronuncian, represente las iota suscritas con (i).

   ¹ ἐν ἀρχῃ ἠν ὁ λογος, και ὁ λογος ἠν προς τον θεον, και θεος ἠν ὁ λογος. ² οὑτος ἠν ἐν ἀρχῃ προς τον θεον. ³ παντα δι᾽ αὐτου ἐγενετο, και χωρις αὐτου ἐγενετο οὐδε ἑν, ὁ γεγονεν ⁴ ἐν αὐτῳ ζωη ἠν, και ἡ ζωη ἠν το φως των ἀνθρωπων· ⁵ και το φως ἐν τῃ σκοτιᾳ φαινει, και ἡ σκοτια αὐτο οὐ κατελαβεν. ⁶ ἐγενετο ἀνθρωπος ἀπεσταλμενος παρα θεου, ὀνομα αὐτῳ Ἰωαννης· ⁷ οὑτος ἠλθεν εἰς μαρτυριαν, ἱνα μαρτυρησῃ περι του φωτος, ἱνα παντες πιστευσωσιν δι᾽ αὐτου. ⁸ οὐκ ἠν ἐκεινος το φως, ἀλλ᾽ ἱνα μαρτυρησῃ περι του φωτος. ⁹ ἠν το φως το ἀληθινον, ὁ φωτιζει παντα ἀνθρωπον, ἐρχομενον εἰς τον κοσμον. ¹⁰ ἐν τῳ κοσμῳ ἠν, και ὁ κοσμος δι᾽ αὐτου ἐγενετο, και ὁ κοσμος αὐτον οὐκ ἐγνω. ¹¹ εἰς τα ἰδια ἠλθεν, και οἱ ἰδιοι αὐτον οὐ παρελαβον. ¹² ὁσοι δε ἐλαβον αὐτον, ἐδωκεν αὐτοις ἐξουσιαν τεκνα θεου γενεσθαι, τοις πιστευουσιν εἰς το ὀνομα αὐτου, ¹³ οἱ οὐκ ἐξ αἱματων οὐδε ἐκ θεληματος σαρκος οὐδε ἐκ θεληματος ἀνδρος ἀλλ᾽ ἐκ θεου ἐγεννηθησαν. ¹⁴ και ὁ λογος σαρξ ἐγενετο και ἐσκηνωσεν ἐν ἡμιν, και ἐθεασαμεθα την δοξαν αὐτου, δοξαν ὡς μονογενους παρα πατρος, πληρης χαριτος και ἀληθειας.

2. A continuación se presenta Juan 1:15-23 escrito con letras españolas para representar cómo sonaría al ser leído. Aquí se ha representado la respiración áspera con la letra 'h'. Vuelva a poner estos sonidos en letras griegas. Es decir, escriba el texto en griego. Acuérdese de las respiraciones suaves (que no están indicadas aquí) y de las dos formas diferentes de la letra sigma.

¹⁵ Iōannēs marturei peri autou kai kekragen legōn, houtos ēn hon eipon, ho opisō mou erjomenos emproscen mou guegonen, hoti prōtos mou ēn. ¹⁶ hoti ek tou plērōmatos autou hēmeis pantes elabomen kai jarin anti jaritos; ¹⁷ hoti ho nomos dia Mōuseōs edocē, hē jaris kai hē alēceia dia Iēsou Jristou egueneto. ¹⁸ ceon oudeis heōraken pōpote; monoguenēs ceos ho ōn eis ton kolpon tou patros ekeinos exēguēsato.

¹⁹ Kai hautē estin hē marturia tou Iōannou, hote apesteilan pros auton hoi Ioudaioi ex hierosolumōn hiereis kai Leuitas hina erōtēsōsin auton, Su tis ei? ²⁰ kai hōmologuēsen kai ouk ērnēsato, kai hōmologuēsen hoti Egō ouk eimi ho Jristos. ²¹ kai erōtēsan auton, Ti oun? Su Ēlias ei? kai leguei, Ouk eimi. ho profētēs ei su? kai apekricē, Ou. ²² eipan oun autō(i), Tis ei? hina apokrisin dōmen tois pempsasin hēmas; ti legueis peri seautou? ²³ efē, Egō fōnē boōntos en tē(i) erēmō(i), Euzunate tēn hodon kuriou, kazōs eipen Ēsaias ho profētēs.

CAPÍTULO DOS

Oraciones básicas

2.1 EL TIEMPO PRESENTE DE λυω

> Marcos 11:4: <u>λυουσιν</u> αὐτον...lo <u>desatan</u>
> Lucas 13:15: <u>λυει</u> τον βουν αὐτου – <u>desata</u> su buey
>
> La palabra griega λυω ('desato') tiene terminaciones diferentes para indicar quién está desatando – λυουσιν = (ellos) desatan y λυει = (él) desata. Esto es equivalente a las formas españolas, donde la terminación indica quien está haciendo la acción.

El tiempo presente del verbo griego λυω, que quiere decir 'desato', es como sigue.[1]

Título gramatical	Griego	Español	
		o	o
1ª persona del singular	λυω	estoy desatando	desato
2ª persona del singular	λυεις	estás desatando	desatas
3ª persona del singular	λυει	(él, ella o ello) está desatando	(él, ella o ello) desata
1ª persona del plural	λυομεν	estamos desatando	desatamos
2ª persona del plural	λυετε	estáis desatando	desatáis
3ª persona del plural	λυουσιν o λυουσι	están desatando	desatan

Notas

- **1ª persona del singular**: yo **1ª persona del plural**: nosotros(as)
- **2ª persona del singular y del plural**: tú y vosotros(as)
  Al *igual* que el castellano, el griego distingue entre el singular y el plural. Al *contrario* del castellano, no existe una diferencia entre las formas "familiares" (tú / vosotros(as)) y las formas "formales" (usted /ustedes).
- **3ª persona del singular**: el sujeto puede ser una persona (masculina o femenina) o una cosa (igual que en castellano).

¿Persona?
Verlo en castellano
Sección 5
Página 246

---

1. Estrictamente hablando, esto es el indicativo presente activo del verbo λυω. Encontraremos otras formas de los verbos más adelante: otros *tiempos* diferentes del *presente* en el capítulo 6, otros *modos* diferentes del *indicativo* en el capítulo 7 y otras *voces* diferentes de la *activa* en el capítulo 15. Sin embargo, no se preocupe acerca de estas diferencias ahora – ¡tiene uno que aprender a andar antes de correr!

3ª persona del plural: observe las dos posibilidades para la terminación del verbo: λυουσιν o λυουσι. Cualquiera de las dos formas es aceptable, aunque la forma con la ν 'opcional' es más corriente, y se emplea además siempre cuando la palabra siguiente empieza con una vocal, y al final de una oración.

Igual que en castellano, los verbos se emplean principalmente *sin* el pronombre personal (yo, tú, él, etc). Por esta razón, no se introducen los pronombres hasta el capítulo 9.

2.1.1 Raíces, terminaciones y conjugaciones

Cada una de estas seis formas de λυω puede ser dividida en dos partes:

la raíz: λυ
la terminación: -ω, -εις, -ει, -ομεν, -ετε, -ουσιν.

La raíz da el significado básico de la palabra: λυ quiere decir "desatar".
La terminación indica la persona que está haciendo la acción:

-ω	significa	yo	-ομεν	significa	nosotros(as)
-εις	significa	tú/usted	-ετε	significa	vosotros(as)/ustedes
-ει	significa	él, ella (o una cosa)	-ουσιν	significa	ellos/ellas

Cuando juntamos una *raíz* con una *terminación*, tenemos una palabra griega (p.ej., λυομεν) que puede significar una palabra española *o varias* palabras españolas, como indicado en la tabla en la página anterior.

> **GRAMÁTICA ESENCIAL**
> Esto es muy parecido a la manera de formar los verbos en castellano

Las seis formas de un verbo (una raíz con las seis terminaciones) forman un 'patrón', un 'modelo' o una 'plantilla' y el término técnico para esto es una *conjugación*. Ahora hemos aprendido la *conjugación presente* (del indicativo activo) de λυω. Ahora podemos *conjugarlo* (es decir, seguir el modelo para hacer las seis formas). En los libros de gramática, la conjugación se escribe siempre en este orden: las formas para *yo, tú/usted, él/ella, nosotros(as), vosotros(as)/ustedes, ellos/ellas*.

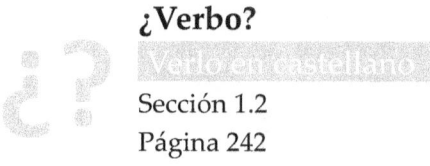

¿Verbo?
Verbo en castellano
Sección 1.2
Página 242

La buena noticia es que casi todos los verbos griegos siguen el mismo modelo (la misma *conjugación*) que λυω. Así que, si sabe que 'digo' es λεγω y 'veo' es βλεπω, entonces puede hacer todas las seis formas de cada verbo:

λεγω	estoy diciendo		βλεπω	estoy viendo
λεγεις	estás (usted está) diciendo		βλεπεις	estás (usted está) viendo
λεγει	está diciendo		βλεπει	está viendo
λεγομεν	estamos diciendo		βλεπομεν	estamos viendo
λεγετε	estáis (ustedes están) diciendo		βλεπετε	estáis (ustedes están) viendo
λεγουσιν	están diciendo		βλεπουσιν	están viendo

Observe las semejanzas entre el griego y el castellano y las diferencias entre ellos:

	Terminación griega	Semejanzas con/diferencias de las terminaciones en castellano
1ª persona singular	-ω	-o (desat<u>o</u>, dig<u>o</u>, etc)
2ª persona singular	-ς	-s (desata<u>s</u>, dice<u>s</u>, etc)

3ª persona singular	-ει	Termina en una vocal (desat**a**, dic**e**, etc)
1ª persona plural	-ομεν	Dos sílabas, segunda letra es 'm' (desat**am**os, dec**im**os, etc)
2ª persona plural	-ετε	(Ninguna semejanza - ¡pero es la única!)
3ª persona plural	-ουσιν	Termina en 'n' (desata**n**, dice**n**, etc)

2.1.2 Significado del tiempo presente

El tiempo presente en griego significa una acción:
– que ocurre en el presente
– que representa o (a) un proceso o (b) es indefinido

> **GRAMÁTICA ESENCIAL**
> Una vez que conoce uno el presente de λυω, conoce el presente de casi todos los verbos griegos[2]

Arriba hemos puesto la forma 'progresiva' de cada verbo en español. Igualmente podríamos haber escrito 'digo', 'veo', etc. Así, es posible traducir λυω como (a) estoy desatando (un 'proceso') o (b) desato. Cuál será más apropiado dependerá del contexto.

PRÁCTICA 2.1

Traduzca

1. λαμβανει.
2. διδασκομεν.
3. ἀκουουσιν.
4. ἐχετε.
5. βλεπω.
6. λυεις.
7. Ella tira o lanza.
8. Ellos tienen.
9. Nosotros dirigimos.

Aclaración

El vocabulario que necesita usted está presentado en las páginas al final del capítulo. A los verbos siempre se les da en su forma más sencilla en las listas de vocabulario y los diccionarios (es decir, la 1ª persona del singular del presente (indicativo activo)).

2.2 EL TIEMPO PRESENTE DE LOS VERBOS QUE TERMINAN CON -εω (φιλεω)

1 Juan 1:10: ψευστην <u>ποιουμεν</u> αὐτον – le <u>hacemos</u> mentiroso
ποιεω (hago) tiene unas terminaciones ligeramente diferentes de las de λυω. 'hacemos' es ποιουμεν, no ποιεομεν.

Hay muchos verbos griegos cuya raíz termina con ε. (Tradicionalmente se habla de los verbos que terminan 'en ε'.) Un ejemplo es φιλε-ω, "quiero" o "amo". Se les llama '*verbos en -εω*'. Estos verbos son regulares y tienen exactamente las mismas terminaciones que λυω. Sin embargo, se considera la ε al final de

> **GRAMÁTICA ESENCIAL**
> La gramática griega es muy regular, pero con muchos pequeños ajustes cuando se combinan ciertas letras

la raíz como 'débil', por lo cual 'se combina' con la vocal al principio de la terminación. A consecuencia de esta combinación o 'contracción' de las vocales, estos verbos son a veces llamados 'verbos contractos o que se contraen'.

Las reglas para las contracciones son: ε + ε → ει

ε + ο → ου

ε + cualquier vocal larga o diptongo: desaparece la ε sin hacer ninguna diferencia.

---

2. Se ha elegido λυω como modelo porque es completamente regular en todas sus formas, y es corto - ¡pruebe diciendo repetidas veces en voz alta las formas del verbo θεραπευω y observará la diferencia!

Así que el presente indicativo activo de φιλεω es:

	Forma real	Manera de llegar a esa forma
amo	φιλω	φιλε + ω → φιλω
amas (o usted ama)	φιλεις	φιλε + εις → φιλεις
ama	φιλει	φιλε + ει → φιλει
amamos	φιλουμεν	φιλε + ομεν → φιλουμεν
amáis (o ustedes aman)	φιλειτε	φιλε + ετε → φιλειτε
aman	φιλουσιν ο φιλουσι	φιλε + ουσιν → φιλουσιν

Aclaración

Los verbos en -εω siempre se presentan en los vocabularios y los diccionarios en su forma no contraída (p.ej., φιλεω); a pesar de que *esta forma no se encuentra nunca en realidad en griego, ya que debido a la contracción será φιλω!*

PRÁCTICA 2.2

Traduzca

1. φιλουσιν.
2. ποιειτε.
3. καλει.
4. τηρουμεν.
5. ζητω.
6. λαλεις.
7. Ellos están hablando.
8. Ella está haciendo.
9. Vosotros buscáis/ustedes buscan.

2.3 EL CASO NOMINATIVO Y EL CASO ACUSATIVO

Juan 6:24: ειδεν ὁ ὀχλος – la multitud vio
Marcos 6:34: ειδεν πολυν ὀχλον – vio una gran multitud
La palabra griega para multitud cambia según el papel que tiene en la oración: ὀχλος cuando es la multitud la que ve, y ὀχλον cuando está siendo vista por alguien.

2.3.1 Las formas de λογος

Los nombres, o "sustantivos" tienen, parecido a los verbos, diferentes terminaciones. El término técnico para esto es "flexión". En el caso de los nombres, se dice que se *declinan*. Esto quiere decir que cada nombre tendrá una raíz y una terminación.

¿Flexión?
Verlo en castellano
Sección 6
Página 246

La *raíz* indica el significado básico de la palabra, y la *terminación* da información más exacta acerca de la función de la palabra en una oración concreta.

Un sustantivo ocurre en una de cinco formas, las cuales se llaman "casos". La forma (el caso) indica la función de la palabra dentro de la oración, como por ejemplo si es el sujeto del verbo, y si es singular o plural. (A veces se hace referencia a la diferencia entre el singular y el plural de un sustantivo con la palabra "número". No hay que confundir esto con los términos "1ª, 2ª y 3ª persona", los cuales se refieren a los *verbos*).

El "patrón", "modelo" o "plantilla" de las terminaciones de los nombres, o sustantivos, se llama la *"declinación"*. Hacer todas las formas de un sustantivo se llama *"declinarlo"*. Mientras que la mayoría de los *verbos* se conjugan como λυω, hay varios grupos diferentes de sustantivos, y cada grupo tiene su declinación particular. Primero aprenderemos la declinación de λογος, lo cual quiere decir "palabra".

¿Sustantivos?
Verlo en castellano
Sección 1.1
Página 241

Caso	Número	
	Singular	Plural
Nominativo	λογος	λογοι
Acusativo	λογον	λογους

Usando λογος como modelo, uno puede determinar las formas del nominativo y del acusativo de muchos sustantivos griegos, tanto en el singular como en el plural. Algunos de estos sustantivos figuran en la lista de vocabulario al final de este capítulo.

Ejemplos
- ἀδελφος (hermano): ἀδελφος, ἀδελφον, ἀδελφοι, ἀδελφους.
- κυριος (Señor): κυριος, κυριον, κυριοι, κυριους.

PRÁCTICA 2.3.1

¿Qué caso y número (singular o plural) tiene cada una de las palabras siguientes?

1. ἀρτον
2. ἀγγελοι
3. οὐρανους
4. υἱοι
5. ὀχλος
6. θεους
7. δουλοι
8. νομον

2.3.2 El significado del caso nominativo y del caso acusativo

En castellano, el orden de las palabras suele ser el indicador principal –aunque no el único– que permite distinguir el sujeto del complemento, con el sujeto antes del verbo y el complemento después.

GRAMÁTICA ESENCIAL
Nominativo – Sujeto
Acusativo – Complemento

Así que "el camión dañó la casa" no tiene el mismo significado que "la casa dañó el camión". Sin embargo, en el caso de oraciones acerca de personas –o incluso animales, por regla general– hay otro detalle en castellano que ayuda a ver quién es el sujeto y quién el complemento. Así que, en las oraciones "el hombre muerde al perro" y "el perro muerde al hombre", en ambos casos la palabra

¿Sujeto y complemento?
Verlo en castellano
Sección 3
Página 245

"al" ayuda a señalar al complemento del verbo, por lo cual sería posible cambiar el orden de las frases en estas oraciones sin cambiar el sentido:

"el hombre muerde al perro" = "al perro le muerde el hombre" (con la introducción de una palabra adicional, "le"). Sin cambiar el significado del hecho al que se refiere, esta flexibilidad permite variar el énfasis que se da a distintos componentes de la oración.

El griego es parecido al castellano en esto (sin la necesidad de añadir una palabra adicional). El **caso** en griego permite distinguir entre el sujeto y el complemento del verbo. Por lo tanto, es posible variar el orden de las frases dentro de la oración.[3]

2.3.3 Formar una oración

Ahora es necesario juntar un verbo y uno o más sustantivos para formar una oración.

- βλεπεις.   – Ves (usted ve).
- βλεπεις ἀγγελον.   – Ves (usted ve) a un ángel.
- βλεπεις ἀγγελους.   – Ves (usted ve) a ángeles.

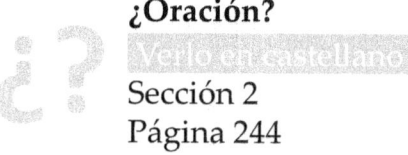

¿Oración?
Verbo en castellano
Sección 2
Página 244

Nota: No hay ninguna palabra en griego para el *artículo indefinido* (un/una). Así que λογος quiere decir "palabra" o "una palabra", el contexto indicará cuál es correcto.

En cuanto queramos usar un sustantivo (en el nominativo) como sujeto de una oración, encontramos el concepto importante de la *concordancia*: las distintas partes de una oración se relacionan entre sí.

GRAMÁTICA ESENCIAL

El verbo tiene que *concordar* con el sujeto en cuanto a *número* (singular o plural)

Así que

- si el sujeto es singular, el verbo tiene que ser singular
- si el sujeto es plural, el verbo tiene que ser plural.

Aclaración

Esto se hace igualmente en castellano, por ejemplo, El hombre <u>ve</u>; Los hombres <u>ven</u>.

Al igual que en castellano, si la forma del verbo es la 1ª persona (yo o nosotros(as)) o 2ª persona (tú, usted, vosotros(as) o ustedes), no suele tener un sujeto separado, ya que el verbo mismo contiene la información correspondiente. Por ejemplo:

com<u>o</u> = 1ª persona del singular (yo)   com<u>es</u> = 2ª persona del singular (tú)
com<u>emos</u> = 1ª persona del plural (nosotros) com<u>éis</u> = 2ª persona del plural (vosotros)

Al contrario, si hay un sujeto separado (p.ej., "el rey", "una niña", "la montaña", "cerdos"), entonces estará el verbo en la 3ª persona (p.ej., com<u>e</u>, com<u>en</u>, etc.)

Ejemplos

- βλεπετε.   – Veis (ustedes ven).
- ἀγγελος βλεπει.   – Un ángel ve.
- βλεπετε ἀγγελον.   – Veis (ustedes ven) a un ángel.
- δουλος βλεπει ἀγγελον.   – Un esclavo ve a un ángel.
- δουλοι βλεπουσιν ἀγγελον.   – Unos esclavos ven a un ángel.
- δουλοι βλεπουσιν ἀγγελους.   – Unos esclavos ven a (unos) ángeles.

---

3. Al igual que en castellano, un cambio en el orden de las palabras comunica una diferencia de *énfasis*, no de *significado básico*. Se habla más de esto en el capítulo 5, sección 5.7.

Aclaración

Para traducir, hay tres pasos:
1. Deducir el caso de las palabras.
2. Deducir por qué las distintas palabras tienen los casos que tienen.
3. Traducir la oración a la luz de esto.

- κυριος ἐχει δουλους.
1. κυριος es nominativo y singular.   δουλους es acusativo y plural
2. κυριος es nominativo porque es el sujeto del verbo.   δουλους es acusativo porque es el complemento del verbo.
3. La traducción es: "Un señor tiene esclavos."

δουλους κυριος ἐχει significaría exactamente lo mismo, porque κυριος sigue siendo *nominativo* y por lo tanto es el sujeto del verbo, y δουλους sigue siendo *acusativo* y por lo tanto es el complemento del verbo. El cambio en el orden de las palabras no cambiaría el significado básico de la oración, aunque el énfasis habría cambiado; hay más acerca del orden de las palabras y el énfasis en el capítulo 5 (sección 5.7).

PRÁCTICA 2.3.3

Traduzca

1. ἀδελφος διδασκει ὀχλους.
2. ζητουμεν ἀρτον.
3. δουλους λυεις.
4. κυριος λεγει λογον.
5. ἀνθρωποι καλουσιν.
6. ἀγγελοι τηρουσιν νομους.
7. Un hermano ve una casa.
8. La gente está mirando.
9. Amamos (a) un mundo.
10. Dios dirige.

2.4 EL ARTÍCULO DEFINIDO

En griego –igual que en castellano– el artículo definido ("el/la/los/las") tiene que ser '*declinado*'. Es decir, su forma varía según el sustantivo al cual se refiere, y de acuerdo con el *caso* (nominativo/acusativo, etc.) de ese sustantivo y su *número* (singular/plural). Normalmente viene directamente delante del sustantivo. (Ya que no existe un artículo indefinido (un/una) en griego, a menudo se suprime la palabra 'definido' y se habla sencillamente del 'artículo').

Caso	Número	
	Singular	Plural
Nominativo	ὁ	οἱ
Acusativo	τον	τους

Ejemplos

- βλεπεις τον ἀγγελον.   –   Ves <u>al</u> ángel.
- οἱ ἀγγελοι βλεπουσιν.   –   <u>Los</u> ángeles ven.
- ἀνθρωπος βλεπει τους ἀγγελους. –   Una persona ve a <u>los</u> ángeles.

Poniendo los artículos con un sustantivo tenemos, por ejemplo:

Caso	Número	
	Singular	Plural
Nominativo	ὁ λογος	οἱ λογοι
Acusativo	τον λογον	τους λογους

Observe que, con la excepción del nominativo singular, el final del artículo rima en estos casos (y en muchos otros, que se verán más adelante). Esto facilita la memorización de las formas. Por contraste, ὁ λογον no podría ser correcto, ya que ὁ no concuerda con λογον. (ὁ es nominativo, pero λογον es acusativo).

2.5 USOS ESPECIALES DEL ARTÍCULO DEFINIDO

Normalmente se emplea el artículo definido en griego en las mismas situaciones que 'el/la/los/las' en castellano. Sin embargo, hay tres usos especiales del artículo en griego:

1. **Los nombres de las personas.** El griego emplea a menudo el artículo definido delante del nombre de una persona, p.ej., ὁ Δαυιδ = David (no se traduciría "el David").
2. **Sustantivos abstractos.** El griego emplea el artículo definido normalmente con sustantivos abstractos o generalizaciones, p.ej., ὁ ἀνθρωπος puede significar 'la persona', pero puede también significar 'la humanidad' en general; de forma parecida ὁ νομος puede significar 'la ley' (como un concepto general) además de una ley específica a la que ya se hubiera hecho referencia. Esto es muy parecido al uso castellano.
3. **Dios.** Los escritores de una perspectiva monoteísta también suelen usar el artículo delante de θεος: ὁ θεος = 'Dios'.

PRÁCTICAS 2.4 Y 2.5

Traduzca

1. οἱ υἱοι ἐχουσιν οἰκον.
2. καλειτε τον ἀδελφον.
3. ὁ θεος ποιει τους οὐρανους.
4. ἀγει ἀγγελος ὀχλους.
5. ὁ κυριος ἀκουει.
6. Buscamos al Mesías.
7. Los hijos están hablando palabras.
8. La gente ama a Dios.

VOCABULARIO PARA EL CAPÍTULO 2

Nueve verbos como λυω

*ἀγω (67)	–	conduzco, llevo, dirijo
*ἀκουω (428)	–	oigo, escucho
*βαλλω (122)	–	echo, arrojo, lanzo
*βλεπω (133)	–	veo, miro
*διδασκω (97)	–	enseño (instruyo)
*ἐχω (708)	–	tengo, poseo
*λαμβανω (258)	–	tomo, recibo
*λεγω (2354)	–	digo, hablo
*λυω (42)	–	desato, libero

Y seis verbos que son como φιλεω

*ζητεω (117)	–	busco, intento	*ποιεω (568)	–	hago, fabrico
*καλεω (148)	–	llamo	*τηρεω (70)	–	guardo
*λαλεω (296)	–	hablo, digo	*φιλεω (25)	–	amo, me gusta

Catorce sustantivos que se declinan como λογος

*ἀγγελος (175)	–	mensajero, ángel	*λογος (330)	–	palabra, mensaje
*ἀδελφος (343)	–	hermano	*νομος (194)	–	ley
*ἀρτος (97)	–	pan	*οἰκος (114)	–	casa, familia
*δουλος (124)	–	esclavo	*οὐρανος (42)	–	cielo
*θεος (1317)	–	Dios, dios	*ὀχλος (175)	–	multitud
*κοσμος (186)	–	mundo	*υἱος (377)	–	hijo
*κυριος (717)	–	señor, amo, patrón	*Χριστος (529)	–	Cristo, Mesías

La palabra más corriente en griego
*ὁ, ἡ, το (19867)   –   el, la, lo

Más otras dos palabras que se declinan como λογος y que tienen un significado parecido pero diferente
*ἀνθρωπος (550)   –   ser humano, persona
*λαος (142)   –   pueblo (personas) (¡*Atención!* No se emplea para 'pueblo' en el sentido de 'población' o 'aldea'), nación

(El plural de λαος significa pueblos (naciones). Para 'personas' (el plural de 'persona') o para 'la gente', el griego emplea el plural de ἀνθρωπος.)

Palabras para ayudar

ac<u>ústica</u>, <u>bal</u>ística/<u>bal</u>ón, <u>didác</u>tica, gloso<u>lalia</u>, <u>filo</u>sofía, <u>Filadelf</u>ía, <u>ángel</u>, <u>teo</u>logía, <u>cosmo</u>logía, diá<u>logo</u>, pró<u>logo</u>, anti<u>nomi</u>anismo, astro<u>nomí</u>a, Deutero<u>nomí</u>a, <u>Urano</u>, <u>antropo</u>logía, <u>laico</u>.

Ejercicios

Sección A

*1. ἐχω υἱον.
*2. ὁ ἀνθρωπος καλει δουλον.
*3. τον νομον φιλεις.
*4. ἀμην ἀμην λεγω…
*5. διδασκει ὁ Χριστος τον ὀχλον.
*6. ὁ θεος ποιει τον κοσμον και τον οὐρανον.
*7. ὁ Ἰωσηφ[4] λαμβανει τους ἀδελφους.

---

4. Cuando se emplean palabras extranjeras en griego, a menudo no son declinables. Esto se aplica a todas las siete palabras hebreas en el vocabulario para el capítulo 1. Cuando una palabra es indeclinable, esto quiere decir que su forma no cambia, no importa en qué caso esté. Así, por ejemplo, Ἀβρααμ podría ser nominativo o acusativo, aunque, normalmente, por ser el nombre de una persona, se empleará con el artículo definido, así:
ὁ Ἀβρααμ, τον Ἀβρααμ.

*8. ἀκουομεν και φιλουμεν τον λογον.
*9. Cristo dice las palabras.
*10. La multitud escucha la ley.
*11. Estás librando [*emplee* λυω] a los esclavos.
*12. (Algunas) Personas están haciendo pan.

Sección B

*1. οἱ υἱοι λαλουσιν.
*2. οἱ ἀγγελοι βλεπουσι τον θεον.
*3. ὁ ὀχλος τον θεον ζητει.
*4. βαλλετε τον ἀρτον.
*5. ὁ Ἰακωβ ἀγει τον ἀδελφον.
*6. τον νομον τηρει ὁ λαος Ἰσραηλ.[5]
*7. τον Δαυιδ[6] ὁ κυριος ζητει.
*8. ὁ κυριος Χριστος τους ἀνθρωπους λυει.
*9. Dios tiene mensajeros.
*10. Instruyo a los hijos.
*11. Estamos buscando al señor.
*12. Estáis (ustedes están) llamando al hermano.

---

5. Ver nota 4.
6. Ver nota 4.

CAPÍTULO TRES

Los casos y el género

3.1 LOS CASOS GENITIVO Y DATIVO

Apoc 19:1: ἠκουσα ... φωνην ... ὀχλου – Oí una voz de una ... multitud
Mat 23:1: ὁ Ἰησους ἐλαλησαν τοις ὀχλοις – habló Jesús a las multitudes
Con cambiar las terminaciones de ὀχλος es posible expresar la idea de 'de' o de hablar 'a'.

Además del nominativo y del acusativo, hay otros casos en los que pueden ocurrir los sustantivos:

Caso	Nominativo: ὁ – el		λογος – mensaje	
	Singular	Plural	Singular	Plural
Genitivo	του	των	λογου	λογων
Dativo[1]	τῳ	τοις	λογῳ	λογοις

El caso *genitivo* corresponde a *de* en castellano, p.ej., para indicar posesión o parentesco: es el libro *de* Juan, soy el hermano *de* Pedro, etc.
El *dativo* corresponde al *complemento indirecto* en castellano., p.ej., doy el libro *a* Juan.[2]

¿Complemento indirecto?
Verlo en castellano
Sección 3
Página 245

GRAMÁTICA ESENCIAL
Genitivo – posesión (≈ 'de')
Dativo – complemento indirecto
(≈ 'a', 'para')

Ejemplos
* ὁ ἀγγελος του θεου λεγει τον λογον.

1. ὁ ἀγγελος = el ángel – *nominativo*
   του θεου = Dios – *genitivo*
   τον λογον = la palabra – *acusativo*
2. Ángel es *nom.* porque es el sujeto.   Dios es *gen.* – el poseedor
   Palabra es *acus.* – el complemento (directo)
3. La oración = 'El ángel de Dios habla la palabra.'

* ὁ ἀγγελος λεγει τῳ δουλῳ.
1. ὁ ἀγγελος = el ángel – *nom.*   τῳ δουλῳ = el esclavo – *dat.*
2. Ángel es *nom.* porque es el sujeto.   Esclavo es *dat.* – complemento indirecto

---
1. Observe las iotas suscritas en τῳ y λογῳ (ver Capítulo 1, sección 1.4).
2. Hay otros usos menos corrientes del genitivo y del dativo, los cuales veremos más adelante.

3. La oración = 'El ángel habla al esclavo.'

- ὁ ἀγγελος λεγει τον λογον του θεου τῳ δουλῳ.
1. ὁ ἀγγελος = el ángel – *nom.*   τον λογον = la palabra – *ac.*
   του θεου = (de) Dios – *gen.*   τῳ δουλῳ = (al) esclavo – *dat.*
2. Ángel es *nom.* porque es el sujeto.   Palabra es *ac.* – el complemento (directo)
   Dios es *gen.* – el poseedor   Esclavo es *dat.* – complemento indirecto
3. La oración = 'El ángel habla la palabra de Dios al esclavo.'

PRÁCTICA 3.1

Si estas oraciones estuvieran en griego, ¿cuál sería el caso de las palabras subrayadas?

1. Estudio las lecciones.
2. La voz del profesor es monótona.
3. Estoy haciendo una comida para mi mujer.
4. Los estudiantes comen muchos pastelitos.
5. Tengo los libros de un amigo.
6. Estamos haciendo un sombrero para el profesor.
7. Detesto las redacciones.
8. Las clases terminan demasiado pronto.

Dé el caso y el número para las palabras siguientes

9. ἀδελφου
10. κυριοις
11. τους
12. δουλῳ
13. των
14. κοσμου
15. νομοι
16. θεον

3.2 USOS ESPECIALES DEL GENITIVO Y DEL DATIVO

Anteriormente, en el capítulo 2, sección 2.3. aprendimos que se emplea el acusativo para el complemento (directo) de un verbo. En la terminología gramatical, se dice que la mayoría de los verbos 'rigen' (requieren) que un sustantivo que es complemento directo sea en el acusativo. Así que el griego de 'él ve a un ángel' es βλεπει ἀγγελον. El verbo βλεπω requiere (o rige) que un sustantivo que es el complemento directo del verbo sea en el acusativo. A menudo se dice, 'βλεπω toma el acusativo'.

En este capítulo, en la sección 3.1 aprendimos el significado general del caso dativo. Hay ciertos verbos que casi siempre requieren tener un sustantivo en el dativo, porque tienen naturalmente un complemento indirecto. Por ejemplo, después de λεγω (digo) viene a menudo un sustantivo en el dativo, el cual expresa *a quien* ha hablado la persona: λεγω τῳ κυριῳ 'Estoy hablando al señor'. Sin embargo, λεγω puede también tener un complemento directo, es decir, en el acusativo –la cosa que fue dicha: λεγω λογον τῳ κυριῳ: 'Estoy hablando una palabra al señor'. Es posible resumir esto de la forma siguiente:

λεγω = 'hablo' + acusativo de la cosa dicha + dativo de la persona a la que se habló.
p.ej., hablo + la verdad + al hombre

Para λεγω esto corresponde al castellano, ya que en castellano usamos la palabra 'a' delante de la persona a la que se haya hablado. Sin embargo, no corresponden siempre de esta manera el castellano y el griego. Por lo tanto, si una palabra rige habitualmente un sustantivo en un caso que no sea el acusativo, esto se señalará en las listas de vocabulario y en el diccionario.

Por ejemplo, en el vocabulario para este capítulo verá usted la palabra πιστευω, la cual quiere decir 'creo (en), confío en, tengo fe en'. Esto se presenta de la forma:

πιστευω + dat.

porque la persona o la cosa en la que uno cree, confía o tiene fe se pone en el dativo en griego (p.ej., πιστευω τω λογω - 'Creo en la palabra').

Ahora podemos añadir también otro detalle a una palabra que aprendimos en el capítulo 2:

ἀκουω – oigo, escucho + ac. de *cosa* oída + <u>gen</u>. de *persona* oída. (*Observe también la diferencia en español*).

Ejemplos

- ἀκουομεν του κυριου – Oímos <u>a</u>l Señor
- ἀκουομεν τον λογον – Oímos <u>el</u> mensaje
- πιστευουσιν τω θεω – Ellos creen en Dios

PRÁCTICA 3.2

Traduzca

1. ἀκουω του κυριου.
2. βλεπει τον ἀγγελον του θεου.
3. πιστευομεν τω Χριστω.
4. ἀκουετε τους λογους.
5. Ellos oyen a Dios.
6. Yo creo en el Señor.

PRÁCTICA A MITAD DE CAMINO

Traduzca

1. ἐχομεν τον νομον του θεου.
2. οἱ δουλοι λαλουσιν τω κυριω.
3. ζητω τον οἰκον του Χριστου.
4. ποιειτε ἀρτον τοις ἀδελφοις.
5. ὁ ὀχλος ἀκουει τον λογον του κυριου.
6. βλεπει τον ἀγγελον και ἀκουει του ἀγγελου.
7. πιστευει τω υἱω του θεου.
8. ὁ ἀδελφος λυει δουλον τω κυριω.
9. Enseño la palabra de Dios.
10. Oyen al hijo.
11. Guardamos la ley del cielo.
12. Hablas a la multitud.

Curso de griego bíblico

3.3 LOS SUSTATIVOS FEMENINOS Y NEUTROS

Marcos 13:31: ὁ οὐρανος και ἡ γη παρελευσονται – El cielo y la tierra pasarán
Tanto οὐρανος como γη son sujetos y por lo tanto están en el nominativo, pero tienen diferentes terminaciones porque vienen de diferentes 'plantillas' o 'modelos' de sustantivos – οὐρανος es *masculino* y γη es *femenino*.

Hasta ahora hemos encontrado un tipo de sustantivo – los que se declinan como λογος. Casi todas estas palabras son masculinas. Pero en griego hay tres géneros de sustantivos:
masculino – femenino – neutro

3.3.1 La idea de género

Cuando hablamos de masculino, femenino y neutro, esto se refiere al *género gramatical*, lo cual es una forma de clasificar a los sustantivos. A veces corresponderá a lo que el hispanohablante considera que debería de ser el género de un sustantivo, pero otras veces no. Por ejemplo,

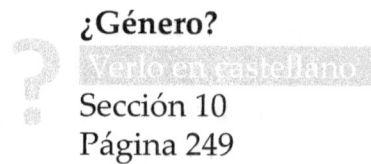
¿Género?
Verlo en castellano
Sección 10
Página 249

la palabra griega para 'la luna' (σεληνη) es femenina, igual que en castellano, pero la palabra griega para 'la estrella' (ἀστηρ) es masculina. Y hay otros sustantivos griegos que no son ni masculinos ni femeninos – porque son 'neutros'.

El 'género' es puramente una manera de juntar varios sustantivos que se comportan de la misma manera. Igualmente podríamos hablar de 'clase 1', 'clase 2' y 'clase 3' de sustantivos.

Ahora tenemos que aprender cómo declinar a la 'familia' (o el 'grupo') principal de sustantivos femeninos y a la familia principal de sustantivos neutros.

El capítulo 8 contiene más acerca del género de los sustantivos. Pero, de momento, las cosas son muy sencillas:

– los sustantivos que terminan en -ος son masculinos y se declinan como λογος
– los sustantivos que terminan en -η o -α son femeninos y se declinan como ἀρχη, ἡμερα o δοξα
– los sustantivos que terminan en -ον son neutros y se declinan como ἐργον

Así, por ejemplo, puesto que ἀγαπη termina en -η, sabemos que es femenino.

3.3.2 Las declinaciones femeninas y neutras

	Caso	Palabras Femeninas	Palabras Neutras
		(principio)	(trabajo)
Singular	Nom.	ἀρχη	ἐργον
	Ac.	ἀρχην	ἐργον
	Gen.	ἀρχης	ἐργου
	Dat.	ἀρχῃ	ἐργῳ

Plural	Nom.	ἀρχαι	ἐργα
	Ac.	ἀρχας	ἐργα
	Gen.	ἀρχων	ἐργων
	Dat	ἀρχαις	ἐργοις

Notas

- El nominativo y el acusativo de ἐργον son idénticos. Esto es el caso siempre con las palabras neutras.
- Existe una regla especial para los sustantivos neutros plurales. Normalmente se emplean con el verbo en el singular. Así que 'los niños guardan la ley' es 'τα τεκνα <u>τηρει</u> τον νομον' y *no* 'τα τεκνα <u>τηρουσιν</u> τον νομον'.

> **GRAMÁTICA ESENCIAL**
> Los sustantivos neutros plurales requieren que el verbo sea en el singular

PRÁCTICA 3.3.2

¿Qué caso y número (singular o plural) tiene cada una de las palabras siguientes?

1. ἀγαπην
2. εὐαγγελιῳ
3. τεκνα
4. γης
5. ἀδελφαις
6. βιβλιων
7. ψυχη
8. δαιμονιου

3.3.3 Concordancia del artículo (definido) en el femenino y el neutro

El artículo definido ('el/la/los/las') también tiene formas femeninas y neutras, y estas formas también se declinan (cambian), para que haya concordancia entre el artículo y el sustantivo al cual pertenecen. Existe concordancia tanto de 'número' (singular o plural) como de caso (nominativo, acusativo, genitivo o dativo).

		Masculino	Femenino	Neutro
Singular	Nom.	ὁ	ἡ	το
	Ac.	τον	την	το
	Gen.	του	της	του
	Dat.	τῳ	τῃ	τῳ
Plural	Nom.	οἱ	αἱ	τα
	Ac.	τους	τας	τα
	Gen.	των	των	των
	Dat.	τοις	ταις	τοις

Hemos aprendido ya que el artículo definido tiene que concordar con el sustantivo al cual pertenece en cuanto a caso y número. También tiene que concordar en cuanto a género (masculino, femenino o neutro).

> **GRAMÁTICA ESENCIAL**
> Entre el artículo y el sustantivo hay concordancia de género, caso y número

PRÁCTICA 3.3.3

¿Qué forma del artículo definido tendría cada una de las palabras siguientes?

1. θεον
2. ἀγαπῃ
3. ἐργων
4. ἀρχη
5. τεκνα
6. λογοις
7. ζωην
8. ἱερα

3.3.4 Resumen de los sustantivos con los artículos

Esta tabla pone el artículo definido (el/la/los/las) en todas sus formas al lado de unos sustantivos a los que corresponde, para hacer resaltar los patrones y las similitudes y dar una perspectiva general.

		Masculino		Femenino		Neutro	
		Artículo	Sustantivo	Artículo	Sustantivo	Artículo	Sustantivo
Singular	Nom.	ὁ	λογος	ἡ	ἀρχη	το	ἐργον
	Ac.	τον	λογον	την	ἀρχην	το	ἐργον
	Gen.	του	λογου	της	ἀρχης	του	ἐργου
	Dat.	τῳ	λογῳ	τῃ	ἀρχῃ	τῳ	ἐργῳ
Plural	Nom.	οἱ	λογοι	αἱ	ἀρχαι	τα	ἐργα
	Ac.	τους	λογους	τας	ἀρχας	τα	ἐργα
	Gen.	των	λογων	των	ἀρχων	των	ἐργων
	Dat.	τοις	λογοις	ταις	ἀρχαις	τοις	ἐργοις

Nota

Las terminaciones del artículo son iguales que las terminaciones de los sustantivos del mismo género, salvo en el masculino nominativo singular y el neutro nominativo y acusativo singular.

3.3.5 Variantes de las formas femeninas

La mayoría de los sustantivos femeninos siguen el patrón resumido arriba. Sin embargo, con algunos sustantivos femeninos hay ligeras variantes a este patrón <u>en el singular únicamente</u>.

		(día)	(gloria)	(principio)
Singular	Nom.	ἡμερα	δοξα	ἀρχη
	Ac.	ἡμεραν	δοξαν	ἀρχην
	Gen.	ἡμερας	δοξης	ἀρχης
	Dat.	ἡμερᾳ	δοξῃ	ἀρχῃ
Plural	Nom.	ἡμεραι	δοξαι	ἀρχαι
	Ac.	ἡμερας	δοξας	ἀρχας
	Gen.	ἡμερων	δοξων	ἀρχων
	Dat.	ἡμεραις	δοξαις	ἀρχαις

Notas

1. El patrón consiste en que en el singular:
   - ἀρχη tiene una η en su última sílaba
   - y ἡμερα tiene una α en su última sílaba.
   - La diferencia con δοξα es que empieza con una α en su última sílaba, pero esto se cambia en una η.

   Todos tienen una α en el plural - *¡excepto en el genitivo, donde todos tienen una ω!*
2. La regla es que si la letra antes de la terminación es:
   - <u>una vocal o ρ</u>, se declina como ἡμερα
   - <u>σ, ξ o ζ</u> (una 'sibilante', es decir, un sonido relacionado con la 's'), se declina como δοξα
   - <u>cualquier otra cosa</u> se declina como ἀρχη

   (*¡Con una excepción!* – ζωη sigue el patrón de ἀρχη, a pesar de la presencia de la ζ)
3. A pesar de estas variantes en las formas de algunos <u>sustantivos</u> femeninos, el <u>artículo definido</u> femenino sigue <u>siempre</u> el patrón normal (dado en la tabla en sección 3.3.3). Así que tenemos, por ejemplo: ἡ δοξα, την ἡμεραν.

PRÁCTICAS 3.3.4 Y 3.3.5

Explique la forma de cada una de estas palabras[3]

1. βιβλια
2. οἰκων
3. κυριου
4. τῳ
5. ἀρτοις
6. την
7. ζωη
8. φωναις
9. Πετρον

En las frases siguientes, ¿se ha hecho la concordancia correcta entre el artículo y el sustantivo?

10. ὁ Χριστον
11. τον λαον
12. την ὡραν
13. το ἐργον
14. τῳ εὐαγγελια
15. την νομον
16. τους σημεια
17. ὁ Παυλος
18. τας ἁμαρτιαν

3.4 EL VOCATIVO

Existe un quinto caso en griego, el vocativo, aunque se ve raras veces y es muy sencillo.

El vocativo se emplea para dirigir la palabra a alguien. Su forma es casi siempre idéntica al nominativo, excepto para el singular de las palabras que siguen el patrón de λογος. A veces va precedido el vocativo de ὠ - ¡O!

Vocativos:	Singular		Plural	
	La mayoría de las palabras:	Como el nominativo	Todas las palabras:	Como el nominativo
	Palabras como λογος:	λογε		

---

[3]. Para los sustantivos, es necesario dar el caso y el número. Para el artículo definido es necesario dar el caso, el número y el género. Por ejemplo, λογον: acusativo singular; της: femenino genitivo singular.

Curso de griego bíblico

Ejemplos
- μαρια, φιλεις τον κυριον; - <u>María</u> ¿Amas al Señor?
  Juan 4:11: λεγει αὐτῳ <u>Κυριε</u>, οὐτε ἀντλημα ἐχεις.
  – Le dice ella, '<u>Señor</u>, ni (siquiera) tienes vasija para sacar agua.'
  Rom 12:1: παρακαλω οὐν ὑμας, <u>ἀδελφοι</u> …
  – Por lo tanto, os ruego, <u>hermanos</u>,…

Aclaración

Una parte antigua de la liturgia cristiana es el Kyrie Eleison (κυριε ἐλεησον), lo cual quiere decir, 'Señor, ten misericordia'. Si se puede acordar de esto, le recordará que el vocativo de κυριος es κυριε. (Mat 17:15: κυριε ἐλεησον μου τον υἱον: Señor, ten misericordia de mi hijo).

PRÁCTICA 3.4

¿Cuáles de estas palabras podrían ser vocativas?

1. θεον   2. ἀδελφη   3. ἀδελφος   4. κυριοι   5. υἱε

3.5 Ἰησους

Jesús es excepcional, ¡por lo menos, en cuanto a la forma gramatical! El nombre Ἰησους – Jesús o Josué – se declina de una manera similar a, pero no completamente igual que, λογος. Las diferencias son a consecuencia del sonido acentuado de la ου, lo cual cambia las terminaciones normales.

Nom.	Ἰησους
Ac.	Ἰησουν
Gen.	Ἰησου
Dat.	Ἰησου
Voc.	Ἰησου

Ejemplos
  οἱ ὀχλοι ζητουσιν τον Ἰησουν. Las multitudes buscan a Jesús.
  ὁ δουλος του Ἰησου λεγει. El esclavo de Jesús está hablando.

Aclaración

Puesto que Ἰησους va normalmente precedido del artículo definido, reconocer en qué caso está es fácil – τῳ Ἰησου tiene que ser dativo, porque τῳ es dativo, y tiene que haber concordancia de caso (y de número y género) entre el artículo y el sustantivo.

3.6 αὐτος

αὐτος es un *pronombre* muy importante en griego. Es el pronombre de la tercera persona, así que quiere decir 'él', 'ella' o 'ello' en el singular (según el género), y 'ellos' o 'ellas' en el plural. En la tabla que sigue se da la traducción castellana de cada parte.

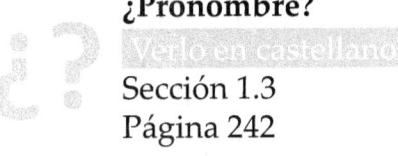

¿Pronombre?
Verlo en castellano
Sección 1.3
Página 242

		Masculino		Femenino		Neutro	
Sing.	Nom.	αὐτος	él	αὐτη	ella	αὐτο	él, ella[6]
	Ac.	αὐτον	le, lo[4]	αὐτην	le, la[5]	αὐτο	lo
	Gen.	αὐτου	su (de él)	αὐτης	su (de ella)	αὐτου	su (de él, ella)[7]
	Dat.	αὐτῳ	a él	αὐτῃ	a ella	αὐτῳ	a él, ella[8]
Plural	Nom.	αὐτοι	ellos	αὐται	ellas	αὐτα	ellos
	Ac.	αὐτους	les, los[9]	αὐτας	las	αὐτα	los
	Gen.	αὐτων	su (de ellos)	αὐτων	su (de ellas)	αὐτων	su (de ellos, ellas)[10]
	Dat.	αὐτοις	a ellos	αὐταις	a ellas	αὐτοις	a ellos, ellas

Notas
- Las terminaciones de αὐτος son idénticas a las de los sustantivos del género al que corresponden (λογος, ἀρχη o ἐργον), **excepto** en el nominativo y el acusativo singulares del neutro, donde la terminación es -ο, no -ον. (Sin embargo, esta es la misma variante que la que se encuentra en el artículo neutro, el cual es το y no τον.)
- αὐτος no ocurre normalmente en el nominativo, porque λυει (por ejemplo) quiere decir 'él, ella (o un sustantivo neutro) desata', así que no hay necesidad de tener un sujeto para el verbo. Esto es igual que en castellano.
- Cuando ocurre αὐτος en el nominativo, esto suele ser para dar énfasis. Se habla de esto en el capítulo 9. Entonces, al traducir del castellano al griego, uno no debería de usar αὐτος (o las formas correspondientes para el femenino o el neutro) en el nominativo, a no ser que tenga uno la intención de hacer resaltar el sujeto.
- Cuando se emplea el genitivo de αὐτος para expresar posesión (su), se emplea también el artículo definido con el sustantivo además del genitivo de αὐτος. Así que para decir 'su palabra', no se dice λογος αὐτου sino ὁ λογος αὐτου ('la palabra de él').

---

4. Por ejemplo, '<u>Le</u> ve (a él)'. (El algunos países hispanohablantes y regiones de España se dice en este caso, '<u>Lo</u> ve'). También se usaría αὐτον para reemplazar a un sustantivo referente a una cosa con género masculino. Por ejemplo, con referencia a 'pan' se diría, '<u>Lo</u> compra'.

5. Por ejemplo, '<u>Le</u> ve (a ella)'. (En algunos países hispanohablantes y regiones de España se dice en este caso, '<u>La</u> ve'). También se usaría αὐτην para reemplazar a un sustantivo referente a una cosa con género femenino. Por ejemplo, con referencia a 'una gallina' se diría, '<u>La</u> compra.'

6. Con referencia a un sustantivo con género neutro en griego, sujeto del verbo.

7. Con referencia a un sustantivo con género neutro en griego, poseedor de algo.

8. Con referencia a un sustantivo con género neutro en griego, complemento indirecto del verbo. Por ejemplo, 'Da<u>le</u> un pez (<u>a él</u>)', donde 'le' y 'a él' se refieren a un niño. (La palabra griega para 'niño' – τεκνον – es neutra).

9. Por ejemplo, '<u>Les</u> ve'. (En algunos países hispanohablantes y regiones de España se dice en este caso, '<u>Los</u> ve'.)

10. Con referencia a un sustantivo plural con género neutro en griego, poseedores de algo p.ej., 'la casa de ellos/<u>su</u> casa'.

Ejemplos

- λαλουμεν αὐτη. Estamos hablando <u>a ella</u>.
- ὁ κυριος αὐτου φιλει αὐτον. <u>Su</u> señor <u>le</u> ama.
- βλεπεις αὐτο. ¿<u>Lo</u> ves?

PRÁCTICA 3.6

Traduzca

1. φιλω αὐτον.
2. τους λογους αὐτου διδασκει.
3. ἐχουσιν αὐτο.
4. ἀκουω την φωνην αὐτης.
5. ὁ Παυλος καλει αὐτους.
6. Ellos ven al esclavo.
7. Ella se queda con (use τηρεω) el niño de él.
8. Jesús ama a los niños de ellos.

VOCABULARIO PARA EL CAPÍTULO 3

(Para el significado de los asteriscos que señalan ciertas palabras y oraciones, ver la explicación de los dos caminos en 'Como utilizar este libro').

Diecisiete sustantives femeninos:

Siete con terminaciones en η como ἀρχη

*ἀγαπη (116)	– amor	*ζωη (135)	– vida
*ἀδελφη (26)	– hermana	*φωνη (139)	– sonido, voz
ἀρχη (55)	– principio	ψυχη (103)	– alma, sí mismo
*γη (250)	– tierra, terreno, suelo		

Ocho con terminaciones como ἡμερα

*ἁμαρτια (173)	– pecado	*ἐκκλησια (114)	– asamblea (posteriormente 'iglesia')
*βασιλεια (162)	– reino, reinado, imperio	*ἡμερα (389)	– día
*καρδια (156)	– corazón	*οἰκια (93)	– casa, familia[11]
Μαρια (27)	– María	ὡρα (106)	– hora, ocasión

También la forma hebrea: Μαριαμ – María[12]

Más, con terminaciones mixtas

*δοξα (166)   – esplendor, gloria
*θαλασσα (91) – mar, lago

---

[11]. οἰκια y οἰκος (ver capítulo 2) se emplean de forma intercambiable.
[12]. Μαριαμ no se declina (ver nota 4).

Diez sustantivos neutros como ἐργον

βιβλιον (34)	– libro, rollo (escrito)	*πλοιον (68)	– barco, barca
*δαιμονιον (63)	– demonio	*προσωπον (76)	– cara
*ἐργον (169)	– obra, acción	σαββατον (68)	– sábado
*εὐαγγελιον (76)	– buena noticia, evangelio	*σημειον (77)	– señal, milagro
*ἱερον (71)	– templo	*τεκνον (99)	– hijo, niño

Una palabra muy importante
*αὐτος αὐτη αὐτο (5597)
       – él, ella, ello, ellos, ellas[13]

Y tres nombres
*Ἰησους (917) – Jesús
*Παυλος (158) – Pablo
*Πετρος (156) – Pedro

Un verbo más
*πιστευω + dat. (241) – creo (en), confío, tengo fe en

Palabras para ayuda

ágape, arcaico/arqueología, geología/geografía, zoología, fonética/teléfono, psicología, basílica, iglesia/eclesiástico, efímera, cardiaco, hora, doxología, Biblia/biblioteca/bibliófilo, demonio, ergonómico, evangelio/evangelizar, jeroglíficos, semáforo/semántica.

Ejercicios

Sección A

*1. ἡ ἀδελφη λεγει τῳ Ἰησου· Κυριε,[14] πιστευω.
*2. ποιω τα ἐργα του θεου.
*3. ὁ θεος φιλει τον υἱον και λαλει αὐτῳ.
*4. λαμβανομεν και τηρουμεν τα βιβλια αὐτου.
*5. ὁ ὀχλος λεγει τῳ Ἰησου· Δαιμονιον[14] ἐχεις.
*6. Πετρε, διδασκεις την βασιλειαν του θεου.
7. αἱ ἀδελφαι και οἱ ἀδελφοι τηρουσι τους νομους και το σαββατον.
8. το σαββατον τηρει ὁ υἱος του ἀνθρωπου;
*9. Su iglesia (de ellos) está buscando la gloria de Dios.
*10. Pablo instruye a la familia (use la palabra para 'casa') del Señor.
*11. Hermanos y hermanas, estáis recibiendo (están recibiendo ustedes) el amor de Dios.
*12. Los niños están tirando tierra.

---

13. Ver la sección 3.6.
14. La mayúscula señala el principio de una cita.

Sección B

*1. λεγει αὐτοις τον λογον ὁ Ἰησους.
*2. τα τεκνα λυει το πλοιον.
 3. ἡ Μαρια ἀκουει την φωνην της θαλασσης.
*4. βλεπομεν τα σημεια του εὐαγγελιου του κυριου.
*5. αὐτων ἐστιν [es] ἡ βασιλεια των οὐρανων.
 6. ἡ ἀγαπη του θεου καλει τας ψυχας αὐτων.
 7. ὁ θεος ποιει τας ἡμερας και τας ὡρας της ζωης.
*8. ζητειτε την δοξαν του προσωπου του θεου;
*9. Jesús recibe a los niños.
*10. Pablo, ¿crees al ángel del Señor?
*11. Estamos haciendo el pan del templo.
*12. ¿Ves los pecados del corazón?

Sección C

A partir de ahora al final de cada capítulo se dará una cita del Nuevo Testamento, para que lo traduzca. Estos pasajes se imprimirán exactamente como figuran en el Nuevo Testamento. Así que:
 (a) el texto tendrá acentos (vuelva a mirar la página 17 para entender porqué no se ponen los acentos en el griego en el resto de este libro, pero sí en los Nuevos Testamentos que se imprimen);
 (b) puede haber palabras que no haya visto todavía. Su significado se dará entre corchetes: [ ].

Marcos 1:1: Ἀρχὴ τοῦ εὐαγγελίου Ἰησοῦ Χριστοῦ υἱοῦ θεοῦ.

CAPÍTULO CUATRO

Las preposiciones

4.1 LAS PREPOSICIONES BÁSICAS

Marcos 12:41: ὁ ὀχλος βαλλει χαλκον <u>εἰς</u> το γαζοφυλακιον.
— la gente echa dinero <u>en</u> el arca.
Juan 18:28: ἀγουσιν ... τον Ἰησουν <u>ἀπο</u> του Καϊαφα <u>εἰς</u> το πραιτωριον.
— Llevan a Jesús <u>de</u> Caifás <u>al</u> pretorio.

Una *preposición* es una palabra (o frase) que se pone delante de un sustantivo (o delante de un pronombre) para indicar la relación que tiene este con el resto de la oración:
p.ej. (i) Dios envió al mensajero <u>al</u> pueblo.
    (ii) La mujer salió <u>de</u> la ciudad.

¿**Preposición?**
Verlo en castellano
Sección 1.5
Página 243

Lo esencial de las preposiciones en griego es que determinan el caso del sustantivo que les sigue. (En terminología gramatical, la preposición *rige* el sustantivo que le sigue). Así que, en (i), arriba, el caso de 'pueblo' lo determina la preposición 'a' (y, por lo tanto, afecta al artículo en griego que corresponda a 'el', que tiene que concordar con 'pueblo'). En (ii), arriba, el caso de 'ciudad' lo determina la palabra 'de' (y afecta al artículo 'la').

Cada vez que aprende uno una preposición, es imprescindible aprender a la vez el caso con el que aparece (es decir, el caso que tendrá que tener el sustantivo regido por la preposición). Aquí hay cinco de las preposiciones más corrientes.

GRAMÁTICA ESENCIAL
Las preposiciones determinan el caso del sustantivo que preceden

Preposición		Caso
εἰς προς	– a, (entrando) en, (penetrando) en – a, hacia	Acusativo
ἀπο ἐκ	– procedente de, desde, alejándose de – (saliendo) de, desde, afuera de	Genitivo
ἐν	– en	Dativo

Notas

- εἰς significa *movimiento hacia*. Así que 'Voy a la ciudad' usaría εἰς seguido por el acusativo. Pero 'Hablo a Dios' no necesita ninguna preposición ('a Dios' lo indicará el dativo de 'Dios'). Al no haber ningún movimiento en esta oración, no se necesita (ni se puede usar) εἰς.
- La tabla siguiente indica las diferencias entre εἰς y προς, y entre ἐκ y ἀπο.

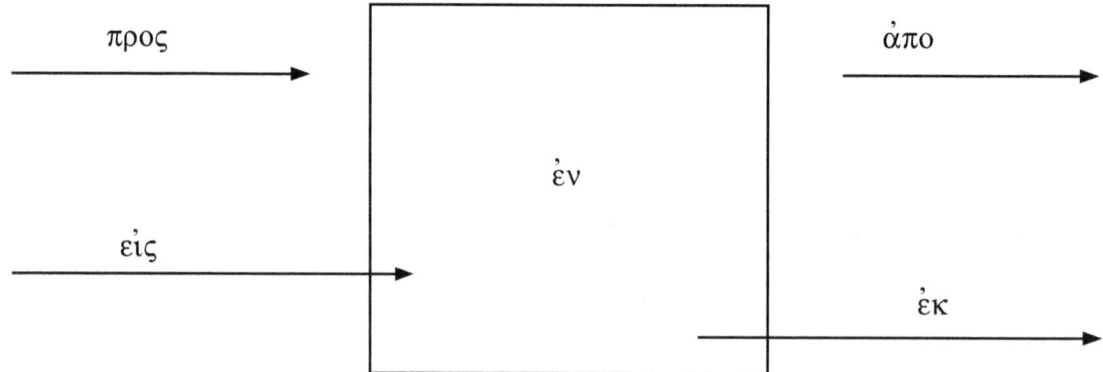

Ejemplos

- ὁ κυριος ἀγει τον δουλον εἰς την οἰκιαν.
1. ὁ κυριος = el amo – *nom.*   τον δουλον = el esclavo – *ac.*
   την οἰκιαν = la casa – *ac.*
2. 'El amo' es *nom.* porque es el sujeto del verbo.   'el esclavo' es *ac.* porque es el complemento directo del verbo.
   'la casa' es *ac.* porque está regida por εἰς, el cual requiere el *acusativo*.
3. La oración = 'El amo conduce al esclavo hacia dentro de la casa.'

- ὁ κυριος ἀγει τον δουλον ἐκ της οἰκιας.
1. ὁ κυριος = el amo – *nom.*   τον δουλον = el esclavo – *ac.*
   της οἰκιας = la casa – *gen.*
2. 'El amo' es *nom.* porque es el sujeto del verbo.   'el esclavo' es *ac.* porque es el complemento directo del verbo.
   'la casa' es *gen.* porque está regida por ἐκ, el cual requiere el *genitivo*.
3. La oración = 'El amo conduce al esclavo fuera de la casa.'

PRÁCTICA 4.1

Traduzca

1. ἐν τῳ κοσμῳ
2. εἰς τους οὐρανους
3. προς τα πλοια
4. ἐκ της οἰκιας
5. ἀπο του ἱερου
6. ἐν τῃ ἐκκλησιᾳ
7. del corazón
8. (entrando) en las multitudes
9. (apartándose) de él

Aclaración

Ahora hemos encontrado *dos factores diferentes* que determinan el caso que tendrá un sustantivo:
1) su función en la oración (sujeto, complemento, poseedor, etc.)
2) cuando está regido por una preposición que lo precede.[1]

Afortunadamente, estos dos factores no entran nunca en conflicto.

4.2 MÁS PREPOSICIONES

Mateo 10:24: οὐκ ἐστιν ... δουλος <u>ὑπερ τον κυριον</u> αὐτου.
— un esclavo no está <u>por encima de su amo</u> (del amo suyo)
1 Cor 15:3: Χριστος ἀπεθανεν ὑπερ <u>των ἁμαρτιων ἡμων</u>.
— Cristo murió <u>por nuestros pecados</u> (por los pecados nuestros).

La misma preposición ὑπερ tiene un significado cuando está seguida por un acusativo ('por encima del amo'), y *otro significado diferente* cuando está seguida por un genitivo ('por nuestros pecados')

4.2.1 El principio de las preposiciones con más de un caso

Cada una de las cinco preposiciones que hemos conocido hasta ahora (εἰς, προς, ἐκ, ἀπο y ἐν) solamente puede ser usada con un único caso.[2] Así que cada una de estas preposiciones será seguida por un sustantivo en el caso que le corresponde, y cada preposición expresa siempre el mismo significado básico. Pero, hay muchas preposiciones griegas que pueden ser usadas con dos o incluso tres casos diferentes, y expresan un significado diferente, según el caso que rigen. Así que μετα +*ac.* tiene un significado diferente de μετα + *gen.*

> **GRAMÁTICA ESENCIAL**
> La **misma preposición** tiene un **significado diferente** cuando está empleada con un **caso diferente**

Es imprescindible aprender el caso que una preposición rige para expresar un significado determinado. Es decir, no sirve para nada aprender que μετα quiere decir 'con' – no es cierto; μετα + *ac.* significa 'después de' y μετα + *gen.* significa 'con'.[3]

---

1. A un nivel más profundo, es posible argumentar que el caso de un sustantivo después de una preposición lo determina el significado diferente que tiene cada caso, no la preposición. Sin embargo, en la práctica es más fácil pensar que las preposiciones rigen ciertos casos.

2. De hecho un raras ocasiones προς puede ser usada con el genitivo o el dativo.

3. Existen unos principios generales que determinan la relación entre el significado de una preposición y el caso con el cual se emplea. Sin embargo, a pesar de que pueda ser de ayuda entenderlos, no puede uno contar siempre con estos principios, así que siempre es necesario aprender la preposición con su caso.

   – El *acusativo* está relacionado con ideas de *extensión* (en tiempo o en espacio). Así que 'movimiento hacia' requiere el *ac.* (como por ejemplo con εἰς y προς.)
   – El *genitivo* tiene dos significados. (i) La idea de *separación* (en tiempo o en espacio). Así que 'movimiento alejándose de' requiere el *gen.* (como por ejemplo con ἀπο y ἐκ.) (ii) La idea de *tipo* (es decir, describiendo la naturaleza de algo. A menudo corresponde esto a 'de' en castellano).
   – El *dativo* está relacionado con ideas de *posición* (en tiempo o en espacio). Así que ἐν requiere el *dat.*

4.2.2 Preposiciones con tres casos

παρα +	
acusativo	(<u>movimiento</u>) *al lado de* – περιπατει παρα την θαλασσαν – anda al lado del mar
genitivo	*desde al lado de* (una persona) – ἀνθρωπος παρα του θεου – una persona (que ha venido) de Dios
dativo	(<u>posición</u>) *al lado de* – διδασκει παρα τῃ θαλασσῃ – enseña al lado del mar

ἐπι +	
acusativo	(<u>movimiento</u>) *hacia encima de* – βαλλει τον ἀρτον ἐπι το βιβλιον – echa el pan encima del libro
genitivo[4]	(<u>posición</u>) *encima de* – ἐπι της γης – en la tierra *en tiempo de* – περιπατει ἐπι του Ἰησου – vive en tiempo de Jesús
dativo[4]	(<u>posición</u>) *en/dentro de* – ἐπι τοις οὐρανοις – en los cielos *a base de* – οὐ περιπατει ἐπι ἀρτῳ – no vive de pan

4.2.3 Preposiciones con dos casos

δια +	
acusativo	*por causa de* – δια τον ὀχλον – por causa de (debido a) la multitud
genitivo	*a través de* – δια του ἀγγελου – a través del mensajero

κατα +	
acusativo	*según* – κατα νομον – según la ley
genitivo	*contra* – κατα του Ἰησου – contra Jesús

μετα +	
acusativo	*después de* – μετα το σαββατον – después del sábado
genitivo	*con* – μετα αὐτου – con él (escrito μετ᾽ αὐτου, ver la sección 4.2.5)

περι +	
acusativo	*aproximadamente, alrededor de* – περι τον Παυλον – alrededor de Pablo
genitivo	*acerca de* – περι ἁμαρτιας – acerca del pecado

ὑπερ +	
acusativo	*encima de* – ὑπερ την γην – encima de la tierra
genitivo	*de parte de, en lugar de, para beneficio de, por, a favor de* – ὑπερ τεκνου – a favor de (por) un niño

---

4. En realidad hay poca diferencia de significado de ἐπι entre su uso con el genitivo y su uso con el dativo.

ὑπο +		
acusativo	debajo de, bajo – ὑπο νομον – bajo la ley	
genitivo	por (acción de) – ὑπο του Πετρου – por Pedro	
	(por ejemplo, 'fue hecho <u>por Pedro</u>')	

Nota

- Las palabras castellanas 'por' y 'con' se expresan a veces en griego con una preposición (ὑπο y μετα), y a veces solamente con el uso del dativo. Esto se explica más ampliamente en este capítulo en la sección 4.3.

4.2.4 Preposiciones con un único caso

εἰς προς	+ acusativo	a, (entrando) en, (penetrando) en, hacia el interior de hacia, (en dirección) a
ἀπο ἐκ ἐνωπιον ἐξω ἑως προ	+ genitivo	procedente de, desde (alejándose de) (saliendo) de delante de – ἐνωπιον του θεου – delante de (ante) Dios fuera (de) – ἐξω της οἰκιας – fuera de la casa hasta – ἑως του σαββατου – hasta el sábado antes de – προ σαββατου – antes del sábado
ἐν συν	+ dativo	en con – συν αὐτοις – con ellos

Nota

No existe por supuesto una equivalencia exacta entre la gama de matices de una preposición griega y la gama de matices de cualquier preposición individual castellana. Los significados dados arriba pueden ser considerados como los significados básicos que le indicarán la dirección correcta cuando tenga que traducir. Sin embargo, a medida que se vaya adquiriendo más práctica en la lectura del griego, se acostumbrará a ser más flexible. Por ejemplo, εἰς significa 'a, (entrando) en, (penetrando) en', pero en Marcos 1:4 proclama Juan un bautismo 'εἰς ἀφεσιν ἁμαρτιων'. 'Bautismo a / entrando en perdón de pecados' no suena correcto en castellano, aunque entendamos lo que está diciendo. εἰς, en un sentido metafórico, puede indicar *propósito*. Así que mejor sería decir 'un bautismo que tiene por resultado el perdón de pecados', 'que enfoca en el perdón de pecados' o 'para el perdón de pecados.'

4.2.5 La elisión con las preposiciones

Muchas preposiciones que terminan en una vocal pierden esa vocal cuando la palabra siguiente empieza con una vocal. Esto se llama *elisión*. ἐκ tiene otro tipo de cambio. Las reglas son las siguientes:

Delante de una palabra que empieza con una vocal,

ἀπο, δια, ἐπι, κατα, μετα, παρα, ὑπο	pierden su vocal final[5]
ἐξω, περι y προ	no se cambian
ἐκ	se convierte en ἐξ

Ejemplos

- δι' αὐτου – a través de él
- περι ἁμαρτιας – acerca del pecado
- ἐξ οἰκιας – (saliendo) de una casa

PRÁCTICA 4.2

Traduzca

1. μετ' αὐτων
2. δια τον νομον
3. κατα του θεου
4. ὑπερ του κυριου
5. παρα του θεου
6. δια του Χριστου
7. acerca del amor
8. (saliendo) del mar
9. bajo la tierra

PRÁCTICA A MITAD DE CAMINO

Traduzca

1. δια τον λογον του κυριου πιστευω.
2. ὁ Ἰησους ἀγει τους ἀδελφους προς τα πλοια.
3. λαλουσιν αὐτῳ περι του ἱερου.
4. λεγει ὁ κυριος της οἰκιας ὑπερ του τεκνου.
5. ὁ υἱος λαμβανει τον ἀρτον μετ' αὐτου.
6. ὁ θεος φιλει τα ἐργα κατα τον νομον.
7. ὁ Παυλος λεγει τῳ λαῳ κατα του Χριστου του θεου.
8. ἀγουσιν τα τεκνα εἰς τον οἰκον.
9. Lo veo yo en el corazón de ella.
10. Jesús está enseñando a la multitud fuera del templo.

---

5. Además, si la vocal inicial de la palabra siguiente tiene una aspiración fuerte, una τ al final de la preposición se convertirá en una θ y una π final se convertirá en una φ. Así: 'bajo pecado' = ὑφ' ἁμαρτιαν (ὑπο ἁμαρτιαν → ὑπ' ἁμαρτιαν → ὑφ' ἁμαρτιαν). De la misma manera, ἀπο → ἀφ', ἐπι → ἐφ', κατα → καθ', μετα → μεθ'

11. Dios ama a los pueblos (a las naciones) bajo el cielo.
12. Dios habla la ley a través de (los) ángeles.

4.3 INSTRUMENTOS Y AGENTES

En castellano empleamos las palabras 'con' y 'por' para indicar los medios por los cuales ocurre algo, o el instrumento o agente empleado:

Fui ayudado por <u>ella</u>.   Estaba andando <u>con</u> un bastón.   Fue golpeado <u>por</u> una piedra.

Sin embargo, también empleamos la palabra 'con' con un significado diferente, no para decir 'por medio de' sino más bien 'junto con':

Fui <u>con</u> él.

El griego tiene una forma clara de expresar los instrumentos y los agentes que elimina algo de la ambigüedad de las palabras castellanas como 'con' y 'por'.

Instrumento

Un instrumento es <u>un objeto inanimado</u> por medio del cual ocurre la acción del verbo. En griego se expresa esto normalmente por el empleo del instrumento en el dativo, sin una preposición.

- Dios hace los cielos <u>con una palabra</u>. – ὁ θεος ποιει τους οὐρανους <u>λογῳ</u>.

Sin embargo, a veces se expresa un instrumento con la preposición ἐν + dat.[6]

Agente

Un agente es <u>un ser viviente</u> por medio del cual ocurre la acción del verbo. En griego se expresa esto normalmente con la preposición ὑπο + gen.

- El evangelio fue proclamado <u>por Pedro</u>. – … ὑπο του <u>Πετρου</u>.[7]

Junto con

'Con' con el significado 'junto con' ('acompañando a'), y no 'por medio de' se expresa en griego con la preposición μετα + gen. (o raras veces συν + dat.).

- Me marcho con Pedro – ὑπαγω μετα του <u>Πετρου</u>.

---

6. Este uso de ἐν + dat. para el instrumento es poco corriente en el griego normal de aquella época, pero relativamente más corriente en el Nuevo Testamento, debido a la influencia del hebreo y arameo en el cual la preposición ב se emplea para expresar tanto 'en' como 'por medio de'.

7. Normalmente ocurren los agentes únicamente en las oraciones 'pasivas', las cuales son poco corrientes en griego (por lo cual no se presentan hasta el capítulo 15), pero conviene aprender la preposición ὑπο ahora, junta con las demás preposiciones.

Ejemplo
> ὁ θεος λεγει <u>μετα τεκνων</u> και ποιει τον κοσμον <u>λογῳ</u>.
> Dios habla <u>con los niños</u> y hace el mundo <u>con una palabra</u>.

PRÁCTICA 4.3

¿Cuáles de las oraciones siguientes emplearían un dativo instrumental en griego?

1. Yo fui con él.
2. Fui golpeado por una piedra.
3. Fui ayudado por ella.
4. Estuve andando con un bastón.

4.4 LOS VERBOS COMPUESTOS

En griego se construyen muchas palabras combinando una palabra básica con una preposición. Por ejemplo, ἐκ significa '(saliendo) fuera de' y βαλλω significa 'yo echo, arrojo, lanzo', así que ἐκβαλλω significa 'yo echo fuera'. Más adelante (en el capítulo 6) se verá la importancia de identificar los verbos compuestos. Pero de momento, si uno reflexiona acerca de los verbos compuestos, esto puede ayudar a incrementar el vocabulario que uno sabe. Hay once verbos compuestos en el vocabulario de este capítulo.

Notas

- En castellano a veces no es posible deducir el significado de un verbo compuesto nada más que a base de pensar en sus partes constituyentes. Por ejemplo, la palabra 'concentrar' está formada de las palabras 'con' y 'centrar'. De la misma manera, en griego no es siempre posible deducir el significado de una palabra a base de sus partes constituyentes.
  – Con algunos verbos, el significado tanto del verbo como de la preposición se retiene.
    p.ej., ἐκβαλλω – echo fuera.
  – En algunos verbos, la preposición intensifica o completa el significado, a pesar de que se pierde algo del significado original de la preposición.
    p.ej., ἀπολυω – dejo ir, dejo libre, suelto (λυω solo quiere decir 'desato').
  – Con algunos verbos, parece ser que la preposición da al verbo un significado nuevo, el cual no es fácil de relacionar con el significado original de sus partes constituyentes.
    p.ej., ἀναγινωσκω – leo (γινωσκω solo quiere decir 'conozco' o 'sé' y ἀνα quiere decir 'hacia arriba' u 'otra vez').

- Cuando se forma un verbo compuesto, las reglas para la *elisión* de las preposiciones (sección 4.2.5) son especialmente importantes. Así que ἀπο + ἀγω = ἀπαγω (llevo o conduzco (hacia fuera) de).
- A pesar de que un verbo compuesto pueda 'contener' una preposición, la preposición correcta se encontrará también en la oración de la forma normal.
  p.ej., ἐκβαλλω αὐτον ἐκ της οἰκιας – le echo fuera de la casa.

4.5 LAS PREGUNTAS

Hacer preguntas en griego es fácil:[8]

O bien: **1. Emplee una palabra interrogativa**

Hay palabras interrogativas en griego, tales como πως; – ¿cómo? o που; – ¿dónde?

p.ej. πως βλεπεις τον θεον; – ¿Cómo ves a Dios?

O bien: **2. Cambie el tono de la voz**

Por supuesto, ¡no es posible ver el tono de la voz en un texto escrito! En tales casos, lo único que señala la pregunta es el signo de interrogación:

p.ej. βλεπεις τον θεον. – Tú ves a Dios.
βλεπεις τον θεον; – ¿Ves tú a Dios?

4.6 LOS NEGATIVOS

A un verbo en el *Indicativo* (lo cual quiere decir, todas las formas de los verbos que hemos encontrado hasta ahora) se le convierte en el negativo con la adición de la palabra οὐ (= 'no').

Delante de una vocal con una respiración *suave* se cambia esto en οὐκ.
Delante de una vocal con una respiración *áspera* se cambia esto en οὐχ.

Ejemplos

- οὐ βλεπω. – No veo.
- οὐκ ἀκουουσιν. – Ellos no oyen.
- οὐχ εὑρισκει το τεκνον. – (Ella) no encuentra al niño.

---

[8]. Recuerde (página 18) que el signo de interrogación en griego es ; Como toda la puntuación, los signos de interrogación no forman parte del texto original, sino que han sido añadidos por editores.

PRÁCTICAS 4.5 Y 4.6

Traduzca

1. ὁ θεος ἀκουει;
2. ὁ θεος οὐκ ἀκουει.
3. πως ὁ θεος λεγει;
4. οὐ πιστευω αὐτῳ.
5. που ἀγεις τον ὀχλον;
6. τον νομον τηρειτε;

VOCABULARIO PARA EL CAPÍTULO 4

Dieciocho preposiciones corrientes. Recuerde que tienen diferentes significados con diferentes casos. (Una lista más completa de preposiciones se da en la sección de referencia, página 271).

*ἀπο (646) + gen.	–	procedente de, desde, alejándose de	*μετα (469) + ac.	– después de, detrás de
*δια (667) + ac.	–	por causa de, debido a	+ gen.	– con
+ gen.	–	a través de	*παρα (194) + ac.	– al lado de
*εἰς (1767) + ac.	–	a, (entrando) en	+ gen.	– de al lado de, de
*ἐκ (914) + gen.	–	(saliendo) fuera de	+ dat.	– junto a, al lado de
*ἐν (2752) + dat.	–	en[9]	*περι (333) + ac.	– alrededor de, aproximadamente
ἐνωπιον (94) + gen.	–	delante de, en presencia de	+ gen.	– acerca de
ἐξω (63) + gen.	–	fuera (de), afuera	προ (47) + gen.	– antes de
*ἐπι (890) + ac.	–	(movimiento hacia) encima de, sobre	*προς (700) + ac.	– a, hacia
+ gen.	–	(posición) en/ encima de, en tiempo de	συν (128) + dat.	– con, junto con
+ dat.	–	(posición) encima de/ en/dentro de, a base de	*ὑπερ (150) + ac.	– sobre, encima de
			+ gen.	– en lugar de, a favor de, por, de parte de, para beneficio de
ἑως (146) + gen.	–	hasta	*ὑπο (220) + ac.	– bajo, debajo de
*κατα (473) + ac.	–	según	+ gen.	– por, por acción de
+ gen.	–	contra		

Y once verbos compuestos

ἀναβλεπω (25)	–	levanto la vista, recobro la vista[10]
*ἀπολυω (66)	–	dejo libre, (me) divorcio, despido, libero
*παρακαλεω (109)	–	ruego, pido, consuelo, animo, exhorto
παραλαμβανω (49)	–	tomo, recibo

---

9. ἐν + dat puede raras veces tener el significado 'por' o 'con'; ver la nota 6 en la página 49
10. ἀνα es una preposición empleada raras veces que quiere decir 'arriba' o 'de nuevo, otra vez'.

*ἐκβαλλω (81)	– expulso, hago salir, echo fuera	*περιπατεω (95)	– ando, sigo una conducta (vivo)
ἐπικαλεω (30)	– invoco, apelo, nombro	*προσκυνεω (60) + dat.	– adoro
κατοικεω (44)	– habito, vivo (en un sitio)	*συναγω (59)	– reúno, recojo, congrego
		*ὑπαγω (79)	– (me) voy, me marcho

Más, dos palabras interrogativas y el negativo

*πως (103)	– ¿cómo?	*οὐ, οὐκ, οὐχ (1606)	– no
που (48)	– ¿dónde?, ¿adónde?		

Palabras para ayudar

<u>apo</u>stasía, <u>diá</u>metro, <u>eisé</u>gesis, <u>éxo</u>do/<u>exé</u>gesis, <u>epi</u>tafio, <u>cata</u>cumbas/<u>cata</u>clismo, <u>meta</u>morfosis/<u>meta</u>física, <u>para</u>lelo/<u>para</u>farmacia, <u>perí</u>metro, <u>pró</u>logo, <u>sim</u>patía/<u>sin</u>fonía/ <u>sín</u>tesis, <u>hiper</u>activo/<u>hipér</u>bole, <u>hipo</u>dérmico, <u>peri</u>patético, <u>sin</u>agoga

Ejercicios[11]

Sección A

*1. δοξαν παρα ἀνθρωπων οὐ λαμβανω.
*2. πιστευεις εἰς τον υἱον του ἀνθρωπου;
3. ὁ κυριος λεγει αὐτοις· Που αὐτους ἀγετε;
*4. ὁ Πετρος διδασκει αὐτους περι της βασιλειας παρα τοις πλοιοις.
5. ἀναβλεπομεν εἰς τον οὐρανον ἐνωπιον του ἱερου.
*6. ὁ Ἰησους ἐκβαλλει τα δαιμονια ἐκ του ἀνθρωπου λογῳ.
*7. περιπατω ὑπο ἁμαρτιαν και κατα του νομου του θεου.
*8. ὁ Πετρος συναγει την ἐκκλησιαν εἰς τον οἰκον της ἀδελφης του Ἰακωβ.
*9. Nos vamos hacia el mar.
*10. Estáis exhortando (están exhortando ustedes) a los hermanos en el Señor.
11. ¿Guardas el sábado por causa de la ley?
*12. Las personas en el barco están adorando al Señor.

Sección B

*1. ἐν τῃ ἡμερᾳ του κυριου βλεπομεν τον θεον προσωπον προς προσωπον.
*2. κυριε, οὐ πιστευω εἰς αὐτον.
3. προσκυνουμεν τῳ θεῳ ἐν τῳ ἱερῳ.
4. δια την ὡραν ὁ κυριος ἀπολυει τον ὀχλον.

---

11. De aquí en adelante cada vez más oraciones en los ejercicios serán basadas en oraciones tomadas del Nuevo Testamento. Esto tiene por consecuencia que ocasionalmente no seguirán exactamente las 'reglas' que habrá aprendido usted, ya que el griego es un idioma, no un código matemático. Así que, por ejemplo, en A1 esperaría uno ver παρ' ἀνθρωπων y no παρα ἀνθρωπων, ya que debería de haber elisión de la vocal final de παρα (como se explicó en la sección 4.2.5). Sin embargo, a pesar de que normalmente esperaría uno ver παρ', esta oración está tomada directamente de Juan 5:41, donde se encuentra παρα. Vea la página 5 para mayor explicación de las razones en las que están basadas las oraciones y porqué son importantes.

*5. περιπατειτε ἐν τῃ ἀγαπῃ του θεου κατα τον λογον αὐτου;
6. ὁ ἀγγελος λυει τον Πετρον και παραλαμβανει αὐτον προς τους ἀδελφους.
7. μετα την ἀρχην του σαββατου ὁ ῥαββι και οἱ υἱοι αὐτου οὐ ποιουσιν ἐργον.
8. που ὁ κυριος διδασκει περι του εὐαγγελιου της βασιλειας του θεου;
9. María reúne a las hermanas y buscan al Señor con los hermanos.
*10. El niño habita en la casa del Señor y no se aparta (no se va) de ella.
*11. La voz de Dios está [ἐστιν] por encima de los cielos y dentro de los corazones de ellos.
*12. La gente hace obras para beneficio de los niños por causa del amor de Cristo.

Sección C[12]

Juan 1:1-4: Ἐν ἀρχῇ ἦν [era] ὁ λόγος, καὶ ὁ λόγος ἦν πρὸς[13] τὸν θεόν, καὶ θεὸς ἦν ὁ λόγος.[14] οὗτος [este] ἦν ἐν ἀρχῇ πρὸς[13] τὸν θεόν ... ἐν αὐτῷ ζωὴ ἦν, καὶ ἡ ζωὴ ἦν τὸ φῶς [luz] τῶν ἀνθρώπων.

---

12. Recuerde que el texto bíblico en la sección C se presenta exactamente como aparece en los textos impresos del Nuevo Testamento. Por lo tanto, algunas palabras tienen acentos en ellas y habrá algunas palabras que todavía no habrá encontrado usted. Se da el significado de estas palabras entre corchetes. Ver la explicación en la página 5.

13. Hemos aprendido que προς + ac. = 'a' o 'hacia'. También se emplea a veces de manera metafórica en situaciones donde hay una dirección u orientación sin movimiento ('con vistas a', 'apuntando hacia'). ¿Qué cree usted que significa aquí?

14. λογος es el sujeto del verbo aquí, no θεος. Se explica la razón en el capítulo 5, la sección 5.8.

CAPÍTULO CINCO

Los adjetivos

5.1 LA FORMACIÓN DE LOS ADJETIVOS

Apoc. 21:1-2: εἰδον οὐρανον <u>καινον</u> και γην <u>καινην</u>. ὁ ... <u>πρωτος</u> οὐρανος και ἡ <u>πρωτη</u> γη ἀπηλθεν: vi un cielo <u>nuevo</u> y una tierra <u>nueva</u>. El <u>primer</u> cielo y la <u>primera</u> tierra pasaron.
καινος (nuevo) y πρωτος (primero) son adjetivos. Describen el sustantivo y dan más información acerca de él. En griego –al igual que en castellano– tiene que haber concordancia entre un adjetivo y el sustantivo que describe. Por eso tenemos aquí οὐρανον <u>καινον</u> pero γην <u>καινην</u>. Tanto οὐρανον como γην son sustantivos singulares en el acusativo, pero οὐρανος es masculino y γη es femenino.
καινος en sí no tiene género propio, sino que emplea una forma masculina cuando describe un sustantivo masculino y una forma femenina cuando describe un sustantivo femenino. De la misma manera, tanto <u>πρωτος</u> como <u>πρωτη</u> son nominativo singular, pero el primero tiene la forma masculina (para hacer la concordancia con οὐρανος) y el segundo tiene la forma femenina (para hacer la concordancia con γη).

La mayoría de los adjetivos se *declinan* (se cambian para concordar con el sustantivo) como ἀγαθος (bueno):

		Masculino	Femenino	Neutro
Sing.	Nom.	ἀγαθος	ἀγαθη	ἀγαθον
	Ac.	ἀγαθον	ἀγαθην	ἀγαθον
	Gen.	ἀγαθου	ἀγαθης	ἀγαθου
	Dat.	ἀγαθῳ	ἀγαθη	ἀγαθῳ
Plural	Nom.	ἀγαθοι	ἀγαθαι	ἀγαθα
	Ac.	ἀγαθους	ἀγαθας	ἀγαθα
	Gen.	ἀγαθων	ἀγαθων	ἀγαθων
	Dat.	ἀγαθοις	ἀγαθαις	ἀγαθοις

Notas

- Hemos aprendido ya estas terminaciones. Son iguales que las que figuran en los sustantivos del género correspondiente (y, por lo tanto, son similares a αὐτος y el artículo).

- La forma *femenina singular* de los adjetivos cuya raíz termina en una vocal o una ρ tiene terminaciones con α en vez de con η. (Es la misma variante en las terminaciones que vimos entre ἡμερα y ἀρχη.) Así que el femenino singular de ἁγιος (santo) es ἁγια, ἁγιαν, ἁγιας, ἁγιᾳ. (Ningún adjetivo tiene terminaciones como las de δοξα.)

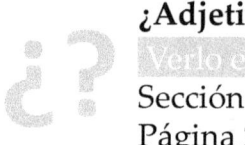

¿Adjetivo?
Verlo en castellano
Sección 1.4
Página 242

PRÁCTICA 5.1

Explique la forma de cada una de estas palabras[1]

1. ἁγιοι
2. μονων
3. νεκρον
4. τυφλη
5. πισταις
6. δικαιαν
7. ἰδια
8. πονηροις

5.2 EL EMPLEO DE LOS ADJETIVOS (1) – ATRIBUTIVO

El empleo principal de un adjetivo es el que se llama *atributivo*. Esto es el caso cuando el adjetivo define de forma más precisa un *atributo* de uno de los sustantivos o pronombres en una oración.

GRAMÁTICA ESENCIAL
El adjetivo tiene que concordar con el sustantivo que califica en género, caso y número

Ejemplo

- Ven la tierra <u>bella</u>.

Aquí tenemos una oración básica, 'ven la tierra', pero entonces la palabra 'tierra' ha sido calificada de forma más exacta o descrita con la adición de la palabra 'bella'. Este es el empleo normal (*atributivo*) del adjetivo.

Además, ya que 'bella' califica 'tierra', tendrá que concordar con 'tierra' en género, caso y número. Lo mismo ocurre en castellano en cuanto a género y número, p.ej.:

	Masculino	Femenino
Singular	un cuad<u>ro</u> bell<u>o</u>	una tierr<u>a</u> bell<u>a</u>
Plural	cuad<u>ros</u> bell<u>os</u>	tierr<u>as</u> bell<u>as</u>

El orden de las palabras

Cuando se califica un sustantivo con el artículo y un adjetivo (atributivo), hay dos órdenes posibles de las palabras en griego.

---

1. Empleando una terminología técnica gramatical más tradicional, se podría decir, 'Dé un análisis morfológico de cada una de estas palabras'.

Ven la tierra bella	o bien	βλεπουσιν την καλην γην.
	o bien	βλεπουσιν την γην την καλην.

Así que, si el adjetivo sigue al sustantivo, se repite el artículo (en estos ejemplos, την).

Cuando no está el artículo, las cosas son más sencillas, y el adjetivo puede ir delante o después del sustantivo al que califica:

Ven una tierra nueva	o bien	βλεπουσιν καινην γην.
	o bien	βλεπουσιν γην καινην.

PRÁCTICA 5.2

Traduzca

1. τηρουμεν τον ἀγαθον νομον.
2. ὁ ἀδελφος ὁ ἁγιος ἀκουει.
3. τυφλον δουλον ἐχει.
4. ἁγιος λαος φιλει τον θεον.
5. ὁ κυριος οὐκ ἐχει καλον υἱον.
6. ἐκβαλλει τα δαιμονια τα πονηρα.
7. καλειτε τας ἀγαθας ἀδελφας.
8. Busco una vida malvada.
9. Cree en su propio corazón.
10. La multitud busca al único Dios.

5.3 εἰμι – SOY/ ESTOY

Como en la mayoría de los idiomas, el verbo 'ser/estar' tiene una forma distintiva:

1ª sing.	soy / estoy	εἰμι
2ª sing.	eres / estás / usted es / usted está	εἶ[2]
3ª sing.	(él / ella) es / está	ἐστι(ν)
1ª plural	somos / estamos	ἐσμεν
2ª plural	sois / estáis / ustedes son / ustedes están	ἐστε
3ª plural	(ellos/ellas) son / están	εἰσι(ν)

Observe que la primera y la segunda persona del plural tienen similitudes con λυω
  ἐσ – μεν comparado con λυ – ο – μεν
  ἐσ – τε comparado con λυ – ε – τε

Aclaración

> Normalmente, los acentos no comunican ninguna información útil. Sin embargo, hay dos palabras diferentes que se escriben εἰ y que pueden ser distinguidas por sus acentos:
>
> εἶ – con el acento circunflejo – eres /estás
> εἰ – sin acento – si
>
> Así que en Mat 4:3 encontramos <u>εἰ</u> υἱος <u>εἶ</u> του θεου → <u>Si</u> <u>eres</u> el hijo de Dios.
>
> Puede que le ayude observar esta diferencia.

---

2. Es preferible aprender εἶ ('eres / estás') desde el principio con su acento circunflejo. Vea la explicación en el cuadro de Aclaración en esta página.

PRÁCTICA 5.3

Traduzca

1. ἐστε   2. εἰμι   3. εἰσιν   4. εἶ   5. ἐστιν

5.4 EL EMPLEO DE LOS ADJETIVOS (2) – PREDICATIVO

Rom. 7:12: ὁ νομος [ἐστιν] ἁγιος – 'La ley es santa'.
Esta oración tiene la forma '*x* (un sustantivo) es *y* (un adjetivo)'. Muchas oraciones que emplean el verbo 'ser' (o 'estar') son similares. También en esta oración el adjetivo describe al sustantivo. Si preguntamos, '¿Qué es santa?', la contestación es 'la ley'. Pero en este tipo de oración se emplea el adjetivo de una forma diferente a la que se observa en una oración como ζητω ἁγιον νομον – 'Busco una ley santa'.

En estas oraciones es importante comprender que el adjetivo **no** es un complemento, sino que es un adjetivo que califica a un sustantivo: 'santa' nos dice algo adicional acerca de 'la ley'. Por lo tanto, tiene que concordar con el sustantivo en género, caso y número. Sin embargo, este uso de un adjetivo es diferente del uso *atributivo*, porque aquí hace el adjetivo más que meramente calificar a uno de los sustantivos en la oración; el *propósito mismo* de la oración es dar esta descripción. El adjetivo completa la oración (por eso se le llama *complemento*). Este uso del adjetivo se llama también el uso *predicativo*.

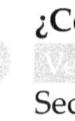

¿Complemento?
Verlo en castellano
Sección 4
Página 245

Aclaración

Para comprobar la diferencia entre el uso atributivo y el uso predicativo, pruebe borrando el adjetivo de la oración. Si todavía tiene sentido la oración, el adjetivo era *atributivo*. Si la oración ya no tiene sentido, era *predicativo*.

El orden de las palabras

Los adjetivos predicativos se emplean con un orden de las palabras diferente de los adjetivos atributivos. Otra vez, hay dos opciones. Una es igual que el castellano.[3]

La ley es santa.   *o bien*   ὁ νομος ἐστιν ἁγιος.
                    o bien   ἁγιος ἐστιν ὁ νομος.

GRAMÁTICA ESENCIAL
Los adjetivos predicativos no van nunca precedidos inmediatamente por el artículo

---

3. Es bastante poco corriente el empleo de un predicativo cuando no hay un artículo (definido), pero cuando esto ocurre, las opciones son (como es de esperar) νομος ἐστιν ἁγιος o ἁγιος ἐστιν νομος.

La omisión del verbo 'ser / estar'

Sin embargo, Rom. 7:12 no dice ὁ νομος ἐστιν ἁγιος sino ὁ νομος ἁγιος. Esto es porque en griego a menudo se suprime el verbo 'ser/estar' de las oraciones. En estos casos, es necesario volverlo a poner en la traducción al castellano. Suele ser fácil ver cuando hace falta:
(a) si la oración no parece tener un verbo, debe de haber sido suprimido;
(b) el adjetivo estará en la posición *predicativa*.

Ejemplo

- Rom. 7:12: ὁ νομος ἁγιος και ἡ ἐντολη ἁγια και δικαια και ἀγαθη.
  = La ley (es) santa y el mandamiento (es) santo y justo y bueno.

PRÁCTICA 5.4

Traduzca

1. ἐστε ἀγαθοι;
2. ἁγιος ἐστιν ὁ νομος του θεου.
3. Ἰουδαια τα τεκνα.
4. ἡ τυφλη ἀδελφη ἐστιν νεκρα;
5. αἰωνια τα Ἰεροσολυμα τα ἁγια;
6. ¿Es bueno o malo el evangelio?
7. El único Dios está en los cielos.
8. Estamos en la sinagoga.

PRÁCTICA A MITAD DE CAMINO

Traduzca

1. ὁ Πετρος φιλει το νεκρον τεκνον.
2. ὁ υἱος ὁ τυφλος βλεπει τον Χριστον.
3. ἁγιον καλουσιν τον κυριον.
4. βαλλει αὐτο εἰς την καλην γην.
5. ἑτερῳ εὐαγγελιῳ οὐ πιστευομεν.
6. ὁ δουλος του θεου μακαριος.
7. ἁγια ἡ βασιλεια του Ἰησου;
8. ὁ ἀγαθος ἀδελφος οὐκ ἐστιν μονος.
9. Una multitud malvada busca señales.
10. ¿Está muerto Dios?
11. Nos vamos a nuestras propias casas.
12. La hermana judía es buena.

5.5 EL EMPLEO DE LOS ADJETIVOS (2) – COMO SUSTANTIVOS

El griego tiene una forma de hacer sustantivos de los adjetivos, lo cual es muy corriente. Esto se llama el empleo *substantivo* del adjetivo. Sencillamente, se pone el adjetivo con un artículo. Entonces el caso del adjetivo lo determina su función dentro de la oración (sujeto, objeto, etc.). Su género revela si es una persona/un hombre (masc.), una mujer (fem.) o una cosa (neut). Observe que el griego emplea el masculino como opción por defecto cuando se está haciendo referencia a las personas en general.

Ejemplos

- ὁ ἀγαθος – la persona buena / el hombre bueno
- ἡ καλη – la (mujer) bella
- τα ἁγια – las cosas santas
- οἱ νεκροι – los muertos

Observarán que a veces se hace lo mismo en castellano (el viejo, la guapa, los muertos, etc.).

Mat. 5:8: μακαριοι οἱ καθαροι … – dichosos los puros…

PRÁCTICA 5.5

Traduzca

1. ὁ θεος φιλει τους Ἰουδαιους.
2. οἱ ἀγαθοι διδασκουσιν.
3. ὁ Παυλος λεγει τοις ἁγιοις.
4. ὁ τυφλος ὑπαγει.

5.6 πολυς Υ μεγας

πολυς = 'mucho(s)'   μεγας = 'gran, grande(s)'

Estos dos adjetivos importantes se declinan de la misma manera que ἀγαθος, pero con unas irregularidades pequeñas.

	Masc.	*Fem.*	*Neut.*	*Masc.*	*Fem.*	*Neut.*
Singular						
Nom.	πολυς	πολλη	πολυ	μεγας	μεγαλη	μεγα
Ac.	πολυν	πολλην	πολυ	μεγαν	μεγαλην	μεγα
Gen.	πολλου	πολλης	πολλου	μεγαλου	μεγαλης	μεγαλου
Dat.	πολλῳ	πολλῃ	πολλῳ	μεγαλῳ	μεγαλῃ	μεγαλῳ
Plural						
Nom.	πολλοι	πολλαι	πολλα	μεγαλοι	μεγαλαι	μεγαλα
Ac	πολλους	πολλας	πολλα	μεγαλους	μεγαλας	μεγαλα
Gen.	πολλων	πολλων	πολλων	μεγαλων	μεγαλων	μεγαλων
Dat.	πολλοις	πολλαις	πολλοις	μεγαλοις	μεγαλαις	μεγαλοις

Si mira esta tabla con cuidado, observará que:

- πολυς es πολλος con una forma más corta para el *nom.* y *ac. masc.* y *neut. singular*
- μεγας es μεγαλος con una forma más corta para el *nom.* y *ac. masc.* y *neut. singular*

Ejemplos

(Marcos 1:34, Col. 4:13 y Marcos 1:26, ligeramente simplificados).

- δαιμονια πολλα ἐκβαλλει = él echa fuera a muchos demonios.
- ἐχει πολυν πονον (fatiga, trabajo) ὑπερ των ἐν λαοδικειᾳ = tiene mucho trabajo por los que están en Laodicea (*es decir*, trabaja mucho…)
- λεγει φωνῃ μεγαλῃ = dice a gran voz

PRÁCTICA 5.6

¿Qué parte de πολυς **concordaría con cada una de las palabras siguientes?**

1. ἁμαρτιαι   2. σημεια   3. βιβλιων   4. δοξαν   5. σαββατοις

¿Qué parte de μεγας **concordaría con cada una de las palabras siguientes?**

6. ὀχλον   7. ἐργων   8. βασιλειαν   9. καρδιᾳ   10. ἱερον

5.7 EL ORDEN DE LAS PALABRAS EN LAS ORACIONES GRIEGAS

En general

Como hemos visto ya, dado que el caso de un sustantivo señala su función en la oración, y la concordancia enseña qué adjetivo va con qué sustantivo, el orden de las palabras puede ser más flexible en griego que en castellano.

Así que el significado básico de estas dos oraciones es la misma:

(i) ὁ θεος διδασκει τους Ἰουδαιους.
(ii) τους Ἰουδαιους ὁ θεος διδασκει.

Sin embargo, el orden de las palabras puede expresar el énfasis. La palabra o frase que viene primera lleva más énfasis. Por lo tanto, (i) parece hacer hincapié en que es Dios quien está enseñando a los judíos, mientras que (ii) recalca que son los judíos a quienes está enseñando Dios. En las oraciones más largas, también lleva la última palabra bastante énfasis.

Construcciones 'bocadillo'

Ahora hemos aprendido tres maneras diferentes de calificar a un sustantivo (es decir, maneras de dar más información acerca de él):

Adjetivos:	*o bien*	(i)	βλεπω το ἱερον το <u>καλον</u>.
	o bien	(ii)	βλεπω το <u>καλον</u> ἱερον.
Genitivos:			βλεπω το ἱερον <u>του κυριου</u>.
Preposiciones:			βλεπω το ἱερον <u>ἐν τῃ γῃ</u>.

Si mira con mucho cuidado, observará que el orden de las palabras en los ejemplos dados arriba que emplean el genitivo o una preposición es muy parecido al ejemplo (i) con los adjetivos, la palabra o frase descriptiva viene después del sustantivo.[4]

También existe otro orden alternativo de palabras para el genitivo o las preposiciones, el cual es semejante al orden (ii) dado arriba para los adjetivos. Esto lo llamamos la 'construcción bocadillo', porque el του κυριου o el εν τη γη se pone entre el το y el ιερον, igual que se puso καλον entre el το y el ιερον.

βλεπω το <u>του κυριου</u> ιερον.
βλεπω το <u>εν τη γη</u> ιερον.

La presencia de dos artículos juntos (p.ej., το του) o de un artículo seguida de una frase que empieza con una preposición (p.ej., το εν) puede confundir a la persona que esté a principios de aprender griego. Sin embargo, la ventaja de esta construcción es que hace muy claro con cuál de los sustantivos en la oración va la frase descriptiva.

5.8 USOS ESPECIALES DE ειμι

Al principio de una oración

Normalmente, ἐστι(ν) y εἰσι(ν) quieren decir 'es/está' y 'son/están'. Sin embargo, si figuran al principio de una oración quieren decir 'hay', empleándose ἐστι(ν) para el singular y εἰσι(ν) para el plural.

p.ej. ὁ τυφλος ἐστιν ἐν τη συναγωγη. El ciego está en la sinagoga.
ἐστιν τυφλος ἐν τη συναγωγη. Hay un ciego en la sinagoga.

Los sustantivos como complementos

Ya vimos antes (en la sección 5.4) la idea del adjetivo como *complemento*, y observamos que el adjetivo no es un objeto del verbo, pero que concuerda con el sustantivo al que describe y estará por lo tanto en el nominativo. Así que 'el hijo es bueno' es:

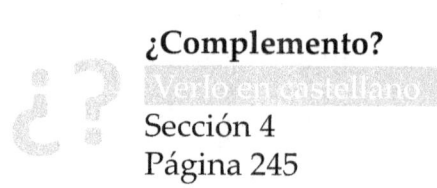

¿Complemento?
Sección 4
Página 245

ὁ υἱος ἐστιν <u>ἀγαθος</u> o <u>ἀγαθος</u> ἐστιν ὁ υἱος

No será de sorprender que el complemento puede ser un sustantivo, en vez de un adjetivo, p.ej., 'el hijo es el Señor':

ὁ υἱος ἐστιν ὁ <u>κυριος</u>

---

4. A veces incluso se repite el artículo delante del genitivo o de la preposición, al igual que se ve delante de καλον, p.ej., το ιερον το του κυριου y το ιερον το εν τη γη.

Observe que ὁ κυριος está en el *nominativo* aquí. No es un objeto (o 'complemento') directo (acusativo) ni indirecto (dativo) de un verbo, sino una *descripción* de ὁ υἱος, por lo cual está en el mismo caso que él.

Esto es una consecuencia del papel que hace el verbo εἰμι en una oración. En este caso, es fácil imaginarse que ἐστιν funciona sencillamente como un 'signo de igualdad': ὁ υἱος = ὁ κυριος. Sin embargo, es un poco más complicado que eso, porque 'el rey es el juez' no es exactamente lo mismo que 'el juez es el rey'.

Así que es necesario distinguir entre el sujeto y cualquier sustantivo que es un complemento, a pesar de que estarán ambos en el nominativo. El griego hace esto de la manera siguiente:

o bien (a) el sujeto viene antes del complemento
o bien (b) se le suprime el artículo al complemento.

Es decir, 'El hijo es el Señor' es *o bien* (a) ὁ υἱος ἐστιν ὁ κυριος o (b) κυριος ἐστιν ὁ υἱος.

Ejemplos (con el sujeto subrayado)

Marcos 2: 28: κυριος ἐστιν <u>ὁ υἱος</u> του ἀνθρωπου …: <u>el hijo</u> del hombre es Señor…

Juan 1:1: θεος ἠν (= era) ὁ <u>λογος</u>: <u>el verbo</u> era (el) Dios.[5]

> **GRAMÁTICA ESENCIAL**
> Si un sustantivo que es el complemento precede al verbo, *no puede tener el artículo*

PRÁCTICA 5.7 Y 5.8

Traduzca

1. ἐστιν θεος ἐν οὐρανῳ;
2. σημειον το του Ἀβρααμ τεκνον.
3. εἰσιν πολλοι ἁγιοι Ἰουδαιοι.
4. ὁ του Ἰησου λογος εὐαγγελιον.

VOCABULARIO PARA EL CAPÍTULO 5

Dieciocho adjetivos normales

*ἀγαθος (102)	– bueno	καινος (42)	– nuevo
ἀγαπητος (61)	– amado	*μακαριος (50)	– dichoso, feliz, bienaventurado
*ἁγιος (233)	– santo (sagrado)		
δικαιος (79)	– justo, recto	*μονος (114)	– único, solo
ἑκαστος (82)	– cada uno, cada	*νεκρος (128)	– muerto
*ἑτερος (98)	– otro, diferente	*ὁσος (110)	– cuanto, cuan grande
*ἰδιος (114)	– suyo propio	πιστος (67)	– fiel, creyente
*Ἰουδαιος (195)	– judío (adj), un judío	*πονηρος (78)	– maligno, malvado, malo
κακος (50)	– malo		
*καλος (100)	– bello, bueno	*τυφλος (50)	– ciego

---

5. Ya que θεος es un complemento que precede al sujeto de la oración, no puede tener el artículo (la regla que acabamos de aprender), así que desde el punto de vista gramatical no podemos saber si el autor estaba diciendo que el verbo era θεος o ὁ θεος, pero lo que sí sabemos es que la oración quiere decir 'el verbo era (el) Dios', no 'Dios era el verbo'.

Curso de griego bíblico

Dos adjetivos ligeramente irregulares

*μεγας μεγαλη   – gran, grande
μεγα (243)

*πολυς πολλη   – mucho, muchos
πολυ (416)

Cuatro conjunciones importantes

*ἀλλα (638)   – pero, sino
εἰ (502)   – si (condicional)

ἠ (343)   – o
*ὡς (504)   – como (comparativo)

Cuatro sustantivos femeninos

Γαλιλαια (61)   – Galilea
*εἰρηνη (92)   – paz

*κεφαλη (75)   – cabeza
*συναγωγη (56) – sinagoga

Más

καιρος   – tiempo oportuno, momento,
(85)   ocasión, estación del año

*εἰμι (2462)   – soy, estoy

Dos palabras especiales:

(i) Hay dos palabras alternativas para Jerusalén:

  *Ἱεροσολυμα (77) – una palabra plural neutra con respiración áspera

  *Ἰερουσαλημ (63) – una palabra femenina singular indeclinable con una respiración suave. (Para el significado de indeclinable ver nota 4 en la página 29).

(ii) *αἰωνιος (71), un adjetivo que significa 'eterno'. αἰωνιος no emplea nunca las formas femeninas. Emplea las terminaciones masculinas incluso cuando 'concuerda' con un sustantivo femenino, p.ej., ἡ αἰωνιος ζωη.

Palabras para ayudar

hagiografía, heterosexual, idiota/idiosincrásico, cacofonía/caco, caligrafía, monólogo/ monoteísmo/monosílabo, necrópolis/necrología, megáfono/megalomanía, politeísmo, encefalitis.

Ejercicios

Sección A

*1. ὁ Ἰησους λεγει αὐτῃ· Εἰμι ὁ ζωη και ἡ εἰρηνη.
*2. και Πετρος λεγει αὐτῳ· Εἰ ὁ Χριστος ὁ υἱος του θεου.
*3. λαμβανω την του θεου βασιλειαν ὡς τεκνον.
*4. οὐκ ἐστιν θεος νεκρων.
*5. το δαιμονιον λεγει· Ἰησου, εἰ ὁ ἁγιος του θεου.
6. βλεπει θεου τον καινον οὐρανον και την καινην γην.
7. Ἀγαπητοι, νομον ἑτερον οὐ διδασκω ἀλλα τον ἀπ᾽ ἀρχης.
8. ἡ μεγαλη φωνη ἐκ των οὐρανων λεγει· Εἰ ὁ υἱος μου [mío] ὁ ἀγαπητος.
9. Los días son malos y la gente mala (los malos) hacen cosas malas.
10. La ley es justa, pero es el momento del evangelio.
*11. Cada uno tiene su propia casa.
*12. Cristo es la cabeza de la iglesia.

Sección B

*1. λεγει Ἰησους ἐν τῃ συναγωγῃ· Ἡ βασιλεια των οὐρανων οὐκ ἐστιν ἐκ του κοσμου.
2. εἰσιν ψυχαι πολλαι των ἀγαθων και των δικαιων ἐν τῃ οἰκιᾳ του αἰωνιου θεου.
*3. ἡ ἀγαπη του θεου ἐστιν ἐν ταις καρδιαις αὐτων δια του Χριστου.
4. ἐστιν αἰωνιος εἰρηνη τοις πιστοις.
*5. ὁ θεος ἀγαπη ἐστιν· ἀνθρωποι της ἀγαπης ἐν τῳ θεῳ εἰσιν και ὁ θεος ἐν αὐτοις ἐστιν.
*6. τοις Ἰουδαιοις τοις ἐν Ἱεροσολυμοις λεγει ὁ Ἰησους.
7. εἰ τα του κοσμου ἐργα πονηρα ἐστιν, πως οἱ πιστοι ποιουσι τα δικαια και τα καλα;
8. ἀγουσιν τον τυφλον προς τους Ἰουδαιους ἐν τῳ ἱερῳ τῳ μεγαλῳ.
*9. Somos hijos de los hombres.
*10. Estáis (ustedes están) solos en Galilea.
*11. Los judíos fieles están enseñando la ley de la paz.
*12. ¿Tiene Dios un nuevo pueblo santo?

Sección C

Mateo 12:35: ὁ ἀγαθὸς ἄνθρωπος ἐκ τοῦ ἀγαθοῦ θησαυροῦ [*tesoro, cofre*] ἐκβάλλει ἀγαθά, καὶ ὁ πονηρὸς ἄνθρωπος ἐκ τοῦ πονηροῦ θησαυροῦ ἐκβάλλει πονηρά.

2 Corintios 13.13: Ἡ χάρις [*gracia*] τοῦ κυρίου Ἰησοῦ Χριστοῦ καὶ ἡ ἀγάπη τοῦ θεοῦ καὶ ἡ κοινωνία [*comunión*] τοῦ ἁγίου πνεύματος [*espíritu*] μετὰ πάντων [*todos*] ὑμῶν [*vosotros, ustedes*].

CAPÍTULO SEIS

Los tiempos de los verbos

6.1 LA IDEA DE LOS TIEMPOS DE LOS VERBOS

Juan 14:1: πιστευετε εις τον θεον – <u>creéis</u> (<u>ustedes creen</u>) en Dios.
Juan 11:48: παντες πιστευσουσιν εις αυτον – todos <u>creerán</u> en él.
Juan 7:5: ουδε οἱ ἀδελφοι αὐτου ἐπιστευον εις αὐτον – ni siquiera sus hermanos <u>creían</u> en él.
Juan 4:50: ἐπιστευσεν ὁ ἀνθρωπος τῳ λογῳ – el hombre <u>creyó</u> la palabra.
Modificaciones en un verbo cambian su *tiempo*: πιστευετε – creéis; πιστευσουσιν – creerán; ἐπιστευον – creían; ἐπιστευσεν – creyó.

- Hasta ahora, todas las formas de los verbos griegos que hemos visto han sido en el *Tiempo Presente*. Hay también otros *tiempos*. En este capítulo veremos el *Futuro*, el *Imperfecto* y el *Aoristo*.
- Al igual que el castellano, el griego indica el tiempo del verbo con una modificación de la forma del verbo. Así que λυσομεν (observe la σ adicional) quiere decir '<u>desataremos</u>'.
- Los tiempos diferentes de los verbos comunican tanto el *tiempo* cuando ocurre la acción (Presente, Futuro, Pasado, etc.) como el *aspecto* (la naturaleza de la acción, si era un proceso o se había terminado, etc.).

  ¿Tiempos?
  Verlo en castellano
  Sección 7
  Página 247

- El Presente, el Futuro, el Imperfecto y el Aoristo son los cuatro tiempos griegos más corrientes; veremos los otros dos, mucho más tarde (en el capítulo 16).

6.2 DISTINGUIR ENTRE LOS TIEMPOS

Los tiempos diferentes se forman con:
   (i) añadir **prefijos** y **sufijos** a la raíz
   (ii) el empleo de **otras terminaciones**.

Un **prefijo** es un componente de una palabra que se añade *antes* de la raíz. Por ejemplo, la palabra '<u>im</u>posible' consiste de una raíz, 'posible', y un prefijo, 'im-'.

Un **sufijo** es un componente de una palabra que se añade *después* de la raíz. Por ejemplo, la palabra 'posible<u>mente</u>' consiste de una raíz, 'posible', y un sufijo, '-mente'.

En griego, los **prefijos** y los **sufijos** son la parte más fácil de ver de los distintos tiempos:

		Prefijo	Raíz	Sufijo	Terminación (1ª persona del singular)
Tiempo	Presente		λυ		ω
	Futuro		λυ	σ	ω
	Imperfecto	ἐ	λυ		ον
	Aoristo	ἐ	λυ	σ	α

Notas

- Los dos tiempos Pasados (Aoristo e Imperfecto) tienen un prefijo, ἐ. (A este ἐ se le llama el *aumento*).
- Tanto el Futuro como el Aoristo tienen un sufijo, σ.

Así que:

ningún prefijo	**Ningún** sufijo	Presente
ningún prefijo +	Sufijo σ =	Futuro
Prefijo ἐ	**Ningún** sufijo	Imperfecto
Prefijo ἐ	Sufijo σ	Aoristo

PRÁCTICA 6.2

¿Qué tiempo tiene cada uno de los verbos siguientes?

Aclaración/Sugerencia

Ignore las terminaciones; busque únicamente los prefijos y los sufijos.

1. ἀκουσ-ομεν
2. ἐβλεπ-ον
3. ἐπιστευσ-ατε
4. ἐδιδασκ-εν
5. λυσ-ουσιν
6. ἀγ-ω

6.3 EL SIGNIFICADO DE LOS TIEMPOS DE LOS VERBOS

Tiempo Griego	Tiempo	Aspecto	Equivalente castellano
Presente	Presente	Proceso o Sin definir	Estoy desatando o Desato
Futuro	Futuro	Sin definir	Desataré
Imperfecto	Pasado	Proceso	Estaba desatando / Desataba
Aoristo	Pasado	Sin definir	Desaté

El significado de los tiempos de los verbos depende de una combinación del *tiempo (real)* y del *aspecto*.

El *tiempo (real)* es igual que en castellano: pasado, presente o futuro.

El *aspecto* requiere más explicación. Hay dos aspectos en griego: llamados *'proceso'* y *'sin definir'* (o *'indefinido'*).

- El aspecto *'proceso'* indica que la acción está siendo contemplada como parte de un *proceso continuo,* una acción que continúa en el presente o que continuaba en el pasado, o que *se repetía en el pasado.*
- El aspecto *'sin definir'* puede ser empleado por dos razones diferentes:
  (i) Es verdaderamente sin definir, o sea, no se implica nada en absoluto en cuanto a la manera de ocurrir la acción. Esto puede ser considerado como el valor *por defecto,* es decir, si el contexto no nos lleva a concluir la segunda razón, la cual damos a continuación.
  (ii) Está siendo usado de manera deliberada, para evitar usar el aspecto *proceso.* En este caso, su empleo indica que el significado es que la acción ocurrió *una sola vez.*

Presente

Si uno quiere expresar una acción que ocurre en el tiempo presente, no existe más que una forma en griego. Se emplea sencillamente el tiempo presente del verbo, a pesar de que esto puede tener dos aspectos diferentes: *sin definir* o *proceso.* Es por esto que aprendimos antes (capítulo 2, sección 2.1.) que el tiempo presente de los verbos en griego puede significar *o bien* 'estoy desatando' (proceso), *o bien* 'desato' (sin definir).

Futuro

De la misma manera, si uno quiere expresar una acción que ocurrirá en un tiempo futuro, igual que para el presente existe solamente una forma en griego. Se emplea el tiempo Futuro del verbo.

El Pasado: La Diferencia entre el Imperfecto y el Aoristo

Si uno quiere hablar del pasado, sí existen alternativas. El Imperfecto tiene el aspecto *proceso,* y el Aoristo el aspecto *sin definir*.

El **Aoristo** describe una acción en el pasado sin hacer ninguna referencia a si continuaba, se repetía o se completó. A menudo –aunque no siempre– implica una acción que ocurrió una sola vez en el pasado.
– desaté, desataste, etc.

El **Imperfecto** griego describe una acción en el pasado que se contempla desde el punto de vista de un proceso. Esto da lugar a tres posibilidades:

- **Un proceso que continuaba**, el equivalente del imperfecto castellano en uno de sus sentidos (o el pasado progresivo):
  – desataba (o estaba desatando), desatabas (o estabas desatando), etc.
- **Un proceso repetido o habitual**, el equivalente de otro sentido del imperfecto castellano, o de una frase con 'solía':
  – (cada día) desataba (o solía desatar), desatabas (solías desatar), etc.

- Además, el Imperfecto griego puede ser empleado para un proceso en el pasado que se considera como **justo empezándose**:
  – Empecé a desatar, empezaste a desatar, etc.

Por ejemplo:
Mateo 5:2: 'Abrió la boca (Aoristo) y empezó a enseñar (Imperfecto).

6.3.1 Los equivalentes básicos en castellano

A pesar de que debería uno de procurar entender el significado y los matices de los diferentes tiempos griegos, muchos estudiantes encuentran que es más fácil *inicialmente* identificar los tiempos griegos con sus equivalentes en castellano.

	Presente	Futuro	Imperfecto	Aoristo
1ª pers. sg	estoy desatando	desataré	desataba (yo)	desaté
2ª pers. sg	estás desatando	desatarás	desatabas	desataste
3ª pers. sg	está desatando	desatará	desataba (él, ella)	desató
1ª pers. pl.	estamos desatando	desataremos	desatábamos	desatamos
2ª pers. pl.	estáis (o ustedes están) desatando	desataréis (o ustedes desatarán)	desatabais (o ustedes desataban)	desatasteis (o ustedes desataron)
3ª pers. pl.	están desatando	desatarán	desataban	desataron

Recuerde: El Presente puede ser 'desato', 'desatas', etc. El Imperfecto puede ser 'estaba desatando', 'solía desatar', 'empecé a desatar', etc.

PRÁCTICA 6.3

¿Qué tiempo griego sería correcto para cada uno de los verbos siguientes?

1. Veré.
2. Oían.
3. Solía comer.
4. Estás echando.
5. Envió.
6. Veo.

Traduzca

Aclaración/Sugerencia

Ignore las terminaciones, están todos en la primera persona del singular.

1. ἀκουσω.
2. λαμβανω.
3. ἐπεμπον.
4. ἐβαπτιζον.
5. ἐπιστευσα.
6. ἐχω.

6.4 LAS TERMINACIONES

	Presente	Futuro	Imperfecto	Aoristo
yo	λυ-ω	λυσ-ω	ἐλυ-ον	ἐλυσ-α
tú/usted	λυ-εις	λυσ-εις	ἐλυ-ες	ἐλυσ-ας
él/ella	λυ-ει	λυσ-ει	ἐλυ-ε(ν)	ἐλυσ-ε(ν)
nosotros (-as)	λυ-ομεν	λυσ-ομεν	ἐλυ-ομεν	ἐλυσ-αμεν
vosotros (-as)/ ustedes	λυ-ετε	λυσ-ετε	ἐλυ-ετε	ἐλυσ-ατε
ellos/ellas	λυ-ουσι(ν)	λυσ-ουσι(ν)	ἐλυ-ον	ἐλυσ-αν

Notas

- Las terminaciones del Futuro que son iguales que las del Presente (pero se distinguen gracias al sufijo σ).
- El Presente, el Futuro y el Imperfecto tienen el sonido de una 'e' o una 'o' al principio de la terminación; el Aoristo tiene (con una sola excepción) el sonido de una 'a'.
- Las terminaciones de la 1ª y 2ª persona del plural son muy parecidas en todos los tiempos.
- Hay una ν *opcional* en la 3ª persona del *singular* en el Imperfecto y el Aoristo, al igual que con la 3ª persona del *plural* en el Presente (lo cual aprendimos ya). (Al seguir el patrón del Presente, el Futuro también tiene la ν opcional en la 3ª persona del *plural*).

PRÁCTICA 6.4

Traduzca

1. ἐβαλλομεν
2. ἐλυσαμεν
3. ἀκουσετε
4. ἐκβαλλεις
5. ἐπιστευσαν
6. ἀπολυσουσιν
7. estamos escribiendo
8. creerán
9. tomábais (ustedes tomaban)

6.4.1 Ejemplos de los tiempos de los verbos

- ὁ Ἰησους ἐδιδασκεν ἐν τῃ συναγωγῃ και πολλοι ἐπιστευσαν.

ἐδιδασκεν es Imperfecto, describiendo, por tanto, un proceso en el pasado: 'Jesús estaba en el proceso de enseñar en la sinagoga'. ἐπιστευσαν es Aoristo, describiendo, por tanto, una acción pasada sin definir (no un proceso) – 'muchos creyeron' (una paráfrasis posible sería 'muchos vinieron a la fe') = 'Jesús estaba enseñando en la sinagoga y muchos creyeron'.

- ὁ θεος ἐπεμπεν τους ἀγγελους, ἀλλα νυν ἐσμεν μονοι.

ἐπεμπεν es Imperfecto, describiendo, por tanto, un proceso en el pasado – 'Dios solía enviar mensajeros'. ἐσμεν es Presente, describiendo, por tanto, la situación actual – 'estamos solos' = 'Dios solía enviar mensajeros, pero ahora estamos solos.'

PRÁCTICA A MITAD DE CAMINO

Traduzca

1. ἐδιδασκεν τον ὀχλον.
2. ὁ θεος ἀκουσει αὐτου.
3. οἱ ἁγιοι ἐχουσιν τον νομον.
4. λυσομεν το πλοιον.
5. δια τον λογον ἐπιστευσατε;
6. ἐλεγον περι της βασιλειας.
7. πως ἀπολυσεις αὐτην;
8. οἱ ἀδελφοι οὐκ ἐπιστευσαν.
9. Solíamos tomar el barco.
10. Creyeron a Dios.
11. El amo bueno librará a los esclavos.
12. Yo solía hablar pero ahora escucharé.

6.5 PUNTOS A OBSERVAR ACERCA DEL PREFIJO ἐ

6.5.1 Las palabras que empiezan con una vocal

Mire lo que ocurre cuando el prefijo ἐ se añade a una palabra que empieza con una vocal:

ἀκουω – oigo (Presente)
ἠκουον – Oía yo (Imperfecto)

Para indicar que un verbo está en el Imperfecto o el Aoristo, es necesario añadir una ἐ (el *aumento*) al principio de la raíz. Esto es muy sencillo si la raíz empieza con una consonante, pero no si empieza con una vocal.

GRAMÁTICA ESENCIAL

Tenga cuidado cuando una ἐ (el *aumento*) se añade a una palabra que empieza con una vocal

¡No es posible decir ἐἀκουον!

Lo que ocurre es que se sigue la regla normal para la adición del *aumento* ἐ, pero que entonces ocurre una *contracción* (es decir, las dos vocales se convierten en una sola, nueva).[1]

GRAMÁTICA ESENCIAL

ἐ	más	α	se convierte en	η
		ε	se convierte en	η
		ο	se convierte en	ω
		η, ι, υ *u* ω	queda solamente la	η, ι, υ *u* ω

---

1. Algunas personas prefieren pensar que la vocal inicial se ha hecho más larga en vez de añadir la ἐ. El resultado es el mismo, pero esto parece introducir una nueva regla para aprender.

Los diptongos siguen la lógica de la tabla dada arriba. Por ejemplo:

| αι | → | ῃ | ει | → | ῃ | οι | → | ῳ |
| αυ | → | ηυ | ευ | → | ηυ² | | | |

Así que, dado que el Imperfecto de λυω es ἐλυον,

- el Imperfecto de ἀκουω es ἠκουον.
- el Imperfecto de οἰκοδομεω es ᾠκοδομουν.³
- el Imperfecto de εὐλογεω es ηὐλογουν.³

La ἐ se comporta de exactamente la misma manera en el Aoristo, así que

- el Aoristo de ἀκουω es ἠκουσα.

6.5.2 Los verbos compuestos

Mire lo que ocurre cuando el prefijo ἐ se añade a un verbo compuesto (ver Capítulo 4, sección 4.4):

ἀπολυω – libero (Presente)
ἀπἐλυον – yo liberaba (Imperfecto)

Con los verbos compuestos, la ἐ (el *aumento*) viene **entre** la preposición y la raíz del verbo. Es posible entender esto, pensando en los cuatro pasos siguientes.

> **GRAMÁTICA ESENCIAL**
> Tenga cuidado cuando se añade el *aumento* ἐ a un verbo compuesto

1. Quite la preposición.
2. Añada la ἐ al verbo de acuerdo con las reglas normales (tenga cuidado si el verbo empieza con una vocal)
3. Vuelva a poner la preposición
4. Tenga cuidado con la *elisión*, ya que ahora viene la preposición delante de una vocal (consulte otra vez las reglas en el Capítulo 4, la sección 4.2.5).

Ejemplos

Presente	Imperfecto		
	Forma final	Significado	Pasos tomados para llegar ahí
ἀπολυω	ἀπἐλυον	Yo libraba	ἀπο-ελυον
ἐκβαλλω	ἐξεβαλλον	Yo echaba fuera	ἐκ-εβαλλον
ὑπαγω	ὑπηγον	Me marchaba	ὑπο-εαγον → ὑπο-ηγον
συναγω	συνηγον	Yo recogía	συν-εαγον → συν-ηγον

El aumento se comporta de exactamente la misma manera en el Aoristo.
p.ej. El Aoristo de ἀπολυω es ἀπἐλυσα

---

2. En realidad, es más corriente dejar la ευ sin cambiar, a pesar de que ηυ sería más lógico.
3. Las terminaciones empleadas en el Imperfecto por los verbos del tipo –εω se explican en este capítulo en la sección 6.8.

Aclaración/Sugerencia

Observe con cuidado la diferencia entre la *contracción* que ocurre cuando se añade el aumento a un verbo que empieza con una vocal y la *elisión* que ocurre cuando una preposición va seguida por una vocal. La vocal al principio del verbo se *combina* con el aumento para hacer una vocal diferente, mientras que normalmente la vocal al final de una preposición la borra por completo el aumento.

ἐ + ἀγον → ἠγον   ἐ + ἀναβλεπον → ἀνεβλεπον   ἐ + ἀναγον → ἀνηγον

PRÁCTICA 6.5

Cambie estos verbos al Imperfecto (1ª persona del singular)

1. ἀγω
2. ὑπαγω
3. βλεπω
4. ἀναβλεπω
5. παραλαμβανω
6. ἀποκαλυπτω
7. ἀνοιγω
8. διδασκω

6.6 PUNTOS A OBSERVAR ACERCA DEL SUFIJO σ

Mire lo que ocurre cuando el sufijo σ se añade a una palabra cuya raíz termina con ciertas consonantes:

βλεπω – veo (Presente)
βλεψω – veré (Futuro)

Una σ añadida al final de un verbo cuya raíz termina con una consonante (para hacer el Futuro o el Aoristo) combina a menudo con la consonante final de la raíz del verbo. No hay que ver esto como una regla especial de los

> **GRAMÁTICA ESENCIAL**
> Tenga cuidado cuando una σ se añade al final de la raíz de un verbo que termina con una consonante

verbos en el Futuro o el Aoristo; es meramente una cuestión de *ortografía*. (Por lo tanto, veremos los mismos cambios más adelante con ciertos sustantivos, en el capítulo 12).

Ya que una 'π' final (de la raíz del verbo) seguida por una 'σ' añadida para formar el Futuro o el Aoristo da como resultado el sonido 'ps', y existe en el alfabeto griego una letra (ψ) para este sonido, se suprime de la forma escrita la 'πσ' y se pone en su lugar la letra 'ψ'. Esto no afecta la pronunciación en absoluto, por lo cual esta forma del verbo puede ser considerada como *normal* desde el punto de vista de la gramática, y no sujeta a alguna regla gramatical nueva.

Ocurre exactamente lo mismo cuando una 'κ' final va seguida por una 'σ': al sonido 'ks' le corresponde en el alfabeto griego la letra 'ξ', la cual se emplea en vez de la 'ks' que ocurriría si no.

A continuación se presentan las combinaciones de 'σ' y una consonante anterior que dan lugar a un cambio ortográfico.

Curso de griego bíblico

Los grupos a las que pertenecen las letras aquí no están seleccionados al azar.

Los sonidos π, β y φ se formen ('se articulan') con los labios (y se les llama 'consonantes labiales').

GRAMÁTICA ESENCIAL

π, β, φ	+ σ → ψ
τ, δ, θ, ζ	+ σ → σ[4]
κ, γ, χ, σσ	+ σ → ξ

Para formar los sonidos τ, δ, θ y ζ, la lengua tiene que hacer contacto con los dientes de arriba (y se les llama 'consonantes dentales').

Para formar los sonidos κ, γ y χ, la parte más alta de la lengua tiene que acercarse a (para χ) o entrar en contacto con (para κ y γ) la parte trasera de la boca, llamada en la anatomía 'el velo del paladar'. (Por lo tanto, a estos sonidos y se les llama 'consonantes velares').

Ejemplos

Presente	Futuro		
	Forma final	Significado	Pasos tomados para llegar ahí
βλεπω	βλεψω	Veré	βλεπ-σω
βαπτιζω	βαπτισω	Bautizaré	βαπτιζ-σω
ἀνοιγω	ἀνοιξω	Abriré	ἀνοιγ-σω

La σ se comporta de exactamente la misma manera en el Aoristo, así que
- el Aoristo de βλεπω es ἐβλεψα.

Aclaración

Dado que el Aoristo tiene la adición tanto del prefijo ἐ como del sufijo σ, pueden ocurrir ambos cambios a la forma y ortografía del verbo. Así que el Aoristo de ἀνοιγω es ἠνοιξα (formado de ἐἀνοιγσα)

PRÁCTICA 6.6

Cambie estos verbos al Aoristo (1ª persona del singular)

1. βαπτιζω
2. πεμπω
3. ἀκουω
4. ἀπολυω
5. κηρυσσω
6. ἀναβλεπω
7. ἀποκαλυπτω
8. δοξαζω

6.7 CÓMO TRATAR CON LOS PREFIJOS Y LOS SUFIJOS

Es necesario prestar mucha atención a los efectos del empleo de estos prefijos y sufijos (como se describe en las secciones 6.5 y 6.6), porque hacen que sea más difícil reconocer en qué tiempo está el verbo. Se tiene uno que acostumbrar a que

ἠγον es en realidad ἐ-ἀγον y, por lo tanto, está en el Imperfecto
ἀνοιξω es en realidad ἀνοιγ-σω y, por lo tanto, está en el Futuro.

---

4. Salvo en el caso de κραζω, el cual se comporta como si fuera κρασσω. Entonces, ya que σσ + σ → ξ, el Futuro de este verbo es κραξω y el Aoristo es ἐκραξα.

Aclaración

Muy pocos verbos empiezan con una η o una ω en su forma básica.[5] Por lo tanto, si uno ve un verbo que empieza con una de estas letras, es muy probable que haya sido originalmente otra cosa (α, ε u o), a la cual se ha añadido una ἐ. Así que, será un verbo en el Imperfecto o en el Aoristo.

No termina casi ningún verbo en ψ, ξ o una sola σ (aunque algunos terminan en σσ). Por lo tanto[6], si uno ve la raíz de un verbo con una de estas terminaciones, debe de haber sido originalmente otra cosa, a la cual se ha añadido una σ. Por tanto, será un verbo en el Futuro o el Aoristo.

Nota: ἐχω (tengo) es irregular:

Imperfecto   εἰχον (la ἐ inicial se ha aumentado a εἰ, no a ἠ)
Futuro   ἐξω (χ + σ → ξ, como se esperaría, pero al principio ἐ y no ἑ, lo cual se hubiera esperado)

El Aoristo de ἐχω es inesperadamente ἐσχον, lo cual resulta de seguir otro patrón (ver el Capítulo 11, Sección 11.1.3), pero se emplea muy raras veces, ya que 'tener' en el pasado normalmente implica 'durante un periodo de tiempo', para lo cual se emplea el Imperfecto.

PRÁCTICA 6.7

¿En qué tiempo está cada uno de estos verbos?

1. ἐκραζεν
2. ἐδιοξα
3. βλεψετε
4. ἐγραψαν
5. εἰχομεν
6. ἀνεβλεπετε
7. πεισομεν
8. ἐκηρυξεν

6.8 LOS TIEMPOS CON LOS VERBOS QUE TERMINAN CON -εω

En el Capítulo 2, la sección 2.2, aprendimos que hay una 'familia' (o grupo) de verbos con una ε débil al final de su raíz. 'Débil' quiere decir que normalmente desaparece, pero cambia la forma de la vocal en las terminaciones del Presente, dando formas como φιλ<u>ου</u>μεν (φιλε + ομεν).

– En el *Imperfecto* ocurren los mismos tipos de contracciones.
– En el *Futuro* y el *Aoristo*, la adición del sufijo σ causa dos cambios:
  (i) La ε se hace más larga, convirtiéndose en η (excepto por καλεω, que retiene la ε: καλεσω, ἐκαλεσα)
  (ii) Ahora vienen las terminaciones después de una σ, no de la 'ε débil', así que no hay contracciones (es decir, el Futuro y el Aoristo de los verbos con –εω es igual que λυω).

---

5. En el NT, solamente ἡγεομαι, ἡκω y ὠφελεο (los cuales ocurren 28, 26 y 15 veces, respectivamente) y unas palabras muy raramente vistas: ἡσυχαζω, ἡττάομαι, ὠδινω, ὠνεομαι y ὠρυομαι.

6. En el NT solamente ὑψοω (20 veces), más αὐξω y θαρσεω, ambos de los cuales ocurren muy raras veces.

Así que el 'patrón' (la 'plantilla' o el 'modelo') completo para φιλεω (amo) es como sigue:

	Presente	Futuro	Imperfecto	Aoristo
yo	φιλω	φιλησω	ἐφιλουν	ἐφιλησα
tú, usted	φιλεις	φιλησεις	ἐφιλεις	ἐφιλησας
él, ella	φιλει	φιλησει	ἐφιλει	ἐφιλησεν
nosotros (as)	φιλουμεν	φιλησομεν	ἐφιλουμεν	ἐφιλησαμεν
vosotros (as), ustedes	φιλειτε	φιλησετε	ἐφιλειτε	ἐφιλησατε
ellos, ellas	φιλουσιν o φιλουσι	φιλησουσιν	ἐφιλουν	ἐφιλησαν

PRÁCTICA 6.8

Traduzca

1. ἐποιησαν
2. φιλησει
3. προσεκυνουμεν
4. αἰτησουσιν
5. ἐτηρησεν
6. ἐζητουν
7. εὐχαριστησατε
8. ᾠκοδομησαν

VOCABULARIO PARA EL CAPÍTULO 6

Trece verbos más como λυω

*ἀνοιγω (77)	– abro
*βαπτιζω (77)	– bautizo, lavo
*γραφω (191)	– escribo
διωκω (45)	– persigo, procuro, busco
*δοξαζω (61)	– alabo, glorifico
*κηρυσσω (61)	– proclamo, predico
*κραζω (56)	– grito
*πεμπω (79)	– envío
πειθω (52)	– convenzo, persuado
*σωζω (106)	– salvo, libro (vb), sano (a veces se escribe σῳζω)

Tres de los cuales son compuestos

ἀποκαλυπτω (26)	– revelo, descubro
*προσεχω (24) + dat.	– atiendo a, presto atención a
ὑπαρχω (60)	– existo, soy, estoy

Cuatro verbos más como φιλεω
Uno de los cuales claramente no es un verbo compuesto

*αἰτεω (70)	– pido[7]

Tres que parecen ser compuestos pero que no se comportan como tal (es decir, el *aumento* se añade al principio)

*εὐλογεω (42)	– bendigo, alabo, hablo bien de
*εὐχαριστεω (38)	– doy gracias
*οἰκοδομεω (40)	– edifico

Doce palabras, todas acerca del tiempo

ἀρτι (36)	– ahora (mismo)
*ἐτι (93)	– aún, todavía
*παλιν (141)	– de nuevo, otra vez
παντοτε (41)	– siempre

---

7. αἰτεω requiere un 'acusativo doble', tanto <u>la persona a la que se pide</u> como <u>lo que se pide</u> ocurren en el acusativo. Por ejemplo, 'A Dios le pido vida' es αἰτω τον θεον ζωην.

*ἤδη (61)	– ya	*ποτε (29)	– alguna vez, en algún momento[8]
*νυν (147)	– ahora		
*ὁτε (103)	– cuando	σημερον (41)	– hoy
οὐκετι (47)	– ya no	*τοτε (160)	– entonces
οὐπω (26)	– todavía no		
Además: *δυο (135)	– dos		

Un par de sustantivos adicionales:

*Τιμοθεος (24)	– Timoteo	*τοπος (94)	– lugar

Palabras para ayuda

<u>apocalips</u>is, <u>bautiz</u>o, <u>gráfic</u>o/<u>bibliografía</u>, <u>dox</u>ología, <u>kerugma</u>, <u>so</u>teriología, <u>et</u>iología, <u>elogi</u>o, <u>Eucaristí</u>a, <u>palín</u>dromo, <u>dual</u>/<u>dúo</u>, <u>topo</u>logía/<u>tóp</u>ico

Ejercicios

Sección A

*1. ἐβαπτισα ποτε, ἀλλα νυν αὐτος βαπτισει.
*2. φωνη ἐκ του οὐρανου ἐκηρυξεν· Και ἐδοξασα αὐτο και παλιν δοξασω.
 3. και δαιμονια πολλα ἐξεβαλλεν ἐν ἑκαστῳ τοπῳ.
*4. ἐκαλεσεν και ἐσωσεν αυτους· τοτε προσεκυνησαν αὐτῳ.
 5. ὁ Ἰησους παρελαμβανεν τα τεκνα και τα τεκνα ἠκουσεν του Ἰησου.
*6. ὁ ἁγιος ἀγγελος ἠνοιγεν τους οὐρανους.
*7. και καλεσεις το τεκνον Ἰησουν· σωσει τον λαον αὐτου ἀπο των ἁμαρτιων αὐτων.
 8. και ἐλαλησαν τον λογον του κυριου τοις πιστοις ἀδελφοις ἐν τῃ οἰκιᾳ αὐτου.
*9. Ahora bendeciremos al Señor.
*10. Ya les escribí, pero ahora escribiré otra vez.
 11. Reveló su amor cuando (le) escribió a ella.
*12. Pidieron señales y gritaron con una voz fuerte a Jesús.

Sección B

*1. ὁ Παυλος και ὁ Πετρος ἐγραψαν περι των ἐργων του κυριου.
 2. οὐκ ἐδιωξαν τους ἀδελφους ἐν τῃ συναγωγῃ ἐν τῳ σαββατῳ.
 3. τυφλοι ἀνεβλεψαν, χωλοι (cojos) περιεπατησαν και κωφοι (sordos) ἠκουσαν.
 4. ὁ Παυλος ποτε ἐδιωκεν την ἐκκλησιαν ἀλλα οὐκετι· ὁ θεος ἐσωσεν αὐτον.
*5. ἐσῳζεν τον λαον αὐτου ἀπο του πονηρου.
*6. περιεπατησατε ποτε κατα τον κοσμον και τον πονηρον, ἀλλα νυν προσεχετε τῳ κυριῳ της δοξης και οἰκοδομησετε τους ἀδελφους.
 7. πεμψομεν ἀγγελους ἀρτι προς αὐτους, ἀλλ' οὐκετι πεισουσιν αὐτους.
 8. ὁ Τιμοθεος ἐκηρυξεν παντοτε το εὐαγγελιον ἀλλ' οὐπω ἐπιστευετε τοις λογοις αὐτου.

---

8. ποτε pertenece al grupo de palabras conocidas como 'pospositivas'. Esto significa que la palabra no puede venir al principio de una oración. (Veremos más pospositivas en el Capítulo 9, sección 9.4.1.)

*9. Edificamos (pasado) una casa al lado del mar.
10. Los fieles adoraron a Cristo, y los malos les perseguían.
11. ¿Existirá el gran templo otra vez?
*12. Predicaba la buena nueva y bautizaba a los santos.

Sección C

Juan 9:13-21: Ἄγουσιν[9] αὐτὸν πρὸς τοὺς Φαρισαίους τόν ποτε τυφλόν. ¹⁴ἦν [*era*] δὲ [*y/pero*] σάββατον ἐν ᾗ [*el cual*] ἡμέρᾳ τὸν πηλὸν [*barro*] ἐποίησεν ὁ Ἰησοῦς καὶ ἀνέῳξεν [= ἤνοιξεν] αὐτοῦ τοὺς ὀφθαλμούς [*ojos*] ... ¹⁶ἔλεγον οὖν [*por lo tanto*] ἐκ τῶν Φαρισαίων τινές·[*algunos – nom.*] οὐκ ἔστιν οὗτος [*éste*] παρὰ θεοῦ ὁ ἄνθρωπος, ὅτι [*porque*] τὸ σάββατον οὐ τηρεῖ. ἄλλοι [*otros*] δὲ ἔλεγον· Πῶς δύναται [*puede*] ἄνθρωπος ἁμαρτωλὸς [*pecaminoso*] τοιαῦτα [*tales*] σημεῖα ποιεῖν [*hacer*]; ... ¹⁷λέγουσιν οὖν τῷ τυφλῷ πάλιν· Τί [*¿qué?*] σὺ [*tú – nom.*] λέγεις περὶ αὐτοῦ, ὅτι ἠνέῳξέν [= ἤνοιξεν] σου [*te – gen.*] τοὺς ὀφθαλμούς; ὁ δὲ εἶπεν ὅτι [*pero él dijo –*] Προφήτης [*profeta*] ἐστίν. ¹⁸Οὐκ ἐπίστευσαν οὖν οἱ Ἰουδαῖοι περὶ αὐτοῦ ὅτι ἦν τυφλὸς καὶ ἀνέβλεψεν ἕως ὅτου [*hasta*] ἐφώνησαν [φωνεω – llamo] τοὺς γονεῖς [*padres*] αὐτοῦ ... ²¹πῶς δὲ νῦν βλέπει οὐκ οἴδαμεν [*sabemos*], ἢ τίς [*quién*] ἤνοιξεν αὐτοῦ τοὺς ὀφθαλμοὺς ἡμεῖς [*nosotros*] οὐκ οἴδαμεν.

---

9. Observe el tiempo Presente del verbo aquí. A veces emplea el griego el tiempo Presente cuando cuenta una historia en el pasado. Esto se llama un 'presente histórico' y puede hacer que una descripción sea más gráfica. Es muy corriente en los evangelios.

CAPÍTULO SIETE

Los modos de los verbos

7.1 LA IDEA DE LOS MODOS DE LOS VERBOS

El *Modo* de un verbo indica de qué manera hay que considerar la acción: ¿Es una afirmación de un hecho? ¿Es una orden? ¿Es hipotético (una suposición dudosa o incierta), etc.? Hay cinco Modos en griego. Ya hemos encontrado uno, el Indicativo. Este capítulo introduce otros tres: el Imperativo, el Infinitivo y el Participio. Se deja uno (el Subjuntivo) hasta el Capítulo 17.

Modo	Usado para expresar	Ejemplo en castellano
Indicativo	Afirmaciones y preguntas	Estoy escuchando
Imperativo	Órdenes	¡Escuche!
Infinitivo	La idea del verbo en general	Escuchar
Participio	Verbos funcionando como un adjetivo	Escuchando,…
Subjuntivo	Duda o inseguridad	…(para que) escuche yo

- A menudo se comporta el Indicativo de una manera, y los otros cuatro modos se comportan de una manera diferente. Por eso se los considera como los *otros modos*.
- En los *otros modos*, no existen los Tiempos Futuro ni Imperfecto.
- En el *Indicativo*, el Tiempo del verbo comunica tanto el *tiempo* cuando ocurrió como el *aspecto*. En los *otros modos* no hay indicación de *tiempo*, así que la diferencia entre el Presente y el Aoristo es únicamente *aspecto* en cada caso – *proceso* o *sin definir*.
- En el *Indicativo*, se convierte el verbo en negativo con la adición de οὐ (o οὐκ/οὐχ) – ver el Capítulo 4, sección 4.6. En los *otros modos* se emplea una palabra diferente – μη. Esto afecta también a las palabras compuestas que incorporan οὐ. Así que para decir 'ya no' se emplea οὐκετι en el Indicativo, pero en los *otros modos* se convierte esto en μηκετι.

¿Modo?
Verbo en castellano
Sección 9
Página 248

GRAMÁTICA ESENCIAL
Negación – Indicativo: οὐ
Otros Modos: μη

Curso de griego bíblico

7.2 EL IMPERATIVO

 Hechos 16:31: πιστευσον ἐπι τον κυριον Ἰησουν – ¡Cree en el Señor Jesús!
πιστευσον comunica una orden (o una exhortación).
Ahora está πιστευω en un *modo* diferente – el *Imperativo*.

7.2.1 La formación del Imperativo[1]

	Presente	Aoristo
2ª persona del singular	λυε	λυσον
2ª persona del plural	λυετε	λυσατε

Notas

- Los Imperativos son o bien singulares (a una persona) o plurales (a más de una persona).
- Los Imperativos pueden ser o bien en el tiempo Presente o en el Aoristo.
- A estos Imperativos se les llama 'imperativos de la segunda persona'. Esto es porque son órdenes 'a ti' o 'a usted' en el singular (y 'a vosotros/as' o 'a ustedes' en el plural) para que haga(s) (hagáis/hagan) algo.[2]
- Observe que los Imperativos Aoristos no tienen el aumento. Esto es porque el aumento señala tiempo pasado, mientras que en el Imperativo la diferencia entre el Presente y el Aoristo es el aspecto, no el tiempo.
- El Imperativo Aoristo tiene el sufijo σ, igual que en el indicativo.
- La 2ª persona del plural del Presente Imperativo es igual que la 2ª persona del plural del Presente Indicativo (λυετε podría ser 'desatáis/ustedes desatan' o '¡desatéis!/¡desaten ustedes!' pero el contexto normalmente indica cuál es).
- Los verbos en –εω siguen las reglas normales para las contracciones (páginas 24 y 71), y por consiguiente las formas del Imperativo son las siguientes:

	Presente	Aoristo
2ª persona del singular	φιλει	φιλησον
2ª persona del plural	φιλειτε	φιλησατε

Aclaración/Sugerencia

Es fácil confundir el Futuro del Indicativo y el Imperativo Aoristo: ambos tienen una σ como sufijo y ninguno de los dos tiene un prefijo. La clave está en las terminaciones – si se parece al Futuro pero no parece tener las terminaciones correctas, piense 'Aoristo en otro Modo'.

- Hechos 16:31: πιστευσον ἐπι τον κυριον Ἰησουν
  – ¡Cree en el Señor Jesús! (Imperativo Aoristo)

---

1. En toda esta sección es necesario entender la palabra 'orden' de una manera bastante amplia, cubriendo toda la gama de expresiones más o menos corteses o contundentes, incluyendo peticiones, exhortaciones, ruegos, etc.

2. También existen 'imperativos de la 3ª persona' ('que lo haga él/ella, que lo hagan ellos/ellas'). Puesto que estos son muy poco frecuentes, se les deja hasta el Capítulo 18.

- Mateo 27:42: πιστευσομεν ἐπ' αὐτον
  - Creeremos en él. (Futuro del Indicativo)

7.2.2 La diferencia entre el Imperativo Presente y el Imperativo Aoristo

El castellano tiene solamente un Imperativo (con formas diferentes para singular y plural). Pero el griego, en cambio, tiene la flexibilidad de poder poner una orden o bien en el Tiempo Presente o en el Tiempo Aoristo, con el fin de poder comunicar el aspecto.

> **GRAMÁTICA ESENCIAL**
> Presente – Proceso
> Aoristo – Sin definir

El **Imperativo Presente** expresa un 'proceso' – es decir, una orden de hacer algo repetidas veces o continuamente – '¡sigue haciéndolo!'

El **Imperativo Aoristo** es 'sin definir'. A veces será esto sin definir de verdad (la opción por defecto). Esta es la forma más sencilla del Imperativo. En otras ocasiones se habrá empleado de forma deliberada para evitar emplear el Presente para un proceso, para hacer resaltar que es 'una única vez'.

Es difícil poner en una traducción al castellano la diferencia entre el Imperativo Presente y el Imperativo Aoristo– ¡es por eso que necesita uno leer la Biblia en griego!

Aclaración/Sugerencia

Muchos estudiantes piensan <u>equivocadamente</u> que el Imperativo Presente es el imperativo normal, y entonces o bien se olvidan del Imperativo Aoristo o piensan que se emplea para hacer resaltar una acción que ha de hacerse una sola vez. Pero, al contrario, *el Imperativo Aoristo es el Imperativo normal o por defecto*. Entonces, si uno ve que el Imperativo Presente ha sido empleado, tiene que preguntarse, '¿Por qué se está dando aquí una orden que hace resaltar el proceso?'

Ejemplos

- κηρυσσετε το εὐαγγελιον. – ¡Predicad (Prediquen ustedes) las buenas nuevas! (continuamente: 'seguid (sigan) predicando')
- βλεψατε τα προβατα. – ¡Tened (tengan) cuidado de las ovejas! (opción por defecto)
- κυριε, σωσον τον λαον. – Señor, ¡salva al pueblo! (opción por defecto)

PRÁCTICA 7.2

Traduzca

1. ἐκβαλλε.
2. μετανοησον.
3. τηρειτε τον νομον.
4. γραψον αὐτῃ.
5. ἀκουετε την φωνην.
6. ζητησατε τον θεον.
7. ζητησετε τον θεον.
8. ¡Abra (abre) los cielos!
9. ¡Enseñadle (Enséñenle) a ella! (continuamente)
10. ¡Desatad (Desaten) a los niños!

7.3 EL INFINITIVO

 Juan 16:12: πολλα ἐχω ὑμιν λεγειν – Tengo muchas cosas que deciros (decirles). λεγειν es el equivalente de 'decir' en castellano. Obviamente está esto estrechamente relacionado con λεγω, que quiere decir 'digo' – es el mismo verbo, pero ahora en el *Modo Infinitivo*.

Hay solamente una forma del Infinitivo para cada uno de los dos Tiempos, el Presente y el Aoristo.

	Presente	Aoristo
Infinitivo	λυειν	λυσαι

Notas

- Tanto λυειν como λυσαι pueden ser traducidos al castellano por el infinitivo, así que ambos quieren decir 'desatar'.
- Al igual que en el Imperativo, el Infinitivo Aoristo tiene el sufijo σ, pero no tiene el aumento.
- Los verbos en –εω siguen las reglas normales: φιλειν, φιλησαι.

La diferencia entre el Infinitivo Presente y el Infinitivo Aoristo es igual que la diferencia entre el Imperativo Presente y el Imperativo Aoristo – el Aoristo es la forma por defecto, con el aspecto sin definir; el Presente es el proceso (o bien continuo o repetido).

Más adelante (en el Capítulo 18) veremos unos usos especiales del Infinitivo en griego.

Sin embargo, a menudo se emplea de exactamente la misma manera que en castellano. Sobre todo, se emplea para comunicar propósito, y suele seguir ciertos verbos, como por ejemplo

θελω – deseo / quiero…   μελλω – tengo la intención de…, estoy a punto de…
δει – Hace falta / es necesario   ἐξεστιν[3] – Está permitido…

Ejemplos

Marcos 3:14-15: ἐποιησεν δωδεκα… ἐχειν ἐξουσιαν ἐκβαλλειν τα δαιμονια.
    E hizo a doce… para tener autoridad para echar fuera a los demonios.

Estos Infinitivos están en el Presente, porque los doce tendrán autoridad de forma continua y repetidas veces echarán fuera a demonios.

Observará que a menudo es necesario añadir la palabra 'para' en la traducción al castellano, para comunicar propósito.

ὁ Ἰησους θελει σωσαι αὐτην. – Jesús desea salvarla.

Este Infinitivo está en el Aoristo porque no señala una acción continua.

---

3. Esta palabra ocurre en el griego clásico también sin la ν final: ἐξεστι.

PRÁCTICA 7.3

Traduzca

1. θελεις βλεψαι;
2. ἐζητουμεν ἀκουειν.
3. δει περιπατειν.
4. ἐμελλετε γραφειν.
5. ¿Queréis arrepentiros? (¿Quieren ustedes arrepentirse?)
6. Es necesario amar a Dios.

PRÁCTICA A MITAD DE CAMINO

Traduzca

1. βαπτιζετε τους ἀδελφους.
2. ἀκουσον αὐτου.
3. ἐξεστιν λαλησαι;
4. δει λεγειν τῳ Τιμοθεῳ.
5. προσκυνειτε τῳ ἁγιῳ θεῳ.
6. ἀκουσατε αὐτου.
7. θελω πεμψαι ἀγγελον.
8. μη ζητει ἀπολυσαι.
9. ¿Queréis (¿Quieren ustedes) dar gracias?
10. ¡Buscad (¡Busquen ustedes) (continuamente) las buenas nuevas!
11. ¡No andes (normalmente) en el templo!
12. Están a puntos de gritar, 'Amén'.

7.4 LOS PARTICIPIOS

Filemón 4-5: εὐχαριστω τῳ θεῳ ... <u>ἀκουων</u> σου την ἀγαπην.
    – Doy gracias a Dios... <u>oyendo</u> de tu amor
Hechos 18:8: πολλοι των Κορινθιων <u>ἀκουοντες</u> ἐπιστευον.
    – Muchos de los corintios, <u>oyendo</u>, creían.

<u>ἀκουων</u> y <u>ἀκουοντες</u> son de ἀκουω (oigo), pero están en el *modo Participio*, lo cual quiere decir 'oyendo' (uno está en el singular, y el otro en el plural). Un participio trabaja al lado de un verbo principal, dando otra 'capa' de significado: no solamente 'Doy gracias' sino 'oyendo de tu amor, doy gracias'; no solamente 'creían' sino 'oyendo, creían'.

El empleo frecuente de los participios es una de las características más típicas del griego. El sistema completo de los participios es bastante complicado, así que se deja hasta el Capítulo 14. Sin embargo, aprenderemos ahora un uso que es particularmente corriente en el Nuevo Testamento.

Curso de griego bíblico

Los Participios son **adjetivos verbales** – una parte del verbo que se comporta como si fuera un adjetivo.

Como los adjetivos:

De momento, aprenderemos únicamente el nominativo masculino para el participio, porque a menudo en el Nuevo Testamento los participios califican (describen más ampliamente) a sustantivos masculinos en el nominativo. Es importante asegurarse de que concuerden en número – singular o plural.

> GRAMÁTICA ESENCIAL
>
> Los Participios tienen que concordar con el sustantivo que califican en género, caso y número

Como los verbos:

> GRAMÁTICA ESENCIAL
>
> Los participios tienen un tiempo (Presente o Aoristo), y pueden tener un complemento

7.4.1 La forma del participio

	(Masculino Nominativo)	
	Presente	Aoristo
Singular	λυων	λυσας
Plural	λυοντες	λυσαντες

Notas

- Al igual que en el Infinitivo y el Imperativo, el Aoristo no tiene el aumento (ya que el tiempo no se expresa fuera del Indicativo), pero sí tiene la σ.
- Ambos participios plurales tienen la terminación -ντες.
- Los participios Aoristos tienen el sonido de una 'a'; los del Presente el de una 'o'.
- Los verbos en –εω siguen las reglas normales y por consiguiente los participios son:

	(Masculino Nominativo)	
	Presente	Aoristo
Singular	φιλων	φιλησας
Plural	φιλουντες	φιλησαντες

PRÁCTICA 7.4.1

Dé un análisis morfológico de cada una de las palabras siguientes (dando tiempo, género, caso y número)

1. βαλλοντες
2. πεμψας
3. διωξαντες
4. ποιησας
5. γραφων
6. παρακαλων
7. ὑπαγοντες
8. ἀκουσας

7.4.2 El significado del participio

No es fácil traducir los participios griegos palabra por palabra al castellano. La mejor técnica es empezar con una traducción literal y luego hacer una paráfrasis a español corriente, teniendo en cuenta la idea fundamental del participio.

Traducciones literales   Participio Presente: desatando
Participio Aoristo: habiendo desatado

La Idea   Para entender los participios es esencial entender que el participio depende de un verbo principal (Indicativo o posiblemente Imperativo) en la oración. El participio expresa su significado **en relación con el verbo principal**, no de forma absoluta e independiente.

Participio Presente   Proceso *simultáneo* – la acción del participio es un proceso que ocurre *al mismo tiempo* que la acción del verbo principal.
Participio Aoristo   *Secuencia* – la acción del participio ocurrió *antes* de la acción del verbo principal.[4]

> **GRAMÁTICA ESENCIAL**
>
> Participio Presente – Simultáneamente
> Participio Aoristo – Secuencia

Buen español

Convertir la traducción literal en buen español es en realidad cuestión de práctica.

Para un participio **Presente**, a menudo conviene incluir el empleo de una palabra como **'mientras'**. Así que, ἐσθιοντες ἠκουσαν se traduce literalmente: 'comiendo oyeron', y de eso se consigue 'mientras comían, oyeron'.

Para un participio **Aoristo**, a menudo conviene incluir el empleo de **'después de'** o de **'cuando'**. Así que, βλεψαντες ἐπιστευσαν resulta 'habiendo visto creyeron' del cual llegamos a 'después de que hubieron visto, creyeron' o ' cuando hubieron visto, creyeron'.

Ejemplos

Mateo 4:18:   περιπατων παρα την θαλασσαν της Γαλιλαιας εἰδεν (vio) δυο ἀδελφους.
– Mientras andaba él junto al mar de Galilea, vio a dos hermanos.
Marcos 6:16:   ἀκουσας δε (pero) ὁ Ἡρῳδης ἐλεγεν ...
– Pero cuando oyó Herodes (esto), dijo (decía)...

---

4. La relación entre esto y las ideas de aspecto se hablará más a fondo en el Capítulo 18, sección 18.5.

PRÁCTICA 7.4.2

Traduzca

1. βλεποντες ὑπηγον.
2. ἐκραξεν λεγων...
3. βλεψας λεγει αὐτῳ.
4. περιεπατουν τηρουντες τον νομον.
5. ἀκουσας τον λογον ἐδοξασα τον θεον.
6. πιστευσαντες μετενοησαν.

7.4.3 Los participios con complementos

Ya que el participio es un verbo, puede tener su propio complemento (u objeto), el cual estará en el acusativo. Esto no es complicado, una vez que se acostumbre uno a ello.

- βλεψας τον ὀχλον <u>ὁ Ἰησους ἐκηρυξεν τον λογον</u>.

La cláusula principal está subrayada en este ejemplo: Jesús (sujeto) proclamó (el verbo principal – en el Indicativo) la palabra (complemento u objeto). El participio introduce una cláusula subordinada. Tiene que concordar con el sujeto de la oración (Jesús – en la cláusula principal) y nos dice algo adicional, el cual tiene también su propio complemento: 'habiendo visto <u>a la multitud</u>'.

= Cuando vio a la multitud, <u>Jesús proclamó la palabra</u>.

Aclaración

Si la oración básica con un sujeto, un verbo y un complemento es el tronco del árbol, se puede considerar que el participio inicia una nueva rama:

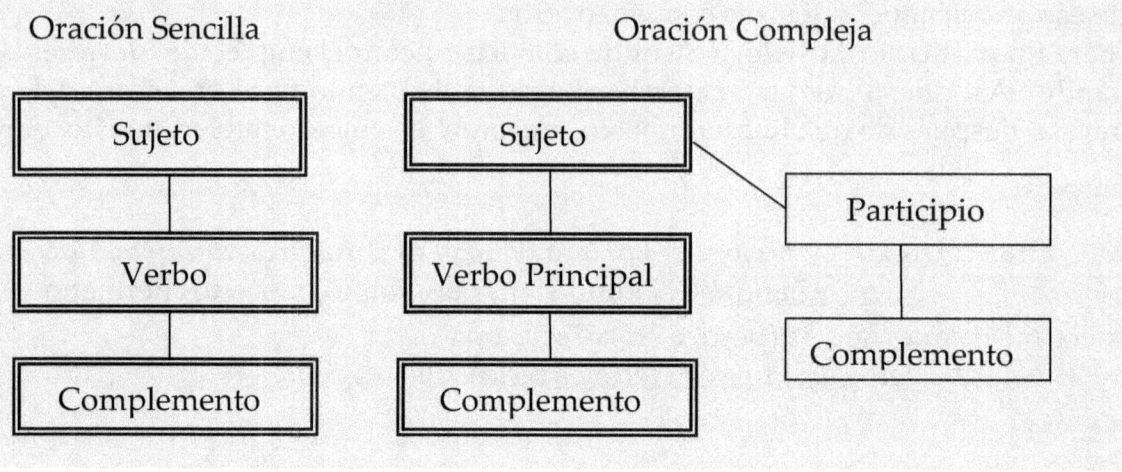

PRÁCTICA 7.4.3

Traduzca

1. ἀνοιξαντες τους ὀφθαλμους αὐτων ἐβλεψαν την θαλασσαν.
2. λεγων τῳ ὀχλῳ ὁ ἀποστολος ἐθεωρει τον οὐρανον.
3. γραψας το βιβλιον ὁ Πετρος ἐπεμψεν αὐτο τῃ ἐκκλησιᾳ.
4. Habiendo proclamado la palabra (Después de proclamar la palabra), adoraron a Dios.

7.5 LOS PARTICIPIOS COMO SUSTANTIVOS

Aprendimos en el Capítulo 5, la sección 5.5, que los adjetivos pueden ser 'convertidos en' sustantivos con la adición del artículo. De esa manera, ὁ ἀγαθος quiere decir 'el hombre bueno'. Dado que los participios son adjetivos verbales, no es de sorprender que lo mismo se pueda hacer con ellos.

- Marcos 4:14: <u>ὁ σπειρων</u> τον λογον σπειρει.
  σπειρων = sembrando (Participio Presente masculino nom. sing. de σπειρω – siembro)
  ὁ σπειρων = la persona sembrando = el sembrador
  Oración = <u>El sembrador</u> siembra la palabra.

- Marcos 4:18: οὑτοι (estos) εἰσιν <u>οἱ</u> τον λογον <u>ἀκουσαντες</u>.
  ἀκουσαντες = habiendo oído (Participio Aoristo masculino nom. pl. de ἀκουω – oigo)
  οἱ ἀκουσαντες = las personas habiendo oído = los que oyeron
  Oración = Estas son <u>las personas que oyeron</u> la palabra.

Sugerencia

No tenga miedo de introducir palabras como 'que', 'quienes', etc. en sus traducciones de los participios que se están comportando como sustantivos. El propósito es comunicar el significado en español bueno.

PRÁCTICA 7.5

Traduzca

1. ὁ πεμψας αὐτον σωζει.
2. μακαριος ἐστιν ὁ βλεπων τον θεον.
3. οἱ μαρτυρουντες κηρυξουσιν.
4. ὁ πιστευων λεγει την εἰρηνην.

VOCABULARIO PARA EL CAPÍTULO 7

Catorce sustantivos importantes

Algunos femeninos
- *δικαιοσυνη (92) — justicia
- *ἐντολη (67) — mandamiento
- *ἐξουσια (102) — autoridad
- *παραβολη (50) — parábola
- παρρεσια (31) — franqueza, valor, audacia
- χαρα (26) — alegría, gozo

Algunos masculinos
- *ἀποστολος (80) — apóstol
- *θανατος (120) — muerte
- *ὀφθαλμος (100) — ojo
- *Φαρισαιος (98) — fariseo

Y algunos neutros
- *θηριον (46) — animal (salvaje), fiera
- *ἱματιον (60) — vestido, prenda (de ropa), manto
- μνημειον (40) — tumba, monumento, sepulcro
- *προβατον (39) — oveja

Cuatro negativos usados en 'otros modos'
- *μη (1042) — no
- *μηδε (56) — ni
- μηκετι (22) — ya no, no más
- μητε (34) — ni

Once verbos más
- *ἀκολουθεω (90) + dat. — sigo
- ἀναγω (23) — conduzco, hago subir, restauro
- δεω (43) — ato, amarro
- *δοκεω (62) — pienso, parezco
- ἐλεεω (29) — soy misericordioso, tengo compasión de
- *θελω[5] (208) — deseo, quiero
- *θεωρεω (58) — miro
- καταργεω (27) — dejo sin valor, hago ineficaz, invalido
- *μαρτυρεω (76) — doy testimonio, testifico
- *μελλω (109) — estoy a punto de, tengo la intención de
- *μετανοεω (34) — me arrepiento

Más dos verbos que ocurren únicamente en la 3ª persona del singular (llamados 'verbos impersonales' o 'defectivos')
- *δει (101) — es necesario
- ἐξεστιν (31) — está permitido

Una preposición más
- *ὀπισω (35) + gen. — detrás de, después de (sitio, posición)

Palabras para ayudar

parábola, apóstol, eutanasia/tanatorio, oftalmólogo, mnemotécnico, acólito, diadema, teoría, mártir.

---

5. θελω es un poco irregular: Imperfecto: ἠθελον, Futuro: θελησω, Aoristo ἠθελησα.

Ejercicios

Sección A

1. και λεγει τοις Φαρισαιος· Ἐξεστιν ἐν τοις σαββασιν⁶ ἀγαθον ποιησαι ἠ κακοποιησαι [*hacer lo malo*], ψυχην σωσαι ἠ μη σωσαι;
*2. ἀμην ἀμην λεγω, ὁ πιστευων ἐχει ζωην αἰωνιον.
*3. ἡ ἐντολη αὐτου ἐστιν ζωη αἰωνιος.
*4. και τα προβατα την φωνην αὐτου ἀκουει και τα ἰδια προβατα ἀκολουθει ὀπισω αὐτου.
5. ἡ ἀδελφη ἡ πιστη ἐκραζεν τῳ Ἰησου· Ἐλεησον, κυριε υἱε Δαυιδ.
*6. και ἐκηρυξεν ὁ Ἰησους λεγων· Μετανοειτε και πιστευετε ἐν τῳ εὐαγγελιῳ.
7. λεγει τῳ ὀχλῳ συν τοις ἀποστολοις αὐτου· Εἰ θελεις ὀπισω του κυριου ἀκολουθειν, δει παρρησιαν ἐχειν.
*8. ἀνθρωπος εἰμι ὑπο ἐξουσιαν, και λεγω δουλῳ· Ποιησον αὐτο, και ποιει.
9. Decía una parábola acerca del gozo.
10. No hagáis (No hagan ustedes) subir animales ciegos dentro del templo.
11. ¿Estáis mirando (¿Están mirando ustedes) la tumba?
*12. Jesús hablaba en parábolas pero con (*emplee* κατα + ac.] autoridad.

Sección B

*1. μη δοκειτε λεγειν· Ἐσμεν υἱοι του Ἀβρααμ.
2. οἱ Φαρισαιοι καταργουσιν την ἐντολην της ἀγαπης.
3. πολλοι συνηγον θεωρειν το μνημειον.
*4. λεγει αὐτῳ· Ἀκολουθει⁷ τῳ Ἰησου και μαρτυρει⁷.
*5. δει προσκυνειν τῳ θεῳ δια την δοξαν αὐτου.
6. ἐλεγεν ὁ ἀγγελος αὐτοις· Ἀκολουθειτε ὀπισω της φωνης αὐτου και μαρτυρειτε παρρησιᾳ και χαρᾳ.
*7. οἱ ἀποστολοι ἐκηρυσσον το εὐαγγελιον λεγοντες· Μετανοειτε.
8. το δαιμονιον ἐδησεν αὐτην ἀλλ' οἱ Φαρισαιοι λεγουσιν· Οὐ δει και οὐκ ἐξεστιν λυσαι αὐτην ἀπο του πονηρου ἐν τῳ σαββατῳ.
*9. Las personas no buscan la muerte.
10. Un hombre le amarró a Pablo, pero un ángel le liberó (*o* le desató).
*11. Señor, ábreles los ojos a los ciegos.
*12. Están a punto de dar testimonio acerca de la justicia de Cristo.

Sección C

1 Juan 3:4-10: Πᾶς [*toda persona*] ὁ ποιῶν τὴν ἁμαρτίαν καὶ [*también*] τὴν ἀνομίαν [ἀνομία– *falta de ley, infracción de la ley, anarquía,* ≈ *iniquidad*] ποιεῖ, καὶ ἡ ἁμαρτία ἐστὶν ἡ ἀνομία. ⁵ καὶ οἴδατε [*sabéis / saben ustedes*] ὅτι [*que*] ἐκεῖνος [*aquél*] ἐφανερώθη [*fue*

---

6. Normalmente en el Nuevo Testamento encontramos σαββασιν cuando esperaríamos σαββατοις. Esto se debe probablemente a que el plural de σαββατον se parece al patrón para los sustantivos neutros de la 3ª declinación, en el cual la terminación dativa plural es -σιν. Ver el Capítulo 12, la sección 12.3.

7. Debido a la manera de funcionar los verbos en -εω, hay dos formas posibles de hacer el análisis morfológico de estos verbos. ¿Puede resolver lo que son? En su traducción utilice el imperativo.

revelado], ἵνα [*para que*] τὰς ἁμαρτίας ἄρῃ [*quitara*], καὶ ἁμαρτία ἐν αὐτῷ οὐκ ἔστιν.⁶ πᾶς ὁ ἐν αὐτῷ μένων [μένω – *permanezco*] οὐχ ἁμαρτάνει [ἁμαρτανω – *peco*]. πᾶς ὁ ἁμαρτάνων οὐχ ἑώρακεν [*ha visto*] αὐτὸν οὐδ ἔγνωκεν [*Aoristo irregular de* γινωσκω] αὐτόν. ⁷ Τεκνία [= τεκνα], μηδεὶς [*nadie*] πλανάτω [*engañe*] ὑμᾶς [*os, les*]· ὁ ποιῶν τὴν δικαιοσύνην δίκαιός ἐστιν, καθὼς [*como*] ἐκεῖνος δίκαιός ἐστιν· ⁸ ὁ ποιῶν τὴν ἁμαρτίαν ἐκ τοῦ διαβόλου [διάβολος – *diablo*] ἐστίν, ὅτι ἀπ' ἀρχῆς ὁ διάβολος ἁμαρτάνει. εἰς τοῦτο [*por esta razón*] ἐφανερώθη ὁ υἱὸς τοῦ θεοῦ, ἵνα λύσῃ [*para que soltara/destruyera*] τὰ ἔργα τοῦ διαβόλου. ⁹ Πᾶς ὁ γεγεννημένος [*habiendo sido nacido*] ἐκ τοῦ θεοῦ ἁμαρτίαν οὐ ποιεῖ, ὅτι σπέρμα [*semilla*] αὐτοῦ ἐν αὐτῷ μένει, καὶ οὐ δύναται [*puede*] ἁμαρτάνειν, ὅτι ἐκ τοῦ θεοῦ γεγέννηται [*ha sido nacido*]. ¹⁰ ἐν τούτῳ [*en esto, de esta manera*] φανερά [*revelados*] ἐστιν τὰ τέκνα τοῦ θεοῦ καὶ τὰ τέκνα τοῦ διαβόλου· πᾶς ὁ μὴ ποιῶν δικαιοσύνην οὐκ ἔστιν ἐκ τοῦ θεοῦ, καὶ ὁ μὴ ἀγαπῶν [*amando*] τὸν ἀδελφὸν αὐτοῦ.

CAPÍTULO OCHO

Otros patrones de sustantivos y verbos

8.1 LOS VERBOS DEPONENTES

Juan 21:13: ἔρχεται Ἰησους και λαμβανει τον ἀρτον.
— Jesús viene y toma el pan.
Tanto ἔρχεται como λαμβανει son verbos en la 3ª persona del singular del Presente Indicativo. Sin embargo, no tienen las mismas terminaciones. Esto es porque ἔρχεται es de otra familia de verbos, llamados *verbos deponentes*, y estos verbos tienen otras terminaciones diferentes.

La mayoría de los verbos griegos se conjugan como λυω. Sin embargo, hay otros dos grupos. Uno, los verbos con -μι, solamente tiene un puñado de palabras, y se dejará hasta el Capítulo 19. Hace falta aprender el otro grupo –los verbos deponentes– ahora.

Los verbos deponentes se comportan exactamente como los demás verbos, y comparten además las mismas reglas con respecto al prefijo ε y al sufijo σ en los diferentes tiempos de los verbos, pero tienen otras terminaciones.

8.1.1 Las terminaciones para los verbos deponentes

Indicativo de ῥυομαι – rescato, libro

	Presente	Futuro	Imperfecto	Aoristo
yo	ῥυ-ομαι	ῥυσ-ομαι	ἐρυ-ομην	ἐρυσ-αμην
tú/usted	ῥυ-η	ῥυσ-η	ἐρυ-ου	ἐρυσ-ω
él/ella	ῥυ-εται	ῥυσ-εται	ἐρυ-ετο	ἐρυσ-ατο
nosotras/as	ῥυ-ομεθα	ῥυσ-ομεθα	ἐρυ-ομεθα	ἐρυσ-αμεθα
vosotros/as/ustedes	ῥυ-εσθε	ῥυσ-εσθε	ἐρυ-εσθε	ἐρυσ-ασθε
ellos/ellas	ῥυ-ονται	ῥυσ-ονται	ἐρυ-οντο	ἐρυσ-αντο

Notas

- Las terminaciones son completamente diferentes de las de λυω.
- Al igual que con λυω, las terminaciones Aoristas tienen el sonido 'a'. Los otros tiempos tienen el sonido 'o' o 'e'.
- Al igual que con λυω, las terminaciones para el Futuro son iguales que para el Presente.
- Las terminaciones son muy similares en todos los tiempos, a excepción de la 2ª persona del singular.
- La adición del aumento ε o del sufijo σ causa los mismos cambios que en λυω. Así que, de ἄρχομαι (empiezo), el Futuro es ἄρξομαι, el Imperfecto ἠρχομην y el Aoristo ἠρξαμην.

Otros modos de ῥυομαι

		Presente	Aoristo
Imperativo	2ª singular	ῥυου	ῥυσαι
	2ª plural	ῥυεσθε	ῥυσασθε
Infinitivo		ῥυεσθαι	ῥυσασθαι
Participio (masc. nom.)	Sing.	ῥυομενος	ῥυσαμενος
	Pl.	ῥυομενοι	ῥυσαμενοι

Notas

- Al igual que con λυω, la 2ª persona plural del Imperativo Presente es igual que la 2ª persona plural del Presente Indicativo.
- Al igual que con λυω, las formas Aoristas en los otros modos no tienen el aumento ε pero sí tienen todavía la σ, y el sonido de una 'a' en las terminaciones.
- Las terminaciones del Presente son muy similares a los del Aoristo.
- Los Participios tienen un -μεν- muy distintivo.

PRÁCTICA 8.1.1

Dé un análisis morfológico de cada una de las palabras siguientes

1. ἐρχονται
2. ἐλογιζετο
3. συνηρχομην
4. ἀρνησαμενος
5. δεξεται
6. ἁπτου
7. εἰσερχομενοι
8. ἐργαζομενος
9. ἀσπαζεσθε

8.1.2 El empleo de los verbos deponentes

Es imprescindible entender que los verbos deponentes son sencillamente un segundo grupo de verbos.

> **GRAMÁTICA ESENCIAL**
> Los Verbos Deponentes tienen exactamente el mismo significado que los 'Verbos Normales'

Por ejemplo, el Futuro de un verbo deponente significa exactamente lo mismo que el Futuro de un verbo normal (como λυω). Algunos verbos son verbos deponentes y emplean las terminaciones deponentes; la mayoría de los verbos son normales y emplean las terminaciones normales –es así, nada más– y no hace ninguna diferencia al significado.

8.1.3 ¿Cuáles de los verbos son deponentes?

Es muy difícil dar una regla para explicar por qué ciertos verbos son deponentes, mientras que la mayoría son normales. Muchos de los verbos deponentes son *verbos intransitivos*, es decir que no pueden tener un objeto (p.ej., voy), pero hay tantas excepciones que esta no es una guía muy útil.

La forma de un verbo en una lista de vocabulario o en un diccionario revela si el verbo es deponente o no, ya que los verbos se dan siempre un la forma de su 1ª persona del singular del Presente Indicativo. Si el verbo figura con la terminación -ω, entonces es como λυω (normal); si figura con la terminación -ομαι, será deponente, como ῥυομαι.

Por ejemplo, πιστευω (creo) y βαπτιζω (bautizo) son normales como λυω, mientras que ἐρχομαι (vengo) y ἀρχομαι (empiezo) son deponentes como ῥυομαι.

PRÁCTICA 8.1.3

Ponga el verbo en la forma indicada

1. βλεπω, 3ª persona plural Presente Indicativo
2. ἐρχομαι, 3ª persona singular Presente Indicativo
3. δεχομαι, 2ª persona plural Imperfecto Indicativo
4. ἀρχομαι, Participio Aoristo masculino nominativo plural
5. γραφω, 1ª persona plural Futuro Indicativo
6. ἐξερχομαι, Imperativo Presente plural
7. λογιζομαι, 3ª persona plural Aoristo Indicativo
8. πειθω, Participio Presente masculino nominativo singular
9. προσευχομαι, Infinitivo Presente
10. ἀρνεομαι, 3ª persona plural Imperfecto Indicativo

8.1.4 Terminología

Desde el punto de visto gramatical, se dice que los verbos deponentes están en la *Voz Media*, y que los verbos normales están en la *Voz Activa*. Esto puede potencialmente causar confusión, porque podría implicar que sería posible poner los verbos deponentes en la Voz Activa en vez de en la Voz Media, lo cual no es el caso.

Más adelante (en el Capítulo 15) nos será necesario emplear la terminología de Voces *Media* y *Activa*. Pero de momento es más fácil considerarlos como dos tipos de verbos –normales y deponentes– cada uno con su propio juego de terminaciones. Lo que es más, los detalles dados en el Capítulo 15 serán más fáciles de entender si se ha acostumbrado uno a la idea de dos tipos diferentes de verbos, y si ha aprendido las terminaciones diferentes que se emplean con cada tipo.

Cuando esté haciendo un análisis morfológico de un verbo como ἐρχομαι, puede describirlo como Medio o deponente (1ª persona sing. Presente). El primero es técnicamente mejor, aunque el segundo es más útil.

PRÁCTICA A MITAD DE CAMINO

Traduzca

1. ἐρχονται εἰς το ἱερον.
2. θελω ῥυσασθαι αὐτον.
3. δεχεσθε τον λογον.
4. ἀκουσαντες ἠρξαντο ἐρχεσθαι.
5. ἀπερχομενος ἐδοξαζεν τον θεον.
6. μελλω προσευχεσθαι λεγων·
7. οἱ Ἰουδαιοι ἐξερχονται ἐκ της συναγωγης.
8. μη εὐαγγελιζεσθε.
9. Los fariseos empezaron a trabajar.
10. Saludaban a los malvados.
11. Me negaré a guardar la ley.
12. Es necesario entrar en el templo.

8.2 IMPERFECTO, FUTURO Y OTROS MODOS DE εἰμι

Ya hemos aprendido el Presente de εἰμι (soy/estoy). Desafortunadamente, la mayoría de sus formas son irregulares, así que, también, es necesario aprenderlas expresamente.

		Presente	Futuro	Imperfecto
Indicativo	yo	εἰμι	ἐσομαι	ἠμην
	tú/usted	εἶ	ἐσῃ	ἠς (o ἠσθα)
	él/ella	ἐστι (ν)	ἐσται	ἠν
	nosotros/as	ἐσμεν	ἐσομεθα	ἠμεν (o ἠμεθα)
	vosotros/as/ustedes	ἐστε	ἐσεσθε	ἠτε
	ellos/ellas	εἰσι (ν)	ἐσονται	ἠσαν
Infinitivo Presente			εἰναι	
Participio Presente (masc. nom.)		Sing. ὠν	Plural	ὀντες

Notas

- El Imperfecto empieza con una η, el Presente y el Futuro con una ε. Esto es lógico, si se añade el aumento a una ε inicial para hacer el Imperfecto, el resultado es una η.

- El Futuro es casi exactamente ἐ más σ (para formar el Futuro) más las terminaciones deponentes (salvo que la 3ª persona del singular es ἐσται en vez de ἐσεται).
- No puede haber un Aoristo de εἰμι, ya que si uno está hablando de 'ser' en el pasado, es naturalmente Imperfecto, describiendo un 'proceso' o un 'estado continuo'.

PRÁCTICA 8.2

Traduzca

1. ἁγιαι ἠσαν αἱ ἐντολαι.
2. ὁ Δαυιδ ἠν μεγας.
3. θελω εἰναι μετ' αὐτων.
4. ὁ φιλων θεον ἐσται μακαριος.
5. προσηυχετο ὠν ἁγιος.

6. Los niños estaban solos.
7. Los esclavos estarán muertos.
8. Siendo judíos, queremos entrar en la sinagoga.

8.3 SUSTANTIVOS CUYO GÉNERO CONFUNDE

Juan 20:3: ὁ Πετρος και ὁ ἀλλος μαθητης ... ἠρχοντο εἰς το μνημειον.
– Pedro y el otro discípulo ... venían al sepulcro.

Las palabras ὁ, Πετρος, ἀλλος y μαθητης son nominativos masculinos singulares, puesto que tanto 'Pedro' como 'discípulo' son los sujetos de la oración, y ὁ y ἀλλος tienen que concordar con ellos. Sin embargo, μαθητης no se parece a los sustantivos masculinos singulares. Esto es porque pertenece a otro patrón de sustantivos.

Hasta ahora hemos aprendido que los sustantivos masculinos se declinan como λογος y los sustantivos femeninos como ἀρχη (o ἡμερα/δοξα). Sin embargo, hay otra familia de sustantivos masculinos que se declinan de una manera similar a ἀρχη, y un par de sustantivos femeninos que se declinan como λογος.

8.3.1 Sustantivos masculinos *similares* a ἀρχη: προφητης y Ἰουδας

Hay un grupo de sustantivos masculinos los cuales son o bien nombres propios (o sea, de personas) o nombres de tipos de personas. Sus terminaciones son idénticas a las de ἀρχη/ἡμερα salvo en el nominativo y genitivo singulares.

		(profeta)	(Judas/Judá)
Singular	Nom.	προφητης	Ἰουδας
	Ac.	προφητην	Ἰουδαν
	Gen.	προφητου	Ἰουδα
	Dat	προφητῃ	Ἰουδα

		(profeta)	(Judas/Judá)
Plural	Nom. Ac. Gen. Dat	προφηται προφητας προφητων προφηταις	(Las pocas palabras que terminan con -ας para las cuales es lógico tener un plural tienen las mismas terminaciones que προφητης)

Notas

- Estos sustantivos tienen otra particularidad: su vocativo no es igual que el nominativo. Los vocativos son προφητα y Ἰουδα.
- Los sustantivos que terminan con -ας cuya raíz termina en ε, ι o ρ (p.ej. Ἡλιας) tienen un genitivo con -ου (p.ej., Ἡλιου), copiando προφητης.

8.3.2 Sustantivos femeninos *idénticos* a λογος

Aquí hay tres palabras que se declinan de forma idéntica a λογος, pero que son femeninas:

    ὁδος – camino   ἐρημος – desierto   Αἰγυπτος – Egipto

8.3.3 Concordancia

Para estos dos tipos de sustantivos es necesario prestar mucha atención con la concordancia, porque estos sustantivos tienen el género que tienen (p.ej., προφητην es masculino, ὁδου es femenino), a pesar de lo que pudieran sugerir sus terminaciones.

Cuando estos sustantivos tienen el artículo, un adjetivo o cualquier otra palabra que tenga que concordar con ellos, la concordancia es con el género verdadero del sustantivo. Por lo tanto, las terminaciones no 'coinciden'.

    p.ej. τον προφητην, της ὁδου, τῳ πιστῳ Βαρναβᾳ.

8.3.4 Terminología

Tradicionalmente se les ha dado a las declinaciones que hemos aprendido los nombres siguientes:

	Masculino	Femenino	Neutro
1ª declinación	(Un número limitado de palabras como προφητης)	ἀρχη	(ninguna)
2ª declinación	λογος	(Muy pocas palabras como ὁδος que se declinan como λογος)	ἐργον

Sin embargo, dado que los adjetivos, los pronombres y el artículo toman todos las terminaciones que se emplean con λογος en el masculino, con ἀρχη en el femenino y con ἐργον en el neutro, es más útil considerar que todas estas palabras pertenecen a un único patrón, con las pequeñas variaciones indicadas en esta sección.

	Masculino	Femenino	Neutro
Patrón normal	λογος	ἀρχη	ἐργον
Excepciones	(Un número limitado de sustantivos como προφητης, los cuales tienen terminaciones que se parecen a las del femenino)	(Muy pocos sustantivos como ὁδος que se declinan como la palabra masculina λογος)	(ninguna)

Sin embargo, ocasionalmente puede ser necesario que uno entienda la terminología tradicional de una 1ª declinación y una 2ª declinación.

PRÁCTICA 8.3

Traduzca

1. οἱ μαθηται αὐτου ἐρχονται.
2. ἐλεγεν τῳ Ἰουδᾳ.
3. ὁ ἀδελφος δεξεται τον Ἰωαννην.
4. πολλοι στρατιωται προσηρχοντο.
5. Jesús proclamaba el camino.
6. Los profetas no eran santos.

VOCABULARIO PARA EL CAPÍTULO 8

Diecinueve verbos deponentes

*ἐρχομαι (634)	– vengo, voy	*εὐαγγελιζομαι, εὐαγγελιζω (54)[1]	– anuncio buenas noticias (un verbo compuesto: εὐ + ἀγγελιζομαι)
*ἀπερχομαι (117)	– me voy		
διερχομαι (43)	– atravieso	λογιζομαι (40)	– considero, calculo
*εἰσερχομαι (194)	– entro	*προσευχομαι (85)	– oro (verbo, de orar)
*ἐξερχομαι (218)	– salgo, me voy	προσκαλεομαι (29)	– llamo, invito
παρερχομαι (29)	– paso, dejo a un lado	ῥυομαι (17)	– rescato, libro (verbo, de librar)
*προσερχομαι (86)	– me acerco		
συνερχομαι (30)	– me reúno		
ἁπτομαι (39) + gen.	– toco	Seis sustantivos masculinos como προφητης	
*ἀρνεομαι (100)	– rehuso, niego		
*ἀρχομαι (86)	– comienzo	Ἡρῳδης, ὁ (43)	– Herodes
*ἀσπαζομαι (59)	– saludo	*Ἰωαννης ὁ Ἰωανης, ὁ (135)	– Juan
*δεχομαι (56)	– recibo	*μαθητης, ὁ (261)	– discípulo
*ἐργαζομαι (41)	– trabajo, obro	*προφητης, ὁ (144)	– profeta
		*στρατιωτης, ὁ (26)	– soldado
		ὑπηρετης, ὁ (20)	– sirviente, servidor

---

1. Este verbo puede tener la voz activa (εὐαγγελιζω) o la voz media (εὐαγγελιζομαι). La voz media se explica en el Capítulo 15.

Curso de griego bíblico

Y tres sustantivos masculinos como Ἰουδας

Βαρναβας, ὁ (28)	– Bernabé	Σατανας, ὁ (36)	– Satanás
*Ἰουδας (44)	– Judá, Judas		

Más uno como Ἰουδας pero con -ου en el genitivo

*Ἠλιας, ὁ (29) – Elías

Tres palabras femeninas que se declinan como λογος

Αἰγυπτος, ἡ (25)	– Egipto	ὁδος, ἡ (101)	– camino, carretera
*ἐρημος, ἡ (48)	– desierto		

Sugerencia

Es fácil confundir ἀρχομαι (empiezo) y ἐρχομαι (vengo, voy), sobre todo dado que tienen la forma idéntica en el Imperfecto – ἠρχομην.

No intente todavía emplear ἐρχομαι (ni los verbos compuestos que lo incorporan) en el Futuro ni en el Aoristo, estos tiempos son irregulares. (Los veremos en el Capítulo 11, la sección 11.1, y en el Capítulo 18, la sección 18.4.)

Palabras para ayudar

arcaico, energía, evangelizar, lógica, matemática, estrategia, éxodo, profeta, ermitaño.

Ejercicios

Sección A

*1. ἐρχεται ὁ Ἰησους και λαμβανει τον ἀρτον.
*2. και ὁ ὀχλος ἠρχετο παλιν παρα την θαλασσαν προς αὐτον, και ἐδιδασκεν αὐτους.
*3. ἀπο τοτε ἠρξατο ὁ Ἰησους κηρυσσειν και λεγειν· Μετανοειτε· προσερχεται ἡ βασιλεια των οὐρανων.
4. ἐλεγεν ἐν παραβολῃ αὐτοις· Δει παντοτε προσευχεσθαι.
5. και ὁ ὀχλος ἐζητουν[2] ἁπτεσθαι αὐτου· σημεια ἐξουσιας παρ᾽ αὐτου ἐξηρχετο.
6. ὁ Ἰωαννης ἐσται μεγας ἐνωπιον του κυριου ὡς ὁ Ἠλιας· ἀλλ᾽ ὁ Ἡρῳδης πονηρος.
7. μελλει ὁ υἱος του ἀνθρωπου ἐρχεσθαι ἐν τῃ δοξῃ του θεου μετα των ἀγγελων αὐτου, και τοτε δεξεται ἑκαστος κατα την ζωην αὐτου.
*8. ἐλεγεν προς τους μαθητας· Εἰ θελετε ὀπισω του υἱου του ἀνθρωπου ἐρχεσθαι, ἀρνησασθε τον Σαταναν και ἀκολουθειτε τῳ κυριῳ καθ᾽ ἡμεραν.[3]
9. La casa de Judá oró, 'Señor, ¡rescata a Israel de Egipto!'
*10. Elías era un gran profeta.
*11. Se iban de la sinagoga cuando entrábamos.
*12. Bernabé y Pablo anunciaban las buenas noticias en el camino de Jerusalén con los discípulos fieles.

---

2. Aquí (siguiendo Lucas 6:19) se emplea un verbo en el plural con ὀχλος. A pesar de que, técnicamente, esto es incorrecto, se entiende perfectamente, ya que en cierto sentido un ὀχλος es plural.

3. καθ᾽ ἡμεραν es un modismo griego que quiere decir 'cada día' o 'diariamente'.

Sección B

*1. οἱ προφηται ἐκηρυξαν· Ἐκ της καρδιας ἐξερχεται πονηρα και ἀγαθα.
2. δει διερχεσθαι δια της ἐρημου συν τοις στρατιωταις.
3. ἡ ἀγαπη κακον οὐκ ἐργαζεται· ἡ μεγαλη ἐντολη ἐστιν ἀγαπη.
*4. Ἀσπαζονται ἐν κυριῳ Βαρναβας και Ἰουδας οἱ μαθηται τας ἐκκλησιας της Ἰερουσαλημ.
*5. λεγει προς τον ἀγγελον· Πως ἐσται;
6. ὁτε ἠμην τεκνον, ἐλαλουν ὡς τεκνον, ἐλογιζομην ὡς τεκνον.
7. ἀλλα ἐρχεται ὡρα και νυν ἐστιν, ὡτε οἱ μαθηται χαρα προσκυνησουσιν τῳ κυριῳ, ὡς αὐτους ζητει και προσκαλειται ὁ θεος.
*8. ῥυσῃ ἀνθρωπον ἁμαρτιας ἐκ του θανατου του αἰωνιου;
*9. Juan era (fue) un hermano y un discípulo.
10. Los soldados de Herodes están pasando por la carretera.
*11. ¿Queréis (¿Quieren ustedes) entrar en la iglesia o estar solos?
*12. Por causa de Herodes, José y María iban al lado del mar en el camino a Egipto con el niño Jesús.

Sección C

Marcos 4:1-2: Καὶ πάλιν ἤρξατο διδάσκειν παρὰ τὴν θάλασσαν· καὶ συνάγεται [*se reunió*] πρὸς αὐτὸν ὄχλος πλεῖστος [*muy grande*], ὥστε [*por consiguiente*] αὐτὸν εἰς πλοῖον ἐμβάντα [*subiendo*] καθῆσθαι [*se sentó*] ἐν τῇ θαλάσσῃ, καὶ πᾶς [*toda*] ὁ ὄχλος πρὸς τὴν θάλασσαν ἐπὶ τῆς γῆς ἦσαν[4]. ² καὶ ἐδίδασκεν αὐτοὺς ἐν παραβολαῖς πολλὰ καὶ ἔλεγεν αὐτοῖς ἐν τῇ διδαχῇ [*enseñanza, instrucción*] αὐτοῦ, . . .

---

4. Ver nota 2 en la página 98.

CAPÍTULO NUEVE

Pronombres y conjunciones

9.1 ἐκεινος Y οὑτος (AQUELLO Y ESTO)

Mateo 21:11: ἐλεγον· Οὑτος ἐστιν ὁ προφητης Ἰησους ...
— Decían, 'Este es el profeta Jesús ... '
Mateo 14:1: ἐν ἐκεινῳ τῳ καιρῳ ἠκουσεν Ἡρῳδης ...
— En aquel tiempo oyó Herodes ...

9.1.1 Formación

ἐκεινος ('ese', 'esos', 'aquel', 'aquellos', etc.) se declina exactamente como αὐτος (el Capítulo 3, la sección 3.6) – es decir, como ἀγαθος excepto en el nominativo y acusativo neutro singular, donde la terminación es -ο en vez de -ον.

		Masculino	Femenino	Neutro
Singular	Nom.	ἐκεινος	ἐκεινη	ἐκεινο
	Ac.	ἐκεινον	ἐκεινην	ἐκεινο
	Gen.	ἐκεινου	ἐκεινης	ἐκεινου
	Dat.	ἐκεινῳ	ἐκεινῃ	ἐκεινῳ
Plural	Nom.	ἐκεινοι	ἐκειναι	ἐκεινα
	Ac.	ἐκεινους	ἐκεινας	ἐκεινα
	Gen.	ἐκεινων	ἐκεινων	ἐκεινων
	Dat.	ἐκεινοις	ἐκειναις	ἐκεινοις

οὑτος ('este', 'estos', etc.) es un poco más complicado:

		Masculino	Femenino	Neutro
Singular	Nom.	οὑτος	αὑτη[1]	τουτο
	Ac.	τουτον	ταυτην	τουτο
	Gen.	τουτου	ταυτης	τουτου
	Dat.	τουτῳ	ταυτῃ	τουτῳ
Plural	Nom.	οὑτοι	αὑται	ταυτα
	Ac.	τουτους	ταυτας	ταυτα
	Gen.	τουτων	τουτων	τουτων
	Dat.	τουτοις	ταυταις	τουτοις

Notas

- Las *terminaciones* de οὑτος son iguales que las de ἐκεινος (y, por lo tanto, iguales que las de αὑτος y similares a las de ἀγαθος).
- οὑτος empieza con una τ en la mayoría de sus formas.

  Sin embargo, hay una respiración áspera en vez de la τ inicial en el nominativo masculino y femenino, singular y plural. Esto es igual que en el caso del artículo (definido), el cual también empieza con una τ excepto en las mismas circunstancias: ὁ, ἡ, οἱ y αἱ.
- La primera vocal varía entre ου y αυ. La regla es que hace juego con la vocal en la segunda sílaba (la que está en la terminación). Si esta vocal tiene el sonido de una o, la primera vocal es ου, pero si tiene el sonido de una η o una α, es αυ.

¿Pronombre?
Verlo en castellano
Sección 1.3
Página 242

Sugerencia

Al principio, lo que cuenta es sencillamente poder reconocer las formas de οὑτος en griego. Esto es relativamente fácil, pero uno tiene que prestar más atención con las formas que no tienen la τ inicial.

PRÁCTICA 9.1.1

Dé un análisis morfológico de cada una de las palabras siguientes

1. ἐκειναι
2. τουτου
3. ταυτα
4. ἐκεινα
5. αὑτοι
6. οὑτοι
7. ἐκεινο
8. αὑτη

9.1.2 Empleo

οὑτος y ἐκεινος pueden ser empleados o bien como pronombres demostrativos o bien como adjetivos demostrativos. Aunque suene esto complicado, es exactamente igual que en castellano (pronombre: esto es aburrido; adjetivo: este libro es aburrido).

---

1. αὑτη ('esta' – de οὑτος – con respiración áspera) es fácil de confundir con αὐτη ('ella' – de αὐτος – con respiración suave. Ver el Capítulo 3, la sección 3.6)

Curso de griego bíblico

Su **uso como pronombres** no es complicado. (Si no está claro el sustantivo al que reemplazan, puede ser de ayuda añadir en la traducción al castellano la palabra 'persona' u 'hombre' si la forma griega es masculina, 'mujer' si es femenina o 'cosa' si es neutra).

ἐβλεψα ἐκεινους. – Vi a aquellas personas. [*masculino plural en griego*]
ἀρξεται ταυτα. – (Él) empezará [*a hacer*] estas cosas.

Su **uso como adjetivos** es casi igual de sencillo, pero es necesario aprender dos cosas:
(i) Es imprescindible emplear siempre el artículo además del adjetivo demostrativo
(ii) Se emplea el orden que corresponde a un adjetivo predicativo (es decir, delante del artículo o inmediatamente después del sustantivo, pero nunca inmediatamente después del artículo), a pesar del hecho que el uso es en realidad atributivo.[2]

En castellano: Este hermano
En griego: οὑτος ὁ ἀδελφος (Este el hermano)

- ὁλος ('entero') se declina como ἀγαθος pero se emplea como οὑτος.
  Es decir, viene *antes del artículo*
  p.ej., la multitud entera = ὁλος ὁ ὀχλος (y no ὁ ὁλος ὀχλος),
  o *inmediatamente después del sustantivo*.
  p.ej. el mundo entero = τον κοσμον ὁλον (aquí de Mat 16:26, en el acusativo).

PRÁCTICA 9.1.2

Traduzca

1. οὑτος ἠν ὁ τοπος.
2. νεκρα τα προβατα τουτων.
3. ὁλος ὁ ὀχλος ἠκουεν.
4. λεγει ἐκειναις ταις παραβολαις.
5. οἱ προφηται αὐτου ἐρχονται.
6. τυφλοι εἰσιν οὑτοι οἱ μαθηται.

9.2 PRONOMBRES DE TERCERA PERSONA

9.2.1 Más usos de αὐτος

Hemos visto ya el pronombre muy corriente de 3ª persona αὐτος (él, ella, ello, ellos, ellas. Capítulo 3, sección 3.6).

Ejemplos

- λεγω αὐτῃ. – <u>Le</u> estoy hablando (<u>a ella</u>).
- οἱ μαθηται <u>αὐτου</u> ἐλεγον. – <u>Sus</u> discípulos (<u>de él</u>) hablaban.

Además de su uso como pronombre, αὐτος puede ser empleado como adjetivo, en cuyo caso tiene dos significados diferentes, según su posición:

---

2. Pensando de forma lógica, es posible considerar que 'este' y 'ese/aquel' son por naturaleza palabras enfáticas, y que vienen por esta razón en primer lugar para dar más énfasis.

- un adjetivo que significa 'mismo'
  Posición normal atributiva (entre el artículo y el sustantivo)
  p.ej., ὁ αὐτος κυριος σωζει τον λαον. – El <u>mismo</u> Señor salva al pueblo.

- un adjetivo enfático (él mismo, ella misma, ellos mismos, ellos mismos, ellas mismas)
  Viene antes del artículo (la posición predicativa) para dar énfasis.
  p.ej., <u>αὐτος</u> ὁ κυριος σωζει τον λαον. – El Señor <u>mismo</u> salva al pueblo.

Conviene destacar que el uso ilustrado en el primero de estos dos casos corresponde muy de cerca a un empleo de la palabra 'mismo' en castellano.

9.2.2 ἑαυτος

ἑαυτος es el pronombre reflexivo de 3ª persona (se). Es necesario evitar confundir el pronombre griego enfático (αὐτος – él mismo) con el pronombre reflexivo (ἑαυτος – se).

ἑαυτος se declina exactamente como αὐτος, pero a consecuencia de su significado no ocurre nunca en el nominativo.

Ejemplo

- ὁ κυριος σωζει <u>ἑαυτον</u>. – El Señor <u>se</u> salva.

Observe la diferencia de significado de αὐτος:

- <u>αὐτος</u> ὁ κυριος σωζει τον λαον. – El Señor <u>mismo</u> salva al pueblo.

Sugerencia

Una ayuda para distinguir entre el pronombre *reflexivo* y el *enfático*: si cuando borra uno el pronombre el significado básico de la oración no cambia, era *enfático*. Si cambia, era *reflexivo*.

9.2.3 ἀλλος y ἀλληλος

ἀλλος (otro) y ἀλληλος (uno a otro, mutuamente) se declinan como ἐκεινος.

ἀλλος es un adjetivo con el significado 'otro'. Se emplea de la misma manera que cualquier otro adjetivo, es decir, en la posición atributiva (al contrario de ἐκεινος y οὑτος).

ἀλληλος es un pronombre con el significado 'uno a otro, mutuamente'. Se emplea exactamente como se esperaría. Nota: debido a su significado, no puede ocurrir nunca en el nominativo.

Ejemplos

Marcos 4:36: και <u>ἀλλα</u> πλοια ἠν μετ' αὐτου. – Y <u>otros</u> barcos estaban con él.[3]
Marcos 4:41: ἐλεγον προς <u>ἀλληλους</u> … – Se decían <u>unos a otros</u>…

---

3. El neutro plural nom. y ac. de ἀλλος tiene la misma forma que la palabra para 'pero'. Aquí nos pueden ayudar los acentos – ἀλλὰ quiere decir 'pero' mientras que ἄλλα es de ἀλλος.

PRÁCTICA A MITAD DE CAMINO

Traduzca

1. ἀρνουνται ἑαυτους.
2. φιλω ἐκεινον τον μαθητην.
3. συναγει ταυτα τα προβατα.
4. ἐδιδασκεν αλλαις παραβολαις.
5. ἐν τῃ αὐτῃ ἡμερᾳ ἡ Μαρια ἐβλεψεν τον κυριον.
6. δια ταυτα ὁ ὀχλος ἐλαλει ἀλληλοις...
7. αὐτος ὁ Ἰησους προσηυχετο.
8. ὑπηρετης ἠν τουτου του ἱερου.
9. Estamos orando al mismo Dios.
10. Pedro mismo negó a Jesús.
11. Después de esto empezaron a escuchar.
12. Aquellos demonios eran malignos.

9.3 PRONOMBRES Y ADJETIVOS PERSONALES DE 1ª Y 2ª PERSONA

9.3.1 Pronombres

	1ª Persona				2ª Persona			
	Singular		Plural		Singular		Plural	
Nom.	ἐγω	yo	ἡμεις	nosotros[4]	συ	tú[5]	ὑμεις	vosotros[6]
Ac.	ἐμε o με	me	ἡμας	nos	σε	te	ὑμας	os
Gen.	ἐμου o μου	mi, mío	ἡμων	nuestro	σου	tu, tuyo	ὑμων	vuestro
Dat.	ἐμοι o μοι	a/por mí	ἡμιν	a/por nosotros[4]	σοι	a/por ti	ὑμιν	a/por vosotros

Nota

- La palabra λυομεν misma quiere decir '(nosotros) desatamos'. Igual que en castellano, no hay necesidad de emplear una palabra para indicar 'nosotros'. Lo que es más, se deben de emplear estos pronombres en el nominativo (ἐγω, ἡμεις, συ, ὑμεις), *únicamente*, cuando se tiene la intención de dar un énfasis o contraste especial.

Ejemplos

Gál 5:2: ἐγω Παυλος λεγω ὑμιν ... – <u>Yo</u> Pablo <u>os</u> digo... (<u>les</u> digo <u>a ustedes</u>)
Juan 12:27: σωσον με ἐκ της ὡρας ταυτης. – Sálva<u>me</u> de esta hora.
Juan 21:17: λεγει αὐτῳ ... Φιλεις με; ... και λεγει αὐτῳ· Κυριε ... συ γινωσκεις ὁτι φιλω σε. – él le dijo... '¿<u>Me</u> amas?'... y él le dijo, 'Señor... <u>tú</u> sabes que <u>te</u> amo.'

---

4. O 'nosotras'
5. O 'usted, le, su (de usted), a/por usted'
6. O 'vosotras/ustedes, les, su (de ustedes), a/por vosotras/ustedes

9.3.2 Pronombres reflexivos

	me	ἐμαυτος (se declina como αὐτος)
	te/se (de usted)	σεαυτος (se declina como αὐτος)
	nos	(se usa el plural de ἑαυτος)
	os/se (de ustedes)	(se usa el plural de ἑαυτος)

9.3.3 Adjetivos posesivos

La forma más corriente de expresar la posesión es con el uso de la forma genitiva de los pronombres personales – μου, σου, ἡμων, ὑμων (mi/mío, tu/tuyo, su/suyo (de usted), nuestro, vuestro, su/suyo (de ustedes)).

Sin embargo, también hay adjetivos (que se declinan como ἀγαθος) para 'mi' y 'tu' (singular).

	mi	ἐμος	tu/su (de usted)	σος

Aclaración

'Mis palabras' es οἱ λογοι μου, *no* λογοι μου. (Compare con 'sus palabras (de él)': οἱ λογοι αὐτου.) ἐμος, σος, μου, ἡμων, σου y ὑμων necesitan todos el artículo.

Ejemplos

Juan 10:26: οὐκ ἐστε ἐκ των προβατων των ἐμων. – No sois (no son ustedes) de <u>mis</u> ovejas.
Juan 20:28: Ὁ κυριος <u>μου</u> και ὁ θεος <u>μου</u>. – ¡<u>Mi</u> Señor y <u>mi</u> Dios!

PRÁCTICA 9.3

Traduzca

1. ὁ νομος σου σωζει.
2. ὁ θεος σωζει σε.
3. ἡμεις ἐπιστευσαμεν ἀλλα συ οὐκ ἠκουσας.
4. συ σωσεις σεαυτον ἀλλ' ἐγω ἀλλους.
5. ¡Sálvate!
6. Proclamaré vuestras obras (acciones) / las obras (acciones) de ustedes.

9.4 LAS CONJUNCIONES

Las conjunciones son palabras que juntan dos oraciones. Palabras (o a veces frases en castellano) como 'por lo tanto', 'así que', 'cuando' etc. Hay palabras equivalentes en griego, así que traducirlas es bastante sencillo. Sin embargo, hay que tener cuatro puntos en cuenta.

9.4.1 Palabras "tímidas"

Hay varias conjunciones que podríamos llamar "tímidas". Esto quiere decir que no pueden ocupar el primer sitio en su oración o cláusula. El nombre técnico para ellas es *pospositivas*.

Curso de griego bíblico

> **GRAMÁTICA ESENCIAL**
>
> ἀρα – así pues   μεν – por una parte
> γαρ – pues, porque   οὐν – entonces
> δε – pero   τε – y
>
> no pueden ser la 1ª palabra[7]

Cuando se traduce, hace falta mover las *pospositivas* una palabra hacia la izquiera en la oración.[8]

Ejemplos

Marcos 3:10:   πολλους γαρ ἐθεραπευσεν
                – <u>porque</u> sanó a muchos
1 Tes 2:20:   ὑμεις γαρ ἐστε ἡ δοξα ἡμων και ἡ χαρα.
                – <u>porque</u> vosotros sois (ustedes son) nuestra gloria y gozo.

9.4.2 μεν y δε

Normalmente se emplea μεν antes de δε. En estos casos, se está enfatizando un contraste entre dos cosas. Uno puede considerar que μεν significa 'por un lado' y δε 'por otro lado' (aunque puede parecer excesivo traducirlos así al castellano).

λογιζεσθε ἑαυτους εἰναι νεκρους <u>μεν</u> τῃ ἁμαρτιᾳ ζωντας <u>δε</u> τῳ θεῳ
(Rom 6:11) – consideraos (considérense) ser (<u>por un lado</u>) muertos al pecado pero (<u>por otro lado</u>) vivos para Dios.

1 Cor 1:12: ἑκαστος ὑμων λεγει· Ἐγω <u>μεν</u> εἰμι Παυλου, ἐγω <u>δε</u> Ἀπολλω, ἐγω <u>δε</u> Κηφα, ἐγω <u>δε</u> Χριστου. – Cada uno de vosotros (ustedes) dice, 'Yo soy de Pablo', 'Yo soy de Apolos', 'Yo soy de Cefas', 'Yo soy de Cristo'.

Si μεν y δε son empleados únicamente con el artículo, quieren decir 'algunos… pero otros…'.

Hechos 14:4: … και <u>οἱ μεν</u> ἠσαν συν τοις Ἰουδαιοις, <u>οἱ δε</u> συν τοις ἀποστολοις.
– y <u>algunos</u> estaban con los judíos, pero <u>otros</u> con los apóstoles.

9.4.3 Empleo de δε

Normalmente es necesario que cada oración griega esté conectada con la oración anterior con una conjunción, de una manera que no es necesaria en castellano. El griego suele emplear la palabra δε para hacer esto. Por lo tanto, a menudo no se traducirá δε al castellano. Así que δε es un 'pero' débil. Otra conjunción, ἀλλα (la cual no es un pospositivo) expresa 'pero' de una forma más fuerte.

---

7. También ποτε (alguna vez, en algún momento), aprendido en el Capítulo 6.

8. Observe que en castellano también es posible a veces poner ciertas conjunciones más adelante en la oración, diciendo, por ejemplo. 'Encuentro, sin embargo, que el griego es agradable' en vez de decir, 'Sin embargo, encuentro que el griego es agradable'. Pero en griego hay menos flexibilidad: la mayoría de las conjunciones sí ocurren al principio de la oración, pero los *pospositivos* nunca.

También se emplea δε a solas con el artículo (p.ej., ὁ δε) para señalar que ha cambiado el sujeto.

p.ej., Marcos 6:37-38: λεγουσιν αὐτῳ ... <u>ὁ δε</u> λεγει αὐτοις, Ποσους ἀρτους ἐχετε; – Le dicen... les dice <u>él</u>, '¿Cuántos panes tenéis (tienen ustedes)?'

9.4.4 Empleo de και

και normalmente quiere decir 'y'.⁹ Sin embargo, también puede ser empleada para dar énfasis, el equivalente de 'también' o 'incluso' en castellano. La regla para traducirlo es que si hace falta 'y' (es decir, no hay otra conjunción), entonces es 'y'. Si no hace falta 'y' (es decir, parece que και sobra), entonces está ahí para dar énfasis y, por lo tanto, debería de ser traducido por la palabra 'también' o 'incluso'.

τε es a menudo seguido por και, dando el significado 'tanto... como'.

Ejemplos

Marcos 2:28: κυριος ἐστιν ὁ υἱος του ἀνθρωπου <u>και</u> του σαββατου.
– El hijo del hombre es Señor <u>incluso</u> del sábado.
Hechos 1:1: (ὡν) ἠρξατο ὁ Ἰησους ποιειν <u>τε και</u> διδασκειν.
– (las cosas que) Jesús empezó <u>tanto</u> a hacer <u>como</u> a enseñar.

PRÁCTICA 9.4

Traduzca

1. πολλοι ἐπιστευσαν, οἱ γαρ μαθηται εὐηγγελιζοντο.
2. ὁ μεν θεος ἐπεμψεν τους προφητας, τυφλος δε ὁ λαος.
3. ὁ θεος φιλει και τους πονηρους;
4. ὁ Ἰωσηφ λεγει αὐτῳ. ὁ δε οὐκ ἀκουσει.
5. οἱ μεν προσερχονται, οἱ δε ὑπαγουσιν εἰς τους οἰκους αὐτων.
6. Buscaremos entonces al Señor.

VOCABULARIO PARA EL CAPÍTULO 9

Dieciocho pronombres y adjetivos personales

*ἀλληλος (100)	– uno a otro, mutuamente	Doce conjunciones	
*ἀλλος (155)	– otro	ἀρα (49)	– por consiguiente, así pues
*ἑαυτος (319)	– uno(/a) mismo(/a), sí mismo(s), sí misma(s)	*γαρ (1041)	– pues, porque
*ἐγω (1802)	– yo	γε (25)	– *partícula para dar énfasis* (por cierto, etc.)

---

9. Como δε, a veces se emplea únicamente como la conjunción necesaria entre dos oraciones y, por lo tanto, no es necesario en castellano.

Curso de griego bíblico

*ἡμεις (866)	– nosotros, nosotras	*δε (2792)	– pero
*ἐκεινος (265)	– aquel, ese	*διο (53)	– por eso, por lo cual
ἐμαυτος (37)	– mí mismo	διοτι (23)	– porque
ἐμος (76)	– mi, mío	*εἰτε (65)	– si, bien sea
*κἀγω (84)	– y yo (= και + ἐγω)[10]	(εἰτε … εἰτε	– ya … ya, bien sea … o bien)
*ὁλος (109)	– entero, completo	ἐπει (26)	– puesto que, ya que
*οὑτος αὑτη τουτο (1387)	– este, esta, esto	*μεν (179)	– por una parte
ποιος (33)	– ¿de qué clase?	μηποτε (25)	– nunca
ποσος (27)	– ¿cómo de grande? ¿cuánto?	*οὐν (499)	– entonces, por consiguiente
*σεαυτος (43)	– ti mismo	*τε (215)	– y
σος (27)	– tuyo	(τε … και	– y … y, tanto … como)
*συ (1067)	– tú		
*ὑμεις (1841)	– vosotros, vosotras, ustedes		
τοιουτος (57)	– tal, de tal manera, semejante		

Observe también los nuevos significados de *αὐτος, αὐτη, αὐτο: mismo, él mismo, ella misma, ellos mismos, ellas mismas (enfático)

Asimismo, observe los nuevos significados de και: también, incluso

Cuatro sustantivos neutros

*ἀρνιον (30)	– cordero, oveja	μυστηριον (28)	– misterio, secreto
δενδρον (25)	– árbol	*ποτηριον (31)	– copa

Palabras para ayudar
paralelo, alótropo, autobiografía/autógrafo, egotista, holístico, rododendro, misterio, me, sus.

Ejercicios

Sección A

*1. αὐτος δε Ἰησους οὐκ ἐπιστευεν[11] ἑαυτον αὐτοις.
*2. και ἐλεγεν αὐτοις· Ὑμεις ἐκ τουτου του κοσμου ἐστε, ἐγω οὐκ εἰμι ἐκ του κοσμου τουτου.
*3. και τοιαυταις παραβολαις πολλαις ἐλαλει αὐτοις τον λογον.

---

10. La combinación de dos palabras, como en este caso, creando así una palabra nueva, lleva el nombre técnico de *crasis* y puede ocurrir con otras palabras, p.ej., κἀκεινον de και + ἐκεινον, aunque ocurre raras veces. El símbolo de una respiración en una vocal en medio de una palabra pone de relieve que ha ocurrido la *crasis*.

11. Aquí tiene πιστευω el significado pocas veces encontrado de 'me fío de'.

*4. και ερχονται παλιν εις Ἱεροσολυμα. και ἐν τῳ ἱερῳ περιπατει ὁ Ἰησους και ερχονται προς αυτον οἱ Ἰουδαιοι.
5. ελεγον οὐν οἱ Ἰουδαιοι προς ἑαυτους· Που οὑτος μελλει ερχεσθαι;
*6. ἐκ του θεου ἐσμεν και ὁ κοσμος ὁλος ἐν τῳ πονηρῳ ἐστιν.
7. και ελεγεν αὐτοις· Ὑμιν το μυστηριον διδασκω της βασιλειας του θεου· ἐκεινοις δε τοις ἐξω ἐν παραβολαις ταυτα λεγω.
8. ελεγεν γαρ ὁ Ἰωαννες τῳ Ἡρῳδῃ· Οὐκ ἐξεστιν σοι ἐχειν την γυναικα [mujer] του ἀδελφου σου.
*9. Este es mi mandamiento: Tened (tengan ustedes) amor los unos para los otros, porque sois (son ustedes) mis discípulos.
*10. Yo soy el pan de vida.
*11. Jesús les dice, 'No os (les) digo por (emplee ἐν) qué autoridad hago estas cosas'.
12. Habiendo recibido la vista, decía, 'Veo gente, pero andan como árboles'.

Sección B

*1. ἐζητουν οὐν τον Ἰησουν και ἐλεγον μετ᾽ ἀλληλων ἐν τῳ ἱερῳ· Πως ποιει ταυτα;
2. ἐστιν χαρα ἐν ὑμιν δια την ἀγαπην ὑμων τε και ἐμου.
3. Σαδδυκαιοι [Saduceos] μεν γαρ λεγουσιν μη εἰναι ζωην μετα θανατον μητε ἀγγελον, Φαρισαιοι δε διδασκουσιν ταυτα.
*4. κἀγω δε σοι λεγω ὁτι [que] συ εἰ Πετρος, και ἐπι ταυτῃ τῃ πετρᾳ [piedra] οἰκοδομησω μου την ἐκκλησιαν.
*5. ἐκραζον φωνῃ μεγαλῃ λεγοντες· Ἁγιον ἐστιν το ἀρνιον.
*6. και ἐλεγεν· Οὐ θελω το ποτηριον τουτο· ἀλλα τουτο θελεις, διο ἐγω δεξομαι αὐτο.
7. και εἰ γαρ εἰσιν ἀλλοι θεοι εἰτε ἐν οὐρανῳ εἰτε ἐπι γης, ἡμιν ἐστιν εἰς [un] θεος· και γε οὑτος ἐστιν ὁ κυριος του οὐρανου και της γης· αὐτῳ ἀρα προσκυνησομεν.
8. τοτε προσκαλεσαμενος αὐτον ὁ κυριος αὐτου λεγει αὐτῳ, Δουλε πονηρε, ποιησω ἐκεινο σοι, ἐπει παρεκαλεσας με.
*9. Los fariseos le decían por lo tanto, 'Tú estás dando testimonio acerca de ti mismo.'
*10. La tierra entera existe para su gloria, así que le bendecimos y damos gracias.
*11. Si echo fuera demonios por la autoridad de Dios, el reino de Dios está sobre vosotros (ustedes).
12. Por un lado, os reunís (se reúnen ustedes) los unos con los otros; por otro lado, os perseguís (se persiguen ustedes) los unos a los otros.

Sección C

Mateo 16:13-18: Ἐλθὼν [Participio Aorista de ἐρχομαι] δὲ ὁ Ἰησοῦς εἰς τὰ μέρη [la región] Καισαρείας τῆς Φιλίππου ἠρώτα [empezó a preguntar] τοὺς μαθητὰς αὐτοῦ λέγων [diciendo], Τίνα [¿quién?] λέγουσιν οἱ ἄνθρωποι εἶναι τὸν υἱὸν τοῦ ἀνθρώπου; [14] οἱ δὲ εἶπαν [dijeron], Οἱ μὲν Ἰωάννην τὸν βαπτιστήν, ἄλλοι δὲ Ἠλίαν, ἕτεροι [otros] δὲ Ἰερεμίαν ἢ ἕνα [uno] τῶν προφητῶν. [15] λέγει αὐτοῖς, Ὑμεῖς δὲ τίνα με λέγετε εἶναι; [16] ἀποκριθεὶς [contestando] δὲ Σίμων Πέτρος εἶπεν [dijo], Σὺ εἶ ὁ Χριστὸς ὁ υἱὸς τοῦ θεοῦ τοῦ ζῶντος [*viviente*]. ¹⁷ ἀποκριθεὶς δὲ ὁ Ἰησοῦς εἶπεν αὐτῷ, Μακάριος ε , Σίμων Βαριωνᾶ, ὅτι σὰρξ [*carne*] καὶ αἷμα [*sangre*] οὐκ ἀπεκάλυψέν σοι ἀλλ' ὁ πατήρ [*padre*] μου ὁ ἐν τοῖς οὐρανοῖς. ¹⁸ κἀγὼ δέ σοι λέγω ὅτι σὺ εἶ Πέτρος, καὶ ἐπὶ ταύτῃ τῇ πέτρᾳ [*roca*] οἰκοδομήσω μου τὴν ἐκκλησίαν καὶ πύλαι [*puertas*] ᾅδου [*de Hades*] οὐ κατισχύσουσιν [*vencerán + gen.*] αὐτῆς.

CAPÍTULO DIEZ

Oraciones compuestas

10.1 LOS PRONOMBRES RELATIVOS

Rom 16:5: ἀσπασασθε Ἐπαινετον τον ἀγαπητον μου, ὅς ἐστιν ἀπαρχη της Ἀσιας εἰς Χριστον.
— Saludad (saluden) a Epeneto, amado mío, quien es el primer fruto de Asia para Cristo.

Lucas 7:27: οὑτος ἐστιν περι οὑ γεγραπται ...
— Este es (él) de quien está escrito...

Lucas 6:46: τί δε με καλειτε· κυριε κυριε, και οὐ ποιειτε ἅ λεγω;
— ¿por qué me llamáis (me llaman ustedes), 'Señor, Señor', y no hacéis (hacen) lo que digo?

La palabra griega ὅς (que se declina, dando formas tales como οὑ y ἅ) es el equivalente de 'que' y 'quien' en castellano. Otras palabras relacionas a estas son 'cuyo', 'el cual' y sus variantes. Estas palabras griegas juntan dos oraciones o dos cláusulas: forman parte de la segunda, pero señalan a un sustantivo en la primera, exactamente igual que en castellano.

10.1.1 Cómo entender los pronombres relativos

Los pronombres relativos no son difíciles en griego – funcionan básicamente de la misma manera que en castellano. Sin embargo, dado que la función del pronombre relativo consiste en juntar dos oraciones en una, es necesario entender bien lo esencial de la oración griega (de los Capítulos 2, 3 y 4). Sobre todo:

¿Pronombre?
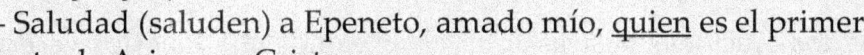
Sección 1.3
Página 242

- En una oración compuesta habrá dos verbos principales (que no son ni infinitivos ni participios) – uno para cada una de las dos oraciones constituyentes originales. Es necesario tener claro qué verbo va con qué sujeto.
- El pronombre relativo funciona como la juntura entre las dos oraciones constituyentes. Ambas de estas oraciones tienen un papel en determinar su género, caso y número.

- En castellano, no varía siempre la forma del pronombre relativo según el caso (sujeto, objeto directo o indirecto, etc.); en griego, sí.

> **GRAMÁTICA ESENCIAL**
> El pronombre relativo junta dos oraciones básicas

Ejemplos

Dos oraciones básicas:
1. El señor envió <u>al mensajero</u>.
2. <u>El mensajero</u> vio el mar.

Dado que 'el mensajero' ocurre en ambas oraciones, puede ser reemplazado en la segunda por un pronombre relativo.

Una oración compuesta: El señor envió al mensajero, <u>el cual</u> vio el mar.
o El señor envió al mensajero <u>que</u> vio el mar.

Cuando se escribe esto en griego, es imprescindible tener en cuenta que:

- todavía hay dos oraciones básicas aquí: observamos que hay dos verbos conjugados: 'envió' y 'vio'.
- 'el cual' o 'que' reemplaza 'el mensajero' en la cláusula subordinada. Desde el punto de vista gramatical, 'mensajero' es el *antecedente* de 'el cual' o 'que'. Es decir, es la palabra en la cláusula principal (la cual había sido la oración anterior) a la que refiere 'el cual' o 'que'.

Una oración compuesta: Ellos están guardando la ley <u>que</u> enseña él.

Dos oraciones básicas:
1. Ellos están guardando <u>la ley</u>.
2. Él enseña <u>la ley</u>.

Así que en la oración compuesta 'la ley' es el antecedente de 'que'.

Aclaración

- El antecedente ocurre en la primera oración.
- El pronombre relativo ocurre en la segunda oración (evitando la repetición de la palabra que es el antecedente).
- En castellano, el antecedente a menudo viene inmediatamente antes del relativo.

PRÁCTICA 10.1.1

Separe cada una de estas oraciones compuestas en dos oraciones básicas. ¿Qué palabra es el antecedente del relativo en estas oraciones?

1. Jesús echó fuera al demonio que estaba en el hombre.
2. Yo soy el hombre que buscas.
3. Ella comió la comida que el rey envió.
4. El profeta ofreció el sacrificio, por lo cual, vino la lluvia.
5. ¿Es este el Mesías al que estamos esperando?
6. El gobernador envió a los soldados que detuvieron a Jesús.

10.1.2 La formación del pronombre relativo en griego

El pronombre relativo ὅς (castellano: que, quien, el cual, cuyo) se declina de una manera muy parecida al artículo definido. Para hacer resaltar esto, en la tabla abajo se da la declinación del artículo en las columnas blancas al lado de la forma correspondiente del pronombre relativo, la cual se ve en las columnas grises.

		Masculino		Femenino		Neutro	
Sing.	Nom.	ὅς	ὁ	ἥ[1]	ἡ	ὅ[1]	το
	Ac.	ὅν	τον	ἥν	την	ὅ[1]	το
	Gen.	οὗ	του	ἧς	της	οὗ	του
	Dat.	ᾧ	τω	ᾗ	τη	ᾧ	τω
Plural	Nom.	οἵ[1]	οἱ	αἵ[1]	αἱ	ἅ	τα
	Ac.	οὕς	τους	ἅς	τας	ἅ	τα
	Gen.	ὧν	των	ὧν	των	ὧν	των
	Dat.	οἷς	τοις	αἷς	ταις	οἷς	τοις

Clave: | ὅν | Pronombre relativo | τον | Artículo definido para comparar

Sugerencia

Una palabra muy corta con una respiración áspera es casi seguramente una forma del pronombre relativo. Excepto en el caso de los cuatro pronombres relativos señalados en la tabla de arriba y en la nota al pie de esta página que son iguales que el artículo (excepto por el acento), si usted reemplaza la respiración áspera con una τ tendrá la forma correspondiente del artículo, el cual se espera que podrá reconocer.

PRÁCTICA 10.1.2

Dé un análisis morfológico de cada una de las palabras siguientes

1. ὅ
2. ὅν
3. οὗ
4. ἥ
5. αἵ
6. αἱ
7. οὕς
8. την
9. ὧν
10. οἷς

---

[1]. La formas ἥ, ὅ, οἵ y αἵ ocurren como pronombre relativo y como artículo. Normalmente indicará el contexto cuál de las palabras es. Sin embargo, los acentos ayudan aquí, ya que el pronombre relativo siempre tiene un acento mientras que el artículo casi nunca tiene uno. (La forma básica nominativa de los pronombres relativos suele escribirse en las tablas de gramática con un acento agudo, pero en la mayoría de los contextos en el Nuevo Testamento hay un acento grave en el nominativo y el acusativo, y un circunflejo en el genitivo y el dativo). Se presentarán estos tres pronombres relativos con su acento en este libro, para ayudarle; puede ser que usted lo encontrará útil escribirlos con el acento.

10.1.3 El empleo del pronombre relativo en griego

Para poder emplear la forma correcta del pronombre relativo en griego, es útil identificar primero las dos oraciones básicas y el antecedente del pronombre relativo.

> **GRAMÁTICA ESENCIAL**
>
> Para el pronombre relativo:
> el **Número** y el **Género** concuerdan con el antecedente;
> el **Caso** lo determina su propia cláusula, según las reglas normales (p.ej., si es el complemento, si está regido por una preposición, etc.)
> La cláusula *en la cual está* el pronombre relativo se llama la *cláusula subordinada*. Normalmente está formada de la segunda oración básica.

Ejemplos

- El señor envió al mensajero que vio el mar.
  Antecedente: el mensajero
  Cláusula subordinada (2ª oración original): que vio el mar. (el mensajero)

  El antecedente es masculino singular; 'que' es el sujeto de la cláusula en la que está.
  Por lo tanto, el pronombre relativo tiene que ser masculino, singular, nominativo = ὅς

= ὁ κυριος ἐπεμψεν τον ἀγγελον ὅς ἐβλεψεν την θαλασσαν.

- Ellos están guardando la ley que enseña él.
  Antecedente: la ley
  Cláusula subordinada (2ª oración original): que enseña él. (la ley)

  El antecedente es masculino (en griego) y singular; 'que' es el complemento (objeto) de su cláusula.
  Por lo tanto, el pronombre relativo tiene que ser masculino, singular, acusativo = ὅν

= τηρουσιν τον νομον ὅν διδασκει.

- Aquélla es la sinagoga en la cual están entrando.
  Antecedente: la sinagoga
  Cláusula subordinada (2ª oración original): en la cual están entrando. (la sinagoga)

  El antecedente es femenino singular; 'en la cual' está regido por εἰς y, por tanto, tiene que ser acusativo.
  Por lo tanto, el pronombre relativo tiene que ser femenino, singular, acusativo = ἥν

= ἐκεινη ἐστιν ἡ συνγωγη εἰς ἥν ἐρχονται.

Algunos puntos adicionales[2]

- A menudo ocurre la cláusula subordina (la que tiene el pronombre relativo) en medio de una oración compuesta, en vez de al final de una manera sencilla. Esto ocurre también en castellano, aunque no con tanta frecuencia como en griego.

  p.ej. τα τεκνα ἁ ἐδιδασκον κραζει.
  – Los niños a quienes yo enseñaba están gritando.

- Si el antecedente debería de ser alguna forma de αὐτος, οὑτος o ἐκεινος, a menudo se suprime.

  p.ej. ὁ υἱος οὑς θελει ζῳοποιει. = ὁ υἱος ζῳοποιει αὐτους οὑς θελει.
  – El hijo da vida a los que quiere. (Juan 5:21)

- También a menudo pone el griego la cláusula subordinada antes de la cláusula principal.

  p.ej. ἁ βλεπω φιλω = φιλω αὐτα ἁ βλεπω.
  – Lo que veo me gusta = Me gustan las cosas que veo.

Ejemplos

Juan 6:2:   ἐθεωρουν τα σημεια ἁ ἐποιει.
– Veían las señales que hacía él.

Rom 9:18:   ἀρα οὑν ὁν θελει ἐλεει.
– Así que tiene misericordia de quien quiere.

PRÁCTICA A MITAD DE CAMINO

Traduzca

1. βλεπω τον δουλον ὁν ἐκαλεσεν.
2. ὑπαγε ἐκ του οἰκου ἐν ᾧ εἶ.
3. που ἐστιν[3] τα ποτηρια ἁ φιμουμεν;
4. ἐπιστευσαν γαρ τῳ εὐαγγελιῳ ὁ οἱ ἀποστολοι ἐκηρυσσον.
5. ἀσπαζεσθε οἱ ἐρχονται προς ὑμας.
6. οὑτος ἐστιν ὁ κυριος δι' οὑ προσευξομεθα.
7. ἁ ἠκουσα ταυτα λεγω ὑμιν.
8. ἀσπαζεσθε τον Τιμοθεον ὑπερ οὑ ἡ ἐκκλησια προσευχεται.
9. Él guarda el pan que hizo.
10. Es necesario amar al Dios que nos salva.
11. ¿Crees el evangelio que oíste?
12. ¿Se arrepintió el discípulo que negó a Jesús?

---

2. Ocasionalmente el pronombre relativo está *influenciado* por el caso de su antecedente, y ocurre en ese caso, aunque no sea la correcta gramaticalmente para su propia cláusula. Así, por ejemplo, 1 Cor 7:1 περι ὡν ἐγραψατε debería en realidad de ser περι αὐτων ἁ ἐγραψατε (en cuanto a las cosas que escribisteis/escribieron ustedes), pero ha sido influenciado (algunos escritores dicen 'atraído') por el caso de αὐτων ¡el cual entonces ha sido suprimido!

3. Recuerde que con los sustantivos neutros plurales se emplea normalmente el verbo en el singular (Capítulo 3, sección 3.3.2).

10.2 PREGUNTAS RETÓRICAS

En el Capítulo 4, la sección 4.5 aprendimos cómo hacer preguntas en griego (empleando o bien una palabra interrogativa o el signo de interrogación (y el tono de la voz)).

Sin embargo, en griego – igual que en castellano – es posible hacer preguntas de tal forma que da de entender si se espera la contestación 'sí' o 'no'. El griego hace esto de una manera muy compacta y sencilla.

En castellano tenemos varias maneras diferentes de expresar estos tipos de preguntas, haciendo a menudo empleo

> **GRAMÁTICA ESENCIAL**
>
> Una pregunta que espera la contestación: 'no' – μη ... ;
> 'sí' – οὐ ... ;

del tono de la voz. Lo importante es entender el significado de la pregunta y encontrar entonces a forma apropiada de expresarla en castellano.

Ejemplos

Juan 6:67: Μη και ὑμεις θελετε ὑπαγειν;
– No querréis también vosotros iros, ¿verdad? (No querrán también ustedes irse, ¿verdad?)
– ¿Acaso queréis también vosotros iros? (¿Acaso quieren también ustedes irse?)
– ¿Seguramente no querréis iros también? (¿Seguramente no querrán ustedes irse también?)

Juan 7:25: Οὐχ οὑτος ἐστιν ὁν ζητουσιν;
– Este es a quien buscan, ¿verdad?
– Seguramente este es al que buscan, ¿verdad?

Notas

- Es difícil encontrar una razón lógica que haya conducido al uso de estas dos palabras negativas para hacer este tipo de preguntas retóricas.
- El orden de las palabras puede ayudar a distinguir entre este empleo especial de οὐ y μη de su uso como negativos. Cuando se emplean para hacer preguntas suelen ser la primera palabra en la oración, mientras que esto es el caso muy raras veces cuando se emplean como negativos normales. (Cuando se emplean como palabras interrogativas, habrá también una señal de interrogación).
- A veces se emplea μητι en vez de μη, y οὐχι en vez de οὐ.[4]

Lucas 4:22: και ἐλεγον, Οὐχι υἱος ἐστιν Ἰωσηφ οὑτος;
– Y decían, '¿No es este el hijo de José?'

Juan 8:22: ἐλεγον οὐν οἱ Ἰουδαιοι, Μητι ἀποκτεινει [matar] ἑαυτον;
– Así que decían los judíos, 'No va a matarse, ¿verdad?'
  o '¿Acaso piensa matarse?'

---

4. También se emplea μητι para una pregunta que titubea, dudando si algo podría ser el caso. Por ejemplo, Juan 4:29: μητι οὑτος ἐστιν ὁ Χριστος; - ¿Podría él ser el Mesías? o No será él el Mesías, ¿verdad?

PRÁCTICA 10.2

Traduzca

1. μη βλεπετε;   2. οὐ φιλεις με;   3. ἐγω οὐ φιλω σε.   4. μη ἐγω;

10.3 ESTILO DIRECTO E INDIRECTO

En castellano existen dos formas de presentar lo que dijo alguien.

i) los verbos como 'decir', 'declarar', etc. pueden ser seguidos por las palabras originales que fueron pronunciadas, normalmente entre comillas o después de dos puntos o una raya: – , cambiando de línea cada vez que habla una persona diferente y empezando la cita original con una letra mayúscula.

ii) o pueden ser seguidos por la palabra 'que' y a continuación un informe de lo que fue dicho (sin comillas, dos puntos, raya, mayúscula inicial ni cambio de línea)

El primero se llama 'estilo directo', 'discurso directo', 'declaración directa' o 'afirmación directa'. El segundo se llama 'estilo indirecto', etc.

p.ej.,   Él dijo, 'Yo soy el Cristo.' o   – Estilo directo
         Él dijo – Yo soy el Cristo.
         Él dijo que él era el Cristo.   – Estilo indirecto

También ocurren afirmaciones indirectas después de otros verbos que expresan el concepto de hablar o de pensar (tales como sentir, creer, saber, aprender, temer, etc.)

p.ej.,   Yo pensaba que él era el Cristo.

Estilo directo

En griego se expresa el estilo directo de cuatro maneras diferentes:

1. Se emplea la palabra ὁτι para introducir la cita original, así que ὁτι es el equivalente de la comilla o la raya inicial en castellano, o los dos puntos antes de una cita directa.
2. Se añade el participio de λεγω inmediatamente antes de la cita directa. (Aquí también, el participio es el equivalente de la comilla, los dos puntos, o la raya inicial en castellano).
   p.ej., και ἐκηρυσσεν λεγων· Ἐρχεται ... (Marcos 1:7)
       y predicaba (diciendo), 'Viene ...
3. Se emplean ὁτι *y* el participio de λεγω (o sea, se combinan 1 y 2).
4. No señala nada el principio de una afirmación directa.

En la mayoría de los textos griegos impresos se señala el principio de una cita directa con una mayúscula. Pero los primeros manuscritos se escribieron completamente en mayúsculas, así que esta forma de señalar las citas directas no expresa nada más que la opinión de los redactores del texto impreso que tenga uno y no forma parte del texto mismo (pero, ¡inicialmente sería sensato suponer que tienen razón!).

Curso de griego bíblico

En griego no señala nada el fin del estilo directo (una cita textual de lo que dijo alguien). Así que es difícil estar seguro dónde termina una afirmación directa. (Por ejemplo, en Juan 3 no está claro donde entre los versículos 10 y 21 termina el discurso que empezó en el versículo 10).

Estilo indirecto

El estilo indirecto cuenta lo que dijo el hablante, pero introduciendo los cambios que sean necesarios para hacer una cita indirecta. Entonces, en castellano las palabras textuales requieren ciertos cambios estructurales, comparado con las palabras originales. También hay ciertos cambios en griego, aunque menos. El estilo indirecto en griego se introduce con la palabra ὁτι (que quiere decir 'que'), y es muy sencillo.

> p.ej. εἰπον οὐν ὑμιν ὁτι ἀποθανεισθε ἐν ταις ἁμαρτιαις ὑμων (Juan 8:24)
> – Por eso os dije que moriríais en vuestros pecados.
> (– Por eso les dije que morirían ustedes en sus pecados).

Sin embargo, cuando lo que aconteció fue en el pasado, el griego emplea un tiempo para las palabras o los pensamientos que es diferente de lo que se emplea en castellano.

> GRAMÁTICA ESENCIAL
> El griego emplea el tiempo de las palabras o los pensamientos originales

Tomemos, por ejemplo, la oración castellana, 'Oyó que Jesús venía'. Esta es una afirmación indirecta y, por lo tanto, se traduciría al griego empleando la palabra ὁτι. Sin embargo, lo que en realidad oyó ella fue, 'Jesús viene'. Por lo tanto, habría que traducirlo al griego empleando el tiempo presente del verbo venir (*viene*), mientras que en castellano empleamos el pasado (*venía*).

> Oyó que Jesús venía
> ἠκουσεν ὁτι Ἰησους ἐρχεται (Juan 11:20)

Del mismo modo, para traducir al griego la oración, 'los judíos no creyeron que había sido ciego', es necesario darse cuenta de que las palabras o los pensamientos originales fueron 'él era ciego'. Así que esto estaría en el Imperfecto en griego incluso en la afirmación indirecta:

> Los judíos no creyeron él que había sido ciego.
> οὐκ ἐπιστευσαν ... οἱ Ἰουδαιοι περι αὐτου ὁτι ἠν τυφλος (Juan 9:18)

Aclaración

No se deje confundir por los *tres* significados diferentes de ὁτι:
1. Para introducir una cita en estilo directo (el equivalente de la comilla o la raya inicial en castellano)
2. Para introducir una afirmación en estilo indirecto (el equivalente de 'que' en castellano)
3. Una palabra que significa 'porque'

PRÁCTICA 10.3

¿Tienen estas oraciones afirmaciones directas o indirectas? Para las indirectas, ¿qué tiempo habría que emplear para el verbo en la afirmación indirecta?

1. El centurión dice que se va.
2. Le dije, 'Adórame.'
3. La mujer dijo que él había sido ciego.
4. Los soldados pensaban que le habían visto.
5. Los ciegos dijeron, – Queremos ver.
6. Entonces gritaron ellos que venía él.

10.4 EXPRESIONES DE TIEMPO

El griego expresa el tiempo de una manera bastante ingeniosa y muy concisa. No se emplea ninguna preposición; la palabra que hace referencia al tiempo se pone sencillamente en el caso apropiado.

GRAMÁTICA ESENCIAL

El tiempo total que duró	– acusativo
Tiempo durante el cual	– genitivo
El momento cuando ocurrió	– dativo

Ejemplos

- δυο ἡμερας ἀκουουσιν του κυριου.
1. ἡμερας es *acusativo plural*[5]
2. En una expresión de tiempo, el *ac.* quiere decir 'el tiempo total', expresado en castellano por 'durante' o 'por'.
3. La oración = 'Escuchan al Señor durante (por) dos días.' (≈ 'a lo largo de dos días')

- της ἡμερας ἀκουουσιν του κυριου.
1. ἡμερας es *genitivo singular*[6]
2. En una expresión de tiempo, el *gen.* quiere decir 'el tiempo durante el cual', o 'el tipo de tiempo', expresado en castellano a veces por 'durante' o 'de'.
3. La oración = 'De día / durante el día (≈ 'siendo de día') escuchan al Señor.'

- τῃ ἡμερᾳ ἀκουουσιν του κυριου.
1. ἡμερᾳ es *dat*
2. En una expresión de tiempo, el *dat.* quiere decir 'el momento cuando ocurrió', expresado en castellano por palabras como 'en', 'ese' o 'el' ('el domingo, …').
3. La oración = 'Ese día escuchan al Señor.'

Nota: A veces, a pesar de que no es necesaria ninguna preposición, se emplea ἐν además del dativo (p.ej., ἐν τῃ ἡμερᾳ βλεπουσιν). Esto no introduce ningún cambio al significado.

---

[5]. La forma, en este ejemplo, es igual que el *gen. sing.*, pero la presencia de δυο, que quiere decir 'dos', demuestra que tiene que ser plural.

[6]. La forma podría ser *ac.pl.*, pero el της delante de él demuestra que tiene que ser *gen. sing.*

PRÁCTICA 10.4

En griego, ¿qué caso se emplearía para estas expresiones de tiempo?

1. Vinieron el sábado.
2. Ayunó cuarenta días.
3. Nicodemo vino de noche.
4. Estuvo por tres días en el sepulcro.
5. Al amanecer se movió la piedra.
6. Fue detenido durante la Pascua.

VOCABULARIO PARA EL CAPÍTULO 10

Muchas palabras importantes

*ἀληθεια (109)	– verdad	*οὐχι (54)	– no
ἀληθινος (28)	– verdadero, genuino	πλην (31)	– sin embargo
ἐγγυς (31)	– cerca	ποθεν; (29)	– ¿de dónde? (o ¿cómo?)
*ἐκει (105)	– allí, allá	*ὡδε (61)	– aquí
ἐκειθεν (37)	– de allí		
*εὐθυς (51)	– en seguida	Cuatro preposiciones más	
*καθως (182)	– tal como, según	*ἐμπροσθεν + gen. (48)	– delante de
καλως (37)	– bien	ἑνεκα + gen. (26)	– a causa de
ναι (33)	– sí, ciertamente	περαν + gen. (23)	– al otro lado de
ὁμοιος (45)	– semejante, parecido	*χωρις + gen. (41)	– aparte (de)
*ὁμοιως (30)	– igualmente, así también		
*ὁπου (82)	– donde	*Πιλατος (55)	– Pilato
*ὁς ἡ ὁ (1398)	– el/la/lo cual, el/la/lo que	Y cinco verbos más	
*ὁτι (1296)	– que, porque, ' o – (marcando el principio de una cita)	*ἐγγιζω + dat. (42)	– me acerco
		ἡγεομαι (28)	– gobierno
οὑ (24)	– donde	*θαυμαζω (43)	– me asombro, me maravillo
*οὐδε (143)	– tampoco		
*οὐτε (87)	– ni οὐτε ... οὐτε – ni ... ni	*θεραπευω (43)	– sano, curo
		*καθευδω (22)	– duermo
*οὑτως (208)	– de esta manera, así		

Palabras para ayudar

homófono/homogéneo/homónimo, hegemonía, taumaturgo, terapéutico/terapia

Ejercicios

Sección A

*1. οὐκ εἰμι ἀποστολος; οὐχι Ἰησουν τον κυριον ἡμων ἐβλεψα; ἀκουσατε ἁ λεγω ὑμιν.
*2. οἱ δ' ἐκ των Φαρισαιων ἠκουσαν ταυτα και ἐθαυμαζον λεγοντες αὐτῳ· Μη και ἡμεις τυφλοι ἐσμεν;
*3. οὐ μονον δε, ἀλλ' ἐγγιζομεν τῳ θεῳ δια του κυριου ἡμων Ἰησου Χριστου δι' οὑ νυν την εἰρηνην μετα του θεου λαμβανομεν.
*4. ἀλλοι ἐλεγον· Οὑτος ἐστιν ὁ Χριστος, οἱ δε ἐλεγον· Μη ἐκ της Γαλιλαιας ὁ Χριστος ἐρχεται;
5. και Δαυιδ λεγει ὁτι Μακαριος ἐστιν ὁ ἀνθρωπος ᾡ ὁ θεος λογιζεται δικαιοσυνην χωρις ἐργων.
*6. πολλας ἡμερας ὁ λαος ἠν ἐν Αἰγυπτῳ καθως ἐλαλησεν ὁ θεος τῳ Ἀβρααμ.
7. ἠρνησατο ὁ στρατιωτης λεγων· Μητι ἐγω Ἰουδαιος εἰμι;
8. και ἐσμεν ἐν τῳ ἀληθινῳ, ἐν τῳ υἱῳ αὐτου Ἰησου Χριστῳ. οὑτος ἐστιν ὁ ἀληθινος θεος και ζωη αἰωνιος.
*9. Jesús le dice, – Yo soy el camino, la verdad y la vida.
10. Pilato dormía (estaba durmiendo) en el (= del) otro lado del mar de Galilea.
11. Pero lo que os (les) escribí testifico en la presencia de Dios.
12. No os maravilléis (no se maravillen ustedes) por esto, porque viene la hora en la que los muertos oirán su voz.

Sección B

1. ἐλεγεν δε ὁ Ἰησους· Ἀμην λεγω ὑμιν, πολλοι οὐκετι ἐχουσιν οἰκιαν ἠ ἀδελφους ἠ ἀδελφας ἠ τεκνα ἑνεκα ἐμου και ἑνεκα του εὐαγγελιου.
2. πλην οὐτ' ἀδελφη χωρις ἀδελφου οὐτ' ἀδελφος χωρις ἀδελφης ἐν κυριῳ.
*3. ἐδιδασκεν αὐτους λεγων ὁτι Αὐτος Δαυιδ λεγει αὐτον κυριον, και ποθεν αὐτου ἐστιν υἱος; και ὁ πολυς ὀχλος ἠκουεν αὐτου.
4. και ὁ Ἰησους ἐλεγεν αὐτῳ· Ὑπαγε, και εὐθυς ἀνεβλεψεν και ἠκολουθει αὐτῳ ἐν τῃ ὁδῳ.
*5. ἐρχομενοι δε κηρυσσετε λεγοντες ὁτι Ἐγγιζει ἡ βασιλεια των οὐρανων.
*6. καθως θελετε λαμβανειν ἀπο των ἀνθρωπων, ποιειτε αὐτοις ὁμοιως.
7. εἰ βλεπετε ταυτα, θαυμαζετε· ἐγγυς ἐστιν ἡ βασιλεια του θεου.
8. ἀλλοι ἐλεγον ὁτι Οὑτος ἐστιν, ἀλλοι ἐλεγον, Οὐχι, ἀλλα ὁμοιος αὐτῳ ἐστιν. ἐκεινος ἐλεγεν ὁτι Ἐγω εἰμι.
9. Durante el sábado dormían los hermanos, pero las hermanas daban gracias a Dios.
*10. Igualmente ni la vida ni la muerte está fuera de (*emplee* χωρις) la autoridad de Dios.
*11. Has hecho estas cosas bien; ve en paz.
*12. Pilato se asombró porque aquél no hizo nada maligno sino que sanó a muchos.

Sección C

Marcos 6:3-6: οὐχ οὗτός ἐστιν ὁ τέκτων [*carpintero, constructor*], ὁ υἱὸς τῆς Μαρίας καὶ ἀδελφὸς Ἰακώβου καὶ Ἰωσῆτος [*José (gen.)*] καὶ Ἰούδα καὶ Σίμωνος [*Simón (gen.)*]; καὶ οὐκ εἰσὶν αἱ ἀδελφαὶ αὐτοῦ ὧδε πρὸς ἡμᾶς; καὶ ἐσκανδαλίζοντο [*se escandalizaban*] ἐν αὐτῷ. ⁴ καὶ ἔλεγεν αὐτοῖς ὁ Ἰησοῦς ὅτι Οὐκ ἔστιν προφήτης ἄτιμος [*sin honra*] εἰ μὴ [*salvo*] ἐν τῇ πατρίδι [*propia tierra*] αὐτοῦ καὶ ἐν τοῖς συγγενεῦσιν [*parientes*] αὐτοῦ καὶ ἐν τῇ οἰκίᾳ αὐτοῦ. ⁵ καὶ οὐκ ἐδύνατο [*pudo*] ἐκεῖ ποιῆσαι οὐδεμίαν [*ningún*] δύναμιν [*milagro*], εἰ μὴ ὀλίγοις [*unos pocos*] ἀρρώστοις [*enfermos*] ἐπιθεὶς [*habiendo impuesto*] τὰς χεῖρας [*manos*] ἐθεράπευσεν. ⁶ καὶ ἐθαύμαζεν διὰ τὴν ἀπιστίαν [*incredulidad*] αὐτῶν. Καὶ περιῆγεν [*recorría*] τὰς κώμας [*pueblos, aldeas*] κύκλῳ [*en un círculo, alrededor*] διδάσκων.

CAPÍTULO ONCE

Verbos especiales

11.1 EL SEGUNDO AORISTO

Juan 1:11: εἰς τα ἰδια ἠλθεν, και οἱ ἰδιοι αὐτον οὐ παρελαβον.
– <u>vino</u> a los suyos, y los suyos no le <u>recibieron</u>.
Lucas 4:9: <u>ἠγαγεν</u> δε αὐτον εἰς Ἰερουσαλημ ... και <u>εἰπεν</u> αὐτῳ ...
– Le <u>llevó</u> a Jerusalén... y le <u>dijo</u>...

Todos los cuatro verbos aquí –ἠλθεν, παρελαβον, ἠγαγεν y εἰπεν– están en el Aoristo, como queda reflejado en las traducciones (al pretérito castellano). Sin embargo, no se ha formado el Aoristo de acuerdo con el patrón que aprendimos en el Capítulo 6 (sobre todo, aunque el aumento ε está presente, falta la σ adicional). Esto es porque estos cuatro verbos pertenecen a un grupo de verbos que forman su Aoristo de una manera diferente, llamada el 'Segundo (2°) Aoristo'.

En el 2° Aoristo, los verbos emplean una raíz diferente. Algunas veces estas son similares a la raíz normal – παρε<u>λαβ</u>ον de παρα<u>λαμβ</u>ανω y ἠγαγεν de ἀγω. Otras veces son completamente diferentes – ἠλθεν de ἐρχομαι y εἰπεν de λεγω.

11.1.1 El principio básico

Hay un grupo de verbos griegos que no forman su Aoristo de la manera normal. Emplean lo que suele ser llamada la 2ª forma del Aoristo: el *'segundo Aoristo'* en vez de la 1ª forma del Aoristo, la más corriente, que hemos encontrado ya: el *'primer Aoristo'*. Es imprescindible darse cuenta de que el *1er Aoristo* y el *2° Aoristo* son sencillamente dos maneras diferentes de formar el Aoristo, no son dos tiempos de verbo diferentes.[1]

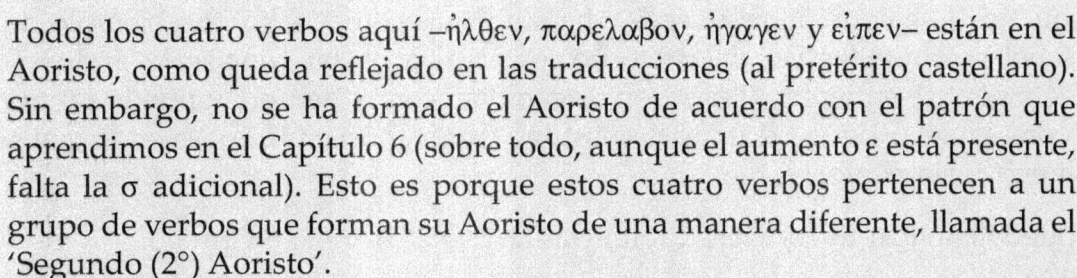

GRAMÁTICA ESENCIAL

El 2° Aoristo significa lo mismo que el 1er Aoristo. Un verbo tendrá *o bien* un 1er Aoristo *o* un 2° Aoristo, nunca los dos

Así que en este capítulo será necesario aprender qué verbos tienen el 2° Aoristo, y cómo se forma el 2° Aoristo, pero no habrá ninguna descripción de su significado o su empleo, porque el significado y el empleo son iguales que para los verbos descritos en el Capítulo 6 que tienen el 1er Aoristo.

---

1. Algunos libros de gramática griega llaman el *1er Aoristo 'el Aoristo débil'* y el *2° Aoristo 'el Aoristo fuerte'*. Esto puede causar confusión, porque ninguno de los dos es más fuerte o más débil que el otro.

11.1.2 Comparación con el castellano

En castellano la mayoría de los verbos forman su pasado con la adición de una terminación que corresponde al tiempo empleado, por ejemplo, el Imperfecto o el Pretérito. Aquí veremos algunos ejemplos del Pretérito.

p.ej., hablar → hablé, hablaste, etc; comer → comí; comiste, etc; subir → subí, subiste, etc

Pero hay algunos verbos que forman el Pretérito con un cambio de su raíz en vez de añadir la terminación normal.

p.e., tener → **tuve, tuviste**, etc; hacer → **hice, hiciste**, etc; ir → **fui, fuiste**, etc.

No hay 'otro tipo de pasado' que correspondiera a la manera de la que forma el verbo su Pretérito; la forma es diferente, pero el pasado que señala es el mismo.

No hay ninguna regla que determine qué forma tendrá el pasado de cualquier verbo dado. Cuando aprende uno castellano, tiene que aprender qué verbos forman su pretérito cambiando su raíz, y cuáles son los cambios. Luego sabe uno que todos los demás verbos forman su pretérito empleando las terminaciones normales para ese tiempo de los verbos. Puede ser que el que esté aprendiendo castellano como idioma extranjero –¡y los niños pequeños!– se equivoque a veces y haga formas como 'sabo' (un ejemplo del *presente* de 'saber') o 'andé (en vez del pretérito correcto de 'andar', que sería 'anduve'). Esto es erróneo, pero se entiende. (Los idiomas cambian con el tiempo, y puede ser que pronto se acepte 'andé'. El griego también se estuvo cambiando en la época en la que se escribió el Nuevo Testamento).

También se pueden aplicar todas estas diferencias al 1er y 2° Aoristo en griego.

Castellano	Griego
Hay una forma estándar del Pretérito	La mayoría de los verbos tienen el 1er Aoristo
Ciertos verbos siguen otro patrón	Ciertos verbos tienen el 2° Aoristo
En el patrón normal, se forma el Pretérito añadiendo una serie de terminaciones a la raíz: -é, -aste, -ó, etc. *o* -í, -iste, -ió, etc.	El 1er Aoristo se forma añadiendo σ a la raíz
Otro grupo de verbos forma el Pretérito cambiando la raíz o incluso la palabra entera	Los verbos que 'tienen' el 2° Aoristo se forman cambiando su raíz

Ningún verbo griego tiene un 1er Aoristo y un 2º Aoristo.

11.1.3 La formación del 2° Aoristo

La característica distintiva del 2° Aoristo es el cambio de raíz.
Esto ocurre siempre en el 2° Aoristo y únicamente en el 2° Aoristo.

> **GRAMÁTICA ESENCIAL**
> 2° Aoristo = Raíz cambiada

Las raíces

Desgraciadamente, no hay ninguna manera de *calcular* cómo va a ser la raíz irregular. Entonces es necesario memorizar las raíces cambiadas de los verbos que tienen el 2° Aoristo.

Verbos especiales

Hay 21 de estos verbos que ocurren con cierta frecuencia en el Nuevo Testamento. Aquí se da la lista, y en las páginas de referencia para la gramática en la página 270.

GRAMÁTICA ESENCIAL

Es imposible reconocer un 2° Aoristo a menos que reconozca la raíz. ¡Memorícelas!

Algunas raíces del 2° Aoristo son versiones más cortas de la raíz para el tiempo Presente:

	Presente	**2° Aoristo**
peco	ἁμαρταν-ω	ἡμαρτ-ον
muero	ἀποθνῃσκ-ω	ἀπεθαν-ον
arrojo, lanzo	βαλλ-ω	ἐβαλ-ον
encuentro, hallo	εὑρισκ-ω	εὑρ-ον
dejo atrás	καταλειπ-ω	κατελιπ-ον
tomo, recibo	λαμβαν-ω	ἐλαβ-ον
aprendo	μανθαν-ω	ἐμαθ-ον
sufro, padezco	πασχ-ω	ἐπαθ-ον
bebo	πιν-ω	ἐπι-ον
huyo	φευγ-ω	ἐφυγ-ον

Entre estos, hay dos cuyas terminaciones son un poco diferentes:

voy[2]	βαιν-ω	ἐβ-ην
conozco, sé	γινωσκ-ω	ἐγν-ων

Algunos otros hacen pequeños cambios a la raíz:

conduzco, llevo	ἀγ-ω	ἠγαγ-ον
tengo	ἐχ-ω	ἐσχ-ον
caigo	πιπτ-ω	ἐπεσ-ον

Uno es deponente (por tanto tiene las terminaciones de los verbos deponentes):

llega a ser, ocurre[3]	γιν-ομαι	ἐγεν-ομην

Cinco tienen un 2° Aoristo que no se parece en absoluto a sus formas en el Presente.[4]

vengo, voy	ἐρχ-ομαι	ἠλθ-ον
digo, hablo	λεγ-ω	εἰπ-ον
como	ἐσθι-ω	ἐφαγ-ον

---

2. βαινω se emplea únicamente en palabras compuestas como καταβαινω y ἀναβαινω.

3. Como sería de esperar, este verbo se ve, normalmente, en la 3ª persona del singular (y en el Aoristo), p.ej., Mat. 9:10: καὶ ἐγένετο ... 'Y aconteció (ocurrió) que ...'. Aquí se escribe la 1ª persona del singular en griego (y en el presente), ya que es la forma que emplean los diccionarios griegos-españoles para los verbos. El español se escribe aquí en la 3ª persona del singular, ya que estos verbos apenas ocurren – o no ocurren en absoluto – en la 1ª persona.

4. Lo que ocurre aquí es que hay dos verbos diferentes con el mismo significado, uno de los cuales se emplea en el Presente y el otro en el (2°) Aoristo (como en castellano con 'soy' y 'fui').

veo	ὁρα-ω[5]	εἰδ-ον
llevo, cargo	φερ-ω	ἠνεγκ-ον

Las terminaciones

El 2° Aoristo no emplea las terminaciones del (1er) Aoristo. En vez de esto, emplea terminaciones, normalmente, asociadas con otros tiempos de los verbos; el Imperfecto en el Indicativo y el Presente en los demás modos (donde no hay Imperfecto).

> **GRAMÁTICA ESENCIAL**
>
> 2° Aoristo Indicativo – Terminaciones del Imperfecto
> 2° Aoristo Otros Modos – Terminaciones del Presente

Así que βαλλω (arrojo, lanzo) las formas del 2° Aoristo son:

Indicativo	yo	ἐβαλον	Imperativo	2° Sing.	βαλε
	tú (usted)	ἐβαλες		2° Pl.	βαλετε
	él, ella	ἐβαλεν	**Infinitivo**		βαλειν
	nosotros (as)	ἐβαλομεν	**Participio**	Sing.	βαλων
	vosotros[6]	ἐβαλετε	(masc. nom.)	Pl.	βαλοντες
	ellos, ellas	ἐβαλον			

11.1.4 El Indicativo del 2° Aoristo

Observe que en el Indicativo el 2° Aoristo es muy parecido al Imperfecto; teniendo el aumento –pero sin la σ– y con las terminaciones del Imperfecto, igual que el Imperfecto. En realidad, la única diferencia entre ellos está en la raíz. Por ejemplo, βαλλω en el 2° Aoristo es ἐβαλον, ἐβαλες, ἐβαλεν, etc. En el Imperfecto es ἐβαλλον, ἐβαλλες, ἐβαλλεν, etc. (Recuerde que en griego λ y λλ se pronuncian iguales).

Ejemplos

ἐφευγον	3ª Plural Imperfecto Indicativo	Huían / Estaban huyendo
ἐφυγον	3ª Plural Aoristo Indicativo	Huyeron
ἐγινετο	3ª Singular Imperfecto Indicativo	Ocurría
ἐγενετο	3ª Singular Aoristo Indicativo	Ocurrió
ἐλεγετε	2ª Plural Imperfecto Indicativo	Decíais (Decían ustedes) o Estabais (estaban ustedes) diciendo
εἰπετε	2ª Plural Aoristo Indicativo	Dijisteis (Ustedes dijeron)

---

5. ὁραω pertenece al grupo de verbos que terminan en -αω. Estos verbos ocurren muy raras veces así que no se presentarán hasta el Capítulo 19. Sin embargo, εἰδον, el 2° Aoristo de ὁραω, es mucho más corriente y regular (¡aparte de ser un verbo que tiene el 2° Aoristo!) y, por lo tanto, se presenta aquí.

6. O vosotras o ustedes.

PRÁCTICA 11.1.4

Traduzca

1. ἐπεσομεν
2. ἐλαβον
3. ἐβαλλετε
4. εἰπεν
5. ἐγενετο
6. ἠλθον
7. ἐφευγεν
8. εἰδες

11.1.5 Los 2° Aoristos en los otros modos

El aumento

El Indicativo del 2° Aoristo tiene el aumento (ε). Sin embargo, al igual que con los verbos que tienen el 1ᵉʳ Aoristo, esto se quita en los *otros modos*. Uno tiene que tener en cuenta que las formas dadas en las listas arriba presentadas incluyen el aumento. Esto es obvio en el caso de verbos como ἐλαβον, pero no tanto en el caso de ἠλθον (cuya forma sin el aumento es ἐλθ-). Una lista de las formas sin el aumento se da en la página 270, para los verbos donde pueda haber más confusión.

Las terminaciones

En los otros modos, el 2° Aoristo puede parecerse bastante al tiempo Presente (al igual que, en el Indicativo, puede parecerse al Imperfecto). Por ejemplo, la -ων en βαλων confunde a muchos estudiantes, que piensan que es un Participio Presente como λυων. Sin embargo, en realidad, el Participio Presente (simultáneo) de βαλλω es βαλλων, mientras que el Participio Aoristo (secuencia, 'habiendo...') es βαλων.

Ejemplos

λαμβανων	Participio Presente Masc. Nom. Sing.	Tomando
λαβων	Participio Aoristo Masc. Nom. Sing.	Habiendo tomado
ἐλθειν	Infinitivo Aoristo	Venir (sin definir)
ἰδοντες	Participio Aoristo Masc. Nom. Pl.	Habiendo visto
μανθανε	2ª Singular Imperativo Presente	¡Aprende! (proceso, continuamente)

PRÁCTICA 11.1.5

Dé un análisis morfológico de cada una de las palabras siguientes

1. μαθειν
2. εὑρων
3. μανθανειν
4. εἰπε
5. ἐνεγκοντες
6. ἐλθων
7. λαβετε
8. ἰδειν

11.1.6 Terminaciones poco comunes

(i) γινωσκο y καταβαινω

γινωσκω (sé/conozco) y βαινω (voy) tienen terminaciones poco corrientes en el 2° Aoristo.

Indicativo	ἐγνων, ἐγνως, ἐγνω, ἐγνωμεν, ἐγνωτε, ἐγνωσαν
Imperativo	γνω, γνωτε Infinitivo γνωναι
Participio	γνους, γνοντες

En el griego del periodo del Nuevo Testamento, βαινω existe únicamente en palabras compuestas como καταβαινω y ἀναβαινω. Por eso emplearemos καταβαινω como modelo.

Indicativo	κατεβην, κατεβης, κατεβη, κατεβημεν, κατεβητε, κατεβησαν
Imperativo	καταβηθι, καταβητε Infinitivo καταβηναι
Participio	καταβας, καταβαντες

La mejor manera de entender estos es como el resultado de la dominación de la forma por la vocal larga con la que terminan sus raíces (ω o η). Estos verbos tienen también irregularidades en los otros tiempos (ver Capítulo 18, sección 18.4 y las listas en las páginas 253-4).

(ii) 2° Aoristos con terminaciones del 1er Aoristo

ἠλθον, εἰπον, εἰδον y ἠνεγκον se ven a veces con las terminaciones del 1er Aoristo (o sea, lo que aprendimos en el Capítulo 6 como las terminaciones Aoristas) en vez de con las terminaciones del Imperfecto o Presente que se esperarían para el 2° Aoristo. Esto no afecta en absoluto al significado.

p.ej.,   εἰπ*αν* en vez de εἰπ*ον* (Hechos 16:31)
         ἠλθ*ατε* en vez de ἠλθ*ετε* (Mat 25:36)

PRÁCTICA 11.1.6

Traduzca

1. καταβας   2. ἀνεβη   3. ἠλθαν   4. ἐγνωτε   5. γνους

PRÁCTICA A MITAD DE CAMINO

Traduzca

1. πολλοι ἀπεθανον.
2. ἠγον αὐτο.
3. ἐφαγον τον ἀρτον.
4. ἐλθοντες εἰδον αὐτον.
5. ἰδε την ὁδον.
6. δει ἐλθειν εἰς τα Ἱεροσολυμα.
7. εἰπων ταυτα ὁ Ἰησους ἐξηλθεν.
8. ἀναβας εἰς το ἱερον ἀπεθανεν.

9. Los profetas hablaron.
10. Amé al hijo.
11. Quiero ver el mar.
12. Cuando lo encontré, lo tomé.

11.2 EL FUTURO Y EL AORISTO DE LOS "VERBOS LÍQUIDOS"

1 Cor 1:17: οὐ γαρ <u>ἀπεστειλεν</u> με Χριστος βαπτιζειν ...
  – porque Cristo no me <u>envió</u> a bautizar ...
Lucas 11:49: <u>ἀποστελῶ</u> εἰς αὐτους προφητας και ἀποστολους ...
  – Les <u>enviaré</u> profetas y apóstoles ...

ἀπεστειλεν es el Aoristo de ἀποστελλω y ἀποστελῶ es el Futuro. En ambos casos observaremos que falta la σ que esperaríamos ver al final de la raíz para señalar el Aoristo o el Futuro. También hay pequeños cambios en la raíz. Esto es porque ἀποστελλω es un 'verbo líquido'.

Los verbos cuya raíz termina en λ, μ, ν o ρ son llamados 'verbos líquidos'.[7] Estos verbos tienen el Aoristo y el Futuro extraños. Sin embargo, esto no se debe a que sean una clase nueva de verbos. Lo que ocurre es que para los verbos en general tanto para el Aoristo como para el Futuro se añade una σ a la raíz. Pero *por razones de pronunciación* una σ no puede seguir a una λ, μ, ν o ρ y, por lo tanto, desaparece la σ y hay varios cambios para compensar.

El Futuro

- Se emplea una raíz diferente.
- No se añade la σ que esperaría uno para el Futuro.
- Se emplean las terminaciones del *Presente* de φιλεω (-ω, -εις, -ει, -ουμεν, -ειτε, -ουσιν).

El Aoristo

- Se emplea una raíz diferente.
- No se añade la σ que esperaría uno para el Aoristo.
- El aumento y las terminaciones del (1er) Aoristo se emplean lo mismo que normalmente.

Afortunadamente, los cambios de la raíz suelen ser mínimos, tan solo un cambio entre consonantes dobles y sencillas, o entre una vocal larga y otra corta.

> **GRAMÁTICA ESENCIAL**
> En los verbos líquidos no hay σ en el Futuro ni en el Aoristo

---

7. A algunos estudiantes les ayuda pensar en los verbos 'líquidos' como 'verbos de agua mineral', ya que las consonantes en mi<u>neral</u> son las consonantes líquidas: μ, ν, ρ, λ.

11.2.1 Verbos líquidos corrientes[8]

Muchos de estos verbos emplean la misma raíz en el Aoristo que en el Presente. En el Futuro se cambia esta raíz, haciendo más corta la vocal (o diptongo) final de la raíz:

	Presente	**Futuro**[9]	**Aoristo**
siembro	σπειρω	σπερεω	ἐσπειρα
levanto	ἐγειρω	ἐγερεω	ἠγειρα
mato	ἀποκτεινω	ἀποκτενεω	ἀπεκτεινα

Otro verbo muy parecido es:

quito, levanto	αἰρω	ἀρεω	ἠρα

Otros se cambian de una consonante final doble en el Presente a una consonante sencilla en el Futuro, y a una consonante sencilla con una vocal alargada en el Aoristo:

envío	ἀποστελλω	ἀποστελεω	ἀπεστειλα
anuncio, informo	ἀγγελλω	ἀγγελεω	ἠγγειλα

Algunos son parecidos pero no demuestran ningún cambio en el Futuro, ya que en el Presente su vocal (o diptongo) final ya es corta, y no se duplica su consonante final:

permanezco	μενω	μενεω	ἐμεινα
juzgo	κρινω	κρινεω	ἐκρινα

Algunos siguen los mismos principios generales pero tienen el 2° Aoristo

muero	ἀποθνησκω	ἀποθανεομαι	ἀπεθανον
arrojo, lanzo	βαλλω	βαλεω	ἐβαλον

Ejemplos

Juan 15:10:   μενειτε ἐν τῃ ἀγαπῃ μου.
— Permaneceréis (Permanecerán ustedes) en mi amor.
Mat. 21:1:   τοτε Ἰησους ἀπεστειλεν δυο μαθητας.
— Entonces envió Jesús a dos discípulos.

11.2.2 Los Acentos en el Futuro

Dado que algunos verbos líquidos tales como μενω y κρινω emplean la misma raíz tanto para el Presente como para el Futuro, la única diferencia de forma entre el Presente y el Futuro es que el Futuro emplea las terminaciones propias de los verbos 'en' -εω. Pero, una vez que haya ocurrido la contracción, en muchos casos las terminaciones en -εω no

---

8. Dado que los cambios afectan a *todos* los verbos cuya raíz termina con una λ, μ, ν o ρ, no es posible dar una lista completa. Sin embargo, estos son los verbos corrientes, y los demás se comportan de una manera parecida.

9. Presentados aquí en su forma no contraída. Para mayor claridad ver el Capítulo 2, sección 2.2

difieren en nada de las terminaciones normales en -ω (por ejemplo, μενω, μενεις, μενει, μενουσιν). Así que no hay diferencia entre el Presente y el Futuro. En estos casos puede ser de ayuda el acento.

> **GRAMÁTICA ESENCIAL**
>
> Los verbos líquidos tienen un acento circunflejo si están en el Futuro (y únicamente entonces)

p.ej., μένεις es Presente (permaneces); μενεῖς es Futuro (permanecerás).

PRÁCTICA 11.2.2

Traduzca

1. ἐμειναν.
2. ἀπαγγελοῦμεν.
3. ἠγειρεν.
4. ἀπεκτειναν.
5. κρινεῖ τον κοσμον.
6. ἀποστειλας ἐξηλθεν.
7. θελω σπειραι.
8. ἀραντες ἠνεγκον.
9. Anunciarán.
10. Arrojaréis (Ustedes arrojarán).
11. ¡Levanta al muerto!
12. Él le mató a ella.

VOCABULARIO PARA EL CAPÍTULO 11

Verbos con aoristo segundo

ἁμαρτανω (43)	– peco, hago algo malo	*φευγω (29)	– huyo
*ἀποθνησκω (111)	– muero		
*γινομαι (669)	– llega a ser, ocurre, acontece[10]	Verbos líquidos	
		ἀπαγγελλω (45)	– informo, anuncio[11]
παραγινομαι (37)	– llego, me presento, me pongo de parte de	παραγγελλω + dat. (32)	– mando, ordeno, doy instrucciones[11]
*ἐσθιω (158)	– como	*αἰρω (101)	– tomo, quito, levanto
*εὑρισκω (176)	– encuentro, hallo	ἀποκτεινω (74)	– mato
καταλειπω (24)	– dejo (atrás)	*ἀποστελλω (132)	– envío
μανθανω (25)	– aprendo	*ἐγειρω (144)	– levanto, despierto
*ὁραω (454)	– veo[12]	*κρινω (114)	– juzgo, decido
πασχω (42)	– sufro, padezco	*μενω (118)	– permanezco, me quedo
*πινω (73)	– bebo	ὀφειλω (35)	– debo (tengo deudas, estoy obligado a)
*πιπτω (90)	– (me) caigo		
*φερω (66)	– llevo, cargo	σπειρω (52)	– siembro
προσφερω (47)	– traigo, ofrezco	*χαιρω (74)	– me alegro, me regocijo[13]

---

10. Ver nota 3 en la página 125.
11. Estas dos palabras son verbos compuestos de la palabra ἀγγελω (yo anuncio), la cual se ve muy raras veces y solamente ocurre una vez en el Nuevo Testamento.
12. ὁραω es un verbo con un 2° Aoristo, el cual tiene la forma εἰδον.
13. Es muy raro que se encuentre χαιρω en un tiempo que no sea el Presente. Normalmente, se ve en los imperativos χαιρε y χαιρετε los cuales quieren decir '¡Saludos!'

Verbos con aoristo segundo con terminaciones poco corrientes

*ἀναβαινω (82)   – subo
*καταβαινω (81)   – bajo, desciendo
*γινωσκω (222)   – conozco, sé
ἀναγινωσκω (32)   – leo
ἐπιγινωσκω (44)   – reconozco

Más: *ἰδου (200) - ¡Mira!, ¡He aquí![14]

Palabras para ayudar

comestible, heurístico, horror/panorama, pasión/simpatía/patología, fugo/fugitivo, apóstol, criticar, permanente/permanecer, diáspora, conozco.

Ejercicios

Sección A

1. προσηλθον αὐτῳ οἱ μαθηται λεγοντες· Ἐρημος ἐστιν ὁ τοπος και ἡ ὡρα ἠδη παρηλθεν· ἀπολυσον τους ὀχλους.
2. και φωνη ἐγενετο ἐκ των οὐρανων· Συ εἶ ὁ υἱος μου ὁ ἀγαπητος.
*3. και ὁτε εἰσηλθεν εἰς οἰκον ἀπο του ὀχλου, εὑρον αὐτον οἱ μαθηται αὐτου και εἰπον αὐτῳ περι της παραβολης.
4. ἐκηρυξα γαρ ὑμιν ὁ και παρελαβον, ὁτι Χριστος ἀπεθανεν ὑπερ των ἁμαρτιων ἡμων κατα το εὐαγγελιον.
*5. ἐγω γαρ δια νομου ἀπεθανον νομῳ.
6. λεγει οὐν τῳ ἀποστολῳ· Μη γινου παντοτε τυφλος ἐν τῃ καρδιᾳ σου ἀλλα πιστος.
*7. ἐν τῳ κοσμῳ ἠν, και ὁ κοσμος δι᾽ αὐτου ἐγενετο, και ὁ κοσμος αὐτον οὐκ ἐγνω.
*8. κυριε δικαιε, και ὁ κοσμος σε οὐκ ἐγνω, ἐγω δε σε ἐγνων, και οὑτοι ἐγνωσαν ὁτι συ με ἀπεστειλας.
9. Y subió en el barco con ellos y huyeron.
10. Después de esto bajó a Galilea y María y sus hermanos (de él) y sus discípulos, y permanecieron allí no muchos días.
*11. He aquí, el Hijo del Hombre enviará a sus ángeles.
*12. Aquella palabra que yo hablé le juzgará en el día del Señor.

Sección B

1. αὑτη δε ἐστιν ἡ αἰωνιος ζωη, γινωσκειν σε τον μονον ἀληθινον θεον και ὁν ἀπεστειλας Ἰησουν Χριστον.
2. και ἀλλον ἀπεστειλεν· κἀκεινον[15] ἀπεκτειναν, και πολλους ἀλλους, οὑς μεν διωκοντες, οὑς δε ἀποκτεινοντες.

---

14. ἰδου está relacionado con εἰδεν (yo vi), pero no es parte de él.
15. κἀκεινον = και ἐκεινον. Ver la nota 10 en la página 108.

*3. και λεγει αυτοις· Ουκ γινωσκετε την παραβολην ταυτην, και πως αλλας τας παραβολας γνωσεσθε;[16]

*4. και παλιν ἠνεγκαν το τεκνον μετα του δαιμονιου προς αυτον. και ευθυς πεσων ἐπι της γης ἐκραζεν.

5. ἰδου ὁ σπειρων σπειρει ἐπι την γην· και ἐγενετο ὅ μεν ἐπεσεν παρα την ὁδον, και ἀλλο ἐπεσεν εἰς την γην την καλην, και εὐθυς ἀνεβη καλως.

6. τουτο οὐν το βιβλιον πολλοι ἀνεγνωσαν ὁτι ἐπεγνωσαν την ἀληθειαν.

*7. ὁ δε Ἰησους εἰπεν αὐτῳ ὁτι Σοι λεγω, ἐγειρε ἀρον αὐτο και ὑπαγε εἰς τον οἰκον σου.

8. και οἱ ὑπηρεται καταλιποντες τα προβατα ἐφυγον ἀπαγγελλοντες ἁ εἰδον και ἀλλοι ἀνεβησαν ἰδειν.

*9. Y los discípulos de Juan vinieron y se llevaron al muerto.

10. Habiéndo(le) tomado (recibido), le mataron y le echaron para fuera.

*11. Y entrando en la casa, dijo, '¡Regocíjate! Ahora comeremos el uno con el otro.'

*12. Ocurrió que huyó una oveja. Por lo tanto, el hijo dejó a las otras y la encontró.

Sección C

Apocalipsis 1:1-19: Ἀποκάλυψις [*revelación*] Ἰησοῦ Χριστοῦ ἣν ἔδωκεν [*dio*] αὐτῷ ὁ θεὸς δεῖξαι [*para mostrar*] τοῖς δούλοις αὐτοῦ ἃ δεῖ γενέσθαι ἐν τάχει [*pronto*], καὶ ἐσήμανεν [*mostró, demostró*] ἀποστείλας διὰ τοῦ ἀγγέλου αὐτοῦ τῷ δούλῳ αὐτοῦ Ἰωάννῃ, ² ὃς ἐμαρτύρησεν τὸν λόγον τοῦ θεοῦ καὶ τὴν μαρτυρίαν Ἰησοῦ Χριστοῦ ὅσα εἶδεν. ³ μακάριος ὁ ἀναγινώσκων καὶ οἱ ἀκούοντες τοὺς λόγους τῆς προφητείας [*profecía*] καὶ τηροῦντες τὰ ἐν αὐτῇ γεγραμμένα [*habiendo sido escrito*], ὁ γὰρ καιρὸς ἐγγύς. ... ⁹ Ἐγὼ Ἰωάννης, ὁ ἀδελφὸς ὑμῶν ... ¹⁰ ἐγενόμην ἐν πνεύματι [*espíritu (dat. sing.)*] ἐν τῇ κυριακῇ [*del Señor*] ἡμέρᾳ καὶ ἤκουσα ὀπίσω μου φωνὴν μεγάλην ὡς σάλπιγγος [*trompeta (gen. sing.)*] ¹¹ λεγούσης [*diciendo*], Ὃ βλέπεις γράψον εἰς βιβλίον καὶ πέμψον ταῖς ἑπτὰ ἐκκλησίαις, ... ¹² Καὶ ἐπέστρεψα [*ἐπιστρεφω – (me) vuelvo*] βλέπειν τὴν φωνὴν ἥτις [= ἣ] ἐλάλει μετ' ἐμοῦ, καὶ ἐπιστρέψας εἶδον ἑπτὰ [*siete*] λυχνίας [*candelabros*] χρυσᾶς [*de oro*] ... ¹⁷ Καὶ ὅτε εἶδον αὐτόν, ἔπεσα πρὸς τοὺς πόδας [*pies*] αὐτοῦ ὡς νεκρός, καὶ ἔθηκεν [*puso*] τὴν δεξιὰν [*mano derecha*] αὐτοῦ ἐπ' ἐμὲ λέγων, ... ¹⁹ γράψον οὖν ἃ εἶδες καὶ ἃ εἰσὶν καὶ ἃ μέλλει γενέσθαι μετὰ ταῦτα.

---

16. γνωσομαι es el futuro irregular de γινωσκω. Esto se explica en el Capítulo 18, sección 18.4.

CAPÍTULO DOCE

La tercera declinación – Primera parte

12.1 LA ESENCIA DE LA 3ª DECLINACIÓN

Rom 8:9: ὑμεις δε οὐκ ἐστε ἐν σαρκι ἀλλα ἐν πνευματι.
— vosotros no estáis (ustedes no están) en la carne sino en el espíritu.
Mat 16:17: ὁ Ἰησους εἰπεν αὐτῳ· Μακαριος εἰ, Σιμων Βαριωνα, ὁτι σαρξ και αἱμα οὐκ ἀπεκαλυψεν σοι ἀλλ' ὁ πατηρ μου.
— Jesús le dijo, 'Bienaventurado eres, Simón hijo de Jonás, porque carne y sangre no te (lo) reveló, sino mi padre.'
Hechos 2:17: λεγει ὁ θεος· Ἐκχεῶ ἀπο του πνευματος μου ἐπι πασαν σαρκα, και προφητευσουσιν οἱ υἱοι ὑμων και αἱ θυγατερες ὑμων.
— Dios dice, 'Derramaré de mi espíritu sobre toda carne, y vuestros (sus) hijos y vuestras (sus) hijas profetizarán.

Ninguno de los sustantivos subrayados en estos pasajes tiene la terminación que esperaría uno. σαρκι y πνευματι tienen que ser dativos (después de ἐν); σαρξ, αἱμα y πατηρ son nominativos (sujetos); el του delante de πηευματος demuestra que es genitivo; de forma parecida, θυγατερες tiene que ser nominativo plural (con αἱ). Todo esto hace resaltar que hay otra familia de sustantivos, adjetivos y pronombres con otra serie de terminaciones.

Todos los sustantivos, adjetivos y pronombres que hemos aprendido hasta ahora pertenecen a una familia grande que tiene las terminaciones o idénticas o muy similares a las de ἀγαθος. La terminología tradicional divide este grupo en sustantivos de la 1ª y la 2ª declinación (ver el Capítulo 8, la sección 8.3.4), pero básicamente forman una sola familia.

En esta familia es posible deducir la raíz partiendo del nominativo, y entonces se le añaden las terminaciones. De esta manera, θεος tiene la raíz θε- a la cual podemos añadir las terminaciones, dando θε-ος, θε-ον, θε-ου, θε-ω, etc.

Ahora nos hace falta aprender otra familia de sustantivos, adjetivos y pronombres, conocida como la 3ª declinación.

Hay varios rasgos característicos de la 3ª declinación:

- El masculino y el femenino son idénticos; el neutro es parecido.[1]
- La forma del nominativo singular es irregular – no está formada de la raíz más una terminación, aunque las otras formas sí lo están.[2]
- Dado que el nominativo es irregular:
  - para una palabra de la 3ª declinación es necesario aprender tanto el nominativo como otra forma de la cual podrá deducirse la raíz (el genitivo es el mejor[3])
  - no hay ninguna terminación que indique que una palabra es de la 3ª declinación, al contrario de la manera en la que, hasta ahora, todas las palabras que terminan en -ος siempre se han declinado como λογος. De hecho, una de las cosas buenas de la 3ª declinación es su capacidad para hacer frente a palabras sin que importe cuál sea su nominativo.

Estos rasgos característicos se aplican a todas las palabras de la familia de la 3ª declinación. En este capítulo aprenderemos las palabras más normales (las que tienen una consonante al final de su raíz). En el capítulo 13 se presentan las palabras cuya raíz termina con una vocal.

12.2 SUSTANTIVOS MASCULINOS Y FEMENINOS CON RAÍCES QUE TERMINAN CON UNA CONSONANTE

Las *terminaciones* son las siguientes:

	Singular	Plural
Nom.[4]	Varios	-ες
Ac.	-α	-ας
Gen.	-ος	-ων
Dat.	-ι	-σιν[5]

Notas

- En general no existe ninguna relación entre estas terminaciones y las de la 1ª y la 2ª declinación, aunque la terminación para el *genitivo plural* (-ων) es la misma.

---

1. En efecto, no hay ninguna manera de identificar el género de un sustantivo de la 3ª declinación a base de su forma. Por lo tanto, en un vocabulario, una palabra de la 3ª declinación se presenta siempre con la forma apropiada del nom. sing. del artículo (ὁ, ἡ o το), para indicar el género. Así que σωμα, σωματος, το es neutro (como lo indica el το), νυξ, νυκτος, ἡ es femenino y πους, ποδος, ὁ es masculino.

2. No es de sorprender que a un nivel muy profundo hay un patrón subyacente detrás de las formas 'irregulares'. Sin embargo, la mayoría de los estudiantes encuentra que cuesta más trabajo entenderlo de lo que vale.

3. Se emplea el genitivo, porque para las palabras neutras el acusativo es siempre idéntico al nominativo. Por lo tanto, el acusativo de las palabras neutras será igual de 'irregular' que el nominativo, al no estar basado en la raíz.

4. Como esperaría uno, el vocativo es igual que el nominativo.

5. O -σι (la ν es opcional), aunque la forma con la ν es mucho más corriente.

- Tenga cuidado con las terminaciones que se emplean en la 3ª declinación de una manera diferente a la de la 1ª y 2ª:

	3ª declinación	1ª/2ª declinación
-ος	gen. sing.	masc. nom. sing.
-α	ac. sing. (masc. o fem.)	neut. nom. o ac. pl. (o nom. sing. de ἡμερα)
-ας	ac. pl. (masc. o fem.)	fem. ac. pl. (o gen. sing. de ἡμερα)

La *raíz* a la que se añaden estas terminaciones se encuentra quitando la -ος del genitivo singular de la palabra (lo cual es necesario aprender – o se encuentra en el vocabulario).

Por ejemplo, 'estrella' es ἀστηρ, ἀστερος, ὁ, y por lo tanto su raíz es ἀστερ-.

Así que se declina como sigue:

	Singular	Plural
Nom.	ἀστηρ	ἀστερες
Ac.	ἀστερα	ἀστερας
Gen.	ἀστερος	ἀστερων
Dat.	ἀστερι	ἀστερσιν

12.2.1 Una nota acerca del dativo plural

Dado que la terminación para el dativo plural es -σιν, la σ estará al lado de la consonante con la que termina la raíz. Entonces, igual que ocurre con los verbos (Capítulo 6, la sección 6.6), la σ y la consonante final se combinarán. Ya que esto se debe a la pronunciación (y a la ortografía) y no tiene nada específico que ver con la 3ª declinación, las combinaciones son las mismas que para el Futuro y el Aoristo de los verbos.

π, β, φ	+	σιν	→	ψιν
τ, δ, θ, ν	+	σιν	→	σιν
κ, γ, χ	+	σιν	→	ξιν

p.ej., 'carne' es σαρξ, σαρκος, ἡ, así que el dativo plural es σαρξιν.
'niño, siervo' es παις, παιδος, ὁ, así que el dativo plural es παισιν.

Además, puede haber pequeños cambios de los sonidos de las vocales dentro de las palabras. Esto ocurre conforme a un patrón estándar para las palabras cuya raíz termina en -εντ y -οντ, y algunas veces para otras palabras.[6]

εντ + σιν → εισιν   οντ + σιν → ουσιν

p.ej., 'jefe, gobernante' es ἀρχων, ἀρχοντος, ὁ, así que el dativo plural es ἀρχουσιν.

12.2.2 Los miembros de la familia

padre	πατηρ, πατρος	
madre	μητηρ, μητρος	siguen todos el mismo patrón ligeramente irregular:
hija	θυγατηρ, θυγατρος	

---

6. Las palabras más corrientes son ἀνηρ, ἀνδρος, ὁ (hombre), cuyo dativo plural es ἀνδρασιν y χειρ, χειρος, ἡ (mano), cuyo dativo plural es χερσιν.

La tercera declinación – Primera parte

	Singular	Plural
Nom.	πατηρ	πατερες
Ac.	πατερα	πατερας
Gen.	πατρος	πατερων
Dat.	πατρι	πατρασιν

Fíjese en la ε que es a veces parte de la raíz y otras veces no y, en la α en el dativo plural. πατηρ (pero no las otras dos palabras) tiene también un vocativo irregular: πατερ.

PRÁCTICA 12.2

Dé un análisis morfológico de cada una de las palabras siguientes

1. σωτερος
2. ἀρχοντες
3. ἐλπιδι
4. μητερων
5. νυκτα
6. σαρκος
7. χερσιν
8. Σιμωνα

Ponga en la forma indicada

(Tendrá que consultar la lista de vocabulario en la página 142 para encontrar la forma genitiva).

9. ἀνηρ, genitivo plural
10. γυνη, dativo plural
11. πους, acusativo singular
12. χειρ, acusativo plural
13. σαρξ, dativo singular
14. χαρις, genitivo singular
15. θυγατηρ, nominativo plural
16. αἰων, dativo plural

12.3 SUSTANTIVOS NEUTROS CON RAÍCES QUE TERMINAN CON UNA CONSONANTE

Éstos siguen un patrón muy similar al de los sustantivos masculinos y femeninos:

	Singular	Plural
Nom.	Varios	α
Ac.	Idéntico al nom.	Idéntico al nom.
Gen.	-ος	-ων
Dat.	-ι	-σιν (o -σι)

La única diferencia es que – al igual que con todas las palabras neutras – el acusativo es igual que el nominativo, y el nom. y ac. plural es -α (como en las palabras de la 1ª y 2ª declinación). El dativo plural sigue las mismas reglas que el masculino y el femenino.

Por ejemplo, 'cuerpo' es σωμα, σωματος, το. Por lo tanto, se declina de la forma siguiente:

	Singular	Plural
Nom.	σωμα	σωματα
Ac.	σωμα	σωματα
Gen.	σωματος	σωματων
Dat.	σωματι	σωμασιν

En realidad, muchos sustantivos neutros de la 3ª declinación son muy similares a σωμα, terminando con -μα en el nominativo y teniendo una raíz que termina en -ματ. Pero también hay una gran variedad de otras terminaciones para las raíces de sustantivos neutros de la 3ª declinación.

PRÁCTICA 12.3

Dé un análisis morfológico de cada una de las palabras siguientes

1. πνευματι
2. θεληματος
3. ῥηματα
4. ὀνοματων

Ponga en la forma indicada

5. αἱμα, acusativo singular
6. πνευμα, genitivo plural
7. σωμα, dativo plural
8. ὀνομα, acusativo plural

PRÁCTICA A MITAD DE CAMINO

Traduzca

1. σωτηρ ἐστιν ὁ Ἰησους;
2. ὁ υἱος του πατρος ἐφυγεν.
3. ἐχω ἀγαθην μητερα.
4. εἰδον τους πατερας αὐτων.
5. βαπτιζει ὑδατι.
6. οἱ ἀνδρες ἐξηλθον.
7. ὁ Χριστος ἀπεθανεν ὑπερ ἀνδρων και γυναικων.
8. ποιειτε το θελημα του θεου.
9. Él ama a dos mujeres.
10. Al espíritu no le gusta la carne.
11. Tengo los pies grandes.
12. Vieron la luz.

12.4 ADJETIVOS CON RAÍCES QUE TERMINAN CON UNA CONSONANTE

Los pocos adjetivos de la 3ª declinación tienen las terminaciones siguientes:

- en el masculino/femenino: las mismas terminaciones que los sustantivos masculinos/femeninos
- en el neutro: las mismas terminaciones que los sustantivos neutros.

Tienen <u>una sola raíz</u>, pero es necesario aprender <u>ambas</u> formas nominativas singulares (es decir, por un lado la masculina/femenina y por otro lado la neutra).

Los adjetivos más corrientes con esta forma son los comparativos, p.ej., 'más': πλειων, πλειον/πλειονος.[7]

	Singular		Plural	
	Masculino/Femenino	Neutro	Masculino/Femenino	Neutro
Nom.	πλειων	πλειον	πλειονες	πλειονα
Ac.	πλειονα	πλειον	πλειονας	πλειονα
Gen.	πλειονος	πλειονος	πλειονων	πλειονων
Dat.	πλειονι	πλειονι	πλειοσιν	πλειοσιν

Aclaración

Si un sustantivo y el adjetivo que lo califica son de familias diferentes, sus terminaciones serán diferentes incluso cuando concuerdan en género, caso y número.

p.ej., ὁ ἀγαθος ἐχει πλειον<u>ας</u> φιλ<u>ους</u> – El hombre bueno tiene más amigos [que...].

PRÁCTICA 12.4

Traduzca

1. πλειονες στρατιωται ἐρχονται.
2. ἐχεις μειζονα κεφαλην μου.
3. ὁ Ἰησους εἰχεν πλειονας μαθητας ἠ Ἰωαννης;
4. προφητης εἰμι μειζονος ἱερου.

---

7. Ya que se va a aprender la forma de los comparativos, sería sensato aprender cómo usarlos. La manera normal de expresar una comparación es con poner al segundo sustantivo (o pronombre) en el genitivo, p.ej., ἐγω ἐχω πλειον <u>σου</u> – Tengo más <u>que tú</u>. Otra alternativa es emplear la palabra ἠ, con las dos palabras que se comparan en el mismo caso: <u>ἐγω</u> ἐχω πλειον ἠ <u>συ</u>.

Curso de griego bíblico

12.5 τις Y τίς

Hay dos pronombres que se declinan como πλειων. Pero lo que puede causar confusión es que – a pesar de que los pronombres son diferentes – parecen idénticos, aparte de los acentos que llevan.

> **GRAMÁTICA ESENCIAL**
>
> τις es un pronombre indefinido – alguien, cualquier persona, alguno
> τίς es un pronombre interrogativo – ¿quién? ¿qué?[8]

Formación

Dado que el neutro singular es τι y el genitivo es τινος, estas dos palabras se declinan como sigue:

	Singular		Plural	
	Masculino/Femenino	Neutro	Masculino/Femenino	Neutro
Nom.	τις	τι	τινες	τινα
Ac.	τινα	τι	τινας	τινα
Gen.	τινος	τινος	τινων	τινων
Dat.	τινι	τινι	τισι	τισι

Empleo

Su empleo como **pronombres** es bastante sencillo, aunque cuando se emplea τίς (¿quién? / ¿quiénes? / ¿qué?) es necesario pensar acerca del caso que sea necesario (¿nominativo? ¿acusativo? etc.).

p.ej.	τίνα θεωρεις;	¿A quién ves?	ἐβλεψα τινα.	Vi a alguien.
	τίς ἐρχεται;	¿Quién viene?	ἀκουει τις.	Alguien está escuchando
	περι τίνων λεγεις;	¿De quiénes (o de qué cosas) hablas?		

También es posible emplear ambas palabras como **adjetivos**. Entonces tienen que concordar con el sustantivo que califican.

| p.ej. | τίνα μισθον ἐχετε; | ¿Qué recompensa tenéis (tienen ustedes)? |
| | στρατιωται τινες ἐρχονται. | Algunos soldados vienen. |

τί puede también significar '**¿por qué?**'

| p.ej. | τί λεγεις; | ¿Por qué hablas? (o '¿Qué dices?') |

---

8. τίς es siempre una palabra interrogativa y por lo tanto es diferente de ὁς, que es un pronombre relativo (que junta a dos oraciones o cláusulas), a pesar de que a veces se traducen ambas palabras al castellano con la palabra 'que' – estrictamente, τίς = ¿qué? (con acento también en castellano)), mientras que ὁς = que (sin acento).

Ejemplos

Marcos 2:24: τί ποιουσιν τοις σαββασιν ὅ οὐκ ἐζεστιν;
— ¿Por qué hacen los sábados lo que no está permitido?
Marcos 8:29: ὑμεις δε τίνα με λεγετε εἰναι;
— Pero ¿quién decís (dicen ustedes) que soy yo?
Marcos 11:25: εἰ τι ἐχετε κατα τινος
— Si tenéis (tienen ustedes) algo contra alguien.

Como distinguir entre τις y τίς

Hay tres maneras de distinguir entre τις (alguien) y τίς (¿quién?):

- Normalmente, el contexto elimina cualquier confusión (y de hecho habrá un signo de interrogación si la palabra es τίς). Solamente hace falta empezar con la mente abierta.
- τις (alguien) no puede ser la primera palabra en una oración, mientras que τίς (¿quién?) a menudo lo es.
- Es posible aprender unas reglas bastante sencillas acerca de los acentos.

Los acentos

Las reglas completas de la acentuación son complicadas. Pero la prueba siguiente es sencilla y da el resultado correcto en el 99 por ciento de los casos:

Acento en la primera sílaba → τίς (¿quién?, ¿qué?)
Ningún acento, o un acento en la segunda sílaba → τις (alguien)

PRÁCTICA 12.5

Traduzca

1. τίς ἐρχεται;
2. θελω ἀρτον τινα.
3. τί φιλειτε τον Χριστον;
4. περι τίνων εἰπεν;
5. πατερες τινες εἰσιν πονηροι.
6. τίνα ζητειτε;
7. ¿Por qué oras?
8. ¿A quién hablasteis (hablaron ustedes)?
9. Algunos profetas están llamando.
10. ¿Qué ley guardáis (guardan ustedes)?

VOCABULARIO PARA EL CAPÍTULO 12

Palabras de la tercera declinación, agrupadas aproximadamente según sus formas

*ἀνηρ, ἀνδρος, ὁ (216)	– varón, esposo, hombre	*φως, φοτος, το (73)	– luz
ἀστηρ, ἀστηρος, ὁ (24)	– estrella	*αἱμα, αἱματος, το (97)	– sangre
*σωτηρ, σωτηρος, ὁ (24)	– salvador	*θελημα, θεληματος, το (62)	– voluntad
*αἰων, αἰωνος, ὁ (122)	– tiempo largo, siglo⁹	*ὀνομα, ὀνοματος, το (231)	– nombre
ἀρχων, ἀρχοντος, ὁ (37)	– jefe, gobernante	*πνευμα, πνευματος, το (379)	– espíritu, viento
Σιμων, Σιμωνος, ὁ (75)	– Simón	ῥημα, ῥηματος, το (68)	– palabra, dicho, refrán
*γυνη, γυναικος, ἡ (215)	– mujer, esposa	στομα, στοματος, το (78)	– boca
*ἐλπις, ἐλπιδος, ἡ (53)	– esperanza	*σωμα, σωματος, το (142)	– cuerpo, cadáver
νυξ, νυκτος, ἡ (61)	– noche		
*πους, ποδος, ὁ (93)	– pie	Dos adjetivos	
*σαρξ, σαρκος, ἡ (147)	– carne, naturaleza humana	μειζων (48)	– más grande, más importante, mayor
*χαρις, χαριτος, ἡ (177)	– gracia	*πλειων (55)	– más
*χειρ, χειρος, ἡ (177)	– mano	Más	
		*τις τι (525)	– alguien, algo
θυγατηρ, θυγατρος, ἡ (28)	– hija	*τίς τί (556)	– ¿quién?, ¿cuál?, ¿qué?
*μητηρ, μητρος, ἡ (83)	– madre	(τί puede también significar ¿por qué?)	
*πατηρ, πατρος, ὁ (413)	– padre, antepasado	ὁστις (153)	– quienquiera que, el que
πυρ, πυρος, το (71)	– fuego	ὡσπερ (36)	– (tal) como (comparativo)
*ὑδωρ, ὑδατος, το (76)	– agua		

Palabras para ayudar

androide/poliandria, andrógino, astronomía/asteroide, soteriología, monarquía, ginecología, eucaristía/carismático, nocturno, sarcástico/sarcófago, podólogo/trípode, metrópolis, patriarca/patrística, pira/pirómano/pirotécnica, hidroterapia/hidroeléctrico, fotografía/ fósforo, hematología/hemorragia, onomatopeya/seudónimo, neumatología/neumático, retórica, estómago, sicosomático.

---

9. Observe la expresión εἰς τον αἰωνα – para siempre.

Ejercicios

Sección A

*1. πατερ, δοξασον σου το ονομα.
*2. ἐγω ἐβαπτισα ὑμας ὑδατι, αὐτος δε βαπτισει ὑμας ἐν πνευματι ἁγιῳ.
3. ὁ δε εἰπεν αὐτῃ· Θυγατηρ, ἡ πιστις σου ἐσωσε σε· ὑπαγε εἰς εἰρηνην.
*4. ἐν αὐτῳ ζωη ἠν, και ἡ ζωη ἠν το φως των ἀνθρωπων.
*5. και ὁ λογος σαρξ ἐγενετο.
6. ἡ γυνη εἰπεν αὐτῳ· Οὐκ ἐχω ἀνδρα. λεγει αὐτῃ ὁ Ἰησους, Καλως εἰπας ὁτι Ἀνδρα οὐκ ἐχω.
*7. εἰπεν αὐτοις ὁ Ἰησους· Εἰπον ὑμιν και οὐ πιστευετε· τα ἐργα ἁ ἐγω ποιω ἐν τῳ ὀνοματι του πατρος μου ταυτα μαρτυρει περι ἐμου.
8. εἰπεν αὐτῳ Σιμων Πετρος· Κυριε, τινι ἀκολουθησομεν; ῥηματα ζωης αἰωνιου ἐχεις.
9. Los fariseos le dijeron, '¿Por qué tus discípulos no comen con las manos correctamente (*emplee* 'bien')?'
*10. Pero en el Señor no hay ni esposa aparte de marido ni marido aparte de esposa.
*11. Gracia a vosotros (ustedes) y paz de Dios nuestro Padre y del Señor Jesucristo nuestro salvador.
12. Tal como (*emplee* 'según') habló por la boca de sus santos profetas, esto hará.

Sección B

1. και Σιμων εἰπεν· Κυριε, δι᾽ ὁλης νυκτος ἠργαζομεθα και οὐκ ἐλαβομεν· ἐπι δε τῳ ῥηματι σου ἐργασομεθα παλιν.
2. και ἰδου ἠλθεν ἀνηρ ᾡ ὀνομα Ἰαιρος και οὑτος ἀρχων της συναγωγης ὑπηρχεν, και πεσων παρα τους ποδας Ἰησου παρεκαλει αὐτον εἰσελθειν εἰς τον οἰκον αὐτου.
*3. ὁτι ἀνηρ ἐστιν κεφαλη της γυναικος ὡς και ὁ Χριστος κεφαλη της ἐκκλησιας, αὐτος σωτηρ του σωματος.
*4. Παυλος ἀποστολος Χριστου Ἰησου κατ᾽ ἐξουσιαν θεου σωτερος ἡμων και Χριστου Ἰησου της ἐλπιδος ἡμων.
*5. τα τεκνα του θεου εἰσιν οὑτοι οἱ οὐκ ἐξ αἱματων οὐδε ἐκ θεληματος σαρκος οὐδ᾽ ἐκ θεληματος ἀνδρος ἀλλ᾽ ἐκ θεου γινονται.
6. το δαιμονιον αὐτον ἐβαλλεν εἰς πυρ και εἰς ὑδατα.
7. οἱ ἀρχοντες εἰσηλθον λεγοντες· Που ἐστιν ὁ ἀρχων των Ἰουδαιων; εἰδομεν γαρ αὐτου τον ἀστερα και ἠλθομεν προσκυνησαι αὐτῳ.
*8. ἐγνω ὁ Ἰησους ὁτι ἠκουσαν οἱ Φαρισαιοι ὁτι Ἰησους πλειονας μαθητας ποιει και βαπτιζει ἠ Ἰωαννης.
*9. Porque en amor recibiremos [*emplee* δεχομαι] la esperanza de justicia por el Espíritu.
*10. Ahora permanecen la esperanza y el amor, y queremos tener más.
*11. La mujer no tiene autoridad sobre [*de*] su propio cuerpo, pero igualmente el marido tampoco tiene autoridad sobre su propio cuerpo sino la mujer.
*12. En aquella hora vinieron los discípulos a Jesús, diciendo, '¿Quién entonces es mayor en el reino del cielo?'

Sección C

Marcos 3:32-35: καὶ ἐκάθητο [*estaba sentado*] περὶ αὐτὸν ὄχλος, καὶ λέγουσιν αὐτῷ, Ἰδοὺ ἡ μήτηρ σου καὶ οἱ ἀδελφοί σου καὶ αἱ ἀδελφαί σου ἔξω ζητοῦσίν σε. ³³ καὶ ἀποκριθεὶς [*contestando*] αὐτοῖς λέγει, Τίς ἐστιν ἡ μήτηρ μου καὶ οἱ ἀδελφοί μου; ³⁴ καὶ περιβλεψάμενος [= περι + βλεπω] τοὺς περὶ αὐτὸν κύκλῳ [*en un círculo*] καθημένου [*los que estaban sentados (ac.)*] λέγει, Ἴδε ἡ μήτηρ μου καὶ οἱ ἀδελφοί μου. ³⁵ ὃς ἂν [*cualquier*] ποιήσῃ [*traducir como si fuera* ποιει] τὸ θέλημα τοῦ θεοῦ, οὗτος ἀδελφός μου καὶ ἀδελφὴ καὶ μήτηρ ἐστίν.

CAPÍTULO TRECE

La tercera declinación – Segunda parte

En el Capítulo 12 aprendimos la 3ª declinación. En este capítulo veremos varios grupos de palabras que tienen algunos variantes del patrón normal.

13.1 LOS SUSTANTIVOS CON UNA ι O ευ EN LA RAÍZ

Hay bastantes sustantivos cuya raíz termina en una -ι. Todos ellos son femeninos, y a menudo describen conceptos abstractos (p.ej., γνωσις – conocimiento, πιστις – fe). En el nominativo terminan todos en -ις, y en el genitivo terminan en -εως. p.ej., 'ciudad, población' es πολις, πολεως, ἡ:

	Singular	Plural
Nom.	πολις	πολεις
Ac.	πολιν	πολεις
Gen.	πολεως	πολεων
Dat.	πολει	πολεσιν

De manera similar, hay varios sustantivos con -ευ en su raíz. Estos son masculinos, y a menudo describen 'profesiones' (p.ej., βασιλευς – rey, ἱερευς – sacerdote). En el nominativo terminan en -ευς y en el genitivo terminan en -εως. p.ej., 'rey' es βασιλευς, βασιλεως, ὁ:

	Singular	Plural
Nom.	βασιλευς	βασιλεις
Ac.	βασιλεα	βασιλεις
Gen.	βασιλεως	βασιλεων
Dat.	βασιλει	βασιλευσιν

Notas
- Estos dos patrones son muy similares – teniendo sobre todo el genitivo singular distintivo en -εως y el nom. y ac. plural en -εις. La diferencia principal entre ellos es el ac. singular (-ιν o -εα).

- Si uno considera que -εως es muy parecido a -εος, entonces la terminación en -ος es lo que esperaría uno en la 3ª declinación.
- Hay otro patrón de palabras que tienen la raíz que termina en -υ. Sin embargo, solamente una palabra de este patrón es bastante corriente – ἰχθυς (pez) – e incluso esta palabra ocurre tan solo 20 veces en el Nuevo Testamento. Tiene las mismas terminaciones que ἀστηρ salvo por el acusativo singular: ἰχθυς, ἰχθυν, ἰχθυος, ἰχθυι; ἰχθυες, ἰχθυας, ἰχθυων, ἰχθυσιν.

Sugerencia

No se preocupe demasiado acerca de estos sustantivos. No ocurren muy a menudo, y la mayoría de sus formas son lo suficientemente parecidas a las terminaciones o bien de la 1ª/2ª declinación o a las de la 3ª declinación para el caso y el número correspondientes que normalmente ¡podrá adivinarlos correctamente!

PRÁCTICA 13.1

Dé un análisis morfológico de cada una de las palabras siguientes

1. δυναμεις
2. κρισιν
3. ἀρχιερεων
4. βασιλεα
5. πολεσιν
6. γνωσις

Ponga en la forma indicada

7. ἱερευς, acusativo plural
8. ἀναστασις, genitivo singular
9. γραμματευς, dativo plural
10. πιστις, acusativo singular

13.2 ADJETIVOS Y SUSTANTIVOS QUE SE CONTRAEN

Hay un grupo de adjetivos y de sustantivos neutros de la 3ª declinación cuyas raíces terminan en -ε. Como sería de esperar, esta ε débil se combina con las terminaciones, dando lugar a unas formas ligeramente cambiadas. Sin embargo, estas no son terminaciones nuevas, sino las terminaciones normales de la 3ª declinación, ocultadas por unas contracciones previsibles.

13.2.1 Los sustantivos

Son todos neutros. Recuerde que su raíz termina con una -ε, a pesar de que esto no suele verse. P.ej., 'nación' es ἐθνος, ἐθνους, το (y la raíz es ἐθνε-).

		Forma	Manera de llegar a esa forma	
Singular	Nom.	ἐθνος		
	Ac.	ἐθνος	Neutro, por ello, igual que el nominativo	
	Gen.	ἐθνους	ἐθνε + ος	ε + ο → ου
	Dat.	ἐθνει	ἐθνε + ι	
Plural	Nom	ἐθνη	ἐθνε + α	ε + α → η
	Ac.	ἐθνη	Neutro, por ello, igual que el nominativo	
	Gen.	ἐθνων	ἐθνε + ων	ε + ω → ω
	Dat.	ἐθνεσιν	ἐθνε + σιν	

13.2.2 Los adjetivos

Estos tienen las terminaciones normales de la 3ª declinación (como con ἀστηρ y σωμα) y el mismo patrón de contracciones que ἐθνος. P.ej., 'veraz' es ἀληθης, ἀληθες, ἀληθους.

		Masculino / Femenino		Neutro	
Singular	Nom.	ἀληθης		ἀληθες	
	Ac.	ἀληθη	ε + α → η	ἀληθες	
	Gen.	ἀληθους	ε + ο → ου	ἀληθους	ε + ο → ου
	Dat.	ἀληθει		ἀληθει	
Plural	Nom	ἀληθεις	ε + ε → ει	ἀληθη	ε + α → η
	Ac.	ἀληθεις	copiando nom.	ἀληθη	ε + α → η
	Gen.	ἀληθων	ε + ω → ω	ἀληθων	ε + ω → ω
	Dat.	ἀληθεσιν		ἀληθεσιν	

Nota: Únicamente el ac. plural masculino/femenino es ligeramente irregular, copiando el nom. cuando pudiera uno esperar alguna contracción de -εας.

PRÁCTICA 13.2

Dé un análisis morfológico de cada una de las palabras siguientes

1. τελει
2. μελη
3. σκοτους
4. ἀσθενεις
5. ὁρων
6. ἐτος

Ponga en la forma indicada

7. πληθος, acusativo plural
8. ἀσθενης, fem. dativo singular
9. σκευος, genitivo plural
10. ἐθνος, dativo plural

PRÁCTICA A MITAD DE CAMINO

Traduzca

1. ὑπαγετε εἰς τα ἐθνη.
2. ἐκεινῳ τῳ ἐτει ὁ βασιλευς ἀπεθανεν.
3. οἱ γραμματεις εἰπον κατα του Ἰησου.
4. ὁ Πετρος οὐ προσεχει τῳ ἀρχιερει.
5. οἱ ἀληθεις μαθηται εἰσιν ἐν τῃ πολει.
6. δια πιστεως ἐχομεν ἐλπιδα δοξης.
7. ἐχω μερος της βασιλειας.

8. ὁ ζητων την αληθειαν και δυναμιν λαμβανει.
9. El padre del rey habló al sumo sacerdote.
10. Por su misericordia nos rescata Dios.
11. En algún momento vivíamos bajo juicio.
12. La fe encontró su fin verdadero.

13.3 πας (TODO/CADA)

πας es representativo de una declinación híbrida llamada '3 – 1 – 3', porque en el masculino y el neutro sigue el patrón de la 3ª declinación pero en el femenino sigue el de la 1ª declinación. Uno puede pensar que πας es una palabra de la 3ª declinación que quiere tener terminaciones femeninas distintivas, así que pide prestadas las únicas disponibles: las de la 1ª declinación.

Para declinar una palabra como πας, se necesita tener cuatro datos:

1. el masculino nominativo singular
2. el neutro nominativo singular
3. el genitivo (o la raíz) para el masculino y neutro
4. el femenino nominativo singular

Los puntos 1–3 son iguales que lo que se necesita saber para cualquier adjetivo de la 3ª declinación (dado que no hay ninguna regla para poder deducir el nominativo singular a partir de la raíz).

El punto 4 es suficiente para poder generar todas las formas del femenino, ya que en la 1ª y la 2ª declinación las terminaciones se añaden a la raíz, que está visible en el nominativo.

Así que para πας, una vez que sepamos las tres formas requeridas del nominativo singular – πας, πασα, παν; y la raíz para la 3ª declinación – παντ- Podemos deducir el resto de la declinación.

		Masculino 3ª decl.	Femenino 1ª decl.[1]	Neutro 3ª decl.
Sing.	Nom.	πας	πασα	παν
	Ac.	παντα	πασαν	παν
	Gen.	παντος	πασης	παντος
	Dat.	παντι	παση	παντι
Pl.	Nom.	παντες	πασαι	παντα
	Ac.	παντας	πασας	παντα
	Gen.	παντων	πασων	παντων
	Dat.	πασιν	πασαις	πασιν

---

1. Ya que la letra final de la raíz de πασα es una σ, sigue el patrón de δοξα.

πασ es el único adjetivo corriente que sigue este patrón. Sin embargo, el patrón es importante porque la mitad de los participios griegos lo siguen también. Hasta ahora, hemos usado los participios únicamente en el nominativo masculino (Capítulo 7, sección 7.4), pero en el próximo capítulo nos será necesario usarlos en cualquier caso, género o número.[2]

Empleo de πας

πας quiere decir 'todo', pero en castellano a menudo se traduce mejor por la palabra 'cada' o incluso por 'entero'. Se emplea de la misma manera que los demás adjetivos.

- Solo. En este caso su género revela lo que se implica: masculino = persona/hombre; femenino = mujer; neutro = cosa.
  p.ej. Juan 1:3: παντα δι' αυτου εγενετο. – Todas las cosas por él fueron hechas.
  Marcos 6:50: παντες γαρ αυτον ειδον. – Porque todos le veían.
- Puede ocurrir con un sustantivo sin el artículo.
  p.ej. Mat. 7:17: παν δενδρον αγαθον καρπους καλους ποιει.
  – Todo árbol bueno da fruto bueno.
- Puede ocurrir con un sustantivo con el artículo. En este caso, normalmente ocupa la posición *predicativa* (es decir, antes del artículo).
  p.ej. Marcos 14:53: συνερχονται παντες οι αρχιερεις.
  – Todos los principales sacerdotes se reúnen.
- Puede ocurrir con el artículo y un participio.
  p.ej. 1 Juan 5:1: πας ο πιστευων οτι Ιησους εστιν ο Χριστος...
  – Todo aquel que cree que Jesús es el Mesías...
  o Todos los que creen...

PRÁCTICA 13.3

Dé un análisis morfológico de cada una de las siguientes palabras:

1. παντες
2. πασαις
3. παντος
4. πασαν
5. παν
6. παντι

Traduzca

7. παντες οι πατερες απεθανον.
8. κηρυξω το ευαγγελιον εν πασιν τοις εθνεσιν.
9. πας εθαυμασεν δια παντα α εποιει.
10. ο σωτηρ παντων προσευχεται.

---

[2]. Observará que en el singular (λυων, λυσας) los participios no coinciden exactamente con πας, pero que en el plural (λυοντες, λυσαντες) emplean la terminación -ες del masculino nominativo plural. Esto es de esperar: en la 3ª declinación únicamente el nom. sing. no tiene una forma fija.

13.4 εἱς – UNO

La palabra 'uno' se declina de una manera similar a πας: es decir, el masculino y el neutro siguen la 3ª declinación, mientras que el femenino (¡empleando una raíz completamente diferente!) sigue la 1ª declinación. Obviamente, no existen formas plurales para 'uno'.

	Masculino	Femenino	Neutro
Nom.	εἱς	μια	ἑν
Ac.	ἑνα	μιαν	ἑν
Gen.	ἑνος	μιας	ἑνος
Dat.	ἑνι	μια	ἑνι

Sugerencia

Tenga cuidado con las respiraciones – ἑν (uno) y ἐν (en); εἱς (uno) y εἰς (entrando en).

οὑδεις y μηδεις

Tanto οὑδεις como μηδεις quieren decir 'nadie, nada'. Se emplea οὑδεις donde se emplearía οὑ (es decir, en cláusulas en el indicativo), y se emplea μηδεις donde se emplearía μη (es decir, en los demás modos). Se declinan como εἱς, con la adición de un prefijo:

Indicativo:

	Masculino	Femenino	Neutro
Nom.	οὑδεις	οὑδεμια	οὑδεν
Ac.	οὑδενα	οὑδεμιαν	οὑδεν
Gen.	οὑδενος	οὑδεμιας	οὑδενος
Dat.	οὑδενι	οὑδεμια	οὑδενι

Otros modos:

	Masculino	Femenino	Neutro
Nom.	μηδεις	μηδεμια	μηδεν
Ac.	μηδενα	μηδεμιαν	μηδεν
Gen.	μηδενος	μηδεμιας	μηδενος
Dat.	μηδενι	μηδεμια	μηδενι

Nota: en griego –al igual que en castellano– o bien una oración es negativa, o bien no lo es. Si es negativa (es decir, contiene οὑ o μη), entonces otras palabras en la oración que tengan una forma negativa estarán también en el negativo. O sea, dos negativos no se anulan, sino que dan mayor énfasis. Por ejemplo, οὑ βλεπω οὑδεν quiere decir 'No veo nada'.

Ejemplos

Marcos 13:32: περι δε της ἡμερας ἐκεινης ἠ της ὡρας οὑδεις οἱδεν [sabe] οὑδε οἱ ἀγγελοι ἐν οὐρανῳ οὑδε ὁ υἱος, εἰ μη ὁ πατηρ.
— Pero acerca de aquel día u hora nadie sabe, ni los ángeles en el cielo, ni el Hijo, sino únicamente el Padre.

Marcos 14:60: Οὐκ ἀποκρινῃ οὐδεν;
— ¿<u>No</u> contestas <u>nada</u>? (¿<u>No</u> tienes <u>ninguna</u> respuesta?)

PRÁCTICA 13.4

Traduzca

1. οὐδεις ἐστιν ἀγαθος;
2. εἰδον μιαν πολιν.
3. οὐχ εὑρες οὐδεν;
4. εἰπετε μηδεν μηδενι.
5. εἰπεν ὁτι ἐστιν εἱς κυριος και μια ἐκκλησια.
6. ἐχω ἑν προβατον.

VOCABULARIO PARA EL CAPÍTULO 13

Palabras neutras de la tercera declinación con genitivos en -ους (declinadas como ἐθνος)

*ἐθνος (162)	nación (pl. gentiles, paganos)
*ἐλεος (27)	misericordia
*ἐτος (49)	año
μελος (34)	miembro, parte del cuerpo
*μερος (42)	parte, porción
*ὁρος (63)	montaña, colina
πληθος (31)	multitud, cantidad grande
σκευος (23)	utensilio, recipiente. Plural τα σκευη = propiedad
σκοτος (31)	oscuridad, tinieblas
*τελος (40)	fin, propósito

Sustantivos masculinos de la 3ª declinación con genitivos en -εως (como βασιλευς)

*ἀρχιερευς (122)	sumo sacerdote, sacerdote principal
*βασιλευς (115)	rey
*γραμματευς (63)	escriba, letrado
ἱερευς (31)	sacerdote
*πας (1243)	todo, cada, entero
ἁπας (34)	todo, cada

Sustantivos femeninos de la 3ª declinación con genitivos en -εως (como πολις)

ἀναστασις (42)	resurrección
γνωσις (29)	conocimiento
*δυναμις (119)	poder, milagro
*θλιψις (45)	sufrimiento, aflicción
*κρισις (47)	juicio
παρακλησις (29)	ánimo
*πιστις (243)	fe
*πολις (162)	ciudad, población
συνειδησις (30)	conciencia

Adjetivos de la 3ª declinación con genitivos en -ους (como ἀληθης)

*ἀληθης (26)	veraz, verdadero, genuino
*ἀσθενης (26)	débil, enfermo
*εἱς μια ἑν (345)	uno, uno solo
*οὐδεις (234)	nadie, nada
μηδεις (90)	nadie, nada

Dos palabras masculinas de la 3ª declinación con terminaciones irregulares:
*Μωϋσης (80) – Moisés (Μωϋσης, Μωϋσην, Μωϋσεως, Μωϋσει o Μωϋση)
νους (24) – mente (νους, νουν, νοος, νοι)

Más ἰχθυς (20) pez, pescado

Palabras para ayudar

étnico, polímero, plétora, teleología, basílica, gramática, jeroglífico/jerarquía, gnosticismo/gnóstico, dinamita, crisis, paracleto, política, panteísmo/panteón.

Ejercicios

Sección A

*1. ἐλεγον οὐν τῳ Πιλατῳ οἱ ἀρχιερεις των Ἰουδαιων· Μη γραφε· Ὁ βασιλευς των Ἰουδαιων, ἀλλ᾽ ὁτι ἐκεινος εἰπεν, Βασιλευς εἰμι των Ἰουδαιων.
*2. ὁ δε Ἰησους εἰπεν αὐτῳ· Τί με λεγεις ἀγαθον; οὐδεις ἀγαθος εἰ μη εἰς ὁ θεος.
*3. ἡ χαρις του κυριου Ἰησου Χριστου και ἡ ἀγαπη του θεου και ἡ κοινωνια [*comunión*] του ἁγιου πνευματος μετα παντων ὑμων.
*4. μη καλειτε τινα Ῥαββι· εἰς γαρ ἐστιν ὑμων ὁ διδασκαλος [*maestro*], παντες δε ὑμεις ἀδελφοι ἐστε.
*5. και ὁ Πετρος λεγει[3] τῳ Ἰησου· Ῥαββι, καλον ἐστιν ἡμας ὡδε εἰναι, και οἰκοδομησομεν τρεις σκηνας [*tiendas de campaña*] ὑμιν, σοι μιαν και Μωϋσει μιαν και Ἠλιᾳ μιαν.
*6. και ἐσονται οἱ δυο εἰς σαρκα μιαν· οὑτως οὐκετι εἰσιν δυο ἀλλα μια σαρξ.
7. και πας ὁ ὀχλος ἐζητουν ἁπτεσθαι αὐτου, ὁτι δυναμις παρ᾽ αὐτου ἐξηρχετο και ἐθεραπευεν παντας.
8. και ἐξηλθον οἱ μαθηται και ἠλθον εἰς την πολιν και εὑρον καθως εἰπεν αὐτοις.
*9. Y uno de los escribas, habiéndose acercado, le dijo, 'Rabí, yo te seguiré.'
*10. Y él será rey sobre[4] la casa de Jacob para siempre[5], y de su reino no habrá fin.
*11. En este mundo tenéis (tienen ustedes) aflicción, pero en mí tenéis (tienen) paz.
12. Los unos salen a resurrección de vida, pero los otros a resurrección de juicio.

Sección B

1. και ἐρχεται εἰς των ἀρχισυναγωγων[6], ὀνοματι Ἰαϊρος, και ἰδων αὐτον πιπτει προς τους ποδας αὐτου.

---

3. Observe el tiempo presente del verbo aquí. A veces emplea el griego el tiempo presente cuando cuenta una historia en el pasado. Esto se llama el 'presente histórico' y puede hacer más viva una descripción. Es muy corriente en los evangelios.
4. Para 'sobre' emplee ἐπι + ac.
5. Para 'para siempre' emplee '(entrando) en las edades'. (Esta es una manera judía corriente de expresar 'para siempre', encontrada aquí en Lucas 1:33. El singular, '(entrando) en la edad' es igual de corriente).
6. ἀρχι-συναγωγος = ἀρχων της συναγωγης (compare con ἀρχ-ιερευς).

2. ὁ νους ἐν τῷ σκοτει ἐργαζεται πονηρα τῃ συνειδησει τῃ κακῃ.
3. το δε πληθος ἐπι τῷ ὀρει αἰτησει την παρακλησιν ἀπο του κυριου.
*4. ἐν ἐτος ὁ ἀρχιερευς ἠν ἀσθενης.
*5. τίς δεξεται το ἐλεος του βασιλεως; οὐδεις ἠ παντες;
6. ἁπασιν μεν ἡ γνωσις της ἀναστασεως, πολλων δε ὁ νους ἐν σκοτει.
*7. ὁ νομος του Μωϋσεως λεγει περι του ἐλεους του ἀληθους θεου.
*8. και ἀπεστειλεν αὐτους κηρυσσειν την βασιλειαν του θεου και θεραπευειν παντας τους ἀσθενεις.
9. Nuestra nación tiene conocimiento acerca de los ciegos y los débiles.
10. Él recibió de su padre su parte de la propiedad de ellos.
11. Vosotros sois (ustedes son) todos miembros del cuerpo de Cristo.
12. Habrá sufrimiento para todos, buenos y malos.

Sección C

Mateo 28:18-20: καὶ προσελθὼν ὁ Ἰησοῦς ἐλάλησεν αὐτοῖς λέγων, Ἐδόθη [*ha sido dado*] μοι πᾶσα ἐξουσία ἐν οὐρανῷ καὶ ἐπὶ τῆς γῆς. ¹⁹ πορευθέντες [*yendo*] οὖν μαθητεύσατε [μαθητευω = μαθητης ποιω] πάντα τὰ ἔθνη, βαπτίζοντες αὐτοὺς εἰς τὸ ὄνομα τοῦ πατρὸς καὶ τοῦ υἱοῦ καὶ τοῦ ἁγίου πνεύματος, ²⁰ διδάσκοντες αὐτοὺς τηρεῖν πάντα ὅσα ἐνετειλάμην [ἐντελλομαι = *mando*] ὑμῖν· καὶ ἰδοὺ ἐγὼ μεθ' ὑμῶν εἰμι πάσας τὰς ἡμέρας ἕως τῆς συντελείας [*cumplimiento, fin*] τοῦ αἰῶνος.

CAPÍTULO CATORCE

Los participios

Ejemplo 1

Lucas 18:22: ἀκουσας δε ὁ Ἰησους ειπεν αὐτῳ· Ἐτι ἐν σοι λειπει·
– habiendo oído Jesús le dijo, 'Una cosa todavía te falta...'
o – cuando Jesús oyó (esto) le dijo, 'Una cosa todavía te falta...'

En el Capítulo 7, sección 7.4, aprendimos lo básico de los participios. ἀκουσας es un participio de ἀκουω. Concuerda con ὁ Ἰησους (nom. masc. sg.), lo cual nos dice que es Jesús quien está oyendo. Está en el Aoristo para comunicar el significado 'secuencia' (el Presente sería 'simultáneo'). O sea, la acción en el participio ocurre antes de la acción del verbo principal: primero oye Jesús, luego habla.

Ejemplo 2

Lucas 7:9: ἀκουσας δε ταυτα ὁ Ἰησους ἐθαυμασεν αὐτον.
– cuando oyó estas cosas, Jesús se asombró de él.

Otra vez, ἀκουσας es el participio, pero esta vez tiene su propio complemento: ταυτα – 'estas cosas'.

Así que el participio tiene algunas de las características de un verbo, y algunas de las de un adjetivo. Los gramáticos lo llaman un 'adjetivo verbal'.

Como los adjetivos:

Hasta ahora, solamente hemos visto participios que estaban en el nominativo – calificando al sujeto. Sin embargo, los participios pueden calificar cualquier sustantivo.

> **GRAMÁTICA ESENCIAL**
> Los participios tienen que concordar con el sustantivo al que califican en género, caso y número

Como los verbos:

> **GRAMÁTICA ESENCIAL**
> Los participios tienen un Tiempo (Presente o Aoristo) y pueden tener un complemento u objeto

Ejemplo 3

Apoc. 7:2: και ειδον αλλον αγγελον <u>αναβαινοντα</u> απο ανατολης ἡλιου <u>ἐχοντα</u> σφραγιδα θεου ... – y vi a otro ángel <u>subiendo</u> del sol que sale (*o de donde sale el sol, del oriente/levante*) <u>teniendo</u> un sello de Dios...

La oración básica aquí es obvia:
ειδον es el verbo principal, el cual indica también el sujeto – '(yo) vi'.
αγγελον es el complemento – un ángel
αλλον es un adjetivo ('otro') en el masc. ac. sing. para hacer concordancia con αγγελον, así que describe (o 'califica a') αγγελον – no solamente es 'un ángel' sino 'otro ángel'.
– 'Vi a otro ángel'. Pero entonces se enriquece la oración con dos participios:

<u>αναβαινοντα</u> es un participio – se comporta en parte como un adjetivo y en parte como un verbo. Como adjetivo, es semejante a αλλον. También está en el masc. ac. sing., porque está describiendo la palabra αγγελον más ampliamente.
Como verbo, está en el Tiempo Presente – así que sube el ángel al mismo tiempo que está siendo visto – y nos lleva a la frase απο ανατολης ἡλιου – 'del sol que sale'.
<u>ἐχοντα</u> es un participio también. Otra vez está en el masc. ac. sing. para concordar con αγγελον. Está en el Tiempo Presente – 'teniendo' – y tiene su propio complemento – σφραγιδα – 'un sello',

Así que tenemos dos participios en el acusativo, dando más información acerca del complemento del verbo principal. No solamente vio a un ángel, sino a un ángel subiendo... y teniendo...

Ejemplo 4

Marcos 1:16: <u>παραγων</u> παρα την θαλασσαν ... ειδεν Σιμωνα και Ἀνδρεαν ... <u>ἀμφιβαλλοντας</u> ἐν τῃ θαλασσῃ.
– <u>Mientras pasaba él</u> (*literalmente: pasando él*) junto al mar, vio a Simón y a Andrés <u>echando</u> (las redes) en el mar.

Otra vez es obvia la oración básica:
ειδεν Σιμωνα και Ἀνδρεαν – vio a Simón y a Andrés.

Hay dos participios – παραγων y ἀμφιβαλλοντας – pero concuerdan con palabras diferentes en la oración.
<u>παραγων</u> es nominativo singular, así que concuerda con el sujeto 'él'. La persona que ve es la misma persona que pasa junto al mar.
<u>ἀμφιβαλλοντας</u> es acusativo plural, así que concuerda con el complemento 'Simón y Andrés'. Son Simón y Andrés los que están echando las redes en el mar.

Es solamente cuando identificamos el caso (y el género y el número) del participio que podemos identificar a cuál de los sustantivos en la oración está calificando (o 'describiendo'). Si no, podríamos hacer una traducción errónea de Marcos 1:16, quizás 'él vio a Simón y Andrés pasando junto al mar echando (las redes) en el mar', o 'mientras echaba él redes en el mar vio a Simón y a Andrés pasando junto al mar', o 'mientras pasaba él junto al mar echando redes en el mar vio a Simón y a Andrés'.

14.1 FORMACIÓN

Hemos visto ya los Participios Presentes y Aoristos de los verbos normales (*Activos*) como λυω y de los verbos deponentes (*Medios*) como ῥυομαι.

Así que tenemos cuatro participios básicos:

	Activo	Deponente (Medio)
Presente	λυ - ων (desatando)	ῥυ - ομενος (rescatando)
1er Aoristo	λυ - σας (habiendo desatado)	ῥυ - σαμενος (habiendo rescatado)

Notas

- El aumento ε no se emplea con el Participio Aoristo (no se emplea nunca el aumento en los 'otros modos').
- En el Aoristo hay el sonido de una σ y de una α.
- El participio de los verbos que tienen el 2° Aoristo emplea las terminaciones del participio *Presente* (p.ej., βαλων), al igual que el participio (Presente) de εἰμι (ὠν – 'siendo').

Lo que nos hace falta aprender ahora es cómo declinar cada uno de estos participios básicos, para que podamos formar, por ejemplo, el acusativo neutro singular del participio Presente de λυω. Antes de hacer esto, conviene repasar la formación de los participios que hemos visto ya (las páginas 83-87, 92 y 126).

PRÁCTICA 14.1 – REPASO

Ponga el verbo en la forma del participio indicada (todos nom. masc.)

1. γραφω, Aoristo singular
2. ποιεω, Presente plural
3. ἐρχομαι, Presente singular
4. φιλεω, Aoristo plural
5. λογιζομαι, Aoristo singular
6. προσευχομαι, Presente plural

14.2 DECLINACIÓN

Los participios siguen dos declinaciones diferentes.

> **GRAMÁTICA ESENCIAL**
> Los participios que terminan en -ος se declinan como ἀγαθος (ver p. 55)
> Los que tienen cualquier otra terminación se declinan como πας (ver p. 148)

Nota: πας es de la 3ª declinación, así que su nominativo es 'irregular' y no sigue el patrón normal de raíz + terminaciones. Así que tanto λυων como λυσας se declinan como πας.

14.2.1 ῥυομενος (Presente) y ῥυσαμενος (Aoristo)

Los participios de los verbos deponentes se declinan exactamente como ἀγαθος, así:

ῥυομενους – Acusativo masculino plural del participio Presente de ῥυομαι
ἀρξαμεναις – Dativo femenino plural del participio Aoristo de ἀρχομαι
ἐρχομενα – Nominativo o Acusativo neutro plural del participio Presente de ἐρχομαι

14.2.2 λυων (Presente) y λυσας (Aoristo)

Estos siguen el patrón de 3 – 1 – 3 como πας, tanto en el Presente como en el Aoristo (Capítulo 13, sección 13.3). Por lo tanto, para poder declinarlos, nos hace falta saber las tres formas del nominativo singular (masc., fem. y neutro) y su raíz para la 3ª declinación:

λυων	*nom. sing.* – λυων, λυουσα, λυον	*raíz de la 3ª declinación* – λυοντ-
λυσας	*nom. sing.* – λυσας, λυσασα, λυσαν	*raíz de la 3ª declinación* – λυσαντ-

	Participio Presente (Activo) – λυων			**Participio Aoristo (Activo)** – λυσας		
	Masculino	Femenino	Neutro	Masculino	Femenino	Neutro
Sing.						
Nom.	λυων	λυουσα	λυον	λυσας	λυσασα	λυσαν
Ac.	λυοντα	λυουσαν	λυον	λυσαντα	λυσασαν	λυσαν
Gen.	λυοντος	λυουσης	λυοντος	λυσαντος	λυσασης	λυσαντος
Dat.	λυοντι	λυουσῃ	λυοντι	λυσαντι	λυσασῃ	λυσαντι
Pl.						
Nom.	λυοντες	λυουσαι	λυοντα	λυσαντες	λυσασαι	λυσαντα
Ac.	λυοντας	λυουσας	λυοντα	λυσαντας	λυσασας	λυσαντα
Gen.	λυοντων	λυουσων	λυοντων	λυσαντων	λυσασων	λυσαντων
Dat.[1]	λυουσιν	λυουσαις	λυουσιν	λυσασιν	λυσασαις	λυσασιν

Ejemplos

λυσαν – Nom./ac. neutro singular del participio Aoristo de λυω
γραφοντι – Dat. masc./neutro singular del participio Presente de γραφω
ἐλθοντες – Nom. masc. plural del participio (2°) Aoristo de ἐρχομαι
οὐσιν – Dativo masc./neutro plural del participio Presente de εἰμι

---

1. Recuerde que la terminación -σιν afecta a las consonantes finales de la raíz (ver el Capítulo 12, sección 12.2.1).

Aclaración

Hay dos pasos para formar un participio. Puede ser que le ayude el gráfico en la página opuesta a entender la secuencia:

Participio → formas básicas
(en lo fundamental un asunto de verbos – acerca del Tiempo)
→ uso concreto de aquella forma
(en lo fundamental un asunto de adjetivos – acerca de género, caso y número).

Cuando se encuentre con un participio griego, piense en esta secuencia:
1. ¿De cuál de las formas básicas viene?
2. ¿Qué caso concreto de esa forma es?

PRÁCTICA 14.2

Dé un análisis morfológico de cada una de las palabras siguientes

1. βαλλοντες
2. φωνησας
3. ερχομεναις
4. πεμψαν
5. διωξαντι
6. ιδοντων
7. ελπιζουσαν
8. εγειραντας
9. δεχομενοι

Ponga en la forma indicada

10. ἀνοιγω, Presente Fem. Ac. Pl.
11. πιοεω, Aoristo Masc. Nom. Sing.
12. κηρυσσω, Aoristo Neut. Gen. Pl.
13. ἁπτομαι, Presente Masc. Dat. Sing.
14. ἐρχομαι, Aoristo Neut. Nom. Pl.
15. πιστευω, Aoristo Fem. Ac. Pl.

La formación de los participios

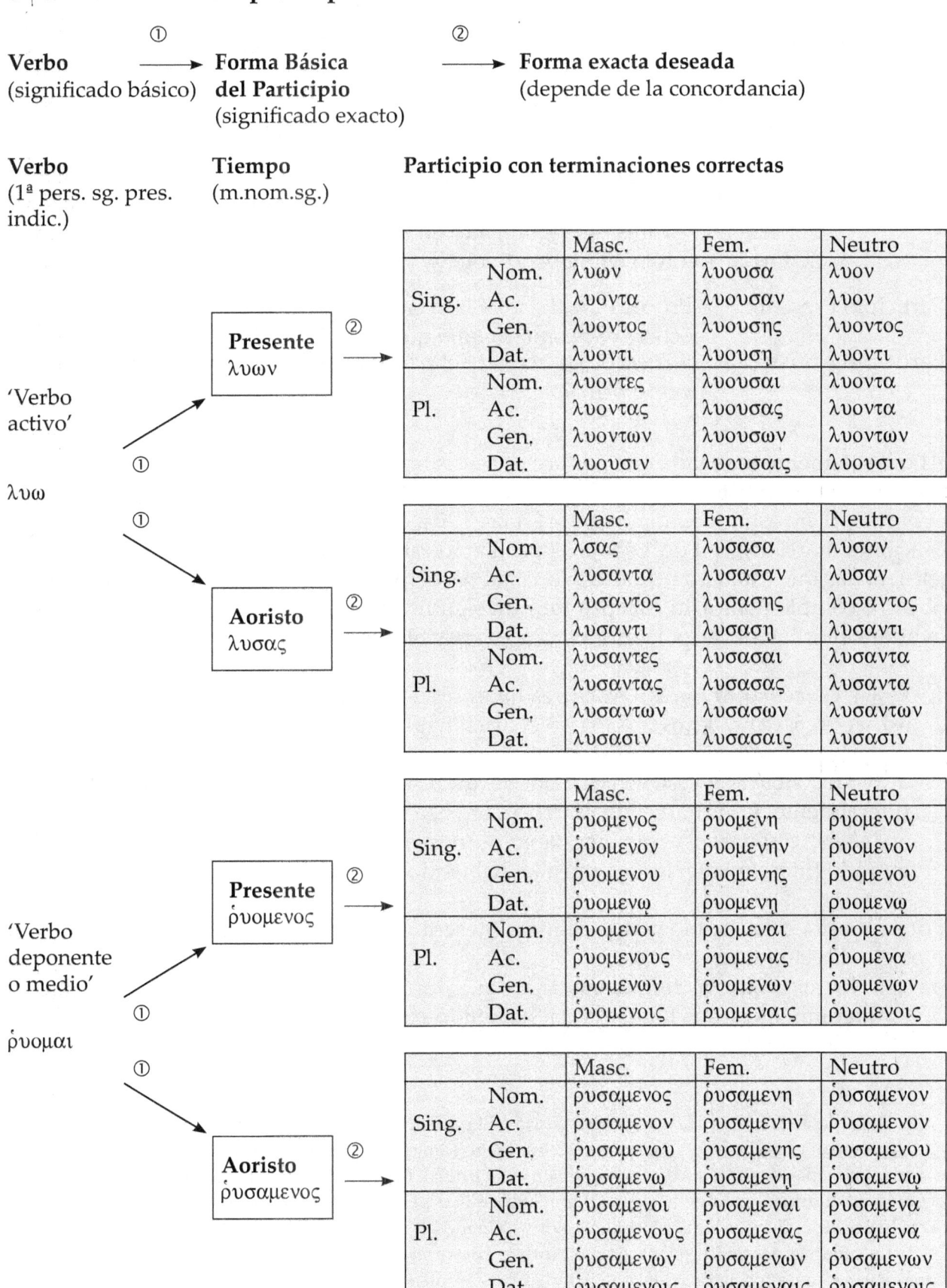

14.3 SIGNIFICADO

Aprendimos ya el significado de los participios (Capítulo 7, sección 7.4.2).

Traducciones literales Participio Presente: desatando
Participio Aoristo: habiendo desatado

La Idea Para entender los participios es esencial entender que el participio depende de un verbo principal (Indicativo o posiblemente Imperativo) en la oración. El participio expresa su significado **en relación con el verbo principal**, no de forma absoluta e independiente.²

Participio Presente Proceso *simultáneo* – la acción del participio es un proceso que ocurre *al mismo tiempo* que la acción del verbo principal.

Participio Aoristo *Secuencia* – la acción del participio ocurrió *antes* de la acción del verbo principal.³

Ahora solamente hace falta que nos acostumbremos a emplear estos significados cuando el participio no está en el nominativo. En las oraciones marcadas con un 1 abajo, el participio está en el nominativo (calificando al sujeto). En las que están marcadas con un 2, el participio está en el acusativo (calificando al objeto o complemento), lo cual produce un significado muy diferente. En estos ejemplos ayudará el orden de las palabras, pero no es posible contar siempre con eso.

> **GRAMÁTICA ESENCIAL**
> Participio Presente   Simultáneamente
> Participio Aoristo   Secuencia

1. λεγων βλεπει το δενδρον. – Mientras habla él vio (ve) el árbol.
2. βλεπει το δενδρον λεγον. – Vio (ve) el árbol hablando (que habla).

1. ὁ Ἰησους εἰσελθων ἐθεραπευσεν την γυναικα. – Cuando Jesús entró, sanó a la mujer (literalmente: Jesús habiendo entrado sanó a la mujer).
2. ὁ Ἰησους ἐθεραπευσεν την εἰσελθουσαν γυναικα. – Jesús sanó a la mujer que había entrado (literalmente: Jesús sanó a la 'habiendo-entrado-mujer').

Por supuesto, el participio podría calificar (describir) a otra cosa aparte del complemento u objeto directo (el acusativo):

p.ej., ὁ Ἰησους εἰπεν τῃ εἰσελθουσῃ γυναικι. – Jesús habló a la mujer que había entrado (literalmente: Jesús habló con la 'habiendo-entrado-mujer').

---

2. P.ej., Mateo 8:7: ἐγω ἐλθων θεραπευσω αὐτον. El participio 'habiendo ido' da el Tiempo (la secuencia) en relación con el verbo principal – primero irá, luego sanará. Sin embargo, el Tiempo absoluto lo revela el verbo principal. Aquí, el verbo principal está en el futuro. Por lo tanto, toda la acción (incluyendo el 'ir') ocurrirá en el futuro, pero el 'ir' ocurrirá antes del 'sanar'. En castellano se podría traducir este ejemplo, 'Tras haber ido, sanaré' o – más corrientemente – 'Cuando haya ido, sanaré.'

3. En algunas ocasiones, el participio Aoristo no implica secuencia, sino que se emplea más bien como participio de forma por defecto o sin definir – empleado más bien para evitar implicar un proceso (el participio Presente) en vez de para implicar una secuencia.

Sugerencia

Cuando hay más de un participio Aoristo, en frases sucesivas, a menudo la mejor manera de traducirlos al castellano es con varios verbos conjugados, o sea, con una serie de cláusulas, p.ej., Marcos 5:27: - ἀκουσασα περι του Ἰησου, ἐλθουσα ἐν τῳ ὀχλῳ ὀπισθεν ἡψατο του ἱματιου αὐτου. – Cuando oyó acerca de Jesús, se acercó ella por detrás en la multitud y le tocó el manto.

PRÁCTICA A MITAD DE CAMINO

Traduzca

1. ἐλθων ἐθεραπευσεν αὐτον.
2. ἀναβαινων εἰδεν το πνευμα.
3. φυγοντες ἠλθον εἰς ἱερον.
4. ἐβαπτιζεν τους πονηρους μετανοησαντας.
5. εἰπομεν τοις ἐρχομενοις τεκνοις.
6. ἐβλεψατε τους γραμματεις εἰσελθοντας εἰς το ἱερον;
7. ζητω την μελλουσαν βασιλειαν.
8. ὑπαγαγουσα εἰδεν τον πατερα αὐτης λαλουντα.
9. Jesús saludó a la multitud que se acercaba.
10. Cuando ella vio, creyó.
11. El fariseo enseñó a los judíos que escuchaban.
12. Cuando el rey oyó esto, envió a sus soldados a buscar (*emplee* 'encontrar') al niño.

14.4 OTROS USOS DE LOS PARTICIPIOS

14.4.1 Como sustantivos[4]

Se habló de esto en el Capítulo 7, sección 7.5.

p.ej. Juan 15:23: ὁ ἐμε μισων και τον πατερα μου μισει.
– El odiándome a mí también odia a mi padre.[5]

Ahora podemos emplear esta construcción de forma sencilla con el participio en otros casos.

p.ej. Juan 12:45: και ὁ θεωρων ἐμε θεωρει τον πεμψαντα με.
– La persona que me está viendo ve al que me envió.

---

4. En la gramática esto se llama un 'participio adjetivo' o un 'participio adjetival', dado que al ser usado para formar un sustantivo, el participio se comporta de la misma manera que los adjetivos.

5. Observe la dificultad para traducir esto al castellano sin introducir lo que podría llamarse un 'sesgo genérico' (o de exclusividad de género), dando lugar a la posibilidad de concluir que se refiriera únicamente a los hombres. El griego empleaba, al igual que el castellano, las formas masculinas de manera genérica para todas las personas en general. Es decir, el masculino plural engloba el femenino. Sin embargo, la traducción '*el que me odia*' podría en el siglo 21 sugerir a algunos hablantes del castellano que fuera una referencia a los hombres, excluyendo por lo tanto, a las mujeres, lo cual casi seguramente no fue la intención del griego. Otras traducciones posibles para evitar esta conclusión errónea podrían ser, '*La persona* que me odia a mí...' o '*Quien* me odia a mí...'.

Hechos 10:44: ἐπεπεσεν το πνευμα το ἁγιον ἐπι παντας <u>τους ἀκουοντας</u> τον λογον.
– El Espíritu Santo cayó sobre todos <u>los que estaban escuchando</u> la palabra.

14.4.2 Empleo para indicar causa, concesión o instrumento

A veces se emplean los participios para sugerir un sentido de causa, de concesión o de instrumento, aunque estos no son corrientes, y se deducen de las traducciones literales.

Causa: Mateo 1:19: Ἰωσηφ δε ὁ ἀνηρ αὐτης, δικαιος <u>ὠν</u> ...
Pero José su marido, <u>como era / por ser</u> (lit.: siendo) justo...

Concesivo: Rom 1:21: <u>γνοντες</u> τον θεον οὐχ ὡς θεον ἐδοξασαν.
<u>A pesar de que conocían</u> (lit.: habiendo conocido) a Dios, no le glorificaron como Dios.

Instrumento: 1 Tim 4:16: τουτο γαρ <u>ποιων</u> και σεαυτον σωσεις και τους ἀκουσαντας σου. – Porque <u>por hacer</u> (lit.: haciendo) esto salvarás tanto a ti mismo como a tus oyentes (o a los que te hayan oído).

14.4.3 Con imperativos e infinitivos

El griego tiene tendencia a evitar tener un verbo principal (conjugado) seguido inmediatamente por otro, y reemplaza a uno de ellos por un participio. Por ejemplo, en vez de decir 'él entró y habló', dicen 'habiendo entrado, habló'. De la misma manera a menudo evita el griego tener una secuencia de dos imperativos o infinitivos, reemplazando aquí también al primer verbo con un participio.

p.ej. Marcos 1:7: οὐκ εἰμι ἱκανος <u>κυψας</u> λυσαι τον ἱμαντα των ὑποδηματων αὐτου. – Yo no soy digno <u>de agacharme</u> y desatar la correa de sus sandalias (lit.: habiéndome agachado, desatar).

PRÁCTICA 14.4

Traduzca

1. φιλειτε τους μισουντας ὑμας.
2. ὁ Μωϋσης ἁγιος ὠν ἐλεγεν τῳ θεῳ.
3. θελω εἰσελθων εἰς την συναγωγην ἀκουσαι του ῥαββι.
4. ἐλεγον ἀλληλοις περι των γενομενων.
5. Vi a los que llevaban al enfermo.
6. Ve y predica el evangelio / Id (vayan ustedes) y predicad (prediquen ustedes) el evangelio.

VOCABULARIO PARA EL CAPÍTULO 14

Algunos sustantivos adicionales

Seis sustantivos de la 2ª declinación como λογος

*ἁμαρτωλος (47)	–	pecador
*διδασκαλος (59)	–	maestro (uno que enseña)
*θρονος (62)	–	trono
Ἰακωβος (42)	–	Jacobo, Santiago
*λιθος (59)	–	piedra
*πρεσβυτερος (66)	–	anciano

Ocho de la 3ª declinación

*ἀμπελων, ἀμπελωνος, ὁ (23)	–	viña
εἰκων, εἰκονος, ἡ (23)	–	imagen
Ἑλλην, Ἑλληνος, ὁ (25)	–	griego
*Καισαρ, Καισαρος, ὁ (29)	–	César
*κριμα, κριματος, το (27)	–	juicio
*οὐς, ὠτος, το (36)	–	oído, oreja
*παις, παιδος, ὁ (24)	–	niño, siervo

(más el sustantivo relacionado a este, *παιδιον (52) – niño, que se declina como ἐργον)

*σπερμα, σπερματος, το (43)	–	semilla, descendencia

Un sustantivo que no se declina
*πασχα, το (29) – Pascua

Y más verbos

ἀγοραζω (30)	–	compro
βλασφημεω (34)	–	blasfemo, injurio
*διακονεω + dat. (37)	–	sirvo
διαλογιζομαι (16)	–	considero, expongo
ἐλπιζω (31)	–	espero, tengo esperanza
*ἑτοιμαζω (40)	–	preparo
*κρατεω (47)	–	agarro, apreso, detengo
*μισεω (40)	–	odio
*πειραζω (38)	–	tiento, pongo a prueba
*πρασσω (39)	–	hago, practico
προφητευω (28)	–	profetizo
σκανδαλιζω (29)	–	induzco a pecar/ caer
*ὑποτασσω (31)	–	someto
φυλασσω (31)	–	vigilo, estoy de guardia
*φωνεω (43)	–	grito
χαριζομαι (23)	–	regalo, doy gratuitamente

Palabras para ayudar

di_dáctic_o, _trono_, _Jacobo_, mono_lito_/pa_leolít_ico, _presbíter_o, _icon_o/_ícon_o, _helen_o/_helen_ista, _ped_agogía/encic_loped_ia, _esperma_, _Pascua_, _agora_fobia, _diácon_o, _diálog_o, auto_crátic_o/ demo_cracia_, _misó_gino/_mis_antrópico, _practic_o, e_scándal_o/e_scandaliz_ar, _profilácti_co, telé_fono_/ sin_fonía_, Eu_caris_tía/_cari_dad.

Ejercicios

Sección A

1. ὁ φιλων την ψυχην αὐτου οὐ σωσει αὐτην, και ὁ μισων την ψυχην αὐτου ἐν τῳ κοσμῳ τουτῳ εἰς ζωην αἰωνιον φυλαξει αὐτην.
2. και ἐξελθων εἰδεν πολυν ὀχλον και ἠλεησεν ἐπ᾽ αὐτους, ὁτι ἠσαν ὡς προβατα μη ἐχοντα ποιμενα [*pastor*], και ἠρξατο διδασκειν αὐτους πολλα.
*3. Ἀμην ἀμην λεγω ὑμιν ὁτι ὁ τον λογον μου ἀκουων και πιστευων τῳ πεμψαντι με ἐχει ζωην αἰωνιον και εἰς κρισιν οὐκ ἐρχεται.
*4. πας ὁ θεωρων τον υἱον και πιστευων εἰς αὐτον ἐχει ζωην αἰωνιον.
*5. οἱ οὐν Ἰουδαιοι περι αὐτου ἐλαλουν μετ᾽ ἀλληλων ὁτι εἰπεν· Ἐγω εἰμι ὁ ἀρτος ὁ καταβας ἐκ του οὐρανου.
*6. οὑτος γαρ ἐστιν ὁ λογος δια Ἡσαϊου του προφητου λεγοντος· Φωνη κραζοντος ἐν τῃ ἐρημῳ· Ἑτοιμασατε την ὁδον κυριου.
*7. εἰπεν τε προς αὐτους· Ἀνδρες Ἰσραηλ, προσεχετε ἑαυτοις ἐπι τοις ἀνθρωποις τουτοις τί μελλετε πρασσειν.
*8. και ὁ Σατανας ἠν ἐν τῃ ἐρημῳ πολλας ἡμερας πειραζων αὐτον, και ὁ Ἰησους ἠν μετα των θηριων, και οἱ ἀγγελοι διηκονουν αὐτῳ.
*9. Porque el Padre sujetó todo bajo los pies del Hijo.
10. Hijos amados, guardaos (guárdense) contra [ἀπο] los que odian vuestra (su) alma.
11. Aquella piedra tiene la imagen de César, no (la) de algún griego.
*12. ¿Qué hará entonces el Señor de la viña?

Sección B

1. πολλα ἐχω ὑμιν γραφειν ἀλλα ἐλπιζω γενεσθαι προς ὑμας και στομα προς στομα λαλησαι.
*2. και εἰπεν ὁ Ἰησους· Εἰς κριμα ἐγω εἰς τον κοσμον τουτον ἠλθον.
3. ὁ παις του διδασκαλου ἐμισει τα βιβλια του πατρος αὐτου.
*4. και προσελθων ἠγειρεν αὐτην κρατησας της χειρος.[6]
5. και ἐρχονται εἰς Ἱεροσολυμα· και εἰσελθων εἰς το ἱερον ἠρξατο ἐκβαλλειν τους ἀγοραζοντας ἐν τῳ ἱερῳ.
6. ὁ Φαρισαιος προς ἑαυτον ταυτα προσηυχετο· Ὁ θεος,[7] εὐχαριστω σοι ὁτι οὐκ εἰμι ὡσπερ οἱ ἀλλοι ἀνθρωποι, ἠ και ὡς οὑτος ὁ ἀμαρτωλος.
7. οἱ πρεσβυτεροι και οἱ διδασκαλοι ὀφειλουσιν διακονειν τοις προβατοις και προφητευειν τοις ἀμαρτωλοις και θεραπευειν τους ἀσθενεις και μητε βλασφημειν τον θεον ἡμων μητε σκανδαλιζειν τα παιδια του κυριου.
*8. μη λεγετε ἐν ἑαυτοις· Πατερα ἐχομεν τον Ἀβρααμ. λεγω γαρ ὑμιν ὁτι δυναται [*es capaz de, puede*] ὁ θεος ἐκ των λιθων τουτων ἐγειραι τεκνα τῳ Ἀβρααμ.
*9. El oído de los pecadores no oye la semilla que siembra el sembrador.
*10. El juicio empieza por[8] la casa (la familia) de Dios.

---

6. Normalmente requiere κρατεω un complemento en el acusativo. Sin embargo, cuando el sentido es 'agarrar a alguien de la mano', ocurre a veces 'mano' en el genitivo (como en Marcos 1:31).
7. En la práctica normalmente se empleaba ὁ θεος como vocativo de θεος, en vez de ὠ θεε.
8. Traducir aquí 'por' con ἀπο (como en 1 Pedro 4:17).

11. El anciano oró por Jacobo, y el Señor, habiendo oído, tuvo misericordia.
12. Tocando a la pecadora, el que sirve al Padre en el cielo le sanó el oído.

Sección C

Marcos 1:7-10: καὶ ἐκήρυσσεν λέγων, Ἔρχεται ὁ ἰσχυρότερός [*más poderoso que*] μου ὀπίσω μου, οὗ οὐκ εἰμὶ ἱκανὸς [*digno*] κύψας [κυπτω = *agacharse*] λῦσαι τὸν ἱμάντα [*correa*] τῶν ὑποδημάτων [*sandalias*] αὐτοῦ. ⁸ ἐγὼ ἐβάπτισα ὑμᾶς ὕδατι, αὐτὸς δὲ βαπτίσει ὑμᾶς ἐν πνεύματι ἁγίῳ. ⁹ Καὶ ἐγένετο ἐν ἐκείναις ταῖς ἡμέραις ἦλθεν Ἰησοῦς ἀπὸ Ναζαρὲτ [*Nazaret*] τῆς Γαλιλαίας καὶ ἐβαπτίσθη [*fue bautizado*] εἰς τὸν Ἰορδάνην [*Jordán*] ὑπὸ Ἰωάννου. ¹⁰ καὶ εὐθὺς ἀναβαίνων ἐκ τοῦ ὕδατος εἶδεν σχιζομένους [*siendo rajado en dos partes*] τοὺς οὐρανοὺς καὶ τὸ πνεῦμα ὡς περιστερὰν [*paloma*] καταβαῖνον εἰς αὐτόν.

CAPÍTULO QUINCE

La voz pasiva y la voz media

> Rom 11:26: και ουτως πας Ἰσραηλ <u>σωθησεται</u>.
> – y así todo Israel <u>será salvado</u> (<u>se salvará</u>).
> Luc 2:4: ἀνεβη δε και Ἰωσηφ ἀπο της Γαλιλαιας ... εἰς πολιν Δαυιδ ἡτις <u>καλειται</u> Βηθλεεμ. – José también subió de Galilea a (la) ciudad de David, que <u>se llama</u> (<u>es llamada</u>) Belén.
> Mat 3:10: παν οὐν δενδρον μη ποιουν καρπον καλον <u>ἐκκοπτεται</u> και εἰς πυρ <u>βαλλεται</u>. – Por lo tanto todo árbol que no produce buen fruto <u>es cortado</u> y <u>es echado</u> al fuego.
> Rom 5:1: <u>δικαιωθεντες</u> οὐν ἐκ πιστεως εἰρηνην ἐχομεν προς τον θεον.
> – Por lo tanto <u>habiendo sido justificados</u> por (la) fe, tenemos paz con Dios...

En estas oraciones los verbos subrayados están en la voz Pasiva (en vez de en la voz Activa).

15.1 LA IDEA DE LA VOZ PASIVA

Hasta ahora, todas las oraciones que hemos visto han sido *activas* en su sentido – es decir, el sujeto de la oración es la persona que <u>actúa</u>, la persona que hace la acción. Sin embargo, tanto en castellano como en griego es posible tener oraciones *pasivas*, en las cuales el sujeto de la oración <u>recibe la acción</u> del verbo.

    Activo: Jesús sanó al leproso.   Pasivo: El leproso fue sanado.

Una oración pasiva no indica quién *hizo* la acción. Sin embargo, es posible conseguir esto con especificar a un *agente* – 'El leproso fue sanado *por Jesús*'. El griego expresa el *agente* con el empleo de la preposición ὑπο + gen (= 'por'). (Ver el Capítulo 4, sección 4.3 para la diferencia entre los *agentes*, que son seres vivientes, y los *instrumentos*, que son objetos inanimados).

Voces – ¿Activa y Pasiva?
Verlo en castellano
Sección 8
Página 247

Marcos 1:9: ἐβαπτισθη εἰς τον Ἰορδανην <u>ὑπο Ἰωαννου</u>.
    – Fue bautizado en el Jordán <u>por Juan</u>.

En castellano, se tiene una tendencia a evitar la voz pasiva cuando sea posible, a menudo empleando en su lugar la palabra 'se' con un valor pasivo (ver los dos primeros ejemplos, al principio de este capítulo).

15.2 LAS VOCES

Hay **tres** voces en griego: *Activa, Media* y *Pasiva*. Como aprendimos en el Capítulo 8, sección 8.1.4, los verbos deponentes (como ῥυομαι) emplean la *Voz Media* para dar un significado *Activo*. Se explicará mejor la *Voz Media* más adelante. De momento, es importante ver que tanto en la voz Pasiva como en la Media hay la gama total de modos y tiempos que existen en la voz Activa.

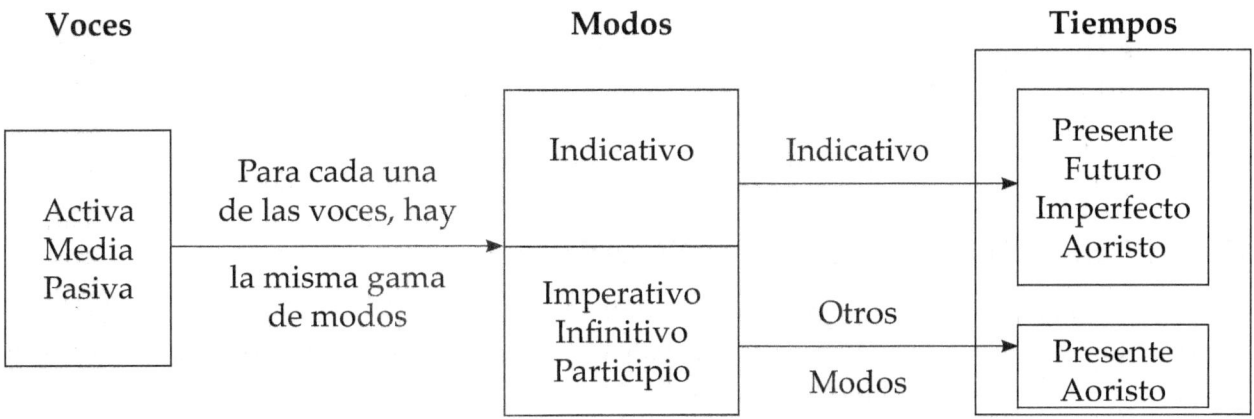

15.3 CÓMO DISTINGUIR ENTRE LOS TIEMPOS

Cuando estudiamos los tiempos de los verbos por primera vez en el Capítulo 6, vimos que se les podría distinguir debido a un patrón del prefijo ε y del sufijo σ. Se aplicaba el mismo patrón cuando estudiamos los verbos Medios (deponentes) en el Capítulo 8. En la voz Pasiva nos será de gran ayuda observar un patrón parecido, aunque ligeramente diferente.

Modo:	Indicativo			Otros Modos		
Tiempo \ Voz	Activa	Media	Pasiva	Activa	Media	Pasiva
Presente	λυ	ῥυ	λυ	λυ	ῥυ	λυ
Futuro	λυ σ	ῥυ σ	λυ θησ			
Imperfecto	ἐ λυ	ἐ ῥυ	ἐ λυ			
Aoristo	ἐ λυ σ	ἐ ῥυ σ	ἐ λυ θ	λυ σ	ῥυ σ	λυ θ

Notas

- El patrón en el Activo y el Medio es el mismo.
- Se emplea ῥυομαι para los ejemplos del Medio en vez de λυω porque normalmente se emplea la Voz Media únicamente para los verbos deponentes.
- En el Pasivo, el patrón para el empleo del aumento ἐ es igual que en el Activo: el Indicativo Imperfecto y el Indicativo Aoristo tienen el aumento.

- El Pasivo Aoristo se señala con el sufijo θ.
- El Pasivo Futuro se señala con el sufijo θησ.
- El Futuro del Indicativo se confunde fácilmente con el Aoristo en los 'Otros Modos', tanto en el Activo como en el Medio, ya que ambos tienen el sufijo σ pero no tienen el aumento.

PRÁCTICA 15.3

Dé todos los tiempos y las voces posibles con las palabras siguientes, y diga si están en el indicativo u otros modos.

1. ἐπιστευθη
2. πεμψατε
3. ἐλαμβανεν
4. ἀρξεται
5. ἀπολυθησονται
6. λογισασθαι
7. ποιηθητε
8. ἐμισησαν

15.4 EL SIGNIFICADO DE LA VOZ PASIVA

No hay nada extraño que aprender acerca del significado de la Voz Pasiva. Sin embargo, puede que sea de ayuda ver los equivalentes básicos castellanos (compare con el Capítulo 6, sección 6.3 para la Voz Activa).

		Traducción literal al castellano[1]
Indicativo	Presente	Estoy siendo desatado/a, estás siendo desatado/a, ...
	Futuro	Seré desatado/a, serás desatado/a, ...
	Imperfecto	Estaba yo siendo desatado/a, estabas siendo desatado/a, ...
	Aoristo	Fui desatado/a, fuiste desatado/a, ...
Imperativo	Presente – proceso	¡Sé desatado/a! (de forma continua o repetida)
	Aoristo – sin definir	¡Sé desatado/a!
Infinitivo	Presente – proceso	Ser desatado/a (de forma continua o repetida)
	Aoristo – sin definir	Ser desatado/a
Participio	Presente	Siendo desatado/a (simultáneamente)
	Aoristo	Habiendo sido desatado/a (secuencia)

---

1. Como indicado arriba, a menudo se procura evitar la voz pasiva en español, sobre todo en el tiempo presente de los verbos. Sin embargo, estas traducciones 'literales' enseñan la idea detrás del griego correspondiente. Luego convendrá a veces convertir esta idea en un mejor estilo castellano.

15.5 LAS TERMINACIONES PASIVAS

Pasivo *Indicativo* de λυω

	Presente	Futuro	Imperfecto	Aoristo
yo	λυομαι	λυθησομαι	ἐλυομην	ἐλυθην
tú/usted	λυῃ	λυθησῃ	ἐλυου	ἐλυθης
él/ella	λυεται	λυθησεται	ἐλυετο	ἐλυθη
nosotros/as	λυομεθα	λυθησομεθα	ἐλυομεθα	ἐλυθημεν
vosotros/as/ustedes	λυεσθε	λυθησεσθε	ἐλυεσθε	ἐλυθητε
ellos/ellas	λυονται	λυθησονται	ἐλυοντο	ἐλυθησαν

Pasivo de λυω **en los *Otros Modos***

		Presente	Aoristo
Imperativo	2ª pers. Sing.	λυου	λυθητι
	2ª pers. Pl.	λυεσθε	λυθητε
Infinitivo		λυεσθαι	λυθηναι
Participio		λυομενος	λυθεις[2]

15.5.1 La Voz Pasiva en el Presente y el Imperfecto

Si uno mira el Presente y el Imperfecto en las tablas arriba, observará que las terminaciones son exactamente iguales que en el Presente y el Imperfecto de los verbos deponentes (Medios). (Ver el Capítulo 8, sección 8.1.1). Por ejemplo:

ῥυεται – 3ª pers. Singular Presente Medio Indicativo de ῥυομαι

λυεται – 3ª pers. Singular Presente Pasivo Indicativo de λυω

---

2. λυθεις tiene un femenino nominativo λυθεισα, un neutro nominativo λυθεν y la raíz para el masculino y el neutro es λυθεντ-. Se declina como λυων y λυσας (ver la página 157). Así que su declinación completa es:

		Masc.	Fem.	Neutro
Singular	Nom.	λυθεις	λυθεισα	λυθεν
	Ac.	λυθεντα	λυθεισαν	λυθεν
	Gen.	λυθεντος	λυθεισης	λυθεντος
	Dat.	λυθεντι	λυθεισῃ	λυθεντι
Plural	Nom.	λυθεντες	λυθεισαι	λυθεντα
	Ac.	λυθεντας	λυθεισας	λυθεντα
	Gen.	λυθεντων	λυθεισων	λυθεντων
	Dat.	λυθεισιν	λυθεισαις	λυθεισιν

De esto surge la pregunta cómo se distingue el Medio del Pasivo. Miraremos esto más adelante. De momento, sin embargo, esto es una buena noticia, ya que significa que no es necesario aprender más terminaciones.

15.5.2 La Voz Pasiva en el Futuro y el Aoristo

Si uno mira el Futuro Pasivo en la tabla en la página 260, observará que tiene las mismas terminaciones que el Futuro Medio (y por lo tanto las mismas que el Presente Medio y el Presente Pasivo). La característica que distingue estas formas es el sufijo θ.

Cuando uno estudia el Aoristo, vale la pena de tomar nota del hecho sorprendente que sus terminaciones son mucho más similares a las terminaciones de la Voz Activa (sobre todo el -ημεν y el -ητε y el hecho de que el participio no termina en -μενος) que las otras terminaciones para el Medio/Pasivo.

Tanto el Futuro Pasivo como el Aoristo Pasivo añaden una θ al final de la raíz. No es de sorprender que esto puede causar complicaciones, al igual que lo hace añadir el sufijo σ (Capítulo 6, sección 6.6). Las combinaciones que ocurren se dan en la tabla a la derecha.

GRAMÁTICA ESENCIAL

π, β, φ	+	θ	→	φθ
τ, δ, θ, ζ	+	θ	→	σθ
κ, γ, χ, σσ	+	θ	→	χθ

Además, como sería de esperar, en el caso de los verbos que terminan en -εω la ε se alarga a η antes de la θ (lo mismo que lo hace antes de la σ en el Futuro/Aoristo Activo/Medio).

Ejemplos

> ἀχθησομαι – Futuro Pasivo Indicativo de ἀγω – Seré conducido/a
> ἠχθην – Aoristo Pasivo Indicativo de ἀγω – Fui conducido/a
> λαληθεις – Participio Aoristo Pasivo de λαλεω – Habiendo sido dicho
> βαπτισθηναι – Infinitivo Aoristo Pasivo de βαπτιζω – Ser bautizado/a

---

PRÁCTICA 15.5.1 Y 15.5.2

Dé un análisis morfológico de cada una de las palabras siguientes

1. ἠνοιγετο
2. θεραπευθησομαι
3. βαπτισθεις
4. διωκονται
5. ἐρχονται
6. ἐποιηθη

15.5.3 PASIVOS FUTUROS Y AORISTOS IRREGULARES

Todos los verbos emplean las terminaciones normales para el Futuro Pasivo y el Aoristo Pasivo, pero hay algunos verbos que tienen una raíz irregular. Sin embargo, por lo menos emplean la misma raíz tanto para el Futuro como para el

Aoristo. En la tabla abajo, se da el Aoristo Pasivo, pero es posible formar el Futuro Pasivo de esto sin problemas.³

Estos cinco verbos tienen solamente unos cambios pequeños de la raíz:

	Presente	Aoristo Pasivo
oigo	ἀκουω	ἠκουσθην
arrojo, lanzo	βαλλω	ἐβληθην
levanto	ἐγειρω	ἠγερθην
llamo	καλεω⁴	ἐκληθην
salvo	σωζω	ἐσωθην

Este es bastante difícil de reconocer:

tomo, recibo	λαμβανω	ἐλημφθην

Estos cinco verbos forman un grupo muy complicado, ya que no tienen la θ, con cuya presencia se puede normalmente contar para indicar que el verbo está en el Aoristo o Futuro Pasivo.⁵

envío	ἀποστελλω	ἀπεσταλην
escribo	γραφω	ἐγραφην
siembro	σπειρω	ἐσπαρην
(me) vuelvo⁶	στρεφω	ἐστραφην
brillo⁷	φαινω	ἐφανην

Hay tres verbos cuya raíz Aorista Pasiva se forma de otro verbo:

digo	λεγω	ἐρρεθην (o ἐρρηθην)
veo	ὀραω	ὠφθην
llevo, cargo	φερω	ἠνεχθην

PRÁCTICA 15.5.3

Dé un análisis morfológico de cada una de las palabras siguientes

1. ἐσωθημεν
2. ἐγραφη
3. κληθησεται
4. βληθεις
5. ἐρρεθη
6. ἐλημφθησαν

---

3. Por ejemplo, βαλλω tiene el Aoristo Pasivo irregular ἐβληθν. Por lo tanto, su Futuro Pasivo es βληθησομαι (quitar el aumento, reemplazar el sufijo θ con θησ y emplear las terminaciones del Futuro Pasivo).

4. En realidad la forma conjugada en la 1ª persona singular del Presente Indicativo es por supuesto καλω.

5. Estos verbos tienen también -ηθι en el Aoristo Pasivo Imperativo singular, en vez de -ητι.

6. Encontrado más corrientemente en los verbos compuestos ἐπιστρεφω – vuelvo (atrás) y ὑποστρεφω – regreso.

7. φαινω ocurre frecuentemente en la voz Pasiva, con el significado 'aparezco'.

PRÁCTICA A MITAD DE CAMINO

Traduzca

1. ἐλαληθη ὑπο των προφητων.
2. ὁ δουλος ἀπολυθεις εὐχαριστησεν τῳ θεῳ.
3. ὁ θεος βλεπεται ὑπο ἀγγελων.
4. ὁ Πετρος ἠρχετο εἰς την συναγωγην.
5. πειραζομενος[8] ἐγω οὐ πιπτω.
6. οἱ ἀποστολοι ἀποσταλησονται.
7. βλεψαντες τα πονηρα πραχθεντα ἐφυγον.
8. ἐκεινῃ τῃ ἡμερᾳ ὁ θεος ὀφθησεται.
9. La ley será escrita.
10. La anciana fue llevada por sus hijos.
11. Después de que fue detenido Jesús, no dijo nada.
12. Por haber llamado,[9] 'Señor, Señor' fueron salvados.

15.6 CÓMO ENTENDER LA VOZ MEDIA

A menudo termina la Voz Media por ser un punto débil para los estudiantes. Entienden la Voz Activa y la Voz Pasiva (porque ocurren en castellano), pero luego no les queda clara lo que puede significar la Voz Media. Pronto aprenderemos un significado especial para la Voz Media, pero se ve muy raras veces. Normalmente, la Voz Media se emplea sencillamente porque el verbo es un verbo deponente, y los verbos deponentes emplean la Voz *Media* cuando quien dar un significado *Activo*.

Puede ser que ayude la tabla siguiente:

		El verbo es	
		Normal	Deponente
Significado Deseado	Voz Activa	Emplee **Voz Activa**	Emplee **Voz Media**
	Voz Pasiva	Emplee **Voz Pasiva**	Emplee **Voz Pasiva**

Esta tabla demuestra que los verbos que son gramaticalmente deponentes pueden ser puestos en la voz Pasiva. Cuando se desea un significado Activo se emplean las formas Medias. Cuando se desea un significado Pasivo se emplean las formas Pasivas. Sin embargo, muchos verbos deponentes son intransitivos. Es decir, no pueden tener un objeto o complemento, como por ejemplo 'Voy'. Por lo tanto, no pueden emplearse en el Pasivo

---

8. Esto es un participio concesivo (ver el Capítulo 14, sección 14.4.2).
9. Emplee un participio para indicar causa (ver el Capítulo 14, sección 14.4.2).

(¡'él fue ido'!). Pero incluso aquellos verbos que pueden ocurrir en el Pasivo (p.ej., ἀρχομαι – empiezo) ocurren muy raras veces en esta forma. Esto es útil, porque en los tiempos Presente e Imperfecto las formas Medias y Pasivas son idénticas. Por consiguiente, lo único que puede uno decir acerca de ἀρχεται, por ejemplo, es que es la 3ª persona del singular del Presente Indicativo *Medio* o *Pasivo*. Sin embargo, en la práctica, es mucho más probable que sea el Medio (es decir, con el significado Activo) que el Pasivo (con el significado Pasivo).

Es posible resumir esto en la tabla siguiente:

		El verbo es	
		Normal	Deponente
La forma escrita es	Activa	Activo → Significado **Activo**	
	Media o Pasiva	Pasivo → Significado **Pasivo** (o *en muy raras ocasiones* el significado especial del Medio – ver abajo)	Medio → Significado **Activo** (o *en bastantes raras ocasiones* está de verdad en el Pasivo con un significado Pasivo)

- ¡Estas dos tablas sirven únicamente si uno sabe cuáles son los verbos deponentes!

Sugerencia

A menudo ayuda si uno tiene clara la razón por la que encuentra uno algo difícil. Para muchos estudiantes se debe a que el Medio parece tener un *significado* Activo, pero *terminaciones* que son muy similares a las *terminaciones* Pasivas. ¡Está precisamente en medio, de una manera que puede causar confusión!

15.6.1 Empleos especiales de la Voz Media

En el griego clásico, del cual el griego del Nuevo Testamento – el Koiné – se derivó, se empleaba la Voz Media mucho más ampliamente para expresar acciones que afectaban al sujeto del verbo (p.ej., φερω – llevo, cargo; φερομαι – me (lo) llevo para mí mismo = gano). Hay vestigios de esto en el griego Koiné.

(a) Un número pequeño de verbos emplea todavía las tres Voces con significados diferentes.

ἐνδυει (Activo) – Él viste (a otra persona)
ἐνδυεται (Medio) – Él se viste a sí mismo
ἐνδυεται (Pasivo) – Ha sido puesto *o* vestido.

(b) Algunos escritores (especialmente el autor del evangelio de Lucas y de Hechos) emplean la Voz Media como un recurso estilístico o retórico, imitando al griego clásico. En aquella época se consideraba que el griego clásico tenía una calidad literaria superior. Esto se llama 'arcaizar'.

Curso de griego bíblico

Ejemplos

(φυλασσω en la Voz Activa – vigilo, estoy de guardia; en la Voz Media – Me guardo (*contra*))

Lucas 2:8: Και ποιμενες ἠσαν ἐν τῃ χωρᾳ τῃ αὐτῃ ... φυλασσοντες (Activo) φυλακας της νυκτος ἐπι την ποιμνην αὐτων. – Y había pastores en esa misma región... guardando las vigilias de la noche sobre sus rebaños.

Lucas 12:15: εἰπεν δε προς αὐτους· Ὁρατε και φυλασσεσθε (Medio) ἀπο πασης πλειονεξιας. – Y él les dijo, 'Mirad (Miren) y Guardaos (Guárdense) contra todo tipo de avaricia'.

Hechos 1:1: Τον μεν πρωτον λογον ἐποιησαμην περι παντων ... – Hice el primer relato acerca de todas las cosas...
(No hay ninguna razón en especial por la que emplea la Voz Media ποιεομαι aquí en vez de la Voz Activa ποιεω. Es puramente cuestión de estilo).

Sugerencia

Conviene estar consciente de estos empleos especiales; sin embargo, recuerde que en la inmensa mayoría de los casos, cuando vea un verbo en la Voz Media, será un verbo deponente con un significado Activo.

15.7 LOS VERBOS DEPONENTES CON LA VOZ PASIVA

El colmo para muchos estudiantes es oír que hay verbos deponentes Pasivos - ¡palabras que tienen la forma del Pasivo (no la Voz Media) pero un sentido Activo! Sin embargo, existen tan solo cuatro palabras en esta categoría –e incluso algunas de estas tienen esta forma únicamente en el Aoristo– así que puede uno considerarlos como idiosincrasias atractivas. Dado que las formas del Medio y del Pasivo se distinguen únicamente en el Futuro y el Aoristo, es únicamente aquí donde importa la diferencia entre los Deponentes Medios y los Pasivos.

	Presente		Futuro		Aoristo
Deseo	βουλομαι	Pasivo	βουλησομαι	Pasivo	ἐβουληθην
Temo	φοβεομαι	Pasivo	φοβηθησομαι	Pasivo	ἐφοβηθην
Contesto	ἀποκρινομαι	Medio	ἀποκρινεομαι	Pasivo	ἀπεκριθην
Me voy	πορευομαι	O bien o	πορευσομαι πορευθησομαι	Pasivo	ἐπορευθην

PRÁCTICA 15.7

Traduzca

1. ἐβουληθημεν βλεψαι τον Ἰησουν.
2. ἐκεινῃ τῃ ἡμερᾳ φοβηθησεσθε;
3. δει πορευθηναι εἰς το ἱερον.
4. ἀποκριθητε οὐδεν.

VOCABULARIO PARA EL CAPÍTULO 15

Seis sustantivos más de la 2ª declinación

διαβολος (37) — el calumniador, el diablo
*καρπος (66) — fruto
*ναος (45) — santuario, templo
Φιλιππος (36) — Felipe
*φοβος (47) — miedo, reverencia
*χρονος (54) — tiempo

Algunos verbos que son deponentes pasivos (por lo menos en algunos tiempos)

*ἀποκρινομαι + dat. (231) — respondo, contesto
*βουλομαι (37) — quiero, deseo
*πορευομαι (153) — me voy, me marcho
ἐκπορευομαι (33) — salgo
*φοβεομαι (95) — temo, tengo miedo

Y muchos verbos (normales) más

*ἁγιαζω (28) — santifico
*ἀσθενεω (33) — estoy enfermo, soy débil
*βασταζω (27) — llevo, cargo
*γαμεω (28) — me caso
γνωριζω (25) — doy a conocer
δουλευω (25) — soy esclavo
ἐκχεω (27) — derramo
*ἐνδυω (27) — (me) visto
*ἐπιστρεφω (36) — vuelvo (atrás), me convierto
ἡκω (26) — he venido, estoy presente
*ἰσχυω (28) — soy fuerte
κελευω (25) — mando, ordeno
*κλαιω (40) — lloro
κωλυω (23) — impido
λυπεω (26) — (me) entristezco, lamento
ὀμνυω (26) — juro, hago un juramento
*περισσευω (39) — tengo de sobra
*τελεω (28) — termino, cumplo
*ὑποστρεφω (35) — regreso, vuelvo (atrás)
*φαινω (31) — brillo, aparezco
φρονεω (26) — pienso, reflexiono

Palabras para ayudar

dia<u>ból</u>ico, <u>fob</u>ia, <u>cron</u>ología, <u>hagi</u>ografía, monoga<u>mí</u>a, catá<u>strofe</u>, <u>tele</u>ología, <u>fen</u>ómeno/<u>fan</u>tasma/epi<u>fan</u>ía, esquizo<u>fren</u>ia, <u>vol</u>untad

Ejercicios

Sección A

1. και ἠρξατο διδασκειν αὐτους ὁτι δει παθειν πολλα και διωχθηναι ὑπο των πρεσβυτερων και των ἀρχιερεων και των γραμματεων και ἀποκτανθηναι.

2. νυν ἡ κρισις ἐστιν του κοσμου τουτου, νυν ὁ ἀρχων του κοσμου τουτου ἐκβληθησεται ἐξω.
*3. ὁ δε Ἰησους εἰπεν αὐτοις· Το ποτηριον ὁ ἐγω πινω πιεσθε [= *futuro irregular de* πινω] και το βαπτισμα ὁ ἐγω βαπτιζομαι βαπτισθησεσθε.
4. μακαριοι οἱ ἐλεημονες [ἐλεημων = misericordioso; se declina como πλειων], ὁτι αὐτοι ἐλεηθησονται.
*5. μακαριοι οἱ εἰρηνοποιοι [= εἰρηνη + ποιεω], ὁτι αὐτοι υἱοι θεου κληθησονται.
*6. και ἀποκριθεις[10] αὐτοις λεγει· Τίς ἐστιν ἡ μητηρ μου και οἱ ἀδελφοι μου;
*7. και ἀπεκριθη αὐτῳ εἱς ἐκ του ὀχλου· Διδασκαλε, ἠνεγκα τον υἱον μου προς σε, ἐχοντα πνευμα πονηρον.
8. ἠρξαντο λυπεισθαι και λεγειν αὐτῳ εἱς κατα [*tras*] εἱς· Μητι ἐγω;
*9. Y temieron con gran temor y dijeron el uno al otro, 'Entonces, ¿quién es este?'
*10. Y habiendo entrado él les dijo, '¿Por qué teméis (temen ustedes) y lloráis (lloran ustedes)? La niña no ha muerto.'
*11. Tuvo miedo y contestó al principal sacerdote, 'Volvieron al santuario.'
*12. Porque el hombre que no tiene [*no teniendo*] fe es santificado por [*emplee* ἐν] su [*la*] mujer, y la mujer no teniendo fe es santificada por su [*el*] marido.

Sección B

*1. ἐφανη ἀνηρ τις ἐκ της πολεως ἐχων δαιμονια και πολυν χρονον οὐκ ἐνεδυσατο ἱματιον και ἐν οἰκια οὐκ ἐμενεν.
2. Ἰδων δε ὁ Ἰησους ὀχλον περι αὐτον ἐκελευσεν τους μαθητας ἀπελθειν εἰς το περαν.
3. ὁ δε Ἰησους εἰπεν· Μη κωλυετε αὐτον. οὐδεις γαρ ἐστιν ὁς ποιησει δυναμιν ἐπι τῳ ὀνοματι μου και λαλησει κακως περι ἐμου.
4. ἀπεκριθη αὐτῳ ὁ ἀσθενων· Κυριε, ὑπηρετην οὐκ ἐχω βαλειν με εἰς το ὑδωρ· ὁτε εἰς αὐτο ἐρχομαι ἐγω, ἀλλος προ ἐμου καταβαινει.
*5. βουλομεθα οὐν γνωναι τίνα ταυτα ἐστιν.
6. Αὐτος γαρ ὁ Ἡρῳδης ἀποστειλας ἐκρατησεν τον Ἰωαννην και ἐδησεν αὐτον ἐν φυλακῃ [*cárcel*] δια την γυναικα του ἀδελφου αὐτου, ὁτι αὐτην ἐγαμησεν.
*7. και ἐφαγον τον καρπον παντες και ἠρθη το περισσευσαν.
8. ἡ γαρ ἀγαπη του θεου ἐκχειται ἐν ταις καρδιαις ἡμων δια πνευματος ἁγιου του λαμβανομενου ὑφ' ἡμων.
9. Cuando se acercó el tiempo de la cosecha [*literalmente 'el tiempo de los frutos'*], envió a sus esclavos para recibir los frutos que le correspondían [*literalmente 'sus frutos de él'*].
10. Felipe dijo, 'Fuimos impedidos por el diablo pero después de largo tiempo[11] terminamos el santuario.'
*11. Así que envió a uno de sus discípulos, diciéndole, 'Entra en la ciudad, y un hombre que lleva una copa de agua te servirá.'

---

10. El griego emplea a menudo el participio ἀποκριθεις junto con otro verbo de hablar (aquí λεγει). Desde muchos puntos de vista sobra el ἀποκριθεις, aunque le ayuda al lector a darse cuenta de que ha habido un cambio de persona hablando. La traducción más apropiada al castellano podría ser 'respondiendo' o 'contestando' ('contestando' no parece correcto para un participio Aoristo – pero hay que considerarlo como la secuencia entre la pregunta en la oración anterior y la contestación en la actual).

11. Para 'después de largo tiempo' emplee μετα πολυν χρονον (como en Mat. 25:19).

12. Porque os (les) hago saber, hermanos, que la buena nueva que fue proclamada por mí no es según un ser humano.

Sección C

Mateo 11:2-5: Ὁ δὲ Ἰωάννης ἀκούσας ἐν τῷ δεσμωτηρίῳ [*cárcel*] τὰ ἔργα τοῦ Χριστοῦ πέμψας διὰ τῶν μαθητῶν αὐτοῦ ³ εἶπεν αὐτῷ, Σὺ εἶ ὁ ἐρχόμενος ἢ ἕτερον προσδοκῶμεν [*deberíamos de esperar*]; ⁴ καὶ ἀποκριθεὶς ὁ Ἰησοῦς εἶπεν αὐτοῖς Πορευθέντες ἀπαγγείλατε Ἰωάννῃ ἃ ἀκούετε καὶ βλέπετε· ⁵ τυφλοὶ ἀναβλέπουσιν καὶ χωλοὶ [*cojos*] περιπατοῦσιν, λεπροὶ [*leprosos*] καθαρίζονται [καθαριζω = *purifico*] καὶ κωφοὶ [*sordos*] ἀκούουσιν, καὶ νεκροὶ ἐγείρονται καὶ πτωχοὶ [*pobres*] εὐαγγελίζονται.

CAPÍTULO DIECISÉIS

El perfecto

Mar 1:2: καθως <u>γεγραπται</u> ἐν τῳ Ἡσαϊᾳ τῳ προφητῃ· Ἰδου ἀποστελλω ...
– Tal como <u>está escrito</u> en Isaías el profeta, '¡He aquí! Envío...'
Juan 19:30: ὁ Ἰησους εἰπεν· <u>τετελεσται</u> – Jesús dijo, '<u>Se ha terminado</u>.'
1 Juan 5:10: ὁ μη πιστευων τῳ θεῳ ψευστην <u>πεποιηκεν</u> αὐτον, ὁτι οὐ <u>πεπιστευκεν</u> εἰς την μαρτυριαν ἡν <u>μεμαρτυρηκεν</u> ὁ θεος περι του υἱου αὐτου.
– El que no crea en Dios le <u>ha hecho</u> mentiroso, porque no <u>ha creído</u> en el testimonio que Dios <u>ha testificado</u> acerca de su Hijo.

Los verbos subrayados están en el tiempo Perfecto. Los dos primeros están en la Voz Pasiva del Perfecto; los de 1 Juan 5:10 están en la Voz Activa del Perfecto.

El tiempo Perfecto comunica una acción en el pasado que tiene un efecto en el presente. La acción en el pasado se considera completada y terminada (la acción misma no continua en el presente), pero no es sencillamente algo del pasado; sigue teniendo un efecto en la actualidad.

Así que sería posible traducir Marcos 1:2 o bien 'ha sido escrito' (haciendo resaltar que fue escrito en el pasado) o bien 'está escrito' (haciendo resaltar que da testimonio en la actualidad). De cualquier de las dos formas, el escribir el texto de Isaías es una acción completada que afecta al tiempo presente.

En Juan 19:30 puede ser que sea mejor una traducción al tiempo Presente en castellano – por ejemplo, 'Está terminado' (o 'Consumado es' en algunas traducciones).

En la traducción de 1 Juan 5:10 dada arriba se ha empleado el tiempo Perfecto también de los verbos españoles. Pero sea como fuera la traducción del Perfecto griego al castellano, el significado sigue sin cambiar: una acción pasada y completada que tiene efectos en el presente – en la actualidad.

16.1 LA IDEA DEL PERFECTO

El Tiempo Perfecto es el quinto y último tiempo de los verbos griegos que necesitamos aprender.[1] Dado que es un tiempo, será necesario mirar su forma y su significado en cada uno de los modos y las voces.

Lo esencial del Perfecto es la idea de **finalización**. Esto es un *aspecto* – comunica la naturaleza de la acción. Si se emplea el Perfecto, no comunica un *proceso* ni es *sin definir*, sino que se trata más bien de una acción que ahora está *terminada*. El momento cuando ocurrió es menos importante en el tiempo Perfecto – el hecho de que la acción está completada dice algo acerca del pasado (fue hecha en el pasado), pero también dice algo acerca del presente (está terminada, completada o finalizada). 'Acontecimiento en el Pasado con efectos y consecuencias en el Presente' es un refrán útil para el tiempo Perfecto de los verbos.

Ahora podemos completar la tabla dada en el Capítulo 6, sección 6.3, que da el significado de los tiempos de los verbos:

Tiempo griego	Tiempo	Aspecto	Equivalente castellano
Presente	Presente	Proceso o Sin definir	Estoy desatando o Desato
Futuro	Futuro	Sin definir	Desataré
Imperfecto	Pasado	Proceso	Desataba o Estaba desatando
Aoristo	Pasado	Sin definir	Desaté
Perfecto	**Presente y Pasado**	**Completado**	**He desatado**

16.2 LA FORMA DEL PERFECTO

		Activo	Medio[2]	Pasivo
Indicativo	yo	λελυκα	ῥερυμαι	λελυμαι
	tú/usted	λελυκας	ῥερυσαι	λελυσαι
	él/ella	λελυκεν	ῥερυται	λελυται
	nosotros/as	λελυκαμεν	ῥερυμεθα	λελυμεθα
	vosotros/as / ustedes	λελυκατε	ῥερυσθε	λελυσθε
	ellos/ellas	λελυκασιν	ῥερυνται	λελυνται
Participio		λελυκως	ῥερυμενος	λελυμενος

---

1. Hay una variante del Perfecto llamado el Pluscuamperfecto, pero esto ocurre muy raras veces en el Nuevo Testamento. Se menciona brevemente en la sección 16.4.

2. En realidad, ῥυομαι no ocurre nunca en el Perfecto, pero parece ser sensato seguir empleando la misma palabra que hemos usado en otros capítulos como 'palabra patrón'.

Notas

- En español, el tiempo Perfecto está formado por dos palabras: un 'verbo auxiliar' (he, has, ha, …) y el participio pasado (desatado, rescatado, etc.). En el griego koiné el tiempo Perfecto está formado por una palabra solamente.
- Lo que caracteriza al Perfecto, en todas sus formas, es la **reduplicación** (ver abajo).
- El Perfecto Activo tiene también una κ característica.
- Las terminaciones del Perfecto Activo Indicativo son similares a las del Aoristo.
- La Voz Media y la Voz Pasiva tienen las mismas terminaciones en el Perfecto (al igual que en el Presente y el Imperfecto).
- Las terminaciones para la voz Media y la voz Pasiva del Perfecto son similares a las terminaciones de la voz Media y la voz Pasiva del tiempo Presente, pero carecen de una vocal inicial (p.ej., -ται en vez de -εται, -μενος en vez de -ομενος).
- λελυκος se declina como πας. Los singulares nominativos son λελυκως, λελυκυια, λελυκος y la raíz de la 3ª declinación es λελυκοτ- (se presentan todas las formas en la página 262).
- Todos los otros modos también tienen formas del Perfecto. La idea que comunican es la de finalización (p.ej., Perfecto Infinitivo Activo λελυκεναι ('haber desatado'), Perfecto Infinitivo Pasivo λελυσθαι ('haber sido desatado'). Sin embargo, estas formas ocurren muy raras veces.

16.2.1 La reduplicación

La 'reduplicación' es la repetición de la primera letra de la raíz. Esto ocurre en todas las formas del tiempo Perfecto (por lo cual señala el Perfecto muy claramente). Como podría ser de esperar, a pesar de que todos los verbos tienen reduplicación en el Perfecto, la forma exacta de ella depende de cuál sea la primera letra del verbo.

Los verbos que empiezan con una consonante

Normalmente, se repite la consonante, seguida por una ε.
p.ej., λελυκα, πεπιστευκα

χ, φ, θ (todas fricativas sordas, consideradas 'aspiradas'): La consonante se repite sin la aspiración (o sea, se emplea una de las consonantes κ, π y τ), seguida por una ε (κεχ-, πεφ- o τεθ-). P.ej.: τεθεραπευκα.[3]

σ, ζ, ξ (todas tienen un sonido sibilante – algo como una 's'): Se aplica la regla *normal* (dando, por lo tanto, σεσ-, ζεζ- y ξεξ-), pero por lo general se suprime la consonante inicial, dejando, en efecto, nada más que la adición de una ε. P.ej., ἐζητηκα, pero también σεσωκα.

Los verbos que empiezan con una vocal

La reduplicación de la vocal se representa con hacerla más larga:
α → η   ε → η   ο → ω   p.ej., ἠκολουθηκα

---

3. κ, π y τ tienen (¡aproximadamente!) las mismas *posiciones* de articulación que χ, φ y θ, respectivamente: χ y κ son consonantes *velares*; φ es *labio-dental* mientras que π es *bilabial*; θ y τ son consonantes *dentales*.

Notas

- La reduplicación afecta a **la raíz**. Por lo tanto, en un verbo compuesto habrá que quitarle la preposición, hacer la reduplicación de la raíz y luego volver a poner la preposición (al igual que lo que se hace con los aumentos para el Imperfecto y el Aoristo). Por lo tanto, el Perfecto de ἀπολυω es ἀπολελυκα.
- En los casos donde la única consecuencia es añadir una ε o hacer más larga la vocal, parece que fuera lo mismo que añadir el aumento, pero hay una diferencia crucial:

> GRAMÁTICA ESENCIAL
>
> Reduplicación – Tiempo Perfecto – en todos los Modos
> Aumento – Tiempos Imperfecto y Aoristo – únicamente en el Indicativo

16.2.2 Cambios en la raíz

Todas las formas del Perfecto ponen una consonante junta al final del verbo – o bien la κ para el Perfecto Activo o la terminación misma para el Medio o el Pasivo. Esto puede causar algunas complicaciones, al igual que lo hace el añadir una σ o una θ con el Futuro o el Aoristo.

Los cambios con los verbos que terminan en -εω son previsibles – se alarga la ε, convirtiéndola en una η antes de la consonante.

p.ej.: πεποιηκα es la 1ª pers. del singular del Perfecto Activo Indicativo de ποιεω
τετηρηται es la 3ª pers. del singular del Perfecto Pasivo Indicativo de τηρεω.

No vale la pena aprender los cambios en los demás verbos (o sea, los cuya raíz termina con una consonante) porque:

i) son bastante complicados
ii) el Perfecto ocurre raras veces de todas formas
iii) las palabras suelen seguir siendo bastante reconocibles.

Básicamente, lo que ocurre es que la consonante al final de la raíz se cambia a cualquier consonante dentro de su grupo que suene mejor al lado de la terminación. Los grupos son los mismos que conocimos antes cuando vimos la adición de la σ y la θ:

> GRAMÁTICA ESENCIAL
>
> Grupos de consonantes: κ, γ, χ, σσ   π, β, φ   τ, δ, θ, ζ, σ

PRÁCTICA 16.2

Dé un análisis morfológico de cada una de las palabras siguientes

1. μεμισηκεν
2. κεκωλυμενους
3. πεπροφητευται
4. πεφιληκασιν
5. βεβλεπται
6. ἀπολελυμενην

PRÁCTICA A MITAD DE CAMINO

Traduzca

1. οἱ δουλοι ἀπολελυνται.
2. μεμαρτυρηκα τῃ ἀληθειᾳ.
3. τί πεποιηκας;
4. πεπειρασμαι πολλα ἐτη.
5. οὐ προσκυνουμεν ἐν ἱερῳ ᾠκοδομημενῳ ὑπο ἀνθρωπων.
6. ὑποτετακται πονηρῳ κυριῳ.
7. σεσωμεθα δια της ἀγαπης του θεου.
8. οἱ στρατιωται κεκρατηκασιν τον Πετρον.
9. La enferma ha sido sanada.
10. La palabra ha sido enviada (*emplee* πεμπω) al mundo.
11. Hemos hecho cosas buenas.
12. ¿Seguramente no habrás creído en Jesús?

16.3 MÁS ACERCA DEL SIGNIFICADO DEL PERFECTO

Lo esencial del tiempo Perfecto se dio al principio del capítulo – *finalización* – y el equivalente básico castellano: 'he desatado'. Pero hay otros dos puntos que merecen mencionarse.

16.3.1 Los participios

El significado de los participios Perfectos es el que esperaría uno – no se refieren ni a una secuencia de dos acciones ni a acciones simultáneas sino al *estado actual de las cosas* (que resulta de una acción completada y terminada en el pasado).

p.ej. Hechos 16:34: ἠγαλλιασατο ... <u>πεπιστευκως</u> τῳ θεῳ.
  – se regocijó... porque <u>había llegado a ser creyente</u> en Dios.
  (es decir, había creído y todavía creía en Dios).

Lo que es un poco complicado es que no hay ninguna traducción 'literal' que podría uno emplear, aparte de 'habiendo creído', lo cual sería idéntico al Aoristo. Así que es necesario tener mucho cuidado para expresar el verdadero significado de los participios Perfectos cuando uno convierte sus traducciones literales en castellano bueno.

En la práctica, los participios Perfectos Activos ocurren muy raras veces. Los participios Perfectos Pasivos son más corrientes y a menudo son en realidad equivalentes a un adjetivo o a un participio Presente, ya que describen el estado actual de las cosas.

p.ej. Mat 5:10: μακαριοι οἱ <u>δεδιωγμενοι</u>.
  – Bienaventurados los <u>que han sido perseguidos</u> (es decir, los perseguidos).

16.3.2 La diferencia entre el Perfecto y el Aoristo

No puede uno depender siempre de los equivalentes básicos castellanos 'he desatado' para el Perfecto y 'desaté' para el Aoristo. Es por eso que debería uno intentar no confiar en estos equivalentes. Más bien debería uno pensar en el significado de estos tiempos – el Aoristo es el pasado sin definir y el Perfecto es el pasado completado y terminado.

La mejor manera de hacer resaltar las dificultades es mirar tres ejemplos:

1) ἡ πιστις σου σεσωκεν σε. (Marcos 5:34)
2) οὐκ ἀνεγνωτε; (Marcos 12:26)
3) ἐκαλεσεν αὐτους. (Marcos 1:20)

1) está en el Perfecto – el salvarle está terminado – ocurrió en el pasado y ahora está siendo contemplado como finalizado, dando como consecuencia el estado de estar salvado (salvo) en el presente.

2) y 3) están en el Aoristo – las acciones están en el pasado, pero no se está diciendo nada más acerca de la naturaleza de esas acciones (proceso, completado, etc.)

En castellano, probablemente traduciríamos estas oraciones de la manera siguiente:

1. Tu fe te ha salvado.
2. ¿No habéis leído? (¿No han leído ustedes?)
3. Les llamó.

Así que sería posible que tuviéramos una parte del verbo auxiliar 'haber' en la segunda oración, a pesar del hecho de que el verbo griego está en el Aoristo y la traducción dada aquí está en el Perfecto. (Una alternativa sería '¿No leísteis? / ¿No leyeron ustedes?')

Esto demuestra las limitaciones de pensar en términos de 'equivalentes españoles'. '¿No habéis leído? (¿No han leído ustedes?)' es una buena traducción de οὐκ ἀνεγνωτε; porque el propósito de cualquier traducción es transmitir el significado, y tanto la oración griega como esta traducción comunican una pregunta acerca de una acción en el pasado, la naturaleza de la cual (proceso, completado, etc.) se deja sin definir. El hecho de que para transmitir este significado, el castellano haya empleado la palabra 'habéis/han', que asociamos con el Perfecto, es desafortunado, pero nada más.[4]

> **GRAMÁTICA ESENCIAL**
> Uno tiene que enfocarse en el significado de los tiempos de los verbos, no en sus equivalentes básicos españoles

---

4. Desde el punto de vista técnico, el problema es que en griego una acción en un pasado indeterminado emplea el Aoristo (pasado sin definir), mientras que en castellano empleamos el Perfecto para esto. Esto se puede resumir con la tabla siguiente:

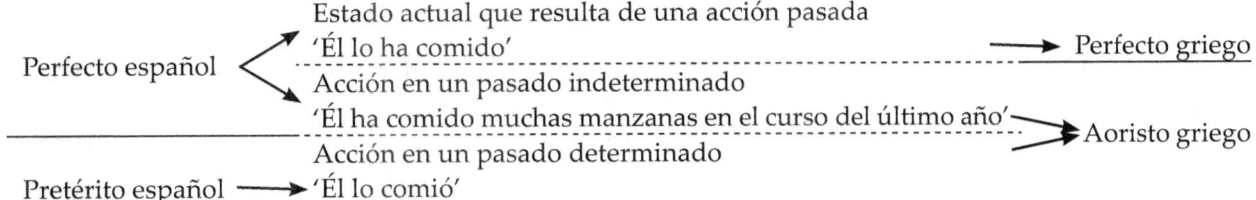

Por otro lado, a veces es imposible comunicar en una traducción al español de una manera suficientemente corriente el hecho de que el verbo está en el Perfecto, a pesar de la importancia que pueda tener para el significado de la oración. Por ejemplo, en 1 Cor 15:3-4 leemos: Χριστος ἀπεθανεν (Aoristo) και ἐγηγερται (Perfecto (irregular)) τῃ ἡμερᾳ τῃ τριτῃ. Es casi imposible evitar traducir esto de la manera siguiente: 'Cristo murió y fue resucitado el tercer día', lo cual indicaría al lector hispanohablante que los dos verbos 'murió' y 'fue' están en el mismo tiempo, el cual señala acciones en el pasado. Sin embargo, esto no es el significado del griego, ya que ἀπεθανεν es Aoristo mientras que ἐγηγερται es Perfecto, así que el autor está señalando una diferencia entre los dos verbos – la muerte fue una acción en el pasado, pero la resurrección tiene efectos que continúan hasta el día de hoy ('fue resucitado y está todavía hoy en el estado de estar resucitado').

PRÁCTICA 16.3

¿Qué tiempo es el más apropiado en griego para el verbo subrayado?

1. He aprendido griego.
2. He aprendido mi vocabulario todos los días.
3. Ella ha sido ayudada por el profesor.
4. Ellos tienen los libros.
5. Hablaron con los que lo habían visto todo.

16.4 EL PLUSCUAMPERFECTO

El Pluscuamperfecto ocurre muy raras veces y se menciona aquí más bien por completar la descripción que por su importancia. Es una variante del Perfecto que muda el tiempo de los acontecimientos pasados una etapa más lejos en el pasado.

Perfecto *Un estado presente que surge de un acontecimiento en el pasado*
'Yo he roto la ventana' – acontecimiento en el pasado, pero sigue rota.

Pluscuamperfecto *Un estado pasado que surge de un acontecimiento en el pasado remoto*
'Yo había roto la ventana' – acontecimiento en el pasado, un estado creado, pero el estado está ahora en el pasado (estuvo rota por cierto tiempo, pero ahora ha sido reparada).

Sin embargo, sería erróneo pensar que 'Yo había desatado' sería el equivalente español del Pluscuamperfecto griego, porque normalmente cuando tenemos 'había' en español no se traduciría por el Pluscuamperfecto en griego.

Las declaraciones indirectas (ver el Capítulo 10, sección 10.3)

p.ej. 'Pero él dijo que no había destruido la ley.'

El griego emplea el tiempo de las palabras *originales* que fueron dichas o pensadas, lo cual, en este caso sería 'no he destruido la ley', por lo que se emplearía el Perfecto, no el Pluscuamperfecto.

ὁ δε ειπεν ὁτι οὐ καταλελυκεν τον νομον.

Las cláusulas temporales

p.ej. 'Cuando él hubo (había) venido, habló al pueblo.'

Normalmente se traduciría esto al griego con un participio: 'habiendo venido, habló él con el pueblo'. Otra posibilidad sería emplear la palabra ὁτε ('cuando') seguida por un verbo en el tiempo Aoristo. A pesar de que tiene 'había' (o 'hubo') en castellano, no se emplearía el Pluscuamperfecto en griego, porque el significado que se busca no es el del Pluscuamperfecto.

ἐλθων ειπεν τω λαω ο ὁτε ἠλθεν, ειπεν τω λαω.

La forma del Pluscuamperfecto

El Pluscuamperfecto ocurre únicamente en el Indicativo. Tiene la reduplicación, igual que el Perfecto, y debería de tener un aumento (ya que se refiere a un tiempo pasado), aunque a menudo se suprime esto. Las terminaciones Activas son similares a las del Perfecto Activo, pero con la α de la terminación reemplazada por ει. Las terminaciones para el Medio y el Pasivo son muy parecidas a las terminaciones Medias para el Aoristo y el Imperfecto, sin la primera vocal, y en realidad difieren muy poco de las terminaciones para el Perfecto.

	Activo	Medio y Pasivo
yo	(ἐ)λελυκειν	(ἐ)λελυμην
tú/usted	(ἐ)λελυκεις	(ἐ)λελυσο
él/ella	(ἐ)λελυκει	(ἐ)λελυτο
nosotros/as	(ἐ)λελυκειμεν	(ἐ)λελυμεθα
vosotros/as / ustedes	(ἐ)λελυκειτε	(ἐ)λελυσθε
ellos/ellas	(ἐ)λελυκεισαν	(ἐ)λελυντο

PRÁCTICA 16.4

¿En cuáles de las oraciones siguientes se emplearía el Pluscuamperfecto?

1. Cuando él hubo (había) llegado, empezaron a comer.
2. Los escribas dijeron que la ley había sido infringida.
3. Yo había creído, pero ya no creo.
4. Después de haber creído estuve feliz.
5. Ellos pensaban que el templo había sido destruido.

VOCABULARIO PARA EL CAPÍTULO 16

Más sustantivos femeninos de la 1ª declinación

ἀκοη (24)	–	fama, noticia
ἀσθενεια (24)	–	debilidad, enfermedad
*διδαχη (30)	–	enseñanza, instrucción
		(el hecho de hacerlo y el contenido)
ἑορτη (25)	–	fiesta
ἐπιστολη (24)	–	carta
*θυσια (28)	–	ofrenda, sacrificio
*κωμη (27)	–	aldea, pueblo
*μαχαιρα (29)	–	espada
νεφελη (25)	–	nube
παρουσια (24)	–	venida, presencia
*περιτομη (36)	–	circuncisión
πορνεια (25)	–	inmoralidad sexual
*προσευχη (36)	–	oración
*ὑπομονη (32)	–	paciencia
*φυλη (31)	–	tribu, raza, nación
*χηρα (26)	–	viuda
*χωρα (28)	–	región, país

Los números

*τρεις (68)	–	tres
		(τρια con sustantivos neutros)
*τεσσαρες (41)	–	cuatro
		(τεσσαρα con sustantivos neutros)
πεντε (38)	–	cinco
ἑξ (13)	–	seis
*ἑπτα (88)	–	siete
ὀκτω (8)	–	ocho
ἐννεα (5)	–	nueve
δεκα (25)	–	diez
*δωδεκα (75)	–	doce
ἑκατον (17)	–	cien(to)
χιλιας (23)	–	mil
*πρωτος (155)	–	primero
*δευτερος (43)	–	segundo, segunda vez
*τριτος (56)	–	tercero

(Note también δυο – dos, aprendido en el capítulo 6)

Una exclamación
*οὐαι (46)   – ¡ay!

Observe también dos palabra cuyas raíces son irregulares en el Perfecto Activo:
ἑωρακα – el Perfecto Activo de ὁραω (veo)   ἀκηκοα – el Perfecto Activo de ἀκουω
                                                                              (oigo, escucho)

Palabras para ayudar

<u>ac</u>ústico, <u>astenia</u>, <u>asténico</u>, <u>didáctico</u>, <u>epístola</u>, átomo, <u>porno</u>grafía, <u>trí</u>pode/<u>tri</u>ángulo, <u>tetra</u>edro, Dia<u>tessa</u>ron, <u>pent</u>ágono/<u>Pent</u>ateuco, <u>hex</u>ágono, <u>hept</u>atlón, <u>oct</u>ágono/<u>oct</u>ógono, <u>Decá</u>logo/<u>dec</u>atlón, <u>dodec</u>aedro, <u>ki</u>logramo, <u>proto</u>tipo, <u>Deuter</u>onomio.

Ejercicios
Sección A

*1. και λεγει αὐτοις· Γεγραπται, Ὁ οἰκος μου οἰκος προσευχης κληθησεται.
*2. κἀγω ἑωρακα, και μεμαρτυρηκα ὁτι οὑτος ἐστιν ὁ υἱος του θεου.
*3. ὁ πιστευων εἰς αὐτον οὐ κρινεται· ὁ δε μη πιστευων ἠδη κεκριται, ὁτι οὐ πεπιστευκεν εἰς το ὀνομα του μονογενους (*único*) υἱου του θεου.

El perfecto

*4. Ἰωαννης μεμαρτυρηκεν τῃ ἀληθειᾳ· ταυτα λελαληκεν ὑμιν.

*5. και ἡμεις πεπιστευκαμεν και ἐγνωκαμεν ὁτι συ εἶ ὁ ἁγιος του θεου.

*6. λεγει αὐτῳ· Ναι, κυριε, ἐγω πεπιστευκα ὁτι συ εἶ ὁ χριστος ὁ υἱος του θεου ὁ εἰς τον κοσμον ἐρχομενος.

*7. οὐδεις τον πατερα ἑωρακεν εἰ μη ὁ ὢν παρα του θεου, οὑτος ἑωρακεν τον πατερα.

8. και τοτε φανησεται το σημειον του υἱου του ἀνθρωπου ἐν οὐρανῳ, και ὀψονται (*Futuro irregular de* ὁραω) τον υἱον του ἀνθρωπου ἐρχομενον ἐπι των νεφελων του οὐρανου μετα δυναμεως και δοξης πολλης· οὑτως ἐσται ἡ παρουσια του υἱου του ἀνθρωπου.

*9. Dijeron, 'Señor, mira, aquí hay dos espadas.'

10. En seguida se extendió (salió) su fama por toda la región de Galilea.

*11. Los doce han oído su enseñanza y han visto su sacrificio.

*12. El discípulo ha amado a los santos en las siete iglesias.

Sección B

*1. το ἐργον μου τετελεκα, την πιστιν τετηρηκα.

*2. διο εἰσερχομενος εἰς τον κοσμον λεγει· Ἐλεος θελω και οὐ θυσιαν.

*3. ἀκουσας δε ὁ Ἰησους εἰπεν· Αὑτη ἡ ἀσθενεια οὐκ ἐστιν προς θανατον ἀλλ᾽ ὑπερ της δοξης του θεου, και δοξασθησεται ὁ υἱος του θεου δι᾽ αὐτης.

4. νυν δε οὐπω βλεπομεν αὐτῳ τα παντα ὑποτεταγμενα.

*5. ἑπτα ἀδελφοι ἠσαν· και ὁ πρωτος ἐλαβεν γυναικα και ἀπεθανεν.

6. ὁ δε λεγει αὐτοις· Ποσους ἀρτους ἐχετε; ὑπαγετε ἰδετε. και γνοντες λεγουσιν, Πεντε.

7. Ὃ ἠν ἀπ᾽ ἀρχης, ὃ ἀκηκοαμεν, ὃ πεπιστευκαμεν περι του λογου της ζωης, λελαληται ὑμιν ὑπο ἡμων.

*8. ὁ δε Ἰησους εἰπεν αὐτοις, Ἀμην λεγω ὑμιν ὁτι ὑμεις οἱ ἀκολουθησαντες μοι, ὁτε ὁ υἱος του ἀνθρωπου ἐστιν ἐπι θρονου δοξης αὐτου, και ὑμεις ἐσεσθε ἐπι δωδεκα θρονους κρινοντες τας δωδεκα φυλας του Ἰσραηλ.

9. Durante cuatro días y cuatro noches oró en el desierto y vio a mil ángeles en las nubes.

*10. El hijo de la viuda fue sanado/salvado (salvo) inmediatamente debido a la fe de ella.

11. Diez griegos han creído el informe (lo que se ha dicho) acerca de su venida.

*12. En la segunda carta se ha escrito enseñanza acerca de la paciencia, la oración, la circuncisión, la inmoralidad, y las fiestas del Señor.

Sección C

Marcos 5:25-34: και γυνη οὐσα ἐν ῥυσει [*flujo*] αἱματος δωδεκα ἐτη [26] και πολλα παθουσα [*part. act. aor. fem. sg.* πασχω = *padecer*] ὑπο πολλων ἰατρων [*médicos*] και δαπανησασα [δαπαναω = *gastar*] τα παρ᾽ αὐτης παντα και μηδεν ὠφεληθεισα [ὠφελεω = *ganar, beneficiar*] ἀλλα μᾶλλον [*más bien*] εἰς το χειρον [*peor*] ἐλθουσα, [27] ἀκουσασα περι του Ἰησου, ἐλθουσα ἐν τῳ ὀχλῳ ὀπισθεν [*por detrás*] ἡψατο του ἱματιου αὐτου· [28] ἐλεγεν γαρ ὁτι Ἐαν [*si*] ἁψωμαι [*tocara*] κἂν [*incluso*] των ἱματιων αὐτου σωθησομαι. [29] και εὐθυς ἐξηρανθη [ξηραινω = *secarse, pararse*] ἡ πηγη [*el flujo, la fuente*] του αἱματος αὐτης και ἐγνω τῳ σωματι ὁτι ἰαται [*perfecto pasivo de* ἰαομαι = *sano*] ἀπο της μαστιγος [*enfermedad, padecimiento*]. [30] και εὐθυς ὁ Ἰησους ἐπιγνους ἐν ἑαυτῳ την ἐξ αὐτου δυναμιν ἐξελθουσαν ἐπιστραφεις ἐν τῳ ὄχλῳ ἔλεγεν, Τίς μου ἥψατο τῶν ἱματίων; ³¹ καὶ ἔλεγον αὐτῷ οἱ μαθηταὶ αὐτοῦ, Βλέπεις τὸν ὄχλον συνθλίβοντά [*aprieta*] σε, καὶ λέγεις, Τίς μου ἥψατο; ³² καὶ περιεβλέπετο [περι + βλεπω] ἰδεῖν τὴν τοῦτο ποιήσασαν. ³³ ἡ δὲ γυνὴ φοβηθεῖσα καὶ τρέμουσα [τρεμω = *tiemblo*], εἰδυῖα [*sabiendo*] ὃ γέγονεν αὐτῇ, ἦλθεν καὶ προσέπεσεν [προς + πιπτω] αὐτῷ καὶ εἶπεν αὐτῷ πᾶσαν τὴν ἀλήθειαν. ³⁴ ὁ δὲ εἶπεν αὐτῇ, Θυγάτηρ, ἡ πίστις σου σέσωκέν σε· ὕπαγε εἰς εἰρήνην καὶ ἴσθι [*Presente Imperativo 2ª pers. singular de* εἰμι], ὑγιὴς [*saludable*] ἀπὸ τῆς μάστιγός σου.

CAPÍTULO DIECISIETE

El subjuntivo

1 Juan 2:1: ταυτα γραφω ὑμιν <u>ἰνα μη ἁμαρτητε</u>.
 – Os (les) escribo estas cosas <u>para que no pequéis (para que no pequen ustedes)</u>.
1 Pedro 3:18: Χριστος ἁπαξ περι ἁμαρτιων ἐπαθεν ... <u>ἰνα</u> ὑμας <u>προσαγαγῃ</u> τῳ θεῳ.
 – Cristo padeció una vez para siempre por los pecados… <u>para traeros (traerles)</u> a Dios / para que os (les) <u>trajera</u> a Dios.
1 Cor 11:27: <u>ὁς ἀν ἐσθιῃ</u> τον ἀρτον ἠ <u>πινῃ</u> το ποτηριον του κυριου ...
 – <u>Cualquiera que coma</u> el pan o <u>beba</u> la copa del Señor...
Marcos 6:10: <u>ὁπου ἑαν εἰσελθητε</u> εἰς οἰκιαν, ἐκει μενετε.
 – <u>Donde sea que entréis (entren ustedes)</u> en una casa, quedaos (quédense) allí. / <u>Dondequiera que entréis (entren)</u>…
Tito 3:12: <u>ὁταν πεμψω</u> Ἀρτεμαν προς σε ἠ Τυχικον, σπουδασον ἐλθειν προς με εἰς Νικοπολιν.
 – <u>Cuando envíe</u> a ti a Artemas, o a Tíquico, haz todo lo posible por venir a mí en Nicópolis.
Marcos 1:38: και λεγει αὐτοις· <u>Ἀγωμεν</u> ἀλλαχου ...
 – Y les dice, '<u>Vayamos</u> a otro sitio...'
Marcos 6:24: ἐξελθουσα εἰπεν τῃ μητρι αὐτης· Τί <u>αἰτησωμαι</u>;
 – Cuando hubo salido ella, dijo a su madre '¿Qué <u>debería de pedir</u>?'
Heb. 10:35: <u>μη ἀποβαλητε</u> οὐν την παρρησιαν ὑμων ...
 – Por consiguiente <u>no tiréis (no tiren ustedes)</u> vuestra (su) confianza.
Apoc. 18:21: βληθησεται Βαβυλων ἡ μεγαλη πολις και <u>οὐ μη εὑρεθῃ</u> ἐτι.
 – Babilonia la ciudad grande será derribada y <u>nunca más volverá a ser hallada</u>.

Todos los verbos subrayados en estos versículos están en el modo Subjuntivo. Como podrá observar, el Subjuntivo no tiene un significado único, sino que se emplea en varias situaciones diferentes, a menudo precedido por una palabra específica como ἰνα o ὁταν.

En la mayoría de sus usos, el empleo del Subjuntivo en griego no difiere mucho de su empleo en castellano, así que el concepto no es difícil de captar para los hispanohablantes.

17.1 LA IDEA DEL SUBJUNTIVO

El Subjuntivo es el quinto modo de los verbos que tenemos que aprender – y el último. Cuando haya terminado este capítulo conocerá todas las formas del verbo (además de todas las formas de los sustantivos y los adjetivos).

El Subjuntivo se emplea únicamente en ciertos contextos. No tiene ningún 'significado' adicional; ocurre únicamente como parte de una estructura más amplia, y es esa estructura la que tiene un significado (como, por ejemplo, expresar propósito).[1] Otra descripción posible de algunos usos del subjuntivo sería *'el modo de la afirmación dudosa'*.

El Subjuntivo ocurre en todas las tres Voces (Activa, Media y Pasiva), pero únicamente en el tiempo Presente y el tiempo Aoristo. En esto hay una similitud con el Imperativo y el Infinitivo. Lo que es más, la diferencia de significado entre el Presente del Subjuntivo y el Aoristo del Subjuntivo es igual que en los casos del Infinitivo y del Imperativo ('proceso' o 'por defecto'). Al igual que el Indicativo –y al igual que en castellano– puede ocurrir en el singular y el plural, y en la 1ª, la 2ª y la 3ª persona.

17.2 LA FORMACIÓN DEL SUBJUNTIVO

Formar el Subjuntivo es fácil. Las únicas diferencias del Indicativo son que no tiene el aumento, y tiene terminaciones diferentes. Pero las terminaciones no son nada más que un cambio sencillo a las del Indicativo, y solamente hay dos patrones.

GRAMÁTICA ESENCIAL
1. Quitar el aumento, si lo hay
2. Reemplazar las terminaciones del Indicativo por las del Subjuntivo

17.2.1 Presente Activo, Aoristo Activo y Aoristo Pasivo

Las terminaciones del Subjuntivo son iguales que las del Presente Activo del Indicativo de λυω, pero con la vocal inicial alargada.

Terminaciones del Indicativo: -ω, -εις, -ει, -ομεν, -ετε, -ουσιν o -ουσι
Terminaciones del Subjuntivo: -ω, -ῃς, -ῃ, -ωμεν, -ητε, -ωσιν

Así que las formas de los verbos en el Subjuntivo son las siguientes:

Presente Activo: λυω, λυῃς, λυῃ, λυωμεν, λυητε, λυωσιν
1ᵉʳ Aoristo Activo: λυσω, λυσῃς, λυσῃ, λυσωμεν, λυσητε, λυσωσιν
2° Aoristo Activo: βαλω, βαλῃς, βαλῃ, βαλωμεν, βαλητε, βαλωσιν
Aoristo Pasivo: λυθω, λυθῃς, λυθῃ, λυθωμεν, λυθητε, λυθωσιν

---

1. Por ejemplo, la oración, 'Te lo cuento para que lo <u>sepas</u>…' lleva el significado que la persona a la que está hablando todavía no <u>sabe</u>; pero el que habla tiene como propósito que <u>aprenda</u>, que <u>se entere</u>. (Estos dos verbos están, también aquí, en el Subjuntivo).

17.2.2 Presento Medio, Presente Pasivo y Aoristo Medio

Las terminaciones del Subjuntivo para los verbos Medios y Pasivos son iguales que las del Presente Indicativo Medio de ῥυομαι y el Pasivo de λυω, pero con la vocal inicial alargada.

Terminaciones del Indicativo: -ομαι, -η, -εται, -ομεθα, -εσθε, -ονται
Terminaciones del Subjuntivo: -ωμαι, -η, -ηται, -ωμεθα, -ησθε, -ωνται

Así que las formas de los verbos en el Subjuntivo son las siguientes:

Presente Medio: ῥυωμαι, ῥυῃ, ῥυηται, ῥυωμεθα, ῥυησθε, ῥυωνται
Presente Pasivo: λυωμαι, λυῃ, λυηται, λυωμεθα, λυησθε, λυωνται
1ᵉʳ Aoristo Medio: ῥυσωμαι, ῥυσῃ, ῥυσηται, ῥυσωμεθα, ῥυσησθε, ῥυσωνται
2° Aoristo Medio: γενωμαι, γενῃ, γενηται, γενωμεθα, γενησθε, γενωνται

Notas

- Los verbos que terminan con -εω son fáciles en el Subjuntivo: las terminaciones empiezan siempre con una vocal larga, así que la ε desaparecerá siempre y las terminaciones que resultan serán idénticas a las de λυω. Así que el Presente Activo Subjuntivo de φιλεω es:

  φιλω, φιλῃς, φιλῃ, φιλωμεν, φιλητε, φιλωσιν.

- εἰμι emplea las mismas terminaciones, pero sin ninguna raíz. Entonces, su Presente Subjuntivo es:

  ὦ, ᾖς, ᾖ, ὦμεν, ἦτε, ὦσιν.

PRÁCTICA 17.2

Dé un análisis morfológico de cada una de las palabras siguientes

1. ἀγωεμεν
2. πεμψωσιν
3. τελῃ
4. ἐρχωνται
5. λυθῃς
6. εἰπωσιν
7. ἀρξωμαι
8. βαλληται
9. διδασκῃ
10. ἀκουσητε
11. ἰδωμεν
12. φιλουμεν

17.3 EL EMPLEO DEL SUBJUNTIVO

Hay siete construcciones diferentes que emplean el Subjuntivo. El Subjuntivo tiene que ocurrir en estas estructures, y no ocurrirá en otro sitio. Las dos primeras construcciones son mucho más corrientes que las otras. Cualquiera que sea la construcción que se esté empleando, la diferencia entre los tiempos es la misma: se emplea el Presente si se contempla la acción como parte de un proceso (continuo o repetido), si no, el Aoristo, al igual que en el Infinitivo y el Imperativo.

> **GRAMÁTICA ESENCIAL**
> Subjuntivo Presente – Proceso
> Subjuntivo Aoristo – 'Por Defecto'

17.3.1 Cláusulas indefinidas

Las cláusulas que se refieren a una persona, a un lugar o a un tiempo que no sea concreto emplean la palabra (técnicamente la 'partícula') ἄν + el Subjuntivo para expresar esta falta de precisión.

> **GRAMÁTICA ESENCIAL**
> ἄν + Subjuntivo = indefinido

A menudo, se expresa esta falta de precisión en castellano por la terminación '-quier(a)'.

ὅς	– quien	ὅς ἄν + Subjuntivo	– cualquier(a)
ὅπου	– donde	ὅπου ἄν + Subjuntivo	– dondequiera
ὅτε	– cuando	ὅταν + Subjuntivo	– cuandoquiera

Ejemplos

Marcos 3.35: <u>ὅς ἄν ποιηςῃ</u> το θελημα του θεου ...
  – <u>cualquiera que haga</u> la voluntad de Dios...
Mat. 6:6: συ δε <u>ὅταν προσευχῃ</u> ... – Pero <u>cuandoquiera que ores</u>...
Apoc. 14:4: οὑτοι οἱ ἀκολουθοῦντες τῳ ἀρνιῳ <u>ὅπου ἄν ὑπαγῃ</u>.
  – Estos (son) los que siguen al cordero <u>dondequiera que vaya</u>.

Notas

- A veces se emplea ἐάν en lugar de ἄν.
  Col. 3:23: <u>ὅ ἐάν ποιητε</u>, ἐκ ψυχης ἐργαζεσθε ὡς τῳ κυριῳ και οὐκ ἀνθρωποις.
  – <u>Cualquier cosa que hagáis (que hagan ustedes)</u>, trabajad (trabajen) con todo vuestro (su) ser como para el Señor y no para los hombres.
- A menudo es indefinido el significado de la oración y, por lo tanto, empleará una construcción indefinida, incluso cuando no se emplearía 'cualquier' o una palabra equivalente en castellano. Sin embargo, en muchos de estos contextos se emplearía de todas formas el Subjuntivo también en castellano. Por ejemplo, en Mateo 6:6 ὅταν προσευχῃ podría traducirse 'cuando ores'. 'Ores' es Subjuntivo. El Indicativo sería 'oras'. Aquí da Cristo una regla general para cualquier ocasión; no está describiendo únicamente una ocasión específica.

Marcos 6:10 es semejante: μενετε ἑως ἄν ἐξελθητε significa 'Permaneced (permanezcan ustedes) hasta que <u>os marchéis</u> (hasta que <u>se marchen ustedes</u>).' El marcharse está en un futuro indefinido. Sería posible traducirlo, 'Permaneced (permanezcan ustedes) hasta <u>cuando sea</u> (o 'hasta <u>cuandoquiera</u>') <u>que os marchéis</u> (<u>que se marchen ustedes</u>).'

17.3.2 Cláusulas que indican propósito

Ya hemos visto que es posible expresar un propósito sencillamente con un infinitivo. Por ejemplo, ἠλθεν <u>γραψαι</u> βιβλιον. – Ella vino <u>para escribir</u> un libro.

Una alternativa a esto sería emplear ἱνα + el Subjuntivo. El negativo de esto es ἱνα μη, aunque a veces se emplea μη sin ἱνα.

GRAMÁTICA ESENCIAL
ἱνα + Subjuntivo = propósito

Ejemplos

Juan 8:59: ἠραν οὐν λιθους <u>ἱνα βαλωσιν</u> ἐπ' αὐτον.
– Por lo tanto cogieron piedras <u>para arrojárselas</u>.

Mat. 7:1: μη κρινετε, <u>ἱνα μη κριθητε</u>.
– No juzguéis (no juzguen ustedes), <u>para que no seáis (sean) juzgados</u>.

Filip. 1:9: και τουτο προσευχομαι, <u>ἱνα</u> ἡ ἀγαπη ὑμων ... <u>περισσευη</u> ...
– Y pido esto en oración, <u>que</u> vuestro (su) amor <u>sobreabunde (desborde)</u>...

Juan 20:31: ταυτα δε γεγραπται <u>ἱνα πιστευητε</u> ὁτι Ἰησους ἐστιν ὁ Χριστος ὁ υἱος του θεου, και <u>ἱνα</u> πιστευοντες ζωην <u>ἐχητε</u> ἐν τῳ ὀνοματι αὐτου.
– Pero estas cosas he escrito <u>para que creáis (para que crean ustedes)</u> que Jesús es el Cristo, el Hijo de Dios, y <u>para que</u> creyendo <u>tengáis (tengan ustedes)</u> vida en su nombre.

Es importante entender que cualquiera de las formas griegas de expresar propósito puede ser traducida por cualquiera de las formas castellanas.[2]

Así que cualquiera de estas dos oraciones: ἠραν οὐν λιθους | ἱνα βαλωσιν / βαλειν | ἐπ' αὐτον

podría ser traducida por cualquiera de las oraciones siguientes:

Por lo tanto cogieron piedras | para arrojárselas.
| con el fin de arrojárselas.
| para que se las arrojasen/arrojaran.

En este ejemplo, las dos formas con el infinitivo en español serían más normales, pero en el caso de Juan 20:31, citado arriba, las formas con el Subjuntivo serían las correctas.

Nota: ὁπως + el Subjuntivo es una alternativa menos corriente para ἱνα + el Subjuntivo.[3]

Aclaración

Hemos mirado los dos empleos más corrientes del Subjuntivo. Observe que cada uno tiene una palabra que señala la presencia del Subjuntivo: ἀν (ἐαν) o ἱνα (ὁπως). Esto le alerta que va a venir un Subjuntivo.

---

2. Muchos estudiantes encuentran que es más fácil pensar que el empleo del Infinitivo en griego para expresar propósito va con el empleo del Infinitivo en castellano para expresar propósito, y que el empleo en griego de ἱνα + el Subjuntivo equivale a 'para que' + el Subjuntivo en castellano. Esto puede estar muy bien como ayuda a la memoria, pero uno tiene que tener en cuenta que no es necesario hacer esta equivalencia de las cláusulas que indican propósito.

3. A veces introduce ἱνα + el Subjuntivo cláusulas las cuales podrían ser categorizadas mejor como 'cláusulas nominales o substantivas' en vez de como 'cláusulas que indican propósito'. Sin embargo, si uno las mira como cláusulas que indican un propósito, es más fácil entender su significado. Por ejemplo, Juan 4:34: ἐμον βρωμα ἐστιν ἱνα ποιω το θελημα του πεμψαντος με – Mi alimento es hacer la voluntad del que me envió.

Curso de griego bíblico

PRÁCTICA A MITAD DE CAMINO

Traduzca

1. ἠλθες ἱνα ἀκουῃς;
2. οἱ προφηται ἀπεσταλησαν ἱνα λεγωσαν ὑπερ του θεου.
3. ὁς ἀν βλεπῃ με, βλεπει τον πατερα.
4. ἐκρατησαν τον Παυλον ἱνα μη φυγῃ.
5. ὁταν πορευησθε, φοβουμαι.
6. ὁπου πορευονται;
7. ὁ ἀποστολος ἐγραψεν ὑμιν ἱνα πιστευσητε.
8. ὁπου ἀν ἐλθῃ ὁ Ἰησους, μεγας ὀχλος συνηχθη.
9. Jesús echó fuera a los demonios para que fuese salvado.
10. Cualquiera que entrara en la ciudad se moría.
11. La llamé para que oyera (oyese).
12. Cuandoquiera que miro veo las montañas.

17.3.3 Uso del Subjuntivo para las Exhortaciones

Es posible emplear el Subjuntivo sin otras palabras en la 1ª persona del plural para expresar una exhortación, donde la persona que habla está animando a otros a acompañarle en una acción.

> **GRAMÁTICA ESENCIAL**
> 1ª persona del plural del Subjuntivo = "hagamos", etc.

Ejemplos

Marcos 4:35: διελθωμεν εἰς το περαν. – <u>Vayamos</u> al otro lado.
Rom. 14:19: ἀρα οὐν τα της εἰρηνης διωκωμεν.
— Así que por lo tanto <u>persigamos</u> las cosas de la paz.
Heb. 10:22: προσερχωμεθα μετα ἀληθινης καρδιας ἐν πληροφοριᾳ πιστεως.
— <u>Acerquémonos</u> con un corazón sincero y en plena certeza de fe.

17.3.4 Uso del Subjuntivo para las Deliberaciones

El Subjuntivo se emplea también cuando la persona que habla está deliberando, es decir, preguntándose '¿Qué debo hacer?', '¿Adónde deberíamos de ir?' etc.

> **GRAMÁTICA ESENCIAL**
> 1ª persona del Subjuntivo = deliberación

Ejemplos

Luc. 3:10: τί οὖν <u>ποιησωμεν</u>; – Entonces, ¿qué <u>deberíamos hacer</u>?
Heb. 11:32: και τί ἐτι <u>λεγω</u>; – Y ¿qué más <u>debería yo decir</u>?
Rom. 6:15: τί οὖν; <u>ἁμαρτησωμεν,</u> ὁτι οὐκ ἐσμεν ὑπο νομον ἀλλα ὑπο χαριν;
 – ¿Qué entonces? ¿<u>Deberíamos pecar</u>, porque no estamos bajo la ley sino bajo la gracia?

17.3.5 Uso del Subjuntivo para las Prohibiciones

Hemos aprendido ya que una orden emplea el Modo Imperativo, y que el negativo *para los 'otros modos'* es μη. Así que se podría uno imaginar que las prohibiciones (las órdenes negativas) serían sencillas. Desafortunadamente, esto no es

> **GRAMÁTICA ESENCIAL**
>
> El Subjuntivo del Aoristo reemplaza al Imperativo del Aoristo en las prohibiciones

exactamente el caso, aunque ¡hay cierto paralelismo con el castellano, lo cual ayuda mucho a los hispanohablantes!

Griego

Proceso	Positivo	Imperativo del Presente
	Negativo	μη + Imperativo del Presente
Valor por defecto	Positivo	Imperativo del Aoristo
	Negativo	μη + **Subjuntivo** del Aoristo

Como hemos aprendido ya, la diferencia entre el Presente y el Aoristo en los Imperativos y los Subjuntivos es la que existe entre el proceso y el valor 'por defecto' (lo cual podríamos también llamar el valor 'indeterminado' o 'sin definir'). En los Imperativos y las Prohibiciones esto significa a menudo la diferencia entre las actitudes y la conducta por un lado (Presente) y las acciones específicas en un momento dado por otro (Aoristo).[4]

En castellano, la variación entre el empleo del Imperativo y el del Subjuntivo afecta a las dos formas 'familiares' de la 2ª persona: tú y vosotros/vosotras:

Español: Forma familiar: tú/vosotros/as

			Ejemplo
Singular	Positivo	Imperativo	¡Ve!
	Negativo	No + **Subjuntivo** del Presente	¡No vayas!
Plural	Positivo	Imperativo	¡Id!
	Negativo	No + **Subjuntivo** del Presente	¡No vayáis!

Como con el Aoristo (únicamente) en griego, se emplea el Imperativo para las órdenes positivas y el **Subjuntivo** para las órdenes negativas (las prohibiciones).

---

4. Conviene señalar que la diferencia entre las prohibiciones con el Imperativo del Presente y las con el Subjuntivo del Aoristo sigue siendo un asunto debatido por los eruditos.

Por supuesto, las órdenes emplean las formas de la 2ª persona del verbo. Para las dos formas de cortesía (o 'formales') del español (usted y ustedes), el castellano emplea el **Subjuntivo** tanto para el positivo como para el negativo (¡Vaya usted! / ¡No vaya usted! / ¡Vayan ustedes! / ¡No vayan ustedes!).

Ejemplos[5]

Luc. 11:4: μη εισενεγκης ἡμας εἰς πειρασμον. – No nos traigas a una prueba.
Rom. 10:6: μη εἰπῃς ἐν τῃ καρδιᾳ σου· τίς ἀναβησεται εἰς τον οὐρανον;
– No digas en tu corazón, '¿Quién subirá al cielo?'
Mat. 10:5: τουτους τους δωδεκα ἀπεστειλεν ὁ Ἰησους ... λεγων· Εἰς ὁδον ἐθνων μη ἀπελθητε και εἰς πολιν Σαμαριτων μη εἰσελθητε.
– Jesús envió a estos doce... diciendo, 'No vayáis (No vayan ustedes) por el camino de los gentiles, y no entréis (no entren ustedes) en una ciudad de los samaritanos.'

17.3.6 Uso del Subjuntivo para un futuro negativo enfático

La forma normal de hacer declaraciones negativas acerca del futuro es sencillamente con el empleo del Futuro Indicativo con οὐ. Sin embargo, para dar muchísimo más énfasis se puede emplear el negativo doble οὐ μη + el Subjuntivo del Aoristo.

> **GRAMÁTICA ESENCIAL**
> οὐ μη + el Subjuntivo del Aoristo = negativo enfático futuro

Ejemplos

Mar. 13:30: ἀμην λεγω ὑμιν ὁτι οὐ μη παρελθῃ ἡ γενεα αὑτη ...
– De veras os (les) digo que (seguramente) no pasará esta generación
Juan 6:37: τον ἐρχομενον προς ἐμε οὐ μη ἐκβαλω ἐξω.
– Al que viene a mí (categóricamente) no lo echaré fuera.

- A veces encontramos οὐ μη + el Futuro *Indicativo* con un significado parecido:

Mat. 26:35: λεγει αὐτῳ ὁ Πετρος· ... οὐ μη σε ἀπαρνησομαι.
– Le dice Pedro, ' ... Yo nunca te negaré.'

17.3.7 Uso del Subjuntivo para las Condiciones

Ciertas condiciones emplean el Subjuntivo (las que le siguen a ἐαν). Estas las miraremos en el Capítulo 20.

---

5. Además, a veces se encuentra οὐ + el Futuro del Indicativo para una prohibición. En realidad esto no es griego sino la traducción literal al griego de una expresión hebrea para la prohibición enfática. p.ej., Mat. 5:27: ἠκουσατε ὁτι ἐρρεθη· Οὐ μοιχευσεις – Oísteis (Oyeron ustedes) que fue dicho, 'No cometáis (No cometan ustedes) adulterio' – Literalmente 'No cometeréis (no cometerán ustedes) adulterio'.

PRÁCTICA 17.3.3 – 17.3.7

Traduzca

1. ὁπου ἐλθω;
2. μη ἐξελθητε.
3. οὐ μη ὑπαγαγωσιν.
4. δοξαζωμεν τον του κοσμου κυριον.
5. τί ἀκουσωμεν του διδασκαλου;
6. ζητωμεν ἁγιαν ζωην.

VOCABULARIO PARA EL CAPÍTULO 17

*ἀν (166)	– partícula condicional	Más sustantivos femeninos de la 1ª declinación	
ἀχρι + gen (49)	– hasta		
*ἱνα + subj. (663)	– para que	*γενεα (43)	– familia, generación
ὁπως + subj. (53)	– para que	*γλωσσα (50)	– lengua, idioma
ὁταν + subj (123)	– cuando(quiera)	*γραφη (50)	– escritura, Escritura (sagrada)
*ἐαν + subj. (351)	– = ἀν	διαθηκη (33)	– alianza, testamento
(también puede significar 'si' – ver el Cap. 20)		διακονια (34)	– servicio, ministerio
Seis sustantivos más de la 2ª declinación		*ἐπαγγελια (52)	– promesa
*ἀγρος (36)	– campo	ἐπιθυμια (38)	– deseo
ἀνεμος (31)	– viento	θυρα (39)	– puerta
*διακονος (29)	– servidor	Ἰουδαια (43)	– Judea
*ἐχθρος (32)	– enemigo	*μαρτυρια (37)	– testimonio
ἡλιος (32)	– sol	ὀργη (36)	– ira, furor
*οἰνος (34)	– vino	*σοφια (51)	– sabiduría
		*σωτηρια (46)	– salvación
Y tres verbos más		τιμη (41)	– precio, valor, honor, honra
*ἀναιρεω (24)	– mato, quito		
κατηγορεω (23)	– acuso	*φυλακη (47)	– cárcel, vigilia (guardias)
ὁμολογεω (26)	– confieso, prometo	χρεια (49)	– necesidad

Un adjetivo que funciona a menudo como un sustantivo: *πτωχος – pobre

Palabras para ayudar

agricultura, animar, heliocéntrico/helio/heliógrafo, categórico, homilía, genealogía, glosolalia/glosario, diácono/diaconato, mártir, orgía, filosofía, soteriología, Timoteo, filacteria/profiláctico

Curso de griego bíblico

Ejercicios

Sección A

*1. ου γαρ απεστειλεν ο θεος τον υιον εις τον κοσμον ινα κρινη τον κοσμον, αλλ' ινα σωθη ο κοσμος δι' αυτου.
2. και αποκριθεις αυτω ο Ιησους ειπεν· Τί σοι θελεις ποιησω; ο δε τυφλος ειπεν αυτω, Ραββι, ινα αναβλεψω.
3. Και λεγει αυτοις εν εκεινη τη ημερα· Διελθωμεν εις το περαν.
4. ο δε στρατιωτης ιδων ανεωγμενας (*Participio Perfecto Pasivo de* ανοιγω) τας θυρας της φυλακης, ημελλεν εαυτον αναιρειν μαχαιρα δοκων οτι πεφευγασιν οι μαθηται.
*5. ος γαρ αν ποιηση το θελημα του θεου, ουτος αδελφος μου και αδελφη και μητηρ εστιν.
*6. και εξελθουσα ειπεν τη μητρι αυτης· Τί αιτησωμαι; η δε ειπεν· Την κεφαλην Ιωαννου του βαπτιζοντος.
*7. ουτος ηλθεν εις μαρτυριαν, ινα μαρτυρηση περι του φωτος, ινα παντες πιστευσωσιν δι' αυτου. ουκ ην εκεινος το φως, αλλ' ινα μαρτυρηση περι του φωτος.
8. ουτοι δ' εισιν οι παρα την οδον· οπου σπειρεται ο λογος, και οταν ακουσωσιν, ευθυς ερχεται ο Σατανας και αιρει τον λογον τον εσπαρμενον (*Participio Pasivo Perfecto de* σπειρω) εις αυτους.
*9. Y habiendo salido a los campos predicaron para que se arrepintiera la gente.
*10. Su misericordia es para (*emplee* εις) generaciones y generaciones a los que le temen.
11. Según las escrituras, habrá señales en el sol y en las estrellas, y en la tierra sufrimiento y necesidad de las naciones.
12. Y llevaban a niños a él para que los tocase (tocara).

Sección B

*1. ος αν εν των τοιουτων παιδιων δεξηται επι τω ονοματι μου, εμε δεχεται· και ος αν εμε δεχηται, ουκ εμε δεχεται αλλα τον αποστειλαντα με.
*2. λεγει η μητηρ αυτου τοις διακονοις· Ὅ τι αν λεγη υμιν ποιησατε.
3. οι δε ειπαν· Τί ετι εχομεν μαρτυριας χρειαν; αυτοι γαρ ηκουσαμεν απο του στοματος αυτου.
*4. και απεστειλεν αυτον εις οικον αυτου λεγων· Μη εις την κωμην εισελθης.
5. και λεγει αυτοις· Ἀγωμεν εις τας αλλας πολεις και κωμας, ινα και εκει κηρυξω· εις τουτο γαρ εξηλθον.
6. ο πιστευων εις τον υιον εχει ζωην αιωνιον· ο δε αρνουμενος τον υιον ουκ οψεται (*Futuro irregular de* οραω) ζωην, αλλ' η οργη του θεου μενει επ' αυτω.
*7. ο μεν υιος του ανθρωπου υπαγει καθως γεγραπται περι αυτου, ουαι δε τω ανθρωπω εκεινω ος αν η ο εχθρος τω υιω του ανθρωπου.
*8. εγω δε ου παρα ανθρωπου την μαρτυριαν λαμβανω, αλλα ταυτα λεγω ινα υμεις σωθητε.
9. Los siervos de Dios dicen, 'Sabiduría y honra y poder y gloria sean (*no traducir* sean) al Cordero.'
10. Las promesas de Dios y la alianza son salvación para esta generación.

11. Los gobernantes de Judea escucharon su testimonio hasta el fin para poder acusarle (*o* para que le acusaran).
*12. El siervo preguntó a sus amos, '¿Qué quieren que yo les haga?'

Sección C

Juan 6:28-30: εἶπον οὖν πρὸς αὐτόν, Τί ποιῶμεν ἵνα ἐργαζώμεθα τὰ ἔργα τοῦ θεοῦ; ²⁹ ἀπεκρίθη ὁ Ἰησοῦς καὶ εἶπεν αὐτοῖς, Τοῦτό ἐστιν τὸ ἔργον τοῦ θεοῦ, ἵνα πιστεύητε εἰς ὃν ἀπέστειλεν ἐκεῖνος. ³⁰ εἶπον οὖν αὐτῷ, Τί οὖν ποιεῖς σὺ σημεῖον, ἵνα ἴδωμεν καὶ πιστεύσωμέν σοι; τί ἐργάζῃ;

CAPÍTULO DIECIOCHO

Más sobre los verbos

Hemos aprendido ya todas las formas básicas de los verbos en griego, y su empleo. Sin embargo, hay varios usos menos corrientes que merecen mirarse.

18.1 δυναμαι, καθημαι, κειμαι Y οἰδα

δυναμαι	–	puedo
καθημαι	–	me siento, estoy sentado
κειμαι	–	estoy recostado, acostado
οἰδα	–	sé, conozco

Todos estos cuatro verbos describen estados que pueden ser considerados como consecuencias de una situación anterior. Por ejemplo, si usted está sentado ahora, es porque se sentó en algún momento anterior. De manera parecida, si sabe algo ahora es porque se enteró de él en el pasado.

Por esta razón, estos verbos emplean las terminaciones del Perfecto y del Pluscuamperfecto para el Presente y el Pasado (el Imperfecto).

> **GRAMÁTICA ESENCIAL**
> Presente: Estado actual a consecuencia de una acción en el pasado – emplear terminaciones del Perfecto
> Pasado: Estado pasado a consecuencia de una acción anterior en el pasado
> – emplear terminaciones del Pluscuamperfecto

Nota: al tiempo pasado de estos verbos se le da el nombre de Imperfecto (por ejemplo, cuando hace uno una analítica morfológica), porque describe una situación que continuaba en el pasado (al contrario del Aoristo, el cual describiría más bien una acción en el pasado).

- δυναμαι (puedo), καθημαι (me siento, estoy sentado), κειμαι (estoy recostado, acostado)

Estos verbos son deponentes, por lo cual tienen las terminaciones Medias.

Presente			Imperfecto		
δυνα-μαι	καθη-μαι	κει-μαι	ἐδυνα-μην	ἐκαθη-μην	ἐκει-μην
δυνα-σαι	καθη-σαι	κει-σαι	ἐδυνα-σο	ἐκαθη-σο	ἐκει-σο
δυνα-ται	καθη-ται	κει-ται	ἐδυνα-το	ἐκαθη-το	ἐκει-το
δυνα-μεθα	καθη-μεθα	κει-μεθα	ἐδυνα-μεθα	ἐκαθη-μεθα	ἐκει-μεθα
δυνα-σθε	καθη-σθε	κει-σθε	ἐδυνα-σθε	ἐκαθη-σθε	ἐκει-σθε
δυνα-νται	καθη-νται	κει-νται	ἐδυνα-ντο	ἐκαθη-ντο	ἐκει-ντο
Infinitivos	δυνασθαι, καθησθαι, κεισθαι				
Participios	δυναμενος, καθημενος, κειμενος				

- οἰδα (sé, conozco)

Este verbo emplea las terminaciones activas.

Presente	Imperfecto
οἰδ-α	ᾐδ-ειν
οἰδ-ας	ᾐδ-εις
οἰδ-εν	ᾐδ-ει
οἰδ-αμεν	ᾐδ-ειμεν
οἰδ-ατε	ᾐδ-ειτε
οἰδ-ασιν	ᾐδ-εισαν

Infinitivo	εἰδεναι
Participio	εἰδως[1]

Aclaración

Algunas de las formas de οἰδα se confunden fácilmente con εἰδον – el 2° Aoristo de ὁραω (veo).[2] Recuerde que no hay aumentos en los *otros modos*.

	Indicativo	Infinitivo	Participio
Veo – 2° Aoristo[3]	εἰδον	ἰδειν	ἰδων
Sé, conozco	ᾐδειν (Imperfecto)	εἰδεναι	εἰδως

Ejemplos

Stg 2:14:   μη <u>δυναται</u> ἡ πιστις σωσαι αὐτον; – La fe no le <u>puede</u> salvar, ¿verdad?

---

1. εἰδως se declina como el participio perfecto λελυκως: femenino nominativo singular: εἰδυια, neutro nominativo singular: εἰδος, raíz para el masculino y el neutro: εἰδοτ-.

2. Esto se debe al hecho de que en realidad ambos verbos emplean partes del mismo verbo básico.

3. Observe también ἰδου, que significa ¡he aquí! También está relacionado con el mismo verbo, a pesar de que no es directamente parte de εἰδον. (Los Imperativos de εἰδον son ἰδε y ἰδετε.)

Hechos 2:34: ειπεν ὁ κυριος τῳ κυριῳ μου· <u>Καθου</u> ἐκ δεξιων μου.
– El Señor dijo a mi Señor, '<u>Siéntate</u> a mi derecha.'

Mat 28:6: οὐκ ἐστιν ὡδε, ἠγερθη γαρ καθως ειπεν· δευτε ιδετε τον τοπον ὁπου <u>ἐκειτο</u>.
– No está aquí, porque ha resucitado tal como dijo; venid y ved (vengan y vean) el sitio donde le <u>pusieron</u> (o le <u>tendieron</u> o <u>estaba tendido</u>).

Apoc 4:2: εὐθεως ἐγενομην ἐν πνευματι, και ιδου θρονος <u>ἐκειτο</u> ἐν τῳ οὐρανῳ, και ἐπι τον θρονον <u>καθημενος</u>. – En seguida estuve en el espíritu, y he aquí un trono <u>estaba</u> en el cielo, y uno <u>sentado</u> en el trono.

3 Juan 12: και ἡμεις δε μαρτυρουμεν, και <u>οἰδας</u> ὁτι ἡ μαρτυρια ἡμων ἀληθης ἐστιν.
– Nosotros también testificamos, y <u>sabes</u> que nuestro testimonio es verdadero.

2 Cor 4:14: <u>εἰδοτες</u> ὁτι ὁ ἐγειρας τον κυριον Ἰησουν και ἡμας συν Ἰησου ἐγερεῖ.
– <u>Sabiendo</u> que el que resucitó al Señor Jesús también nos resucitará con Jesús.

PRÁCTICA 18.1

Dé un análisis morfológico de las palabras siguientes

1. δυνανται
2. καθημενοις
3. δυνασθαι
4. ἐκειτο
5. οἰδατε
6. ἠδειν
7. ἰδειν
8. ἰδων
9. εἰδως

18.2 EL EMPLEO DE LOS INFINITIVOS

Hemos aprendido ya las formas del Infinitivo, y la distinción entre los Infinitivos Presentes y los Infinitivos Aoristos. Sin embargo, hasta ahora no hemos estudiado a fondo los varios empleos del Infinitivo en griego. Solamente hemos observado que se emplea como en castellano después de ciertos verbos (p.ej., θελω – quiero) y para expresar propósito.

18.2.1 Después de ciertos verbos

A menudo, después de los verbos siguientes,[4] viene un Infinitivo.

δει[5]	es necesario	ἐξεστιν	está permitido
δυναμαι	puedo	θελω	deseo, quiero
ἐστιν	es	μελλω	estoy a punto de, tengo la intención de

Ejemplos

Apoc 1:19: γραψον οὐν ἁ εἰδες και ἁ εἰσιν και ἁ <u>μελλει γενεσθαι</u> μετα ταυτα. – Por lo tanto escribe lo que viste y lo que es y lo que <u>está a punto de ocurrir</u> después de estas cosas.

---

4. Y después de todos los verbos que dan órdenes o que dicen a alguien de *hacer* algo.
5. El Imperfecto de δει es ἐδει ('era necesario, hacía falta').

Gál 4:21: λεγετε μοι, οἱ ὑπο νομον <u>θελοντες εἰναι</u>, τον νομον οὐκ ἀκουετε; – Decidme (Díganme), vosotros que <u>queréis estar</u> (ustedes que <u>quieren estar</u>) bajo la ley, ¿no escucháis (no escuchan ustedes) la ley?

Mat 12:2: ἰδου οἱ μαθηται σου ποιουσιν ὁ οὐκ <u>ἐξεστιν ποιειν</u> ἐν σαββατῳ. – He aquí tus discípulos hacen lo que no <u>está permitido hacer</u> los sábados.

El 'sujeto' de un Infinitivo

A menudo cuando se emplean estos verbos con un Infinitivo hay un 'segundo sujeto'.

Por ejemplo, en la oración 'Yo quiero que el mensajero se vaya' el sujeto de la oración es 'Yo'. Pero ¿qué es 'el mensajero'? Desde un punto de vista es el complemento u objeto de 'Yo quiero'. Desde otro punto de vista es el sujeto de 'se vaya'.

Esto es obvio en castellano, donde se emplea el subjuntivo para el segundo verbo, pero en griego el segundo verbo (después de 'quiero' – θελω) estaría en el infinitivo – igual que lo que se hace en castellano cuando el sujeto de los dos verbos es el mismo: Yo quiero <u>irme</u>.[6]

Entonces en griego –¡al igual que en castellano en el ejemplo en la nota 6 al pie de esta página!– el 'sujeto' del Infinitivo se pone en el acusativo.[7]

- Quiero que <u>el mensajero</u> se vaya – θελω <u>τον ἀγγελον</u> ἀπελθειν.

GRAMÁTICA ESENCIAL

El 'sujeto' de un Infinitivo tiene que estar en el acusativo

Ejemplos

Marcos 8:31: δει <u>τον υἱον</u> του ἀνθρωπου πολλα παθειν. – Es necesario que <u>el Hijo</u> del hombre sufra (padezca) mucho (o <u>el Hijo</u> del hombre tiene que sufrir (padecer) mucho).

Rom 16:19: θελω δε <u>ὑμας</u> σοφους εἰναι εἰς το ἀγαθον ... – Quiero que seáis <u>vosotros</u> (que sean <u>ustedes</u>) sabios en cuanto a lo bueno...

---

6. El castellano emplea el subjuntivo en este contexto únicamente cuando el sujeto de los dos verbos es *diferente*. Observe la diferencia entre:

'Yo quiero que yo me vaya' (lo cual no es español correcto, pero esto indica el significado); mismo sujeto ambos verbos: usar infinitivo + 'acusativo': 'Yo quiero <u>irme</u>.'

'Yo quiero que él se vaya'; sujetos diferentes para cada verbo: usar subjuntivo + 'nominativo': 'Yo quiero que <u>él se vaya</u>.'

En griego – en cambio – en ambas de estas oraciones estaría el segundo verbo en el infinitivo.

7. Esto puede parecer complicado ('Si es un tipo de sujeto, ¿por qué no ponerlo en el nominativo?'), pero tiene la ventaja de reservar el nominativo exclusivamente para el sujeto del verbo principal en la oración, lo cual ayuda cuando uno está intentando analizar una oración complicada.

Notas

- ἐξεστιν es irregular, en el sentido de que cuando está combinado con un Infinitivo el 'sujeto' del Infinitivo viene normalmente en el <u>dativo</u>, no en el acusativo. Por ejemplo: Mat. 14:4: Οὐκ ἐξεστιν <u>σοι</u> ἐχειν αὐτην. – 'No <u>te</u> está permitido tenerla.'
- Cuando se traduce δει conviene a veces cambiar 'es necesario' (que se emplea relativamente poco en español) con alguna parte del verbo 'deber'. (Observe que en griego para 'deber' con el sentido de una obligación se emplea δει.)

18.2.2 Cláusulas que indican un resultado

En griego es muy fácil expresar un resultado: se emplea la palabra ὡστε seguida por el Infinitivo.

> GRAMÁTICA ESENCIAL
> ὡστε + Infinitivo = resultado

- Esto es diferente del castellano, el cual conjuga el verbo.
- A menudo hay un segundo sujeto, que tiene que estar en el acusativo en griego.
- Para captar correctamente el significado, conviene traducir ὡστε en primer lugar con una frase como 'con el resultado de que'. Esto tiene cierta falta de fluidez en castellano, entonces es posible reemplazarlo con una frase como 'de manera que', 'así que', o incluso nada más que 'y'.

Ejemplos

Mat 15:30-31: και ἐθεραπευσεν αὐτους· <u>ὡστε</u> τον ὀχλον <u>θαυμασαι</u>.
– Y los sanó, <u>con el resultado de que</u> la multitud <u>se maravillaba</u>
(o 'así que se maravillaba la multitud' o incluso 'y se maravillaba la multitud').

Marcos 15:5: ὁ δε Ἰησους οὐκετι οὐδεν ἀπεκριθη, <u>ὡστε θαυμαζειν</u> τον Πιλατον.
– Pero Jesús ya no contestó nada, <u>con el resultado de que</u> Pilato <u>se asombró</u>
(o 'de modo que Pilato se asombró' o 'y Pilato se asombró').

PRÁCTICA 18.2.1 Y 18.2.2

Traduzca

1. θελω αὐτον γαμειν με.
2. δει διδασκαλον διδασκειν.
3. προσηλθεν ὡστε αὐτους ὑπαγαγειν.
4. δυνασθε ἐσθιειν ἀρτον ἐν τω ἱερω;
5. φιλω την σοφιαν ὡστε ἀκουειν του διδασκαλου μου.

18.2.3 Propósito

Como aprendimos ya, se expresa el propósito en griego sencillamente con el empleo del Infinitivo, o por ἱνα seguido por el Subjuntivo.

Ejemplos

Jud 14-15: ἰδου ἠλθεν κυριος ... <u>ποιησαι</u> κρισιν κατα παντων.
— He aquí vino el Señor... para <u>hacer</u> juicio contra todos.

Mar 3:14-15: ἐποιησεν δωδεκα <u>ἱνα ὠσιν</u> μετ' αὐτου και <u>ἱνα ἀποστελλῃ</u> αὐτους <u>κηρυσσειν</u> και <u>ἐχειν</u> ἐξουσιαν <u>ἐκβαλλειν</u> τα δαιμονια.
— Hizo (los) doce <u>para que estuvieran</u> con él y <u>para que él los enviara</u> a <u>predicar</u> y a <u>tener</u> autoridad para <u>echar fuera</u> a los demonios.

18.2.4 El Infinitivo con el Artículo

Es posible poner el artículo neutro singular (το, το, του, τῳ) delante de un Infinitivo para hacer un sustantivo con el significado de la actividad del verbo, o del hecho de que ocurre la acción indicada.

κρινειν – juzgar → το κρινειν – (la actividad o el hecho de) juzgar
ἐσθιειν – comer → το ἐσθιειν – (la actividad o el hecho de) comer

El *Infinitivo con el Artículo* se emplea principalmente con una preposición. El Infinitivo mismo no se declina, pero el artículo sí. Las preposiciones que se ven con mayor frecuencia con el *Infinitivo con el Artículo* son:

δια + ac.	debido a
μετα + ac.	después de
εἰς + ac. o προς + ac.	con vista a / con la intención de / con el resultado de que[8]
προ + gen.	antes de
ἐν + dat.	durante / mientras

Ejemplos

Stg 4:2: οὐκ ἐχετε <u>δια το μη αἰτεισθαι ὑμας</u>.
— no tenéis (no tienen ustedes) <u>porque no pedís (porque no piden)</u>.
(literalmente: debido al hecho de no pedir vosotros/ustedes)

---

8. También es posible considerar εἰς το + Infinitivo y προς το + Infinitivo como una forma de cláusula que indica propósito. Incluso hay otra forma parecida, algunas veces en lugar de poner el Infinitivo solamente para indicar propósito, se emplea του + el Infinitivo. Así que es posible resumir las distintas maneras de expresar propósito como sigue:
O bien **1.** Infinitivo (i) solo, (ii) precedido por του, (iii) precedido por εἰς το / προς το
O bien **2.** ἱνα + Subjuntivo.

Curso de griego bíblico

Mat 26:32: μετα δε το ἐγερθηναι με προαξω ὑμας εἰς την Γαλιλαιαν.
— <u>después de que yo haya sido resucitado</u> iré delante de vosotros (ustedes) a Galilea.
(literalmente: después de la actividad de ser yo resucitado)

2 Cor 1:4: ὁ παρακαλων ἡμας ἐπι παση τη θλιψει ἡμων <u>εἰς το δυνασθαι ἡμας</u> παρακαλειν τους ἐν παση θλιψει. — el que nos consuela en todo nuestro sufrimiento <u>para que podamos</u> consolar a los que estén en cualquier (todo) sufrimiento
(literalmente: con la intención de que podamos)

Gál 2:12: <u>προ του γαρ ἐλθειν τινας</u> ἀπο Ἰακωβου μετα των ἐθνων συνησθιεν.— <u>porque antes de que vinieran algunas personas</u> de Jacobo, solía comer con los gentiles
(literalmente: antes del hecho de la venida de algunas personas)

Mar 4:4: και ἐγενετο <u>ἐν τῳ σπειρειν</u> ὁ μεν ἐπεσεν παρα την ὁδον.
— Y <u>mientras sembraba</u> algunas (semillas) cayeron junto al camino.
(literalmente: durante la actividad de sembrar...)

PRÁCTICA A MITAD DE CAMINO

Traduzca

1. ἐδυναμεθα λεγειν αὐτῳ.
2. θελω εἰδεναι τον θεον.
3. μετα το προσευχεσθαι ἐξηλθον ἐκ της συναγωγης.
4. ἡ χηρα ἠν πτωχη ὡστε μη ἐχειν πολλα.
5. εἰδον ὁτι δει αὐτην ἀποθανειν.
6. οἰδατε τας ἐπαγγελιας τας αἰωνιους;
7. ἠλθες προς το προσκυνησαι τῳ θεῳ;
8. οἱ μαθηται ἐφυγον ὡστε τους στρατιωτας μη εὑρειν μηδενα.
9. ¿Le conocías?
10. Antes de sentarse dieron gracias.
11. Se maravillaban tanto que le adoraron.
12. Tú debes ser un esclavo.

18.3 IMPERATIVOS DE LA TERCERA PERSONA

Hemos aprendido ya los Imperativos normales – órdenes a 'ti', 'usted', 'vosotros' o 'ustedes'. A estos se les llama 'Imperativos de la 2ª persona'. Ahora necesitamos aprender los Imperativos 'de la 3ª persona' (él/ella/ellos/ellas). Estos ocurren muy raras veces. Significan 'que [desate] él/ella' o 'que [desaten] ellos/ellas'. El significado es 'él/ella/ellos/ellas debería(n) hacerlo'.

> **GRAMÁTICA ESENCIAL**
> Imperativo de la 3ª persona = 'Que lo haga(n)...'

Las formas son las siguientes:

	Presente Activo	1er Aoristo Activo	Presente Medio o Pasivo	1er Aoristo Medio	Aoristo Pasivo
Sing.	λυετω	λυσατω	ῥυεσθω	ῥυσασθω	λυθητω
Pl.	λυετωσαν	λυσατωσαν	ῥυεσθωσαν	ῥυσασθωσαν	λυθητωσαν

Notas

- Las terminaciones son distintivas: -τω/-θω para la 3ª pers. sing., -τωσαν/-θωσαν para la 3ª pers. pl.
- Las señales distintivas normales se observan: -σα- en el 1er Aoristo Activo y Medio, -θ- en el Aoristo Pasivo.

Ejemplos

Mar 4:23: εἰ τις ἐχει ὠτα ἀκουειν <u>ἀκουετω</u>.
— Si alguien tiene oídos para oír, ¡<u>que oiga</u>!

Rom 6:12: μη οὐν <u>βασιλευετω</u> ἡ ἀμαρτια ἐν τω θνητω ὑμων σωματι.
— Por lo tanto no <u>reine</u> el pecado en vuestro (su) cuerpo mortal.

PRÁCTICA 18.3

Traduzca

1. μη λεγετω τω πονηρω.
2. ἐλθετω ἡ βασιλεια σου.
3. δει την βασιλειαν ἐλθειν.
4. προσκυνωμεν τω θεω.
5. προσκυνειτωσαν τω θεω.
6. τα δαιμονια ἐκβληθητω.

18.4 LAS PARTES PRINCIPALES

En los capítulos anteriores hemos aprendido todas las partes diferentes del verbo. Al hacer esto hemos visto que las **terminaciones** son perfectamente regulares, pero que varios verbos tienen irregularidades en sus **raíces** (más allá de las que son puramente el resultado de las combinaciones normales de las letras, tales como π + σ → ψ).

Existe un formato estándar para la presentación de esta información acerca de las **raíces**, llamado las 'partes principales' (o 'partes fundamentales') del verbo. Esto está compuesto de seis partes del verbo, de las cuales es posible construir todos los tiempos y todas las voces. En la sección de referencia (las páginas 253-4) se presenta un listado de las partes principales de los verbos corrientes que tienen irregularidades en sus raíces.

Mire la página 253. Allí vemos la información siguiente acerca de βαλλω.

Presente	Futuro	Aoristo Activo	Perfecto Activo	Perfecto Pasivo	Aoristo Pasivo
βαλλω	βαλεω	ἐβαλον	βεβληκα	βεβλημαι	ἐβληθην

Esto nos dice todo lo que nos hace falta saber para calcular todas las formas de βαλλω, dado que conocemos las terminaciones normales (para λυω) en cada uno de los tiempos. A pesar de que no sería posible calcular que el Perfecto Activo de βαλλω es βεβληκα, una vez que sabemos esto no tenemos que hacer nada más que añadir las terminaciones estándares de λυω en el tiempo Perfecto a βεβληκα para formar el Perfecto de βαλλω.

Los profesores varían en cuanto a la importancia que dan o no dan a memorizar las partes principales de estos verbos corrientes. No hay duda de que es muy útil, pero también es una tarea grande. Sin embargo, lo que sin duda es esencial es poder formar las diferentes partes del verbo una vez que tenga uno las partes principales (o bien de esta lista, o de un diccionario).

La manera de la que cada una de las partes principales está relacionada con varias partes de los verbos (y en el sentido inverso) se presenta a continuación.

Partes Principales			Todas las partes del verbo	
Presente Activo	λυω	→	Presente Activo Imperfecto Activo Presente Medio/Pasivo Imperfecto Medio/Passivo	λυω ἐλυον λυομαι ἐλυομην
Futuro Activo	λυσω	→	Futuro Activo Futuro Medio	λυσω λυσομαι
Aoristo Activo	ἐλυσα	→	Aoristo Activo Aoristo Medio	ἐλυσα ἐλυσαμην
Perfecto Activo	λελυκα	→	Perfecto Activo Pluscuamperfecto Activo	λελυκα (ἐ)λελυκειν
Perfecto Medio/Pasivo	λελυμαι	→	Perfecto Medio/Pasivo Pluscuamperfecto Medio/Pasivo	λελυμαι ἐλελυμην
Aoristo Pasivo	ἐλυθην	→	Aoristo Pasivo Futuro Pasivo	ἐλυθην λυθησομαι

Ejemplo

- Para βαλλω se da la información siguiente:

Presente	Futuro	Aoristo Activo	Perfecto Activo	Perfecto Pasivo	Aoristo Pasivo
βαλλω	βαλεω	ἐβαλον	βεβληκα	βεβλημαι	ἐβληθην

βαλλω		la 1ª pers. sing. Imperfecto Pasivo es	ἐβαλλομην
βαλεω⁹		la 2ª pers. pl. Futuro Activo es	βαλειτε
ἐβαλον	le dice	la 3ª pers. sing. Aoristo Activo es	ἐβαλεν
	que, por	(y la terminación con -ον señala que es un verbo con un 2° Aoristo)	
βεβληκα	ejemplo,	el Participio Perfecto es	βεβληκως
βεβλημαι		la 3ª pers. pl. Perfecto Pasivo es	βεβληνται
ἐβληθην		la 1ª pers. pl. Futuro Pasivo es	βληθησομεθα

- Imagínese que tenga que traducir οἱ ἐπι την γην την καλην σπαρεντες (Marcos 4:20)

Uno adivina del contexto que la palabra final tiene algo que ver con el verbo σπειρω (siembro). Uno consulta entonces las partes principales de σπειρω y descubre que la sexta forma es ἐσπαρην. Esto le dice que el Participio Aoristo Pasivo será σπαρεις (declinado como λυθεις; el Participio no tiene el aumento, y la parte principal le ha dicho que, inesperadamente, no tiene una θ). Con esta información, verá que σπαρεντες es el masculino nominativo plural del Participio Aoristo Pasivo de σπειρω. Así que el significado de la frase es, 'los habiendo sido sembrados en la tierra buena'.

PRÁCTICA 18.4

Traduzca

1. ἠρθησαν.
2. πολλα εἰληφαμεν.
3. ἠκουσα το ῥηθεν.
4. σωσεις τον ἐσχηκοτα δαιμονιον;
5. οἱ ἀρχιερεις εἰληφασιν τας γραφας.
6. εἰδον ἀνεωγμενον οὐρανον.

18.5 EL ASPECTO Y EL TIEMPO EN LOS TIEMPOS DE LOS VERBOS

A medida que hemos aprendido los varios modos y tiempos de los verbos hemos encontrado las ideas de tiempo y aspecto. Ahora es el momento de mirar otra vez lo que significan los tiempos de los verbos. Conviene que sepa el que esté aprendiendo griego que el punto hasta el cual el tiempo del verbo griego indica principalmente el aspecto o principalmente el tiempo es un asunto disputado entre los eruditos. Sería quizás justo

---

9. Así que el Futuro de βαλλω es βαλεω, empleando las terminaciones -εω, lo cual es lo que se esperaría para el Futuro de un verbo líquido (ver el Capítulo 11, sección 11.2). Así que 'arrojaré' será βαλῶ.

decir que tradicionalmente se ha visto el tiempo de los verbos como principalmente acerca de tiempo, pero que más recientemente ha habido una nueva evaluación, dando más importancia al aspecto. Lo mejor que puede hacer el que está aprendiendo griego es seguir el famoso proverbio griego 'moderación en todas las cosas' (μηδεν ἀγαν), y por consiguiente reconocer tanto el elemento de tiempo como el elemento de aspecto en los tiempos de los verbos griegos. Un buen consejo sería sospechar a los que digan que es todo una cosa o todo la otra.

Los cimientos de un entendimiento de los tiempos de los verbos pueden ser resumidos de la manera siguiente:

- Hay tres distinciones de tiempo: futuro, presente, pasado.
- Hay tres 'aspectos': proceso – la acción se está desarrollando
  sin definir – la acción está contemplada en sí, sin referencia ni a su continuación ni a su terminación
  completado – la acción está terminada.
- Los tiempos de los verbos funcionan de manera diferente en los modos diferentes:
  - Los Indicativos – tiempo y aspecto
  - Los Participios – tiempo relativo (relativo al verbo principal)
  - Los otros modos – aspecto únicamente

	Indicativo		Los Participios	Imperativo Infinitivo Subjuntivo
Presente	Presente	+ Proceso (o Sin definir)	Simultáneo	Proceso
Futuro	Futuro	+ Sin definir	–	–
Imperfecto	Pasado	+ Proceso	–	–
Aoristo	Pasado	+ Sin definir	Secuencia	Sin definir
Perfecto	(Presente)	+ Terminado	–	–

Notas

- El significado de los participios está estrechamente relacionado con el de los otros modos. Normalmente la acción <u>del participio presente</u> es *simultánea* con la del verbo principal porque es considerada como parte de un *proceso* en curso, y <u>con el participio Aoristo</u> la acción del participio *precede* la acción del verbo principal en *secuencia* porque es considerada como una acción con una relación *sin definir* con el verbo principal. Sin embargo, pensar en términos de 'simultáneo' o 'secuencia' puede ayudar a los principiantes que quieran empezar a leer el Nuevo Testamento en griego.
- Hay ocasiones cuando el elemento del tiempo en el Indicativo parece faltar, y domina el aspecto. Por ejemplo, Rom 3:23: παντες γαρ ἡμαρτον. – ἡμαρτον está en el Aoristo aquí, pero obviamente esto no quiere decir 'porque todos pecaron en un momento específico en el pasado', sino 'porque todos pecan' – una declaración general y 'sin definir'.

Sin embargo, normalmente en el Indicativo el tiempo 'real' (*junto con* el aspecto) es un componente muy importante del significado del tiempo del verbo.
- El aumento señala tiempo pasado – por lo tanto, ocurre en el Imperfecto y el Aoristo *únicamente en el Indicativo*.

VOCABULARIO PARA EL CAPÍTULO 18

Muchos adjetivos adicionales
ἀξιος (41) – digno, merecedor
*δεξιος (54) – derecho (a mano derecha)
*δυνατος (32) – poderoso, capaz
ἐλευθερος (23) – libre
*ἐσχατος (52) – último, el más insignificante
*ἰκανος (39) – suficiente

ἰσχυρος (29) – fuerte, poderoso
λευκος (25) – blanco, resplandeciente
*λοιπος (55) – (lo/los) demás, restante
*μεσος (58) – (en) medio (de)
νεος (23) – nuevo, joven
*ὀλιγος (40) – poco, pequeño
πλουσιος (28) – rico
πνευματικος (26) – espiritual
*φιλος (29) – amigo, amigable, amado

Tres sustantivos más
*μαρτυς, μαρτυρος, ὁ (35) – testigo
*μισθος (29) – paga, salario
*σταυρος (27) – cruz

Algunos verbos adicionales
αὐξανω (23) – crezco
καθαριζω (31) – purifico, declaro puro
*καθιζω (46) – hago sentar
*δυναμαι (210) – puedo
*καθημαι (91) – me siento, estoy sentado
κειμαι (24) – estoy recostado, acostado
*οἰδα (318) – sé, conozco
παρειμι (24) estoy presente

Una palabra diferente de las demás
*ὡστε + infinitivo (83)
– de modo que, por eso

Varias palabras con el prefijo α, el cual les hace negativas

*ἀδικεω (28) – hago injusticia, hago algo malo
ἀδικια – injusticia, iniquidad, acción mala
*καθαρος (27) – limpio, puro
*ἀκαθαρτος (32) – impuro[10]
ἀπιστος (23) – incrédulo, infiel[10]

Palabras para ayudar

<u>ax</u>ioma, <u>dex</u>teridad/<u>dex</u>trógiro, <u>din</u>ámico, <u>esca</u>tología, <u>leu</u>cemia, <u>Meso</u>potamia, <u>neo</u>logismo/<u>neo</u>lítico, <u>olig</u>arquía, <u>pluto</u>cracia, <u>pneu</u>mático, <u>filo</u>sofía/<u>fil</u>antrópico, <u>márt</u>ir, <u>auge</u>/<u>au</u>mentar, <u>cat</u>ártico/<u>Cat</u>arina, <u>cat</u>edral

---

10. Nota: los adjetivos compuestos ocurren únicamente con las terminaciones masculinas (para el masculino y el femenino) o las neutras.

Ejercicios

Sección A

*1. ὁ Χριστος ὁ βασιλευς Ἰσραηλ καταβατω νυν ἀπο του σταυρου, ἱνα ἰδωμεν και πιστευσωμεν.
*2. και ἐλεγον· Οὐχ οὑτος ἐστιν Ἰησους ὁ υἱος Ἰωσηφ, οὑ ἡμεις οἰδαμεν τον πατερα και την μητερα; πως νυν λεγει ὁτι Ἐκ του οὐρανου καταβεβηκα;
*3. ὁ δε Ἰησους εἰπεν αὐτοις· Οὐκ οἰδατε τί αἰτεισθε. δυνασθε πιειν το ποτηριον ὁ ἐγω πινω ἠ το βαπτισμα ὁ ἐγω βαπτιζομαι βαπτισθηναι;
*4. ὁ ἀφ' ἑαυτου λαλων ζητει την δοξαν την ἰδιαν· ὁ δε ζητων την δοξαν του πεμψαντος αὐτον οὑτος ἀληθης ἐστιν και ἀδικια ἐν αὐτῳ οὐκ ἐστιν.
*5. Τοτε ὁ Ἰησους εἰπεν τοις μαθηταις αὐτου· Εἰ τις θελει ὀπισω μου ἐλθειν, ἀρνησασθω ἑαυτον και ἀρατω τον σταυρον αὐτου και ἀκολουθειτω μοι.
6. και Μαρια θεωρει δυο ἀγγελους ἐν λευκοις καθεζομενους, ἑνα προς τῃ κεφαλῃ και ἑνα προς τοις ποσιν, ὁπου ἐκειτο το σωμα του Ἰησου.
7. λεγοντες δε φωνῃ μεγαλῃ εἰπαν· Ἀξιον ἐστιν το ἀρνιον καθημενον ἐπι τῳ θρονῳ ἐν δεξιᾳ του θεου λαβειν την δυναμιν και σοφιαν και τιμην και δοξαν.
*8. ὁ μεν οὐν κυριος Ἰησους μετα το λαλησαι αὐτοις ἀνεβη εἰς τον οὐρανον και ἐκαθητο ἐκ δεξιων του θεου.
*9. Bienaventurados los de corazón limpio, porque verán a Dios.
10. El poder de Dios estuvo allí para sanar a los enfermos y para limpiar a los con espíritus impuros.
11. Trabajamos ahora para leer el Nuevo Testamento.
12. Nuestro conocimiento aumenta con el resultado de que podemos aprender de las escrituras: primero del evangelio según Marcos.

Sección B

1. πορευθεντες δε μαθετε τί ἐστιν· Δει τον υἱον του ἀνθρωπου πολλα παθειν.
*2. και παλιν ἠρξατο διδασκειν παρα την θαλασσαν· και συναγεται προς αὐτον ὀχλος πολυς, ὡστε αὐτον εἰς πλοιον ἐμβαντα καθησθαι ἐν τῃ θαλασσῃ, και πας ὁ ὀχλος προς την θαλασσαν ἐπι της γης ἠσαν[11].
*3. δυναμεις και σημεια ἐποιησεν δι' αὐτου ὁ θεος ἐν μεσῳ ὑμων καθως αὐτοι οἰδατε.
4. ὁ θεριζων (*segador*) μισθον λαμβανει και συναγει καρπον εἰς ζωην αἰωνιον, ἱνα ὁ σπειρων ὁμου χαιρῃ και ὁ θεριζων.
*5. ἐνδυσασθε το ἱματιον το καθαρον προς το δυνασθαι εἰναι μετα του βασιλεως και των φιλων αὐτου.
6. οἱ δε ἀρχιερεις και παντες οἱ λοιποι ἐζητουν κατα του Ἰησου μαρτυριαν εἰς το ἀποκτεινειν αὐτον, και οὐχ ηὑρισκον.

---

11. Uno hubiera esperado tener aquí el singular ἠν, para hacer la concordancia con ὀχλος, pero de hecho Marcos 4:1 tiene el plural, se supone que debido al hecho de que se piensa que una multitud está compuesta de muchos individuos. Observe ἐμβαινω = ἐν + βαινω.

7. και ἐν τῳ κατηγορεισθαι αὐτον ὑπο των ἀρχιερεων και πρεσβυτερων οὐδεν ἀπεκρινατο.[12]
8. ὁ δε Ἡρῳδες ἰδων τον Ἰησουν ἐχαρη (*Aoristo 3ª pers. sg. irregular de* χαιρω), ἠν γαρ ἐξ ἱκανων χρονων θελων ἰδειν αὐτον δια το ἀκουειν περι αὐτου και ἠλπιζεν τι σημειον ἰδειν ὑπ᾽ αὐτου γινομενον.
9. Es necesario que los siervos de Dios sean espirituales, dignos y capaces, libres de deseo impuro, no nuevos en la fe, y no infieles.
*10. Te está tratando injustamente con el resultado de que no puedes recibir tu salario.
*11. ¿Entonces no tenéis vosotros los ricos (¿no tienen ustedes los ricos) casas para poder comer y beber en ellas?
12. Los fuertes, por ser libres, son capaces de sentarse y comer con las naciones impuras.

Sección C

Mateo: 6:9-13: Οὕτως οὖν προσεύχεσθε ὑμεῖς· Πάτερ ἡμῶν ὁ ἐν τοῖς οὐρανοῖς, ἁγιασθήτω τὸ ὄνομά σου· [10] ἐλθέτω ἡ βασιλεία σου· γενηθήτω τὸ θέλημά σου, ὡς ἐν οὐρανῷ καὶ ἐπὶ γῆς· [11] Τὸν ἄρτον ἡμῶν τὸν ἐπιούσιον [*para hoy, para el día que viene*] δὸς [*¡da!*] ἡμῖν σήμερον· [12] καὶ ἄφες [*perdona, de* ἀφιημι], ἡμῖν τὰ ὀφειλήματα [*deudas, de* ὀφειλω] ἡμῶν, ὡς καὶ ἡμεῖς ἀφήκαμεν [ἀφιημι] τοῖς ὀφειλέταις [*deudores*] ἡμῶν· [13] καὶ μὴ εἰσενέγκῃς [εἰσφερω = εἰς+φερω] ἡμᾶς εἰς πειρασμόν [*tiempo de prueba*], ἀλλὰ ῥῦσαι ἡμᾶς ἀπὸ τοῦ πονηροῦ.

---

12. Uno esperaría ἀπεκριθη, ya que ἀποκρινομαι es el deponente Pasivo del Aoristo (ver el Capítulo 15, sección 15.7). Sin embargo, siete veces en el Nuevo Testamento ocurre en el Aoristo Medio (contra 195 veces en el Aoristo Pasivo).

CAPÍTULO DIECINUEVE

Verbos adicionales

19.1 LOS VERBOS QUE TERMINAN EN -μι

Los 'verbos en -μι' son llamados así porque terminan en -μι en la 1ª persona del singular del Presente Indicativo Activo. Son una clase separada de verbos, diferentes de los verbos normales, los cuales terminan en -ω (p.ej., λυω). Desgraciadamente, aprender el patrón entero es complicado. Pero, lo bueno es que hay solamente tres de estos verbos que son corrientes y uno no necesita saber formarlos, únicamente reconocerlos y traducirlos.

Mateo 27:60: και ἐθηκεν αὐτο ἐν τῳ καινῳ αὐτου μνημειῳ.
– y lo puso en su sepulcro nuevo.
Hechos 20:35: μακαριον ἐστιν μαλλον διδοναι ἠ λαμβανειν.
– Más bienaventurado es dar que recibir.
Apoc. 3:20: ἰδου ἑστηκα ἐπι την θυραν και κρουω.
– He aquí, estoy (de pie) en la puerta y pego.

19.1.1 Las características de los verbos en -μι

La característica esencial de los verbos en -μι es que emplean *dos* raíces. Además de su raíz básica, tienen una raíz diferente y más larga en el Presente (y, por lo tanto, también en el Imperfecto) que para el resto de las formas del verbo. (En cambio, observe el verbo λυω, donde una misma raíz, λυ-, se emplea en todas las formas). Es imprescindible reconocer cuál de las dos raíces se está empleando en cualquier caso dado de un verbo en -μι.

Los tres verbos que terminan en -μι		Raíz Verbal	Raíz para el Presente (para el Presente y el Imperfecto)
τιθημι	coloco, pongo	θε-	τιθε-
διδωμι	doy	δο-	διδο-
ἱστημι	sostengo en pie	στα-	ἱστα-

Nota

La raíz para el Presente se forma de la raíz del verbo por un tipo de reduplicación. Se repite la primera consonante, seguida por una ι (o se introduce el sonido del 'espíritu' o respiración áspera para las raíces que empiezan con una vocal o una σ) junto con una ι. Observe la diferencia entre esto y la reduplicación normal (para el Tiempo Perfecto), donde la vocal empleada es una ε.

> **GRAMÁTICA ESENCIAL**
> Con los verbos que terminan en -μι la raíz para el Presente es más larga que la raíz verbal

19.1.2 Para hacer el análisis morfológico de los verbos en -μι: cómo sobrevivir

Las terminaciones del los verbos en -μι son ligeramente diferentes de las de λυω. Se hablará más de ellas en la sección siguiente. Sin embargo, son lo bastante parecidas a las de λυω que normalmente se reconoce la persona (1ª, 2ª o 3ª) y el número (singular o plural), además que la voz (Activa o Pasiva). El contexto, también, indicará esto. Entonces, lo más importante para hacer un análisis morfológico es identificar el tiempo del verbo. Afortunadamente, una vez que haya entendido uno el patrón formado por los cambios de raíz, es fácil deducir el tiempo del verbo, sin necesidad de mirar las terminaciones.

Componentes	Tiempo y modo del Verbo
Raíz para el Presente	Presente
Raíz para el Presente + el Aumento	Imperfecto
Raíz verbal + σ sufijo	Futuro Indicativo (o 1er Aoristo otro modo)
Raíz verbal + Aumento + σ sufijo	1er Aoristo Activo Indicativo
Raíz verbal + Aumento	2° Aoristo Activo Indicativo
Raíz verbal	2° Aoristo Activo otro modo
Raíz verbal + θ[1]	Aoristo Pasivo (+ Aumento en el Indicativo)
Raíz verbal + θησ[1]	Futuro Pasivo
Raíz verbal reduplicada	Perfecto

Notas

- Tanto διδωμι como τιθημι emplean el 1er Aoristo únicamente en el Indicativo y un 2° Aoristo en los otros modos. Por lo tanto, la raíz verbal + σ tiene que ser el Futuro Indicativo (dado que no se emplea el 1er Aoristo en los otros modos de estos dos verbos).
- Para ἱστημι, donde sí hay 1er Aoristo en los demás modos, es necesario distinguir el Futuro Indicativo por sus terminaciones, las cuales son siempre las mismas que las del Futuro Indicativo de λυω.
- La reduplicación en el tiempo Perfecto es una reduplicación normal con una ε: δεδο-, τεθε-, ἑστα-.

---

1. El Pasivo Aoristo de τιθημι debería ser ἐθεθην, con la θ para el Pasivo del Aoristo añadida a la raíz del verbo θε. Pero, para evitar que haya dos θ una detrás de otra, se escribía ἐτεθην, etc. Por la misma razón el Pasivo del Futuro es τεθησομαι.

Ejemplos

Forma	Componentes	Tiempo y Modo del Verbo	Lo que significa
τιθετε	– Raíz para el Presente	– Presente	– ponéis (ustedes ponen)
ἐθηκεν	– Raíz verbal + ε	– 2° Aoristo Indicativo	– puso
τιθεναι	– Raíz para el Presente	– Presente Infinitivo	– poner
θειναι	– Raíz verbal	– 2° Aoristo Otro Modo (Infinitivo)	– poner
δεδοται	– reduplicación	– Perfecto Pasivo	– ha sido dado
ἱστας	– Raíz para el Presente	– Presente (Participio)	– de pie
στας	– Raíz verbal	– 2° Aoristo Otro Modo (Participio)	– habiendo estado de pie
δωσετε	– Raíz verbal + σ	– Futuro Indicativo	– daréis (ustedes darán)
ἐστησεν	– Raíz verbal + ε + σ	– 1er Aoristo Indicativo	– estuvo de pie, puso (de pie)

PRÁCTICA 19.1.2

¿En qué Tiempo están los verbos siguientes?

A base de lo que sabe, procure adivinar también el resto del análisis morfológico.

1. ἐδωκεν
2. ἐδιδου
3. δεδοται
4. τιθεμεν
5. τεθησεται
6. διδωσιν
7. θωμεν
8. δοντας
9. ἱστησιν
10. σταθησονται
11. στησατε
12. ἐστησατε

Ejemplos

Juan 2:10: και λεγει αὐτῳ· Πας ἀνθρωπος πρωτον τον καλον οἰνον <u>τιθησιν</u> ...
 – Y le dice, 'Toda persona <u>pone</u> (<u>sirve</u>) primero el vino bueno...'
Mat 12:18: <u>θησω</u> το πνευμα μου ἐπ᾽ αὐτον. – <u>Pondré</u> mi Espíritu sobre él.
Juan 19:19: ἐγραψεν δε και τιτλον ὁ Πιλατος και <u>ἐθηκεν</u> ἐπι του σταυρου.
 – Pilato escribió también un letrero (un título) y lo <u>puso</u> en la cruz.
2 Tim 1:11: εἰς ὅ <u>ἐτεθην</u> ἐγω κηρυξ και ἀποστολος και διδασκαλος.
 – por lo cual <u>fui nombrado</u> predicador y apóstol y maestro.
Ef. 1:22: και αὐτον <u>ἐδωκεν</u> κεφαλην ὑπερ παντα τῃ ἐκκλησιᾳ.
 – y le <u>dio</u> como cabezo (o 'le hizo cabeza') sobre todas las cosas para la iglesia.
Mar 4:11: ἐλεγεν αὐτοις· Ὑμιν το μυστηριον <u>δεδοται</u> της βασιλειας του Θεου. – Él les dijo, 'El secreto del reino de Dios os (les) <u>ha sido dado</u>.'
Mat 20:18: και ὁ υἱος του ἀνθρωπου <u>παραδοθησεται</u> τοις ἀρχιερευσιν ...
 – Y el Hijo del Hombre <u>será entregado</u> a los principales sacerdotes...

2 Ped 3:15: καθως και ὁ ἀγαπητος ἡμων ἀδελφος Παυλος κατα την <u>δοθεισαν</u> αὐτῳ σοφιαν ἐγραψεν ὑμιν... – Tal como nuestro amado hermano Pablo también os (les) escribió según la sabiduría que le <u>fue dada</u>...

19.1.3 El significado de ἱστημι

ἱστημι es básicamente un verbo transitivo (es decir, es verbo que puede tener un complemento u objeto), con el significado 'hago estar de pie', 'pongo algo de pie', 'sostengo (algo / a alguien) en pie' o 'coloco'. Sin embargo, algunos tiempos de ἱστημι se emplean para comunicar un significado intransitivo (es decir, uno que no puede tener un complemento) – 'Me pongo de pie', 'estoy de pie' o 'me mantengo firme'. El patrón completo es el siguiente:

	Si quiere...		Emplee...	
Transitivo:	Presente	Sostengo en pie	Presente Activo	ἱστημι
	Futuro	Sostendré en pie	Futuro Activo	στησω †
	Pasado	Sostuve en pie	1ᵉʳ Aoristo Activo	ἐστησα †
Intransitivo:	Presente	Estoy de pie	Perfecto Activo	ἐστηκα †
	Futuro	Estaré de pie	Futuro Medio	στησομαι †
	Pasado	Estuve de pie	*O bien* 2° Aoristo Activo	ἐστην
			o bien Aoristo Pasivo	ἐσταθην †

Notas

- Las formas marcadas con † se conjugan idénticamente a la parte correspondiente de λυω.
- Dado que el Perfecto Activo se emplea con el significado Presente Intransitivo, el Pluscuamperfecto Activo (εἱστηκειν †) se emplea para el significado del Imperfecto Intransitivo.
- Dado que ἱστημι tiene un 1ᵉʳ y un 2° Aoristo, es necesario tener cuidado con las formas de los participios (y con las formas de los otros modos) – ἱστας (Participio Presente), στησας (sufijo con σ – Participio del 1ᵉʳ Aoristo – transitivo), στας (no tiene sufijo – Participio del 2° Aoristo – intransitivo).

Ejemplos

Transitivos:
Mar 9:36: και λαβων παιδιον <u>ἐστησεν</u> αὐτο ἐν μεσῳ αὐτων.
– Y tomó a un niño y lo <u>puso</u> (de pie) en medio de ellos.
Mat 25:33: και <u>στησει</u> τα μεν προβατα ἐκ δεξιων αὐτου ...
– y <u>pondrá</u> (de pie) las ovejas a su derecha...

Intransitivos
Mat 20:32:   και στας ὁ Ἰησους ἐφωνησεν αὐτους και εἰπεν ...
– Y Jesús se quedó parado de pie (literalmente: 'habiéndose quedado parado de pie') les llamó y dijo...
2 Cor 1:24:   συνεργοι ἐσμεν της χαρας ὑμων· τῃ γαρ πιστει ἑστηκατε.
Somos colaboradores de vuestro (su) gozo, porque estáis (están ustedes) de pie (o firmes) en la fe.

19.1.4 El patrón de las terminaciones

No es necesario aprender todas las terminaciones de los verbos en -μι. En la práctica las terminaciones son lo suficientemente similares a las de λυω que si uno entiende el principio de las Raíces para el Presente y las Raíces del Verbo, debería poder reconocer las formas. Sin embargo, para que no falte este detalle, se dan las terminaciones Presentes y Aoristas abajo (y hay más información sobre los verbos en -μι en las páginas 265-268).

Nota: Básicamente, estos tres verbos en -μι tienen las mismas terminaciones, pero en cada caso domina una vocal diferente: ε para τιθημι, α para ἱστημι y ο para διδωμι.

Presente Activo						
Indicativo			**Subjuntivo**			
τιθημι	ἱστημι	διδωμι	τιθω	ἱστω	διδω	
τιθης	ἱστης	διδως	τιθῃς	ἱστῃς	διδῳς	
τιθησι(ν)	ἱστησι(ν)	διδωσι(ν)	τιθῃ	ἱστῃ	διδῳ	
τιθεμεν	ἱσταμεν	διδομεν	τιθωμεν	ἱστωμεν	διδωμεν	
τιθετε	ἱστατε	διδοτε	τιθητε	ἱστητε	διδωτε	
τιθεασι(ν)	ἱστασι(ν)	διδοασι(ν)	τιθωσι(ν)	ἱστωσι(ν)	διδωσι(ν)	
Imperativo				**Infinitivo**		
2ª sing.	τιθει	ἱστη	διδου	τιθεναι	ἱσταναι	διδοναι
3ª sing.	τιθετω	ἱστατω	διδοτω			
				Participio		
2ª pl.	τιθετε	ἱστατε	διδοτε	τιθεις, -εισα, -εν, raíz τιθεντ–	ἱστας, -ασα, -αν, raíz ἱσταντ–	διδους, -ουσα, -ον, raíz διδοντ–
3ª pl.	τιθετωσαν	ἱστατωσαν	διδοτωσαν			

Aoristo Activo

Indicativo – 1ᵉʳ Aoristos: ἐθηκα, ἐστησα, ἐδωκα (este verbo se conjuga de formar regular).
  – ἱστημι tiene también una forma intransitiva en el 2° Aoristo: ἐστην
    (terminaciones como ἐλυθην)
Otros modos – Como en el Presente, pero empleando la 'Raíz Verbal' en vez de la Raíz
    para el Presente (es decir, falta la τι, ι o δι inicial)
    Excepto por los Imperativos singulares para la 2ª persona, que son θες,
    στηθι y δος, y los Infinitivos, que son θειναι, στηναι y δουναι.

19.1.5 Otros verbos similares

Hay unos pocos de verbos más que comparten algunas de las mismas características que estos 'verdaderos' verbos en -μι.

ἱημι – literalmente 'envío' pero solamente se encuentra en verbos compuestos como ἀφιημι – abandono, perdono, despido, permito y συνιημι – entiendo. Este verbo sigue el mismo patrón que τιθημι, con ἱε para la raíz del Presente y ἑ para la Raíz verbal.

Verbos en –υμι (tales como δεικνυμι – mostro, señalo, ἀπολλυμι – destruyo, ῥηγνυμι – rompo en pedazos). Estos verbos tienen las terminaciones de los verbos en –μι en el tiempo Presente (con una vocal υ que domina), pero luego emplen una raíz cambiada para los otros tiempos, junta con las terminaciones normales de λυω (vea las Partes Principales en la página 254 para los detalles).

φημι **(digo)** Esto ocurre únicamente en las formas siguientes del Indicativo Activo, Presente: φημι, digo; φησιν, dice; φασιν, dicen; Imperfecto: ἐφη, decía.

εἰμι **(soy)** Si consulta de nuevo el Presente de εἰμι (en el Capítulo 5, sección 5.3), observará que tiene algunas similitudes con el Presente de los verbos en -μι.

Ejemplos

Luc 5:21: τίς δυναται ἁμαρτιας <u>ἀφειναι</u> εἰ μη μονος ὁ θεος;
– ¿Quién puede <u>perdonar</u> los pecados sino solamente Dios?
Apoc. 2:4: ἀλλα ἐχω κατα σου ὁτι την ἀγαπην σου την πρωτην <u>ἀφηκες</u>.[2]
– Pero tengo (esto) contra ti, que <u>abandonaste</u> tu primer amor.
Mat 4:7: <u>ἐφη</u> αὐτῳ ὁ Ἰησους· Παλιν γεγραπται …
– Jesús le <u>dijo</u>, 'También está escrito…'
Stg 2:18: <u>δειξον</u> μοι την πιστιν σου χωρις των ἐργων, κἀγω σοι <u>δειξω</u> ἐκ των ἐργων μου την πιστιν. – <u>Enséñame</u> tu fe aparte de las obras y yo te <u>enseñaré</u> mi fe por mis obras.

---

2. Esto es la 2ª persona del Singular del Aoristo y uno hubiera esperado ἀφηκας, el cual figura en algunos manuscritos y en el Textus Receptus, pero en los manuscritos cuya ortografía para esta palabra figura en el texto de Nestle-Aland[27] y NA[28] (y de Westcott y Hort) hay una ε en vez de una α.

PRÁCTICA A MITAD DE CAMINO

Traduzca

1. διδοασιν τον μισθον αὐτων τοις στρατιωταις.
2. ὁ Ἰησους ἀνεστησεν τον νεκρον.
3. ἐστημεν μετα του κυριου ἐπι τῳ ὀρει.
4. ἀφεντες οὐκ ὑπεστρεψαν.
5. ἐφη ὁτι ἑστηκεν ἐκει.
6. ... ἑως ἀν θω τους ἐχθρους σου ὑπο των ποδων σου.
7. δος μοι τον ἀρτον της ζωης.
8. στας ὁ ἀποστολος ἐκηρυσσεν τῳ ὀχλῳ.
9. Entregaron la enseñanza a los ancianos.
10. Hizo ponerse de pie al enfermo en la sinagoga.
11. Después de despedir ella a la multitud, empezó a orar.
12. Mientras les daba el vino, les enseñó (o enseñaba).

19.2 LOS VERBOS QUE TERMINAN EN -αω Y -οω

Hay otros dos grupos de verbos que se contraen, similares al grupo de verbos "en -εω" (p.ej. φιλεω). Estos siguen el mismo patrón general que los verbos en -εω, pero la α corta o la ο corta al final de sus raíces se contrae con otras vocales de una manera ligeramente diferente.

GRAMÁTICA ESENCIAL

El Presente y el Imperfecto – ocurren contracciones
Otros tiempos – la vocal corta se hace más larga[3]

	-εω φιλεω - amo	-αω τιμαω - honro	-οω πληροω - cumplo
Presente e Imperfecto	ε + ε → ει ε + ο → ου ε + diptongo o vocal larga: se suprime la ε	α + ε ο η → α α + cualquier ο → ω α + cualquier ι → ᾳ	ο + una vocal corta ο ου → ου ο + vocal larga → ω ο + cualquier ι → οι
Otros tiempos de los verbos	ε se convierte en η	α se convierte en η	ο se convierte en ω

---

3. Es decir, las contracciones ocurren cuando la α, ε u ο está seguida por una vocal (lo cual ocurre en el Presente y el Imperfecto), y se hace más larga la vocal cuando está seguida por una consonante (como en los demás tiempos del verbo).

Notas

- Los Infinitivos Presentes de los verbos en -αω y -οω se comportan como si la terminación para el Infinitivo fuera -εν y no -ειν, dando, por tanto, las formas τιμαν y πληρουν.
- En la 3ª pers. Singular del Imperfecto Activo Indicativo de los verbos que terminan en -εω, -αω y -οω la 'ν opcional' no se emplea. Por consiguiente la terminación es ε, dando las formas siguientes: ἐφιλει, ἐτιμα, ἐπληρου.
- Unos pocos de los verbos en -εω retienen la ε en los otros tiempos, p.ej. καλεσω.

Ejemplos

- ἐφιλει – (él) amaba
- πεφιλημαι – he sido amado
- ἐτιμα – (ella) honraba
- τιμας – honras
- τιμησω – honraré
- πληροι – está cumpliendo
- πληρουται – está siendo cumplido
- πεπληρωται – ha sido complido

2 Tes 2:1: ἐρωτωμεν δε ὑμας, ἀδελφοι, ... – Os (les) <u>pedimos</u>, hermanos, ...

Ef 6:2: τιμα τον πατερα σου και την μητερα – <u>Honra</u> a tu padre y a tu madre.

Gál 2:20: ζω δε οὐκετι ἐγω, ζῃ δε ἐν ἐμοι Χριστος· ὁ δε νυν ζω ἐν σαρκι, ἐν πιστει ζω τῃ του υἱου του θεου του ἀγαπησαντος με και παραδοντος ἑαυτον ὑπερ ἐμου.
– Ya no soy yo quien <u>vivo</u>, sino que <u>vive</u> Cristo en mí. Lo que ahora <u>vivo</u> en la carne, <u>vivo</u> por la fe en el hijo de Dios quien me <u>amó</u> (literalmente: 'el que habiendo amado') y se entregó a sí mismo por mí.

Mat 12:16-17: και ἐπετιμησεν αὐτοις ἱνα μη φανερον αὐτον ποιησωσιν, ἱνα πληρωθῃ το ῥηθεν δια Ἡσαϊου του προφητου ...
– Y les <u>reprendió</u> para que no le dieran a conocer (literalmente: para que no hicieran que fuera conocido), para que <u>se cumpliera</u> lo dicho por el profeta Isaías...

1 Tim 3:16: ὁς ἐφανερωθη ἐν σαρκι, ἐδικαιωθη ἐν πνευματι ...
– quien <u>fue revelado</u> en la carne, justificado en espíritu...

PRÁCTICA 19.2

Dé un análisis morfológico de las palabras siguientes

1. πλαναται
2. πεπληρωμενος
3. ζω
4. ἐδικαιουν
5. μισησεις
6. ἀγαπαν
7. ἐνικησαν
8. τιμησουσιν
9. ἠρωτησεν
10. τιμας
11. σταυρουται
12. πεινα

VOCABULARIO PARA EL CAPÍTULO 19

Verbos en -μι
*δίδωμι (415) – doy
ἀποδιδωμι (48) – doy (a otra persona)
*παραδιδωμι (119) – entrego
*ἵστημι (155) – sostengo en pie
*ἀνιστημι (108) – levanto, resucito
παριστημι (41) – pongo al lado de
*τιθημι (100) – pongo, coloco
ἐπιτιθημι (39) – pongo sobre/encima de
ἀφιημι (143) – abandono, perdono, permito, despido
*συνιημι (26) – entiendo, comprendo
*ἀπολλυμι (90) – destruyo, arruino [8]
δεικνυμι (33) mostro, señalo
πιμπλημι (24) – cumplo
φημι (66) – digo

Verbos en -οω
δικαιοω (39) – justifico
*πληροω (86) – cumplo, lleno, completo
*σταυροω (46) – crucifico

Verbos en -αω
*ἀγαπαω (143) – amo
*γενναω (97) – engendro [4]
διψαω (16) – tengo sed (de)
*ἐρωταω (63) – pido, pregunto [5]
ἐπερωταω (56) – pido [5]
*ζαω (140) – vivo [6]
ἰαομαι (26) – sano [7]
κοπιαω (23) – trabajo arduamente
νικαω (28) – venzo
πειναω (23) – tengo hambre
*πλαναω (39) – engaño, extravío (a alguien)
*τιμαω (21) – honro, aprecio
ἐπιτιμαω (29) – reprendo
(También ὁραω, que aprendimos en el Capítulo 11 porque tiene la forma 2ª Aorista εἰδον.)

τελειοω (23) – termino (un trabajo), completo
*φανεροω (49) – revelo, doy a conocer

Palabras para ayudar

<u>don</u>ar/<u>don</u>ativo, <u>tes</u>is/antí<u>tes</u>is, eu<u>fem</u>ismo, <u>dipso</u>manía, <u>engendro</u>, pedi<u>atr</u>ía/psiqui<u>atr</u>ía, <u>Nik</u>e ™, <u>plan</u>eta, <u>Tim</u>oteo, <u>pl</u>enario, <u>tele</u>ología

---

4. En el Pasivo γενναω quiere decir 'nazco'
5. Al igual que ocurre con αἰτεω (Capítulo 6), un 'doble acusativo' le sigue a ἐρωταω y a los verbos compuestos formados a base de él. Tanto <u>la persona a la que se pide</u> como <u>lo que se pide</u> están en el acusativo.
6. ζαω se comporta de una manera diferente a los demás verbos en -αω: la contracción da como resultado una η en vez de una α. Así, por ejemplo, el Infinitivo Presente es ζην, no ζαν.
7. En los 'otros tiempos' (Futuro, Aoristo y Perfecto) la α en ἰαομαι sigue siendo una α en vez de convertirse en una η. Así, por ejemplo, el Futuro es <u>ἰασομαι</u>.
8. El Medio de ἀπολλυμι (ἀπολλυμαι) quiere decir 'perezco'.

Ejercicios

Sección A

*1. και αφεντες τον πατερα αυτων Ζεβεδαιον εν τω πλοιω μετα των αλλων απηλθον οπισω αυτου.

*2. ὁ δε αποκριθεις ειπεν αυτοις· Δοτε αυτοις ὑμεις φαγειν.

3. μακαριοι οἱ πεινωντες και διψωντες την δικαιοσυνην.

*4. ὁ δε ποιων την αληθειαν ερχεται προς το φως, ἱνα φανερωθη αυτου τα εργα.

*5. ... ἱνα παντες τιμωσι τον υἱον καθως τιμωσι τον πατερα. ὁ μη τιμων τον υἱον ου τιμα τον πατερα τον πεμψαντα αυτον.

6. ειπεν αυτοις ὁ Ἰησους· Ἐγω ειμι ὁ αρτος της ζωης· ὁ ερχομενος προς εμε ου μη πεινασῃ, και ὁ πιστευων εις εμε ου μη διψησῃ.

*7. τουτο δε εστιν το θελημα του πεμψαντος με, ἱνα παν ὃ δεδωκεν μοι μη απολεσω εξ αυτου, αλλα αναστησω αυτο εν τη εσχατη ἡμερα.

8. οὑτος ακουσας ὁτι Ἰησους ἡκει εκ της Ἰουδαιας εις την Γαλιλαιαν απηλθεν προς αυτον και ηρωτα ἱνα καταβη και ιασηται αυτου τον υἱον, ημελλεν γαρ αποθνησκειν.

*9. Después de que pereció, se resucitó (de nuevo).

10. El hombre fuerte ganará. Se esfuerza (trabaja mucho) y vive para ganar (emplee νικαω (vencer)).

*11. Preguntó dónde nació.

12. Les hemos engañado (llevado/desviado del camino). ¿Quién nos puede justificar?

Sección B

1. αγαπητοι, αγαπωμεν αλληλους, ὁτι ἡ αγαπη εκ του θεου εστιν, και πας ὁ αγαπων εκ του θεου γεγεννηται και γινωσκει τον θεον.

2. μετα τουτο ειδως ὁ Ἰησους ὁτι ηδη παντα τετελεσται, ἱνα πληρωθη ἡ γραφη, λεγει· Διψω.

*3. και ενεδυσαν αυτον τα ἱματια αυτου και απηγαγον (= απ-αγω) αυτον εις το σταυρωσαι αυτον.

*4. οἱ δε ειπαν αυτω· Δος ἡμιν ἱνα εἱς σου εκ δεξιων και εἱς εξ αριστερων (izquierda) καθισωμεν εν τη δοξη σου.

*5. τί ουν ποιησει ὁ κυριος του αμπελωνος; ελευσεται και απολεσει τους διακονους και δωσει τον αμπελωνα αλλοις.

*6. ὁ δε Ἰησους προσεκαλεσατο αυτους λεγων· Ἀφετε τα παιδια ερχεσθαι προς με· των γαρ τοιουτων εστιν ἡ βασιλεια του θεου.

7. εντολην καινην διδωμι ὑμιν, ἱνα αγαπατε αλληλους· καθως ηγαπησα ὑμας ἱνα και ὑμεις αγαπατε αλληλους.

*8. εν τω λαλειν τους μαθητας αυτος ὁ Ἰησους εστη εν μεσω αυτων και λεγει αυτοις· Ειρηνη ὑμιν.

*9. Sabe dar cosas buenas para honrar a sus amigos.

10. El niño, lleno de sabiduría, dijo (emplee φημι), 'Estoy (de pie) donde me dejasteis (donde me dejaron ustedes)'.

*11. Su promesa fue cumplida y apareció de pie delante de mí.

12. Puso las manos en el niño enfermo con el resultado de que el niño fue sanado.

Sección C

Marcos 3:24-30: καὶ ἐὰν βασιλεία ἐφ᾽ ἑαυτὴν μερισθῇ [μεριζω = *dividir*], οὐ δύναται σταθῆναι ἡ βασιλεία ἐκείνη· ²⁵ καὶ ἐὰν οἰκία ἐφ᾽ ἑαυτὴν μερισθῇ, οὐ δυνήσεται ἡ οἰκία ἐκείνη σταθῆναι. ²⁶ καὶ εἰ ὁ Σατανᾶς ἀνέστη ἐφ᾽ ἑαυτὸν καὶ ἐμερίσθη, οὐ δύναται στῆναι ἀλλὰ τέλος ἔχει. ²⁷ ἀλλ᾽ οὐ δύναται οὐδεὶς εἰς τὴν οἰκίαν τοῦ ἰσχυροῦ εἰσελθὼν τὰ σκεύη αὐτοῦ διαρπάσαι [διαρπαζω = *saquear*], ἐὰν μὴ πρῶτον τὸν ἰσχυρὸν δήσῃ, καὶ τότε τὴν οἰκίαν αὐτοῦ διαρπάσει. ²⁸ Ἀμὴν λέγω ὑμῖν ὅτι πάντα ἀφεθήσεται τοῖς υἱοῖς τῶν ἀνθρώπων τὰ ἁμαρτήματα [*pecados*] καὶ αἱ βλασφημίαι [*blasfemias*] ὅσα ἐὰν βλασφημήσωσιν· ²⁹ ὃς δ᾽ ἂν βλασφημήσῃ εἰς τὸ πνεῦμα τὸ ἅγιον, οὐκ ἔχει ἄφεσιν [*perdón*] εἰς τὸν αἰῶνα, ἀλλὰ ἔνοχός [*culpable*] ἐστιν αἰωνίου ἁμαρτήματος. ³⁰ ὅτι ἔλεγον, Πνεῦμα ἀκάθαρτον ἔχει.

CAPÍTULO VEINTE

Puntos finales

20.1 LAS ORACIONES CONDICIONALES

Las oraciones condicionales (las que tienen la palabra 'si') son básicamente fáciles de entender: ha estado usted traduciendo oraciones con εἰ ('si') desde el Capítulo 5. Sin embargo, es posible clasificar las oraciones condicionales en varios grupos diferentes, cada uno de los cuales puede tener "sub-grupos" con definiciones cada vez más exactas de lo que quieren decir. Esto puede tener cierto valor, aunque un libro sobre los *elementos* del griego del Nuevo Testamento no es el lugar para tantos detalles. Además, tal análisis puede ser contraproducente, ya que a veces es bastante dudoso si los escritores estaban empleando las frases condicionales con tanta precisión. Sin embargo, vale la pena de aprender un poco más acerca de las oraciones condicionales.

20.1.1 La oración condicional básica[1]

Cualquier oración condicional tiene dos partes:

	Prótasis – la cláusula con 'si'	*Apódosis* – la cláusula con 'entonces'
Gál 5:18:	εἰ δε πνευματι ἀγεσθε	οὐκ ἐστε ὑπο νομον
	Si sois (son) guiados por el espíritu	no estáis (están ustedes) bajo la ley

La lógica de cualquier oración condicional es esta:
Si la Prótasis es verdad, entonces la Apódosis es verdad.[2]

- p.ej.: 'Si te gusta el griego (entonces) eres sabio.'

Cuando su profesor dice esta oración, no comunica nada acerca de si le gusta a usted el griego o no. Lo que sí comunica es que (¡en la opinión del profesor!) *SI* es verdad que le gusta el griego *ENTONCES* es automáticamente verdad que es usted sabio.

---

1. A veces estas oraciones se llaman 'condicionales cumplidas' o 'condicionales consideradas verdades'.
2. Estrictamente hablando, deberíamos de decir 'entonces la apódosis es la consecuencia', ya que la apódosis no es siempre una afirmación que pueda ser verdad o no. Por ejemplo, podría ser una orden: 'Si te gusta el griego, compra este libro' quiere decir que si la prótasis es verdad ('te gusta el griego'), entonces la apódosis es la consecuencia ('deberías de comprar este libro').

Estas oraciones condicionales se expresan sencillamente en griego con el empleo de la palabra εἰ, la cual corresponde a 'si' en castellano, igual que lo hemos hecho desde el Capítulo 5.

20.1.2 Dos variantes de la oración condicional básica

Hay dos maneras en las que el griego varía la oración condicional básica, para dar matices diferentes.

(a) Condiciones indefinidas (ἐάν + Subjuntivo)

A veces el griego emplea ἐάν + el Subjuntivo en vez de εἰ + el Indicativo en la prótasis. En tal condición, sigue siendo el caso que *SI* la prótasis es verdad *ENTONCES* lo que dice la apódosis es la consecuencia. Sin embargo, el Subjuntivo comunica la idea de que hay algo 'indefinido' o 'irreal' acerca de la prótasis.[3]

A menudo esta falta de definición se debe únicamente a que la condición habla del futuro, lo cual está por definición algo indefinido. Entonces a este grupo de condiciones a menudo se le da el nombre de 'condiciones futuras'.

- p.ej. 'Si te gusta el griego, lo aprenderás.'

Sin embargo, a veces se emplea ἐάν + el Subjuntivo para hacer resaltar el hecho de que la prótasis es indefinida porque se refiere a una situación genérica, y no a algún caso concreto.

- p.ej. 'Si a alguien le gustan las reglas y los patrones de los idiomas, le gustará el griego.'

El que habla no está pensando en ninguna persona ni ocasión específica; es una afirmación generalizada.

(b) Condiciones 'contrarias al hecho' (ἄν en la apódosis)

A veces el griego pone la palabra ἄν en la apódosis. En tales condiciones, sigue siendo el caso que *SI* la prótasis es verdad *ENTONCES* la apódosis es la consecuencia. Sin embargo, el escritor está indicando deliberadamente que considera que la prótasis *no es verdad*. A veces a estas condiciones se les da el nombre de 'condiciones incumplidas.'

- p.ej. 'Si te hubiera gustado el griego, lo hubieras (habrías) aprendido.'

---

3. Es útil observar cierto paralelismo entre estas condiciones indefinidas y las cláusulas indefinidas (Capítulo 17, sección 17.3.1). Se pueden considerar las cláusulas indefinidas como cláusulas normales ('definidas') a las cuales se han añadido ἄν + el Subjuntivo para expresar la falta de precisión.
Definida: ὅτε ἐσθίεις – cuando comes – ὅτε (cuando) + el Indicativo
Indefinido: ὅταν ἐσθίῃς – cuandoquiera que comas – ὅταν (= ὅτε + ἄν) + el Subjuntivo – sugiere una falta de precisión: una situación posible, no una ocasión concreta.
Con las condiciones existe un paralelismo semejante: la forma básica es (a) εἰ + el Indicativo, pero es posible emplear (b) ἐάν (= εἰ + ἄν) + el Subjuntivo para indicar cierto grado de falta de certeza.

Aquí la persona que habla o escribe está diciendo dos cosas: (1) que si te gusta el griego lo aprenderás (una condición básica) y (2) no te gustó el griego (indicado por el empleo de la palabra ἄν).[4]

Aclaración

En castellano, en las *condiciones contrarias al hecho* la prótasis suele tener el verbo en el imperfecto del subjuntivo ('fuera, tuviera', etc.), y la apódosis suele tener el verbo en el perfecto del condicional ('habrías sabido, tenido', etc.) o el perfecto del subjuntivo ('hubieras sabido, tenido', etc.).

20.1.3 La forma de las oraciones condicionales en griego

	Prótasis	Apódosis
Condiciones básicas	εἰ + el Indicativo	Cualquier modo o tiempo
Condiciones indefinidas	ἐάν + el Subjuntivo	Cualquier modo o tiempo
Condiciones 'contrarias al hecho'	εἰ + el Indicativo[5]	ἄν + el Indicativo[5]

Los principios fundamentas de las oraciones condicionales se pueden resumir así:

GRAMÁTICA ESENCIAL

Prótasis: εἰ + Indicativo = Si
ἐάν + Subjuntivo = Si (futuro/generalizado/hipotético)

Apódosis: ἄν = verbo en subjuntivo/condicional en castellano
(se considera que la prótasis no es verdad)

Ejemplos

Condiciones básicas (cumplidas)

Gál 3:29: εἰ δε ὑμεις Χριστου, ἀρα του Ἀβρααμ σπερμα ἐστε.
— Si sois (son ustedes) de Cristo, entonces sois (son) descendencia de Abraham.

1 Cor 8:3: εἰ δε τις ἀγαπα τον θεον, οὑτος ἐγνωσται ὑπ᾽ αὐτου.
— Si alguien ama a Dios, es conocido por él.

Luc 23:37: εἰ συ εἰ ὁ βασιλευς των Ἰουδαιων, σωσον σεαυτον.
— Si tú eres el rey de los judíos, ¡sálvate a ti mismo!

Luc 11:19: εἰ δε ἐγω ἐν Βεελζεβουλ ἐκβαλλω τα δαιμονια, οἱ υἱοι ὑμων ἐν τίνι ἐκβαλλουσιν;
— Si yo echo fuera los demonios por Beelzebúl, ¿por quién los echan fuera vuestros (sus) hijos?

---

4. Para ser exacto, la 'condición contraria al hecho' no comunica que la prótasis sea falsa, sino únicamente que el que habla piensa que es falsa. P.ej. Lucas 7:39: οὑτος εἰ ἠν προφητης, ἐγινωσκεν ἄν ... 'Si este fuera profeta, sabría...' El que habla cree que Jesús no es un profeta, pero el autor del evangelio podría muy bien pensar que sí lo es.

5. Tanto en la prótasis como en la apódosis se emplea *el Imperfecto* en griego para referencias al tiempo presente, y *el Aoristo* para referencias al tiempo pasado. Observe también que si la prótasis de una condición 'contraria al hecho' está en el negativo, se emplea μη (inesperadamente, dado que el verbo está en el Indicativo).

Curso de griego bíblico

<u>Condiciones indefinidas</u>
Mat 9:21:   ἐαν μονον ἁψωμαι του ἱματιου αὐτου, σωθησομαι.
   – Si solamente <u>tocare</u> su manto, <u>seré salva</u>.
Juan 14:14:   ἐαν τι αἰτησητε με ἐν τῳ ὀνοματι μου, ἐγω ποιησω.
   – Si me <u>pedís</u> (piden) cualquier cosa en mi nombre, <u>lo haré</u>.
1 Cor 14:14:   ἐαν γαρ προσευχωμαι γλωσσῃ, το πνευμα μου προσευχεται.
   – porque si <u>oro</u> (u <u>orara</u>) en una lengua, mi espíritu <u>ora</u>.
1 Juan 2:15:   ἐαν τις ἀγαπᾳ τον κοσμον, οὐκ ἐστιν ἡ ἀγαπη του πατρος ἐν αὐτῳ.
   – Si alguien <u>ama</u> (o <u>amara</u>) al mundo, el amor del padre <u>no está</u> en él.

<u>Condiciones incumplidas (contrarias al hecho)</u>
Juan 5:46:   εἰ γαρ ἐπιστευετε Μωϋσει, ἐπιστευετε ἀν ἐμοι.
   – Porque si <u>creyereis</u> (<u>creyeran ustedes</u>) a Moisés, me <u>creeríais</u> (<u>creerían</u>) a mí.
1 Cor 2:8:   εἰ γαρ ἐγνωσαν, οὐκ ἀν τον κυριον της δοξης ἐσταυρωσαν.
   – Porque si <u>hubieran sabido</u>, no <u>habrían</u> (hubieran) <u>crucificado</u> al Señor de la gloria.
Heb 8:4:   εἰ μεν οὐν ἠν ἐπι γης, οὐδ᾽ ἀν ἠν ἱερευς.
   – Por lo tanto si él <u>estuviera</u> (o <u>hubiera estado</u>) en la tierra, no <u>habría</u> (<u>hubiera</u>) <u>sido</u> sacerdote siquiera.

PRÁCTICA 20.1

Traduzca

1. εἰ φιλεις τον θεον, σοφος εἰ.
2. εἰ ἠκουσεν οὐκ ἀν ἀπεθανεν.
3. ἐαν ὁ βασιλευς ἐξελθῃ, οἱ δουλοι ἀπολυθησονται.
4. εἰ το εὐαγγελιον κηρυσσεται, χαιρετε.
5. εἰ ἀκαθαρτοι ἠμεν, οὐκ ἀν ἐν τῳ ἱερῳ ἐκαθημεθα.
6. ἐαν ἐγω δω σοι, δωσεις οὐν συ ἀλλοις;

20.2   EL GENITIVO ABSOLUTO

Marcos 14:17: και ὀψιας γενομενης ἐρχεται μετα των δωδεκα.
   – y <u>al atardecer</u> viene (vino) con los doce.

Aquí la palabra para 'la tarde', οψια, está en el genitivo y γενομενης (Participio Aoristo de γινομαι – 'habiendo ocurrido') está en el genitivo femenino singular para hacer concordancia con οψια. Pero, ¿por qué está οψια en el genitivo? No indica posesión ni está regido por una preposición. ¿Qué papel juega en la oración? No es el sujeto, ni el objeto. Esto es un ejemplo de una construcción que emplea los participios y se llama el *genitivo absoluto*.

El genitivo absoluto está compuesto de un sustantivo y un participio que hace concordancia con él, y estos dos están separados del resto de la oración (esto es lo que quiere decir 'absoluto', del latín ab-solutus – 'separado de'; no tiene nada que ver con la palabra 'absolutamente'). Esta separación es de sentido –el sustantivo no tiene lugar en la oración principal– y esta separación se indica con poner al sustantivo y al participio en el genitivo (lo cual garantiza que no los puede confundir uno con el sujeto o el complemento de la oración principal).

Hasta ahora, ha sido posible representar a toda oración –por compleja que fuera– por un mapa de unidades relacionadas entre sí, a base de un esqueleto de sujeto, verbo y (normalmente) un complemento u objeto. Por ejemplo, la oración 'Mientras pasaba él junto al mar, vio a Simón y a Andrés echando (redes) en el mar' (Mar 1:16) podría ser representada por el diagrama siguiente.

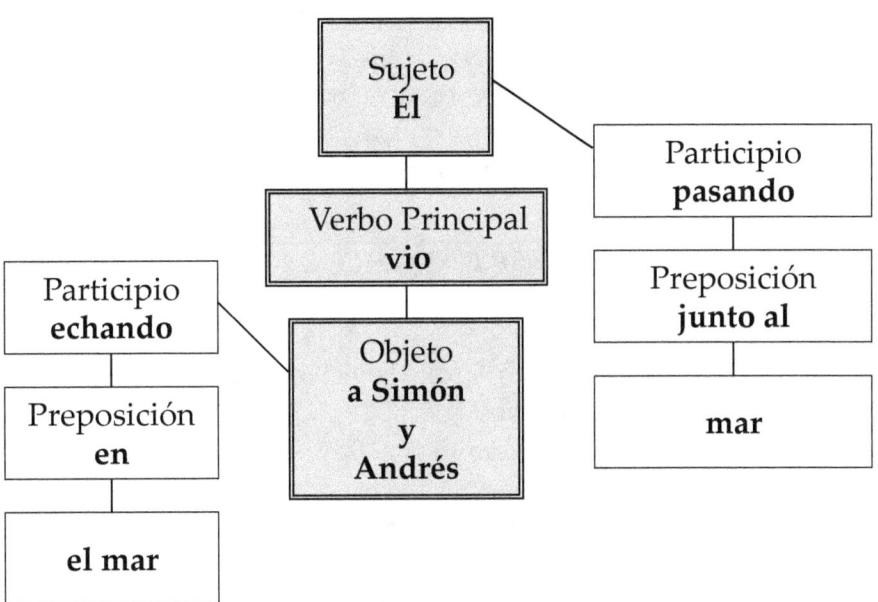

Aquí se ha señalado la oración principal en gris, y el resto de la oración se conecta con ella, y así es posible determinar el *caso* de los otros componentes de la oración: 'pasando' concuerda con 'él', el sujeto de la oración y, por lo tanto, está en el nominativo; 'echando' concuerda con 'Simón y Andrés', el complemento de la oración, así que está en el acusativo.

Sin embargo, si tomamos como ejemplo Marcos 14:17: 'La tarde habiendo ocurrido, él viene con los doce', el diagrama es bastante diferente, porque no hay ninguna conexión entre 'la tarde habiendo ocurrido' y 'él viene con los doce'. Así que 'la tarde habiendo ocurrido' es una cláusula separada, que no conecta con la oración principal.

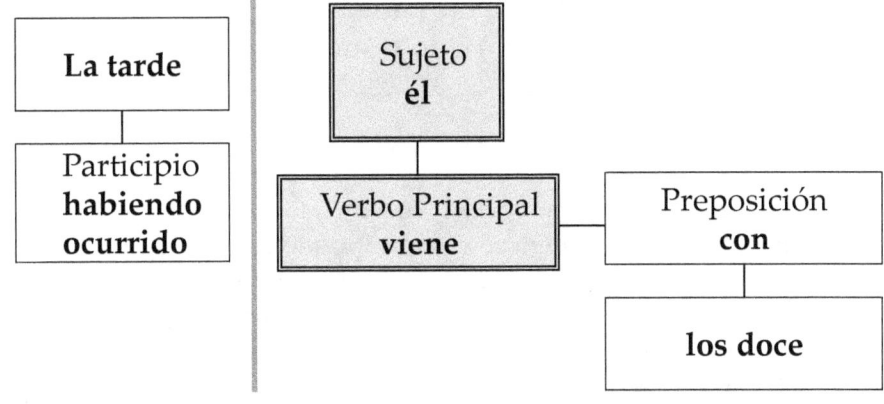

Por lo tanto, en griego será un 'genitivo absoluto', y entonces tanto 'la tarde' como 'habiendo ocurrido' estarán en el genitivo.[6]

Sugerencia

- El genitivo absoluto ocurre normalmente al principio de la oración, así que si la primera palabra en una oración está en el genitivo, pregúntese si es un genitivo absoluto.
- El genitivo absoluto da muy a menudo 'información de fondo', tal como la hora del día o las circunstancias cuando ocurrió algo.

Ejemplos

Marcos 14:66: και ὀντος του Πετρου κατω ἐν τῃ αὐλῃ ἐρχεται μια των παιδισκων.
– Y mientras estaba Pedro abajo en el patio, vino una de las criadas.

Mat 26:21: και ἐσθιοντων αὐτων εἰπεν· Ἀμην λεγω ὑμιν …
– Mientras estaban comiendo, les dijo, 'De verdad os (les) digo…'

Rom 5:13: ἁμαρτια δε οὐκ ἐλλογειται μη ὀντος νομου.
– El pecado no cuenta cuando no hay ley.

PRÁCTICA A MITAD DE CAMINO

Traduzca

1. ἐλθοντος δε Ἰησου οἱ διδασκαλοι ἐθαυμαζον.
2. εἰ γαρ ἐβλεπον ἐπιστευον ἀν.
3. του δε βασιλεως ἀποθανοντος ἠλθον εἰς την Γαλιλαιαν.
4. ἡμερας γενομενης ἐλαλει τῳ ὀχλῳ.
5. ἐαν τα δαιμονια ἐκβληθῃ εὐχαριστησομεν.
6. του γαρ λογου κηρυσσομενου οἱ ἀκουοντες ἐπιστευσαν.
7. αὐτου δε ὀντος ἁγιου παντες ἐφοβουντο.
8. εἰ ὁ νομος οὐκ ἐδωθη, οὐκ ἀν ἐγνωσαν την ἁμαρτιαν.
9. Cuando entraba ella, el ángel le dijo, '…
10. Si él es santo adorará a Dios.
11. Si fuera de día no tendríamos miedo.
12. Cuando él había (o hubo) sido resucitado, todo el mundo se maravillaba.

---

6. En el griego de los tiempos del Nuevo Testamento, esta regla no se observaba ya siempre, y a menudo encontramos un genitivo absoluto empleado cuando el sustantivo ocurre también en otra parte de la misma oración. Sin embargo, en estas ocasiones el empleo del genitivo absoluto evita la creación de una oración bastante complicada. Por ejemplo, Marcos 9:28: και εἰσελθοντος αὐτου εἰς οἰκον οἱ μαθηται αὐτου κατ᾽ ἰδιαν ἐπηρωτων αὐτον …– Y cuando entraba en la casa, sus discípulos le preguntaron en privado…'. Aquí hubiera sido posible hacer que concordara εἰσελθοντος con αὐτον, pero el empleo del genitivo absoluto separa la oración en componentes más pequeños, haciendo que sea más fácil entenderla.

20.3 LAS CONSTRUCCIONES PERIFRÁSTICAS

Como ya sabemos, el griego forma los tiempos de los verbos añadiendo prefijos y sufijos al verbo. Sin embargo, a veces emplea el griego una construcción similar a la española que se ve en frases como 'estoy comiendo': es decir, un verbo auxiliar (mayormente 'estar' en español) + un participio. Esto se llama la 'construcción perifrástica'.[7]

Tiempo	Construcción Perifrástica	
Presente	Presente de εἰμι	+ Participio Presente
Imperfecto	Imperfecto de εἰμι	+ Participio Presente
Futuro	Futuro de εἰμι	+ Participio Presente
Perfecto	Presente de εἰμι	+ Participio Perfecto
Pluscuamperfecto[8]	Imperfecto de εἰμι	+ Participio Perfecto
Futuro Perfecto[8]	Futuro de εἰμι	+ Participio Perfecto

En el griego clásico las construcciones perifrásticas enfatizaban la fuerza continua del participio (o bien un acontecimiento continuo –Participio Presente, o la continuación de un estado completado– Participio Perfecto). Es por esta razón que nunca se emplea el Participio Aoristo en las construcciones perifrásticas. Sin embargo, es dudoso que tal énfasis esté presente en las construcciones perifrásticas en el Nuevo Testamento, y por dos razones. En primer lugar, a medida que el griego se desarrollaba del periodo Clásico al del Nuevo Testamento, este énfasis disminuía. En segundo lugar, en arameo los Imperfectos se expresan siempre empleando una construcción perifrástica, y esto puede haber influenciado el empleo de las construcciones perifrásticas en el Nuevo Testamento.

Ejemplos

Mar 2:18: ἦσαν οἱ μαθηται Ἰωαννου και οἱ Φαρισαιοι νηστευοντες.
– Los discípulos de Juan y los fariseos estaban ayunando.
Ef 2:5: χαριτι ἐστε σεσῳσμενοι – Por la gracia habéis (ustedes han) sido salvados.
2 Juan 12: ... ἱνα ἡ χαρα ἡμων πεπληρωμενη ἠ.
– ... para que nuestro gozo pueda ser completado.
(Nota: aquí emplea la construcción perifrástica el Presente del Subjuntivo de εἰμι después de ἱνα.)

---

7. El nombre se deriva de περι (alrededor de) y φραζω (explico), ya que esta construcción explica su significado de una manera que da unas vueltas gramaticales, dando un rodeo con las palabras, cuando sería posible expresarse de una forma más sencilla.

8. 'Equivalentes' en español: Pluscuamperfecto: 'yo había desatado'; Futuro Perfecto: 'yo habré desatado'.

PRÁCTICA 20.3

Traduzca

1. ὁ διδασκαλος ἠν καθημενος μετ' αὐτων.
2. ἐν τῳ προφητῃ ἐστιν γεγραμμενον.
3. και ἠν Ἰωσηφ ἐνδεδυμενος καλον ἱματιον.
4. τιμωμενος δε ἐσται ὁ προφητης.

20.4 LA COMPARACIÓN Y LA FORMACIÓN DE LOS ADJETIVOS Y DE LOS ADVERBIOS

De cualquier adjetivo es posible formar el adverbio que le corresponde, y de un adjetivo o de un adverbio es posible formar dos variantes: el comparativo y el superlativo.

Al igual que en castellano, hay un patrón según el cual normalmente se hacen estas formas, pero algunos de los adjetivos y adverbios más corrientes tienen formas irregulares. Hay otra pequeña variación: si la última vocal de la raíz del adjetivo o del adverbio es corta, se emplea ω antes de la terminación en el comparativo y el superlativo, y si es larga o un diptongo, se emplea ο.

Por ejemplo: σοφος tiene una vocal corta en la última sílaba de la raíz: σοφ-
δικαιος tiene un diptongo al final de la raíz: δικαι-

		Vocal corta	Vocal larga o diptongo	
Adjetivo	sabio	σοφος	δικαιος	justo
Comparativo	más sabio	σοφωτερος	δικαιοτερος	más justo
Superlativo	el más sabio / muy sabio	σοφωτατος	δικαιοτατος	el más justo
Adverbio	sabiamente	σοφως	δικαιως	justamente
Comparativo	más sabiamente	σοφωτερον	δικαιοτερον	más justamente
Superlativo	lo más sabiamente / muy sabiamente	σοφωτατα	δικαιοτατα	el/lo más justamente

Formas irregulares corrientes

Adjetivos

ἀγαθος	bueno	→ κρεισσων	mejor	
κακος	malo	→ χειρων	peor	
μεγας	grande	→ μειζων	mayor, más grande	
πολυς	mucho	→ πλειων	más	
μικρος	pequeño	→ μικροτερος	más pequeño	→ ἐλαχιστος el más pequeño

Adjetivo		Adverbios	
ἀγαθος bueno	→	εὐ bien	
(Raíz no utilizada)	→	μαλλον más, más bien → μαλιστα en especial, sobre todo	
πολυς mucho	→	πολλα grandemente	

Notas

- Aprendimos en el Capítulo 12, sección 12.4, que el comparativo se expresa en griego o bien por un genitivo o por el empleo de la palabra ἡ con el segundo sustantivo en el mismo caso que el primero.
- μαλλον es el *adverbio* 'más' (calificando a un verbo), mientras que πλειων es el *adjetivo* 'más' (calificando a un sustantivo).
- En tiempos del Nuevo Testamento se había dejado ya de emplear el superlativo en la mayoría de los casos, y a menudo se empleaba el comparativo en su lugar.

Sugerencia

Ayuda recordar que las palabras que terminan en -ως son adverbios. Ahora entenderá cómo las formas καλως, ὁμοιως y οὑτως, las cuales aprendió antes, han sido formadas de καλος, ὁμοιος y οὑτος.

Ejemplos

- ἀξιως – dignamente
- παντως – sin duda, del todo, en absoluto, al menos
- ὀντως – en realidad, en verdad, de veras
- πρωτως – por primera vez

Mar 1:32: ἐφερον προς αὐτον παντας τους κακως ἐχοντας.
— Llevaban a él todos los que estaban enfermos (literalmente: los 'teniendo malamente').

Mar 5:23: λεγων ὁτι Το θυγατριον μου ἐσχατως ἐχει.
— diciendo, 'Mi hija se está muriendo' (literalmente: 'tiene finalmente').

1 Cor 7:40: μακαριωτερα δε ἐστιν ἐαν οὑτως μεινῃ.
— Ella es más bienaventurada si se quedara así.

PRÁCTICA 20.4

Dé un análisis morfológico de las palabras siguientes

1. ἁγιωτατα
2. ἐλαχιστοις
3. κακωτερου
4. πονηροτατοι
5. μειζοντα
6. ἱκανως

20.5 EL OPTATIVO

En el griego clásico hubo un sexto modo, llamado el Optativo. Conviene considerarlo como una forma que indica incluso más falta de certeza que el subjuntivo. Pero en la época del Nuevo Testamento se empleaba muy raras veces, salvo entre los que intentaban imitar el estilo de escribir del pasado (compare esto con los empleos especiales de la Voz Media – Capítulo 15, sección 15.6.1). Sin embargo, ocurre en una frase famosa de Pablo: μη γενοιτο – '¡Qué no sea así!'

El Optativo se empleaba:
1. Para expresar deseos
2. Para preguntas indirectas (es decir, preguntas en el estilo indirecto[9]).

El Optativo se formaba de una manera parecida al Subjuntivo, pero en vez de tener como vocal característica una η o una ω, tiene los diptongos οι o αι.

Ejemplos

Rom 6:1-2: ἐπιμενωμεν τη ἁμαρτια, ἱνα ἡ χαρις πλεοναση; <u>μη γενοιτο</u>.
– ¿Deberíamos de permanecer en el pecado para que la gracia sobreabundara? <u>¡De ninguna manera!</u>

Luc 1:38: <u>γενοιτο</u> μοι κατα το ῥημα σου.
– <u>Que me sea</u> conforme a tu palabra.

VOCABULARIO PARA EL CAPÍTULO 20

Adverbios, comparativos y superlativos importantes
*ἀληθως (18) – verdaderamente
*ἐλαχιστος (14) – el más pequeño
εὐ (5) – bien
*κρεισσων (19) – mejor

μαλιστα (12) – sobre todo, en especial
*μαλλον (81) – más, más bien
*μικρον (16) – un poco, poco tiempo
*μικρος (46) – pequeño, poco
χειρων (11) – peor

Unos cuantos sustantivos finales
*ζῳον (23) – ser viviente
*θυσιαστηριον (23) – altar
ποιμην, ποιμενος, ὁ (18) – pastor

y unos verbos
θεαομαι (22) – veo, miro
*καυχαομαι (37) – me jacto, me glorío
*μιμνησκομαι + gen. (23) – recuerdo, me acuerdo
νιπτω (17) – lavo

Palabras para ayudar

<u>eu</u>femismo/<u>eu</u>logio/<u>eu</u>tanasia, <u>micro</u>scopio, <u>zoo</u>lógico, <u>tea</u>tro, <u>mne</u>motécnica.

---
9. Ver el Capítulo 10 sección 10.3.

Ejercicios

Sección A

*1. και τοτε ἐαν τις ὑμιν εἰπῃ· Ἰδε ὡδε ὁ Χριστος, Ἰδε ἐκει, μη πιστευετε.
*2. και προελθων μικρον ἐπιπτεν ἐπι της γης και προσηυχετο ἱνα εἰ δυνατον ἐστιν παρελθῃ ἀπ᾽ αὐτου ἡ ὡρα.
*3. ἀπεκριθη Ἰησους· Ἀμην ἀμην λεγω σοι, ἐαν μη τις γεννηθῃ ἐξ ὑδατος και πνευματος, οὐ δυναται εἰσελθειν εἰς την βασιλειαν του θεου.
4. μετα ταυτα εὑρισκει αὐτον ὁ Ἰησους ἐν τῳ ἱερῳ και εἰπεν αὐτῳ· Ἰδε ὑγιης (*sano*) γεγονας. μηκετι ἁμαρτανε, ἱνα μη χειρον σοι τι γενηται.
5. ὁ γαρ πατηρ φιλει τον υἱον και παντα δεικνυσιν αὐτῳ ἁ αὐτος ποιει, και μειζονα τουτων δειξει αὐτῳ ἐργα, ἱνα ὑμεις θαυμαζητε.
6. ἐγω δε ἐχω την μαρτυριαν μειζονα του Ἰωαννου· τα γαρ ἐργα ἁ δεδωκεν μοι ὁ πατηρ ἱνα τελειωσω αὐτα, αὐτα τα ἐργα ἁ ποιω μαρτυρει περι ἐμου ὁτι ὁ πατηρ με ἀπεσταλκεν.
*7. και ἐθαυμαζον ἐπι τῃ διδαχῃ αὐτου ἐτι μαλλον· ἠν γαρ διδασκων αὐτους ὡς ἐξουσιαν ἐχων και οὐχ ὡς οἱ γραμματεις.
8. και γενομενου σαββατου ἠρξατο διδασκειν ἐν τῃ συναγωγῃ, και πολλοι ἀκουοντες ἐθαυμασαν λεγοντες· Ποθεν τουτῳ ταυτα, και τις ἡ σοφια, και αἱ δυναμεις τοιαυται δια των χειρων αὐτου γινομεναι;
9. Acordémonos del pastor de nuestras almas.
10. Entonces si el Hijo os (les) hace libres, seréis (serán ustedes) libres de verdad (*en realidad, de veras*).
*11. Les estaba enseñando (*emplee la forma perifrástica*) acerca del amor por el menor de los hermanos y por todas la cosas vivientes.
12. ¿Crucificaré de nuevo al que me lavó del pecado? ¡Que no sea así!

Sección B

1. ἠσαν δε τινες των γραμματεων ἐκει καθημενοι και λογιζομενοι ἐν ταις καρδιαις αὐτων.
*2. ἐαν ἐγω μαρτυρω περι ἐμαυτου, ἡ μαρτυρια μου οὐκ ἐστιν ἀληθης.
3. Ἐγω εἰμι ὁ ποιμην ὁ καλος και εὐ γινωσκω τα ἐμα και γινωσκει με τα ἐμα.
4. και ἐθεασαμεθα την δοξαν αὐτου και μιμνησκομεθα μαλιστα του κυριου της δοξης νιπτοντος τους ποδας ἡμων.
*5. αὐτη ἐγερθησεται ἐν τῃ κρισει μετα των ἀνδρων της γενεας ταυτης και κατακρινεῖ (κατα + κρινω = *condeno*) αὐτους, ὁτι ἠλθεν ἀκουσαι την σοφιαν του βασιλεως, και ἰδου πλειον του βασιλεως ὡδε.
*6. Ἐγενετο δε ἐν τῳ βαπτισθηναι ἁπαντα τον λαον και Ἰησου βαπτισθεντος και προσευχομενου ἀνεῳχθηναι τον οὐρανον.
*7. και ἐρχεται το τριτον και λεγει αὐτοις· Καθευδετε το λοιπον; ἠλθεν ἡ ὡρα, ἰδου παραδιδοται ὁ υἱος του ἀνθρωπου εἰς τας χειρας των ἁμαρτωλων.
8. ἐαν οὐν προσφερῃς τι ἐπι το θυσιαστηριον και μνησθῃς ἐκει ὁτι ὁ ἀδελφος σου ἐχει τι κατα σου, ὑποστρεφε εὐθυς προς αὐτον και ἐρωτα εἰρηνην.
*9. Si vivimos, es mejor vivir bien y amarnos los unos a los otros.
10. Cuando los pastores hubieron llegado, vieron al niño durmiendo.

*11. El que os (les) ha dado todas las cosas en Cristo, ¿no os (les) dará también su amor?
*12. Tengo una esposa bella y muy sabia.

Sección C

1 Corintios 13:1-3: Ἐὰν ταῖς γλώσσαις τῶν ἀνθρώπων λαλῶ καὶ τῶν ἀγγέλων, ἀγάπην δὲ μὴ ἔχω, γέγονα χαλκὸς [*bronce, metal*] ἠχῶν [*ἠχεω – ser ruidoso*] ἢ κύμβαλον [*címbalo*] ἀλαλάζον [*ἀλαλαζω – retiñe*]. ² καὶ ἐὰν ἔχω προφητείαν [*profecía*] καὶ εἰδῶ τὰ μυστήρια πάντα καὶ πᾶσαν τὴν γνῶσιν καὶ ἐὰν ἔχω πᾶσαν τὴν πίστιν ὥστε ὄρη μεθιστάναι [*μεθιστημι – quitar*] ἀγάπην δὲ μὴ ἔχω, οὐθέν [= οὐδεν] εἰμι. ³ κἂν ψωμίσω [*alimentar, repartir*] πάντα τὰ ὑπάρχοντά μου καὶ ἐὰν παραδῶ τὸ σῶμά μου ἵνα καυχήσωμαι, ἀγάπην δὲ μὴ ἔχω, οὐδὲν ὠφελοῦμαι [*ὠφελεω – aprovechar, sacar provecho, beneficio*].

χαιρε·
νυν γαρ οιδας την γλωσσαν των Ελληνων.
το βιβλιον ην κακον και το εργον μεγα,
αλλα τετελειωται· συ νενικηκας.
ολιγον δε μισθον μιμνησκου δουναι τω διδασκαλω σου,
τοτε υπαγαγων αναγνω την καινην διαθηκην.

Para ir más lejos

El propósito de este libro fue "Ayudarle a aprender el suficiente griego para poder leer el Nuevo Testamento". Si ha completado usted los veinte capítulos y ha captado los puntos principales moderadamente bien (no perfectamente) y, si ha hecho las prácticas y los ejercicios mientras estudiaba los capítulos, entonces, ¡habrá alcanzado esta meta! Ahora, lo único que le hace falta es más práctica. Al principio, encontrará que leerá el Nuevo Testamento bastante lentamente, pero pronto podrá leerlo más rápidamente y con más soltura y, entonces, disfrutará mucho más de su lectura.

Hay gran variedad de herramientas diseñadas para ayudarle a alcanzar más fluidez y hay obras de referencia que le proveerán información más profundizada que lo que ha sido posible en este libro. Nombro algunas de estas abajo, agrupadas en varias categorías. Acuérdese, sin embargo, que su meta no fue poder progresar en libros cada vez más complicados sobre el griego, sino poder leer el Nuevo Testamento. Así que, haga eso - ¡empiece hoy! Y si es de algún modo posible, no lea a solas; busque a otras personas con quienes leer. De esa manera, podrán animarse los unos a los otros y, lo que usted haya podido olvidar, otro probablemente lo recordará y, así progresarán todos más rápidamente. Bastante pronto encontrará que se habrá familiarizado con el vocabulario y la gramática que ocurren frecuentemente, lo cual le permitirá enfocar sus energías en las palabras y las frases menos corrientes o más complicadas. ¡Disfrute de ello!

Lo básico

Una copia del Nuevo Testamento griego. Le será imprescindible. Es posible que copias más antiguas tengan un texto con algunas diferencias ligeras, debido al desarrollo de la crítica textual. La mejor opción es probablemente *El Nuevo Testamento Griego* (*The Greek New Testament*) 5ª edición de las Sociedades Bíblicas Unidas, conocido como "UBS5" (Stuttgart: Deutsche Bibelgesellschaft, 2014). La otra posibilidad es el *Novum Testamentum Graece* (28ª edición, 2012), también de la Deutsche Bibelgesellschaft (conocido como el Nestle-Aland, los nombres de los principales redactores originales). Estas dos versiones dan el mismo texto, pero tienen el 'aparato' (las notas para analizar el texto) diferentes. Otro texto muy respetado es el de *El Nuevo Testamento griego*, Edición SBL (NTGSBL), una nueva edición del Nuevo Testamento griego producido por la Society of Biblical Literature.

Un Diccionario. El diccionario al final de este libro tiene únicamente las palabras más corrientes del Nuevo Testamento. Cuando empiece a leer, encontrará otras palabras; así que necesitará un diccionario (o 'léxico'). Hay varios diccionarios griego-españoles.

Uno de los más recientes es la *Concordancia Manual y Diccionario Griego-Español del Nuevo Testamento* por Pedro Ortiz V., S.J. (Madrid, Sociedades Bíblicas Unidas, 2006 (3ª edición)). Esto es un diccionario completo griego-español que da además todas las referencias bíblicas donde ocurre cada palabra (salvo las más corrientes, como los artículos, και, etc.). El autor ha dado un número a cada palabra griega y, en la sección español-griego, para ahorrar espacio se da el número de la palabra griega, la cual tiene uno que buscar en la segunda sección del libro.

La Sociedad Bíblica Alemana también publica una versión del Nuevo Testamento con una introducción (de unas 62 páginas) en español y un *Diccionario Conciso Griego-Español del Nuevo Testamento* por Elsa Tamez L. e Irene W. De Foulkes (*The Greek New Testament Fourth Revised Edition con Introducción en Castellano y Diccionario* Stuttgart, Deutsche Biblegesellschaft, 2001). Este diccionario incluye todo el vocabulario usado en el Nuevo Testamento, pero no tiene una sección español-griego.

El diccionario estándar para el trabajo académico es *A Greek-English Lexicon of the New Testament and Other Early Christian Literature,* la versión inglesa editada por F. W. Danker y otros de la obra original alemana de Walter Bauer (*Griechisch-Deutsches Wörterbuch zu den Schriften des Neuen Testaments und der frühchristlichen Literatur, 6. Ausgabe*). La 3ª edición inglesa fue publicada en Chicago por la University of Chicago Press en el año 2000. Desgraciadamente, se desconoce hasta ahora una versión española de esta obra maestra.

Otras publicaciones que ayudan

Hay muchísimos tipos de libros publicados para ayudarle a leer el Nuevo Testamento en griego.

Ayuda versículo por versículo. Tales obras comentan sobre cada versículo, para evitar que tengamos que pasar mucho tiempo buscando en libros de referencia. Entonces, son compañeras ideales mientras uno lee. Varias editoriales publican tales comentarios, aunque no todos los comentarios se enfocan en la lengua griega. *Análisis gramatical del griego del Nuevo Testamento* por M. Zerwick, S.J. y M. Grosvenor (Editorial Verbo Divino, 2008) sí enfoca claramente en la lengua y, da también un análisis de formas gramaticales poco corrientes.

Un texto interlineal griego-español puede ser de ayuda cuando uno empieza a leer el Nuevo Testamento en griego, aunque sean de poca ayuda para *entender* el griego. Tales libros dan el griego en una línea y la traducción española debajo de cada palabra. Desde hace más de treinta años, el principal interlineal español ha sido el *Nuevo Testamento Interlineal Griego-Español* por el Dr Francisco Lacueva (Editorial CLIE, 1984). Emplea la versión 25 (1963) del texto Nestle-Aland, la cual apenas difiere de la versión 27. Esta obra acaba de ser revisada por el Dr. Juan Carlos Cevallos y ahora está basada en el texto griego de la edición NTGSBL. Lleva el título *Interlineal académico del Nuevo Testamento* (Editorial CLIE, 2018).

Libros para desarrollar el vocabulario. Hay varios libros que organizan las palabras griegas de varias maneras para ayudarle a aumentar su vocabulario de la forma más fácil posible. Se recomienda una búsqueda por internet con palabras claves como "vocabulario griego del Nuevo Testamento".

Diccionarios analíticos. Tales diccionarios dan todas las formas de las palabras que ocurren en el Nuevo Testamento e indican de qué forma básica está derivada la palabra (por ejemplo, incluyen no solamente λυω, sino también formas como ἐλυσαν). Un ejemplo de tal libro, pero en inglés, es *The New Analytical Greek Lexicon* por Wesley J Perschbacher (Peabody, Massachusetts, Hendrickson Publishers Inc, 2008).

Otros libros de referencia

Más adelante le podría ser de ayuda **una gramática griega** de referencia. Tampoco es necesario descartar por completo los libros sobre la gramática griega clásica. El griego clásico tiene ciertas formas que no ocurren en el Nuevo Testamento –además de un vocabulario más amplio– pero ciertos libros de referencia de la gramática y del vocabulario del griego clásico pueden ser de ayuda, una vez que haya usted llegado a dominar más o menos el contenido de este libro.

Una concordancia griega. El diccionario de Pedro Ortiz, nombrado arriba, es a la vez una concordancia que le permite encontrar todos los sitios en el Nuevo Testamento donde ocurre una palabra griega dada. Una concordancia que imprime una línea del texto original con cada referencia es "The Exhaustive Concordance to the Greek New Testament" por Kohlenberger, Goodrick y Swanson. Las referencias emplean abreviaciones de los nombres ingleses de los libros, por ejemplo, "Lk" para Lucas, "Mk" para Marcos, etc., pero aparte de este detalle, es posible consultar el libro sin tener conocimientos del inglés.

Conocimientos más avanzados

Puede ser que desee aprender algo de la **crítica textual**, el proceso por el cual nuestros textos impresos modernos del Nuevo Testamento griego se producen de los muchísimos textos antiguos que se tienen. La *Introducción en Castellano* al *Greek New Testament Fourth Revised Edition*, indicado arriba, podría ser un buen punto de partida. Para textos en inglés ver *The Text of the New Testament* por K. y B. Aland (Grand Rapids, MI: Eerdmans, 2ª edición, 1996) o el libro del mismo título por B. M. Metzger (Oxford: Oxford University Press, 3ª edición, 1992), además del *Textual Commentary on the Greek New Testament* (Stuttgart: Deutsche Bibelgesellschaft, 2ª edición, 1995) por el mismo autor.

Sobre los **acentos griegos**, ver *Greek Accents: A Student's Manual* (Grand Rapids, MI: Baker Books, 1985) por D. A. Carson.

Informática

Cada vez, hay más programas sobre el griego que permiten hacer investigaciones profundas sobre la estructura gramatical y el uso de cualquier palabra. Además, la página web de Editorial CLIE ofrece, gratuitamente, abundante material de apoyo, tanto para el profesor como para el estudiante.

Para poder descargar los contenidos adicionales, acceda a: http://www.clie.es/materiales/curso-de-griego-biblico/

Comparación con la gramática española

¿Por qué hay una sección sobre la gramática española?

El propósito de este libro de texto es ayudarle a aprender griego, no castellano. Usted sabe castellano ya perfectamente bien y emplea la gramática española todo el tiempo. Sin embargo, muchos lectores de este libro emplearán la gramática española de manera automática, sin darse cuenta de ello, porque hoy día aprenden muchas personas el castellano sin enfocarse apenas en la gramática de manera explícita. Si esto es bueno o malo sigue siendo discutido y no nos concierne aquí. Sin embargo, esto puede ser una desventaja cuando uno empieza a aprender un idioma extranjero, sobre todo un idioma como el griego, cuya estructura y gramática son en realidad muy similares al español. A menudo, la mejor manera de explicar la gramática griega es con referencia a la española. Por ejemplo, las oraciones griegas tienen sujetos y complementos igual que las españolas. Si uno ya entiende (de sus conocimientos del castellano) lo que son los sujetos y los complementos, entonces lo único que queda por aprender en el caso del griego es que al sujeto se le pone en el caso *nominativo* y al complemento en el caso *acusativo*. Esta explicación no le servirá en absoluto, sin embargo, si nunca antes conoció los términos 'sujeto' y 'complemento'. En tales situaciones puede ser de ayuda entender primero lo que son 'sujeto' y 'complemento' en castellano. Es por esta razón que hay una sección sobre la gramática española en este libro.

Cómo utilizar esta guía

El propósito de esta guía no es darle un resumen completo de la gramática española. Contiene, más bien, explicaciones de aquellas partes de la gramática española que puedan ayudarle a aprender el griego contenido en este libro. Si así lo desea, puede leer esta guía entera, para familiarizarse con la terminología gramatical empleada, y con los aspectos de la gramática española que se señalan aquí. Sin embargo, se pretende que la guía sea una herramienta de referencia. En varios puntos en los Capítulos 1-20 se le dirigirá a una parte apropiada de esta guía. Por ejemplo, cuando en el Capítulo 2 se encuentra por primera vez con la idea de los sujetos y los complementos en griego, se le referirá a la sección 3 de esta guía, la cual explica los sujetos y los complementos en español. De forma parecida, cuando ocurren los términos gramaticales en el índice, se da la referencia tanto al sitio donde se explica el griego como a la sección en esta guía donde se explica el equivalente castellano.

Contenido

1. Las partes de la oración

1.1 El sustantivo
1.2 El verbo
1.3 El pronombre
1.4 El adjetivo
1.5 La preposición
1.6 El adverbio
1.7 La conjunción
1.8 La interjección
1.9 Las palabras que pueden ser más que una parte de la oración
1.10 Ejemplo

2. **Las oraciones, las cláusulas y las frases**
3. **El sujeto y el complemento**
4. **Los complementos predicativos**
5. **La persona**
6. **La flexión**
7. **Los tiempos de los verbos**
8. **Las voces**
9. **Los modos**
10. **El género**

1. Las partes de la oración

La primera pregunta que conviene hacer acerca de cualquier palabra es, '¿Qué tipo de palabra es?' Por ejemplo, 'pon' es un tipo de palabra diferente de 'chaqueta', y ''sobre'' es diferente de ambas palabras. Se les llaman las *partes de la oración*. Hay ocho diferentes *partes de la oración*: es decir, hay ocho diferentes tipos de palabra. Muchos de los capítulos de este libro se enfocan en explicar cómo funciona una parte específica de la oración en griego. Por ejemplo, el Capítulo 5 mira los *adjetivos*, mientras que el Capítulo 2 introduce unos *verbos* y *sustantivos* básicos. Es esencial entender claramente las partes de la oración en castellano si uno va a captar como se forman y se emplean en griego.

1.1 El sustantivo

Un sustantivo es el nombre de cualquier persona o cosa, por ejemplo: 'chaqueta', 'Paco', 'paz'.

La mayoría de los sustantivos son de hecho el nombre dado a un tipo o categoría de cosas o personas. 'Taza' es el nombre dado a todas las tazas, a pesar de que puedan tener el tamaño que varía de una a otra, y algunas son nuevas y otras son viejas. Sin embargo, son todas tazas. Por esta razón en la gramática se denominan estos sustantivos clasificadores (que clasifican clases o tipos de cosas o personas) *nombres comunes*.[1]

Otro tipo de sustantivo es el *nombre propio*. Esto es un nombre que se da a una persona, lugar o cosa en particular. Por ejemplo: Juan, Madrid, el Instituto Pérez Galdós. En castellano como en griego señalamos los nombres propios, escribiéndolos con una mayúscula inicial.

---

1. Cuanto más piensa uno en esto, más complicado se hace. Fue el filósofo griego Platón (c. 427-347 antes de Cristo) quien fue la primera persona de la que tenemos información que debatió qué características de una taza hacen que sea una taza, cuando las hay de muchos tipos y tamaños diferentes.

Un tercer tipo de sustantivo es el *nombre abstracto*. Esto es el nombre de una cualidad, un estado o una acción, en vez de ser el nombre de una persona o una cosa. Por ejemplo: 'amor', 'paz', 'destrucción'.

1.2 El verbo

Un verbo es una palabra que describe una acción. Por ejemplo: 'cantar', 'aprender', 'comer'.

A veces, es necesario interpretar el concepto de una 'acción' de manera amplia. En la oración 'está frío' o 'existe en mis sueños', 'está' y 'existe' son verbos, a pesar de que uno podría no considerarlos acciones. Sin embargo, se podría decir que 'está' y 'existe' son tipos de acción, o de inacción.

1.3 El pronombre

Un pronombre es una palabra empleada para reemplazar o sustituir a un sustantivo. Por ejemplo: ella, esta, que.

En cualquier momento donde se emplea un pronombre, debería de ser posible identificar el sustantivo al que reemplaza. Ese sustantivo se llama el *antecedente*, y determina qué pronombre hace falta emplear. Miremos las dos oraciones 'María compró el pastel. María comió el pastel.' En castellano suena esto raro. Normalmente se reemplazaría el nombre María con un pronombre la segunda vez que ocurre. Dado que el antecedente de este pronombre es María, se emplearía la palabra 'ella'. (Si el antecedente fuera Juan, se emplearía 'él', y si fuera 'los niños' se emplearía 'ellos'). De la misma manera, se reemplazaría 'el pastel' en la segunda oración con el pronombre 'lo'. Entonces, lo que se diría sería, 'María compró el pastel. Ella lo comió.'[2] Aquí, la segunda oración contiene dos pronombres, 'ella' y 'lo', cada uno de los cuales reemplaza a un sustantivo específico.

Hay muchos tipos de pronombres, pero todos comparten la misma función, la de reemplazar a un sustantivo. Por ejemplo, 'que' es un *pronombre relativo* porque relaciona lo que podría ser dos oraciones independientes. En vez de escribir, 'María compró el pastel. Ella lo comió,' uno podría escribir, 'María comió el pastel que compró.' Aquí 'que' es el pronombre relativo que relaciona las dos oraciones originales, y 'el pastel' es el antecedente de 'que'.

1.4 El adjetivo

Un adjetivo es una palabra que se emplea con un sustantivo para aclarar su significado (es decir, para añadir información adicional). Por ejemplo: nuevo, mi, tres.

La mayoría de los adjetivos contestan a preguntas tales como '¿Qué tipo es?', '¿Cuántos?' (son adjetivos *calificativos*, que expresan una cualidad del sustantivo, y adjetivos que indican *cantidad*). Sin embargo, hay algunos otros tipos de adjetivos que son ligeramente diferentes. Los adjetivos *demostrativos* como 'este' o 'aquellos' contestan a la pregunta '¿Cuál?' Los adjetivos *posesivos* como 'mi' o 'nuestros' contestan a la pregunta '¿De quién?' Los adjetivos *interrogativos* hacen preguntas, como por ejemplo '¿Cuál?' Sin embargo, todos los adjetivos están relacionados con un sustantivo. En oraciones como '*Este* pastel es bueno', '*Mi* pastel ha

---

2. En castellano –¡igual que en griego!– en la segunda oración aquí sería posible suprimir el pronombre que es el sujeto del segundo verbo ('ella', en este caso).

desaparecido' y '¿*Cuál* de los pasteles se comió?' 'este', 'mi' y '¿cuál?' califican a la palabra 'pastel(es)' y, por tanto, son adjetivos.

Las palabras 'el/la/los/las' son un tipo especial de adjetivo. Se llaman el '*artículo definido*' o el '*artículo determinado*' y a veces son consideradas como una parte de la oración separada (juntas con el '*artículo indefinido*' o '*indeterminado*' – 'un(a)'). Sin embargo, ocurren con un sustantivo y, por lo tanto, pueden ser consideradas como adjetivos. Por ejemplo, compare las dos oraciones siguientes: 'María come galletas' y 'María come las galletas.' La palabra 'las' en la segunda oración califica la palabra 'galletas' y nos dice que son ciertas galletas específicas a las que se hace referencia, no las galletas en general.

1.5 La preposición

Una preposición es una palabra (o una frase) empleada con un sustantivo (o con un pronombre) que indica la relación entre el nombre o pronombre y otra parte de la oración. Por ejemplo: en, con, por.

En castellano, como en griego, el sustantivo o pronombre a la que refiere una preposición suele venir inmediatamente después de ella. En la oración 'Él entró en la casa', 'en' es una preposición que se refiere a 'casa' (a veces se dice que *rige* 'casa'), para indicar la relación entre 'la casa' y 'él entró'. La relación sería diferente si se hubiera empleado la preposición 'detrás de' o 'al lado de'. Lo mismo se aplica en el caso de oraciones tales como 'él fue con ellos' o 'Cristo murió por los pecadores'.

1.6 El adverbio

Un adverbio es una palabra empleada con un verbo para precisar su significado. Por ejemplo: lentamente, cuidadosamente, no. Además, los adverbios pueden ser empleados para modificar un adjetivo u otro adverbio. Por ejemplo, 'muy' es un adverbio que puede emplearse para calificar a un adverbio: 'él trabajaba *muy* cuidadosamente' o a un adjetivo: 'la bebida estaba *muy* caliente'.

Los adverbios y los adjetivos están estrechamente relacionados los unos a los otros. Los adjetivos califican a los sustantivos, mientras que los adverbios califican a los verbos (y a los adjetivos y los adverbios). En castellano es a menudo posible formar un adverbio con añadir -mente al final de la forma femenina singular del adjetivo, por ejemplo: 'lenta' y 'lentamente'.

1.7 La conjunción

Una conjunción es una palabra que une a dos palabras, cláusulas u oraciones. Por ejemplo: y, pero, porque.

1.8 La interjección

Una interjección es una palabra independiente que ocurre sola y expresa un sentimiento de forma directa. Por ejemplo: ay, gracias, hola.

1.9 Las palabras que pueden ser más que una parte de la oración

En castellano, es posible que la misma palabra sea más que una *parte de la oración*, según cómo se emplea en la oración. Por ejemplo, 'charla' puede ser un verbo ('Ella charla acerca de sus niños') o un sustantivo ('Me gustó oír la charla'). Esto apenas ocurre en griego.[3] Entonces, cuando, por ejemplo, uno quiere traducir la palabra 'charla', es necesario estar seguro si es un sustantivo (griego: λογος) o un verbo (griego: λεγω).

1.10 Ejemplo

Entonces abrió Pedro rápidamente la ventana grande al lado de la puerta y dijo, ¡Hola!

Entonces	Conecta esta oración con la anterior	Conjunción
abrió	Una acción	Verbo
Pedro	El nombre de una persona específica	Sustantivo (Nombre propio)
rápidamente	Califica (describe más ampliamente) 'abrió'	Adverbio
la	Califica (describe más ampliamente) 'ventana'	Adjetivo (artículo)
ventana	El nombre de algo	Sustantivo (nombre común)
grande	Califica (describe más ampliamente) 'ventana'	Adjetivo
al lado de	Indica cómo se relaciona 'puerta' con 'ventana'	Preposición
la	Califica (describe más ampliamente) 'puerta	Adjetivo (artículo)
puerta	El nombre de algo	Sustantivo (nombre común)
y	Junta dos cláusulas	Conjunción
dijo	Una acción	Verbo
Hola	Expresa una idea completa e independiente	Interjección

2. Las oraciones, las cláusulas y las frases

Una oración es un grupo de palabras que se entienden completamente sin necesitar más palabras. Desde el punto de vista gramatical, no necesitan formar parte de algo más grande. En castellano, se marca la oración con una mayúscula al principio de la primera palabra y un punto después de la última. Este párrafo contiene cuatro oraciones, cada una de las cuales se entiende completamente sin necesitar más palabras.

Una cláusula o una frase es un grupo de palabras que se entienden pero que no son completas. Según la definición técnica, una cláusula es un grupo de palabras en el cual hay un verbo conjugado (es decir, un verbo en el modo indicativo, imperativo o subjuntivo. Ver la sección 9, abajo). Si el grupo de palabras no contiene ningún verbo conjugado, es una frase. Por ejemplo, 'Comieron el pastel que les gustó en la casa' es una oración. Dentro de esta oración, 'que les gustó' es una cláusula, no está completa sin otras palabras, así que no es una oración, pero tiene un verbo conjugado, así que es una cláusula. 'En la casa' es una frase.

---

3. Algunas veces en griego la misma palabra puede ser un adjetivo y un adverbio.

3. El sujeto y el complemento

El *sujeto* es el sustantivo (o pronombre) que forma el enfoque principal cuando se forma la oración. En castellano, es a menudo el primer sustantivo (o pronombre) en la oración. Por ejemplo, 'El niño llegó', 'Ella está cantando', 'El pastel fue comido', 'Más tarde, ellos se marcharon'. Sin embargo, en castellano –¡igual que en griego!– no es necesario siempre expresar el sujeto si es un pronombre. Por ejemplo, 'Está cantando', en un caso donde el contexto indicaría quién está cantando. La terminación del verbo en castellano y en griego también da una indicación de quién puede ser el sujeto. (En este ejemplo, tiene que ser 'él' o 'ella'). Es necesario definir el sujeto en relación con el verbo conjugado de la oración. En la mayoría de las oraciones (las oraciones *activas*. Ver la sección 8, abajo), el sujeto hace la acción expresada por el verbo.

Algunos verbos se refieren a acciones que no afectan directamente a otra cosa. Es decir, no tienen ningún *complemento*. Son los verbos llamados *intransitivos*, por ejemplo: 'permanezco', 'muero', 'duermo'.

En cambio, la mayoría de los verbos tienen un *complemento* además de un *sujeto*. Estos son los verbos llamados *transitivos*. El complemento especifica quién o qué está afectado directamente por la acción del verbo. Por ejemplo, en la oración 'Yo le amo' 'amo' es un verbo transitivo y 'le' es el complemento. En 'Ella come el pastel', 'el pastel' es el complemento (a veces llamado el objeto).

Es importante distinguir entre los complementos que están *directamente* afectados por la acción del verbo, y los que están *indirectamente* afectados. Son los *complementos directos* y los *complementos indirectos*. A menudo en castellano se indica el complemento indirecto empleando una preposición. Por ejemplo, en la oración 'María dio el pastel a Juan' 'el pastel' es el complemento directo y 'a Juan' es el complemento indirecto. (Estas preposiciones suelen desaparecer en castellano cuando se emplean pronombres en vez de nombres. Por ejemplo, 'María le dio el pastel'. Aquí, 'le' es el complemento indirecto, porque quiere decir 'a él'. A veces en castellano, la forma del pronombre demuestra si es el complemento directo o indirecto. 'Le' suele ser indirecto, y 'lo' y 'la' directo, aunque hay muchas variaciones regionales en el empleo de estos pronombres).

Observe también que algunos verbos pueden ser empleados de forma intransitiva o transitiva. Por ejemplo, 'Canté' es completo en sí. Pero también es posible emplear el verbo 'cantar' de forma transitiva. Por ejemplo, 'Canté el himno nacional'.

4. Los complementos predicativos

Hemos visto en la sección anterior que los verbos transitivos tienen un complemento mientras que los verbos intransitivos no tienen ninguno.

Sin embargo, hay algunos verbos intransitivos que no están completos en sí. Por ejemplo, a 'Ella parece' le falta alguna palabra para comunicar una idea, por ejemplo, 'Ella parece feliz'. De forma parecida, 'estar' puede usarse solo. Por ejemplo, '¿Estás ahí?' 'Estoy'. Sin embargo, suele necesitar otra palabra para comunicar una idea, por ejemplo: 'Estoy triste'.

La palabra o frase que completa tales oraciones suele llamarse el *complemento predicativo*. Puede ser un sustantivo, un adjetivo o un pronombre: 'Él es pastor', 'Él es bueno', 'Él es mío'.

Cuando uno aprende griego, es importante entender que un complemento predicativo no es el complemento u objeto del verbo igual que en oraciones tales como 'Miriam compró el libro'. Aquí 'el libro' *recibe* la acción del verbo, mientras que un complemento predicativo es una descripción adicional del sujeto. Tal descripción ocurre a menudo cuando el verbo es 'ser'.

5. La persona

La *persona* indica la relación entre quien esté escribiendo[4] la oración y el que esté haciendo la acción en la oración.

Cuando la persona que está hablando es la que hace la acción, es la '*primera persona*'. En la oración 'Yo compré el perro', 'yo' es un pronombre de la primera persona, y 'compré' es un verbo en la primera persona.

Cuando la persona a la que alguien está hablando es la que hace la acción, es la '*segunda persona*'. En la oración 'Tú compraste el perro', 'tú' es un pronombre de la segunda persona, y 'compraste' es un verbo en la segunda persona.

Cuando la persona acerca de quien alguien está hablando es la que hace la acción, es la *tercera persona*'. En la oración "Ella compró el perro', 'ella' es un pronombre de la tercera persona, y 'compró' es un verbo en la tercera persona.

Por ejemplo, en la oración 'El camarero me trajo tu comida', 'trajo' es un verbo en la tercera persona, 'tu' es un adjetivo (posesivo) en la segunda persona y 'me' es un pronombre (personal, indirecto) en la primera persona.

6. La flexión

La *flexión* o *inflexión* es cuando se cambia la forma de una palabra para expresar más exactamente el significado de la palabra o su función en la oración, o para que haga juego con otras palabras en la oración. La parte de la palabra que no se cambia se llama la *raíz*. La parte que cambia es un *prefijo* o un *sufijo* (o *terminación*. Ver abajo, en la sección 7).

En griego la flexión es muy corriente. Casi todas las palabras que uno encuentra tienen flexión. En castellano, en cambio, la flexión ocurre en menos ocasiones. Con los sustantivos, los pronombres y los adjetivos se llama *declinación*, y con los verbos *conjugación*.

Los *sustantivos* se declinan en castellano para indicar *número*, es decir, si son singulares (uno) o plurales (más de uno). Por ejemplo, una casa, dos casa<u>s</u>. También se declinan ciertos sustantivos que indican ocupaciones o profesiones, para indicar *género*, es decir, si el sustantivo se refiere a un hombre o a una mujer: el doctor, la doctora, el príncipe, la princesa, el actor, la actriz.

Los *verbos* se conjugan en castellano para indicar *tiempo*, *voz* y *modo* (las secciones 7, 8 y 9 abajo). Por ejemplo: amo, amé, amado. También se conjugan para indicar *persona*: habl<u>o</u>, habl<u>as</u>, habl<u>a</u>, habl<u>amos</u>, etc.

Los *pronombres* se declinan en castellano para indicar si son el *sujeto* o el *complemento* del verbo, por ejemplo: '<u>Yo</u> le hablé', 'Él <u>me</u> habló'. También se declinan en algunos casos para indicar el género, por ejemplo: 'Yo <u>lo</u> vi', 'Yo <u>la</u> vi'; 'nosotr<u>os</u>', 'nosotr<u>as</u>'.

---

4. O diciendo, pensando, sintiendo, etc.

Los *adjetivos* se declinan en castellano para indicar *género* (masculino o femenino) y *número* (singular o plural). Por ejemplo: 'el niño list<u>o</u>', 'la niña list<u>a</u>', 'los niños list<u>os</u>', 'las niñas list<u>as</u>'.

7. Los tiempos de los verbos

El tiempo de un verbo indica *cuando* ocurre y el *aspecto* o la naturaleza de la acción.

El castellano emplea principalmente la flexión (las *terminaciones*) para indicar el tiempo y el aspecto, aunque también emplea verbos *auxiliares* para algunos tiempos, por ejemplo: '<u>estoy</u> comiendo', '<u>he</u> comido'. El griego tiene menos tiempos, y los distingue por la flexión (*prefijos* al principio del verbo y *sufijos* o *terminaciones* al final).[5]

Estos son algunos de los tiempos de los verbos en castellano.

		Tiempo		
		Pasado	Presente	Futuro
Aspecto	Continuo	*Imperfecto* Amaba o *Pasado Progresivo* Estaba amando	*Presente Progresivo* Estoy amando	*Futuro Progresivo* Estaré amando
	Sencillo	*Pretérito* Amé	*Presente (simple)* Amo	*Futuro* Amaré
	Terminado	*Pluscuamperfecto* Había amado	*Perfecto* He amado	*Futuro Perfecto* Habré amado

8. Las voces

Hay dos *Voces* en la gramática española, la *Activa* y la *Pasiva*. La voz indica si el sujeto del verbo está haciendo la acción del verbo o si la acción del verbo le está siendo hecha al sujeto. Por ejemplo, 'Ella rompió la jarra' es una oración *activa*: el sujeto del verbo, 'ella', hizo la acción de romper. Pero la oración 'La jarra fue rota' es *pasiva*: el sujeto del verbo, 'la jarra' no hizo nada, sino que sufrió la acción del verbo, la de ser rota (por algo o alguien). En una oración pasiva, no sabemos quién o qué hizo la acción del verbo, a no ser que se incluya con una frase que suele empezar con la palabra 'por'. Las oraciones pasivas son mucho menos corrientes en castellano que en griego, y a menudo se evitan, haciendo reflexivo al verbo, p.ej., 'La jarra se rompió'.

El concepto de las *voces* está relacionado con las categorías de *sujeto* y *complemento* (ver la sección 3, arriba), y solamente ocurre con ciertos tipos de verbos.

Verbos intransitivos – *Activos* únicamente: el sujeto hace la acción. No hay complemento.
Verbos transitivos – *Activos*: el sujeto le hace la acción al complemento.
Pasivos: el sujeto recibe o sufre la acción del verbo.

Es mejor considerar a las oraciones activas como las básicas o principales, y de hecho incluso en griego son más corrientes que las oraciones pasivas. Una oración pasiva es un tipo

---

5. El verbo griego para 'ser/estar' se emplea en griego como verbo auxiliar en las formas perifrásticas, pero estas formas ocurren raras veces (ver el Capítulo 20, sección 20.3).

especial de oración en la cual (comparada con una oración activa) el *complemento* se ha convertido en el *sujeto*. Hay dos motivos principales por emplear una oración pasiva:

(a) no es necesario especificar qué persona (o cosa) hizo la acción (o quizás no se sabe quién o qué la hizo);
(b) el énfasis o el enfoque se dirige hacia la persona o la cosa que recibe la acción del verbo.

Por ejemplo, 'La mujer comió el pastel' es una oración activa. 'La mujer' es el sujeto del verbo. 'El pastel' es el complemento. Se nos dice quién comió el pastel. Pero es posible convertir esta oración activa en una oración pasiva: 'El pastel fue comido'. Aquí, 'El pastel' es el sujeto del verbo. Esto enfoca la atención en el pastel, no en la mujer. Incluso ni se le menciona a la mujer.

9. Los modos

El *modo* del verbo indica la manera de la que hay que considerar la acción del verbo. Es posible clasificar estos en dos grupos: los modos de los *verbos conjugados*, y los modos de los *verbos no conjugados*. La diferencia entre estos dos es que *un verbo conjugado* (por ejemplo: 'bebo') hace referencia a una acción concreta y, por lo tanto, puede hacer o formar una oración completa (ver la sección 3, arriba), mientras que *un verbo no conjugado* (por ejemplo: 'beber', 'bebiendo') expresa la idea del verbo de una manera general y, por lo tanto, no es completo en sí mismo, sino que necesita ser parte de una oración más larga.

Los modos de los verbos conjugados

Indicativo – Un verbo en el modo indicativo hace una declaración o hace una pregunta. Por ejemplo, 'Él entró', 'Ellos llegarán pronto', '¿Por qué estás aquí?' La mayoría de los verbos están en el modo indicativo.

Imperativo – Un verbo en el modo imperativo da una orden o pide algo. Por ejemplo: 'Siéntate', 'Ven', 'Recoge tu camilla'.

Subjuntivo – Un verbo en el subjuntivo expresa una acción deseada o temida en vez de la realidad. A menudo indica un pensamiento, o se refiere a una acción que el que habla considera improbable o dudosa. Por ejemplo: 'Que se haga tu voluntad', 'Puede ser que vaya', 'Si yo fuera tú…'.

Los modos de los verbos no conjugados[6]

Infinitivo – El infinitivo es un verbo sustantivado (o un sustantivo verbal) que expresa en un sustantivo la acción generalizada del verbo. En castellano termina con las letras -ar, -er o -ir, por ejemplo, hab<u>lar</u>, com<u>er</u>, viv<u>ir</u>. Se emplea en contextos como los siguientes: 'Quiero <u>aprender</u>', 'Me gusta <u>cantar</u>'.

El hecho de que un infinitivo es un verbo *sustantivado,* lo indican dos cosas en castellano:
(a) Puede ir precedido del artículo definido, por ejemplo, '<u>El</u> comer…'
(b) Las palabras como 'aprender' o 'cantar' pueden ser reemplazadas por un sustantivo: 'Quiero <u>una bebida</u>', 'Me gusta <u>el agua</u>.'

---

6. A menudo no se consideran como 'modos' en castellano, pero así se describen en griego y, por lo tanto, conviene describirlos de esta forma aquí.

El hecho de que un infinitivo es un *verbo* sustantivado lo indica el hecho de que un infinitivo puede tener su propio complemento, por ejemplo, 'Quiero aprender un idioma', ' Me gusta cantar el himno nacional'.

Participio – El participio es un adjetivo verbal que expresa en un adjetivo la acción generalizada del verbo. En castellano hay dos participios. Un participio activo que termina en -ando o -iendo, por ejemplo, 'cant*ando*', 'beb*iendo*'. (esto suele llamarse el *participio presente*) y un participio pasivo que termina normalmente en -ado o -ido, por ejemplo, 'cant*ado*', 'beb*ido*' (esto suele llamarse el *participio pasado*). En castellano los participios se emplean principalmente en la formación de varios tiempos de los verbos (por ejemplo, 'Estoy cantando', 'he cantado'). En griego se emplean los participios raras veces así. En castellano también es posible emplearlos sencillamente como adjetivos, por ejemplo, 'Vi a un niño cantando', 'Tú eres mi hijo amado', 'Comí pescado cocido'. El griego emplea los participios a menudo así.

10. El género

Todo sustantivo en castellano tiene género: '*el* hombre' (masculino), '*la* mujer' (femenino). Es importante no confundir el *género gramatical* con el *sexo* de los seres vivientes, dado que también los objetos inánimes tienen género: '*el* libro', '*la* flor'. Es necesario recordar esto en ciertos contextos como en estas dos oraciones: 'Creo en el Espíritu Santo. Él es un don de Dios' para no introducir un concepto de género que vaya más allá de lo puramente gramatical. En castellano es a menudo posible evitar este problema con la supresión del pronombre (igual que en griego): 'Es el don de Dios'. En algunos casos en castellano se emplea también el género neutro: '*lo* bueno'.

En griego, aproximadamente una tercera parte de los sustantivos tienen el género masculino, otra tercera parte el género femenino, y la última tercera parte el género neutro. En este detalle difiere del castellano, donde no hay sustantivos neutros.

Al igual que en castellano, en griego los *adjetivos* también indican género, y hay *concordancia* entre el adjetivo y el sustantivo al que refiere, es decir, el adjetivo tiene que tener el mismo género que el sustantivo, por ejemplo: 'El niño pequeño', 'La niña pequeña'.

Guía de análisis morfológico

Cuando uno lee un idioma, a menudo entiende una oración sin desglosar con precisión cada forma gramatical en ella. Esto es bueno. A fin de cuentas, uno no suele analizar la gramática de una oración en su propio idioma. Sin embargo, al principio de aprender un idioma extranjero, o si una oración es especialmente difícil, o si hay una discusión exegética complicada acerca de su significado, será necesario hacer un análisis morfológico de cada palabra y a partir de ahí descifrar el significado de la oración.

Hacer un análisis morfológico de una palabra quiere decir explicar su forma gramatical. Por ejemplo, τον es el acusativo masculino singular del artículo (definido). La información que hace falta dar en un análisis morfológico depende del tipo de palabra que se está analizando.

Esta tabla le indica qué información necesita dar, y da ejemplos (en *cursivas*).

Sustantivo	Adjetivo Pronombre Artículo	Verbo		
		Indicativo Imperativo Subjuntivo	Infinitivo	Participio
(Género) *(Masculino)* Caso *Genitivo* Número *Singular*	Género *Femenino* Caso *Acusativo* Número *Plural*	Persona *2ª persona* Número *Singular* Tiempo *Presente* Voz *Activa* Modo *Imperativo*	Tiempo *Aoristo* Voz *Media* Modo *Infinitivo*	Género *Neutro* Caso *Dativo* Número *Plural* Tiempo *Perfecto* Voz *Pasiva* Modo *Participio*

Notas

- No es estrictamente necesario dar el género de un sustantivo, porque para cualquier sustantivo dado no puede cambiar. Sin embargo, puede ser que su profesor le animará a dar el género de los sustantivos cuando esté haciendo un análisis morfológico, para que le sea luego más fácil hacer la concordancia correcta de cualquier artículo o adjetivo que esté con el sustantivo.
- La voz media y la voz pasiva de los verbos tienen a menudo las mismas terminaciones. En tales casos, *desde el punto de vista gramatical* lo único que puede uno decir es que es 'medio o pasivo'; el significado del resto de la oración debería de aclarar cuál es.
- A veces una forma puede ser una de varias posibilidades. En estos casos, dé todas las opciones. Por ejemplo, ἀγαθου es masculino o neutro, genitivo, singular.
- Puede ser de ayuda decir 'deponente' o 'deponente medio' cuando esté dando el análisis morfológico de un verbo deponente como ἐρχομαι.

Sugerencia

- El aumento (ἐ) solamente puede ocurrir cuando el verbo está en el *Indicativo*. Por lo tanto, si un verbo tiene el aumento, tiene que estar en el *Indicativo*.
- El *Imperativo* y el *Infinitivo* ocurren únicamente en el *Presente* y en el *Aoristo* (salvo en casos extremadamente raros).
- El *Participio* ocurre únicamente en el *Presente*, *Aoristo* o el *Perfecto* (salvo en casos extremadamente raros).
- Cuando esté haciendo un análisis morfológico de los verbos, busque estos patrones distintivos:

	Indicativo		Otros Modos	
	Voz Activa y Media	Voz Pasiva	Voz Activa y Media	Voz Pasiva
Presente	–	–	–	–
Futuro	– σ	– θησ		
Imperfecto	ἐ –	ἐ –		
Aoristo	ἐ – σ	ἐ – θ	– σ	– θ
Perfecto	La Reduplicación			

- Tenga siempre en cuenta los verbos compuestos y los verbos que empiezan con una vocal
- Se analiza un participio como una combinación de un adjetivo y un verbo.

Ejemplos

λογον	Acusativo, singular
καλαις	Femenino, Dativo, Plural
ἐλυετο	3ª Persona Singular, Imperfecto, Pasivo, Indicativo
λυσαι	Aoristo, Activo, Infinitivo
λυθεντας	Participio masculino Acusativo Plural, Aoristo, Pasivo

DIAGRAMA DE FLUJO PARA HACER UN ANÁLISIS MORFOLÓGICO

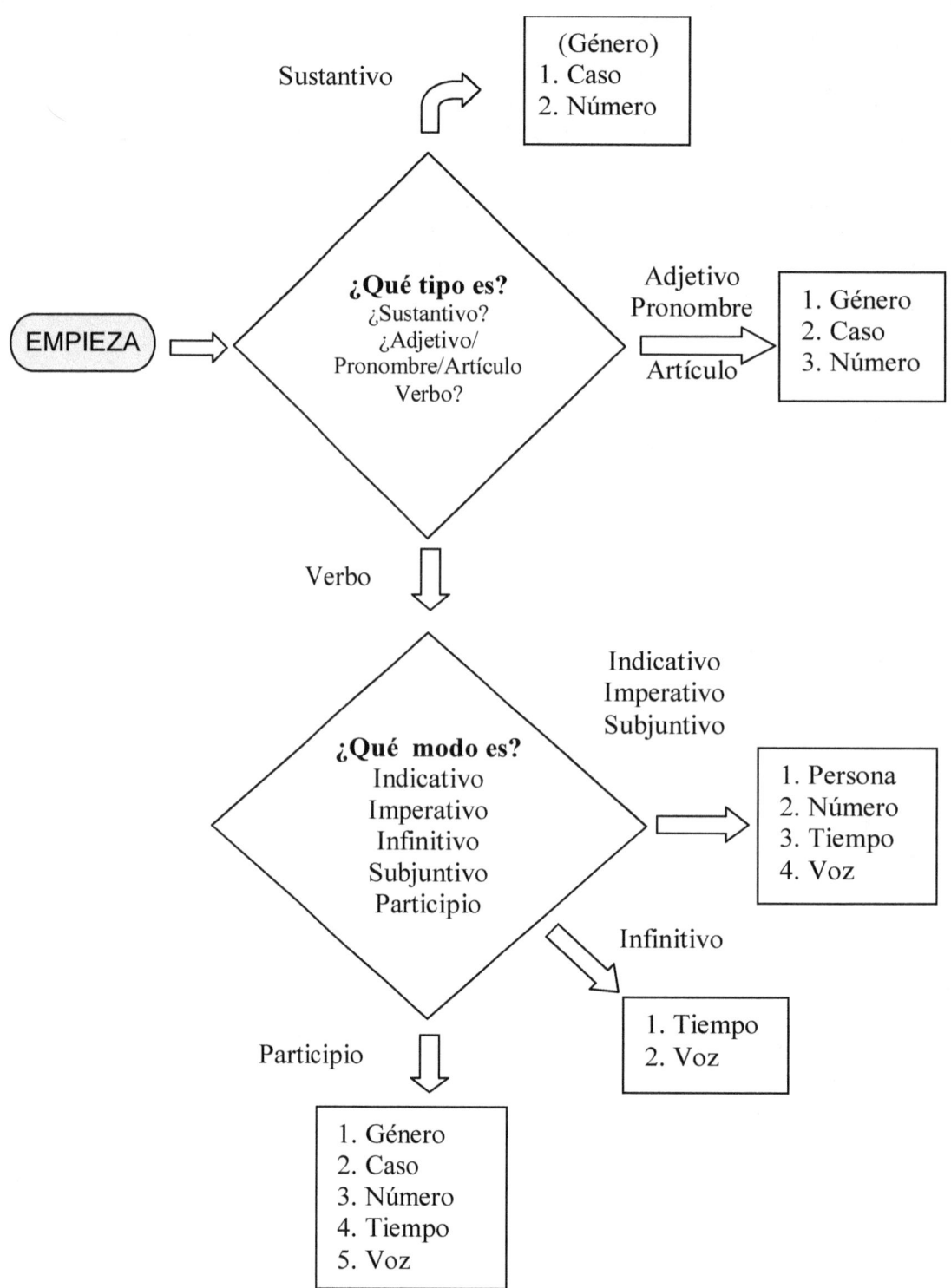

Las partes principales

Sugerencia

- Consulte el Capítulo 18, sección 18.4 (página 207) para ver cómo formar cualquier parte de un verbo a partir de la tabla de sus partes principales.
- Observe que varios verbos emplean las terminaciones -εω en el futuro. Estos se dan en su forma sin la contracción para más claridad (por ejemplo, para el futuro de βαλλω se da βαλεω, aunque esto se contraerá a βαλῶ).

Presente	Futuro	Aoristo Activo (o Medio)	Perfecto Activo	Perfecto Pasivo	Aoristo Pasivo	Significado básico (*ver diccionario para más significados*)

La mayoría de los verbos tienen las mismas partes principales que λυω:

λυω	λυσω	ἐλυσα	λελυκα	λελυμαι	ἐλυθην	**desato**

Las partes principales de tres tipos de verbos que se contraen:

φιλεω	φιλησω	ἐφιλησα	πεφιληκα	πεφιλημαι	ἐφιληθην	**amo**
τιμαω	τιμησω	ἐτιμησα	τετιμηκα	τετιμημαι	ἐτιμηθην	**honro**
πληροω	πληρωσω	ἐπληρωσα	πεπληρωκα	πεπληρωμαι	ἐπληρωθην	**cumplo**

Estos dos verbos son regulares salvo por el χ en el Perfecto Activo:

κηρυσσω	κηρυξω	ἐκηρυξα	κεκηρυχα	κεκηρυγμαι	ἐκηρυχθην	**proclamo**
πρασσω	πραξω	ἐπραξα	πεπραχα	πεπραγμαι	ἐπραχθην	**hago**

Los verbos siguientes tienen varias irregularidades:

ἀγγελλω	ἀγγελεω	ἠγγειλα	ἠγγελκα	ἠγγελμαι	ἠγγελην	**anuncio**
ἀγω	ἀξω	ἠγαγον		ἠγμαι	ἠχθην	**dirijo**
αἰρω	ἀρεω	ἠρα	ἠρκα	ἠρμαι	ἠρθην	**quito**
ἀκουω	ἀκουσω	ἠκουσα	ἀκηκοα		ἠκουσθην	**oigo**
ἁμαρτανω	ἁμαρτησω	ἡμαρτον	ἡμαρτηκα			**peco**
ἀνοιγω	ἀνοιξω	ἠνοιξα *o* ἀνεῳξα	ἀνεῳγα	ἀνεῳγμαι	ἠνοιχθην	**abro**
-βαινω	-βησομαι	-ἐβην	-βεβηκα			**voy**
βαλλω	βαλεω	ἐβαλον	βεβληκα	βεβλημαι	ἐβληθην	**arrojo**
γινομαι	γενησομαι	ἐγενομην	γεγονα	γεγενημαι	ἐγενηθην	**llego a ser**
γινωσκω	γνωσομαι	ἐγνων	ἐγνωκα	ἐγνωσμαι	ἐγνωσθην	**sé**

Presente	Futuro	Aoristo Activo (o Medio)	Perfecto Activo	Perfecto Pasivo	Aoristo Pasivo	Significado básico (ver diccionario para más significados)
γραφω	γραψω	ἐγραψα	γεγραφα	γεγραμμαι	ἐγραφην	escribo
δεχομαι	δεξομαι	ἐδεξαμην		δεδεγμαι	ἐδεχθην	recibo
ἐγειρω	ἐγερεω	ἠγειρα		ἐγηγερμαι	ἠγερθην	levanto
εὑρισκω	εὑρησω	εὑρον	εὑρηκα		εὑρεθην	encuentro
θελω	θελησω	ἠθελησα				quiero
-θνῃσκω	-θανεομαι	-εθανον	-τεθνηκα			muero
καλεω	καλεσω	ἐκαλεσα	κεκληκα	κεκλημαι	ἐκληθην	llamo
κραζω	κραξω	ἐκραξα	κεκραγα			grito
κρινω	κρινεω	ἐκρινα	κεκρικα	κεκριμαι	ἐκριθην	juzgo
λαμβανω	λημψομαι	ἐλαβον	εἰληφα	εἰλημμαι	ἐλημφθην	tomo
-λειπω	-λειψω	-ἐλιπον				dejar atrás
μανθανω		ἐμαθον	μεμαθηκα			aprendo
πασχω		ἐπαθον	πεπονθα			sufro
πειθω	πεισω	ἐπεισα	πεποιθα	πεπεισμαι	ἐπεισθην	persuado
πινω	πιομαι	ἐπιον	πεπωκα		ἐποθην	bebo
πιπτω	πεσεομαι	ἐπεσον	πεπτωκα			caigo
σπειρω	σπερεω	ἐσπειρα		ἐσπαρμαι	ἐσπαρην	siembro
-στελλω	-στελεω	-ἐστειλα	-ἐσταλκα	-ἐσταλμαι	-ἐσταλην	envío
σῳζω	σωσω	ἐσωσα	σεσωκα	σεσωσμαι	ἐσωθην	salvo
φευγω	φευξομαι	ἐφυγον	πεφευγα			huyo

Estos verbos tienen raíces derivadas de más de un verbo:

Presente	Futuro	Aoristo Activo (o Medio)	Perfecto Activo	Perfecto Pasivo	Aoristo Pasivo	Significado básico
ἐρχομαι	ἐλευσομαι	ἠλθον	ἐληλυθα			vengo
ἐσθιω	φαγομαι	ἐφαγον				como
ἐχω	ἐξω	ἐσχον	ἐσχηκα			tengo
λεγω	ἐρεω	εἰπον	εἰρηκα	εἰρημαι	ἐρρηθην o ἐρρεθην	digo
ὁραω	ὁψομαι	εἰδον	ἑωρακα o ἑορακα		ὠφθην	veo
φερω	οἰσω	ἠνεγκον	ἐνηνοχα	ἐνηνεγμαι	ἠνεχθην	llevo

Los verbos en -μι:

Presente	Futuro	Aoristo Activo (o Medio)	Perfecto Activo	Perfecto Pasivo	Aoristo Pasivo	Significado básico
τιθημι	θησω	ἐθηκα	τεθεικα	τεθειμαι	ἐτεθην	pongo
διδωμι	δωσω	ἐδωκα	δεδωκα	δεδομαι	ἐδοθην	doy
ἱστημι	στησω	ἐστησα				sostengo en pie
		ἐστην	ἐστηκα		ἐσταθην	estoy de pie
ἀφιημι	ἀφησω	ἀφηκα		ἀφεωμαι	ἀφεθην	abandono
ἀπολλυμι	ἀπολεσω	ἀπωλεσα				destruyo
ἀπολλυμαι	ἀπολεομαι	ἀπωλομην	ἀπολωλα			perezco
δεικνυμι	δειξω	ἐδειξα	δεδειχα		ἐδειχθην	señalo

Tablas de gramática para referencia

SUSTANTIVOS

Primera y Segunda declinación

		Principalmente Masculino (2ª)	Neutro (2ª)	Femenino (1ª)			Masculino (1ª)	
Sg	Nom.	λογος	ἐργον	ἀρχη	ἡμερα	δοξα	προφητης	Ἰουδας
	Voc.	λογε	ἐργον	ἀρχη	ἡμερα	δοξα	προφητα	Ἰουδα
	Ac.	λογον	ἐργον	ἀρχην	ἡμεραν	δοξαν	προφητην	Ἰουδαν
	Gen.	λογου	ἐργου	ἀρχης	ἡμερας	δοξης	προφητου	Ἰουδα
	Dat.	λογῳ	ἐργῳ	ἀρχῃ	ἡμερᾳ	δοξῃ	προφητῃ	Ἰουδᾳ
Pl	Nom.	λογοι	ἐργα	ἀρχαι	ἡμεραι	δοξαι	προφηται	
	Ac.	λογους	ἐργα	ἀρχας	ἡμερας	δοξας	προφητας	
	Gen.	λογων	ἐργων	ἀρχων	ἡμερων	δοξων	προφητων	
	Dat.	λογοις	ἐργοις	ἀρχαις	ἡμεραις	δοξαις	προφηταις	

Tercera declinación

		Masc. y Femenino	Grupo Familia	Neutro	Neutro Contracc	Raíz con ι o ευ Fem.	Masculino
Sg	Nom.	ἀστηρ	πατηρ	σωμα	ἐθνος	πολις	βασιλευς
	Voc.	ἀστηρ	πατερ	σωμα	ἐθνος	πολις	βασιλευ
	Ac.	ἀστερα	πατερα	σωμα	ἐθνος	πολιν	βασιλεα
	Gen.	ἀστερος	πατρος	σωματος	ἐθνους	πολεως	βασιλεως
	Dat.	ἀστερι	πατρι	σωματι	ἐθνει	πολει	βασιλει
Pl	Nom.	ἀστερες	πατερες	σωματα	ἐθνη	πολεις	βασιλεις
	Ac.	ἀστερας	πατερας	σωματα	ἐθνη	πολεις	βασιλεις
	Gen.	ἀστερων	πατερων	σωματων	ἐθνων	πολεων	βασιλεων
	Dat.	ἀστερσιν	πατρασιν	σωμασιν	ἐθνεσιν	πολεσιν	βασιλευσιν

PRONOMBRES Y EL ARTÍCULO DEFINIDO

		Artículo (Definido)			Pronombre Relativo			Interrog./Indef.	
		Masc.	Fem.	Neut.	Masc.	Fem.	Neut.	M/F	Neut.
Sg	Nom.	ὁ	ἡ	το	ὅς	ἥ	ὅ	τις	τι
	Ac.	τον	την	το	ὅν	ἥν	ὅ	τινα	τι
	Gen.	του	της	του	οὗ	ἧς	οὗ	τινος	τινος
	Dat.	τῳ	τῃ	τῳ	ᾧ	ᾗ	ᾧ	τινι	τινι
Pl	Nom.	οἱ	αἱ	τα	οἵ	αἵ	ἅ	τινες	τινα
	Ac.	τους	τας	τα	οὕς	ἅς	ἅ	τινας	τινα
	Gen.	των	των	των	ὧν	ὧν	ὧν	τινων	τινων
	Dat.	τοις	ταις	τοις	οἷς	αἷς	οἷς	τισι	τισι

		1ª Persona	2ª Persona	3ª Persona		
				Masc.	Fem.	Neutro
Sg	Nom.	ἐγω	συ	αὐτος	αὐτη	αὐτο
	Ac.	ἐμε, με	σε	αὐτον	αὐτην	αὐτο
	Gen.	ἐμου, μου	σου	αὐτου	αὐτης	αὐτου
	Dat.	ἐμοι, μοι	σοι	αὐτῳ	αὐτῃ	αὐτῳ
Pl	Nom.	ἡμεις	ὑμεις	αὐτοι	αὐται	αὐτα
	Ac.	ἡμας	ὑμας	αὐτους	αὐτας	αὐτα
	Gen.	ἡμων	ὑμων	αὐτων	αὐτων	αὐτων
	Dat.	ἡμιν	ὑμιν	αὐτοις	αὐταις	αὐτοις

		Ese/aquel			Este		
		Masc.	Fem.	Neutro	Masc.	Fem.	Neutro
Sg	Nom.	ἐκεινος	ἐκεινη	ἐκεινο	οὗτος	αὕτη	τουτο
	Ac.	ἐκεινον	ἐκεινην	ἐκεινο	τουτον	ταυτην	τουτο
	Gen.	ἐκεινου	ἐκεινης	ἐκεινου	τουτου	ταυτης	τουτου
	Dat.	ἐκεινῳ	ἐκεινῃ	ἐκεινῳ	τουτῳ	ταυτῃ	τουτῳ
Pl	Nom.	ἐκεινοι	ἐκειναι	ἐκεινα	οὗτοι	αὗται	ταυτα
	Ac.	ἐκεινους	ἐκεινας	ἐκεινα	τουτους	ταυτας	ταυτα
	Gen.	ἐκεινων	ἐκεινων	ἐκεινων	τουτων	τουτων	τουτων
	Dat.	ἐκεινοις	ἐκειναις	ἐκεινοις	τουτοις	ταυταις	τουτοις

ADJETIVOS

Segunda declinación

		Masc.	Fem.[1]	Neutro
Sg	Nom.	ἀγαθος	ἀγαθη	ἀγαθον
	Voc.	ἀγαθε	ἀγαθη	ἀγαθον
	Ac.	ἀγαθον	ἀγαθην	ἀγαθον
	Gen.	ἀγαθου	ἀγαθης	ἀγαθου
	Dat.	ἀγαθῳ	ἀγαθῃ	ἀγαθῳ
Pl	Nom.	ἀγαθοι	ἀγαθαι	ἀγαθα
	Ac.	ἀγαθους	ἀγαθας	ἀγαθα
	Gen.	ἀγαθων	ἀγαθων	ἀγαθων
	Dat.	ἀγαθοις	ἀγαθαις	ἀγαθοις

		Masc.	Fem.	Neutro	Masc.	Fem.	Neutro
Sg	Nom.	πολυς	πολλη	πολυ	μεγας	μεγαλη	μεγα
	Ac.	πολυν	πολλην	πολυ	μεγαν	μεγαλην	μεγα
	Gen.	πολλου	πολλης	πολλου	μεγαλου	μεγαλης	μεγαλου
	Dat.	πολλῳ	πολλῃ	πολλῳ	μεγαλῳ	μεγαλῃ	μεγαλῳ
Pl	Nom.	πολλοι	πολλαι	πολλα	μεγαλοι	μεγαλαι	μεγαλα
	Ac.	πολλους	πολλας	πολλα	μεγαλους	μεγαλας	μεγαλα
	Gen.	πολλων	πολλων	πολλων	μεγαλων	μεγαλων	μεγαλων
	Dat.	πολλοις	πολλαις	πολλοις	μεγαλοις	μεγαλαις	μεγαλοις

---

1. Los adjetivos de la 2ª Declinación cuya raíz termina con una vocal o una ρ (tales como ἁγιος) se declinan con una α en todo el femenino singular – ἁγια, ἁγιαν, ἁγιας, ἁγιᾳ.

Tercera declinación

		Masc. y Fem.	Neutro	Masc. y Fem.	Neutro
Sg	Nom.	πλειων	πλειον	ἀληθης	ἀληθες
	Ac.	πλειονα	πλειον	ἀληθη	ἀληθες
	Gen.	πλειονος	πλειονος	ἀληθους	ἀληθους
	Dat.	πλειονι	πλειονι	ἀληθει	ἀληθει
Pl	Nom.	πλειονες	πλειονα	ἀληθεις	ἀληθη
	Ac.	πλειονας	πλειονα	ἀληθεις	ἀληθη
	Gen.	πλειονων	πλειονων	ἀληθων	ἀληθων
	Dat.	πλειοσιν	πλειοσιν	ἀληθεσιν	ἀληθεσιν

Forma híbrida

		Masc.	Fem.	Neutro
Sg	Nom.	πας	πασα	παν
	Ac.	παντα	πασαν	παν
	Gen.	παντος	πασης	παντος
	Dat.	παντι	πασῃ	παντι
Pl	Nom.	παντες	πασαι	παντα
	Ac.	παντας	πασας	παντα
	Gen.	παντων	πασων	παντων
	Dat.	πασι(ν)	πασαις	πασι(ν)

Comparación de adjetivos

	Positivo	Comparativo	Superlativo
Regular	σοφος	σοφωτερος	σοφωτατος
	δικαιος	δικαιοτερος	δικαιοτατος
Irregular	ἀγαθος	κρεισσων	
	κακος	χειρων	
	μεγας	μειζων	
	πολυς	πλειων	
	μικρος	μικροτερος	ἐλαχιστος

Comparación de adverbios

	Positivo	Comparativo	Superlativo
Regular	σοφως	σοφωτερον	σοφωτατα
	δικαιως	δικαιοτερον	δικαιοτατα
Irregular	εὐ	κρεισσον	
		μαλλον	μαλιστα

Uno

	Masc.	Fem.	Neutro
Nom.	εἱς	μια	ἑν
Ac.	ἑνα	μιαν	ἑν
Gen.	ἑνος	μιας	ἑνος
Dat.	ἑνι	μιᾳ	ἑνι

EL VERBO

Indicativo

Voz Activa				
Presente	Futuro	Imperfecto	Aoristo	Perfecto
λυω	λυσω	ἐλυον	ἐλυσα	λελυκα
λυεις	λυσεις	ἐλυες	ἐλυσας	λελυκας
λυει	λυσει	ἐλυε(ν)	ἐλυσε(ν)	λελυκεν
λυομεν	λυσομεν	ἐλυομεν	ἐλυσαμεν	λελυκαμεν
λυετε	λυσετε	ἐλυετε	ἐλυσατε	λελυκατε
λυουσι(ν)	λυσουσι(ν)	ἐλυον	ἐλυσαν	λελυκασι(ν)

Voz Media				
Presente	Futuro	Imperfecto	Aoristo	Perfecto
ῥυομαι	ῥυσομαι	ἐρυομην	ἐρυσαμην	ῥερυμαι
ῥυῃ	ῥυσῃ	ἐρυου	ἐρυσω	ῥερυσαι
ῥυεται	ῥυσεται	ἐρυετο	ἐρυσατο	ῥερυται
ῥυομεθα	ῥυσομεθα	ἐρυομεθα	ἐρυσαμεθα	ῥερυμεθα
ῥυεσθε	ῥυσεσθε	ἐρυεσθε	ἐρυσασθε	ῥερυσθε
ῥυονται	ῥυσονται	ἐρυοντο	ἐρυσαντο	ῥερυνται

Voz Pasiva				
Presente	Futuro	Imperfecto	Aoristo	Perfecto
λυομαι	λυθησομαι	ἐλυομην	ἐλυθην	λελυμαι
λυῃ	λυθησῃ	ἐλυου	ἐλυθης	λελυσαι
λυεται	λυθησεται	ἐλυετο	ἐλυθη	λελυται
λυομεθα	λυθησομεθα	ἐλυομεθα	ἐλυθημεν	λελυμεθα
λυεσθε	λυθησεσθε	ἐλυεσθε	ἐλυθητε	λελυσθε
λυονται	λυθησονται	ἐλυοντο	ἐλυθησαν	λελυνται

Más el pluscuamperfecto, que ocurre muy raras veces:

Voz Activa: (ἐ)λελυκειν, (ἐ)λελυκεις, (ἐ)λελυκει,
(ἐ)λελυκειμεν, (ἐ)λελυκειτε, (ἐ)λελυκεισαν.

Voz Media y Pasiva: (ἐ)λελυμην, (ἐ)λελυσο, (ἐ)λελυτο,
(ἐ)λελυμεθα, (ἐ)λελυσθε, (ἐ)λελυντο.

Imperativos, Infinitivos y Subjuntivos

	Presente Activo	Aoristo Activo	Presente Medio o Pasivo	Aoristo Medio	Aoristo Pasivo
Subjuntivo					
1ª Sing.	λυω	λυσω	ῥυωμαι	ῥυσωμαι	λυθω
2ª Sing.	λυῃς	λυσῃς	ῥυῃ	ῥυσῃ	λυθῃς
3ª Sing.	λυῃ	λυσῃ	ῥυηται	ῥυσηται	λυθῃ
1ª Pl.	λυωμεν	λυσωμεν	ῥυωμεθα	ῥυσωμεθα	λυθωμεν
2ª Pl.	λυητε	λυσητε	ῥυησθε	ῥυσησθε	λυθητε
3ª Pl.	λυωσι(ν)	λυσωσι(ν)	ῥυωνται	ῥυσωνται	λυθωσι(ν)
Imperativo					
2ª Sing.	λυε	λυσον	ῥυου	ῥυσαι	λυθητι
3ª Sing.	λυετω	λυσατω	ῥυεσθω	ῥυσασθω	λυθητω
2ª Pl.	λυετε	λυσατε	ῥυεσθε	ῥυσασθε	λυθητε
3ª Pl.	λυετωσαν	λυσατωσαν	ῥυεσθωσαν	ῥυσασθωσαν	λυθητωσαν
Infinitivo					
	λυειν	λυσαι	ῥυεσθαι	ῥυσασθαι	λυθηναι

Más el infinitivo del perfecto, que ocurre muy raras veces: Activo – λελυκεναι
Medio y Pasivo – λελυσθαι

Participios

		Se declina como	Nom Sing.	Raíz Masc/Neut
Activo				
Presente	λυων	πας	λυων, λυουσα, λυον	λυοντ-
Aoristo	λυσας	πας	λυσας, λυσασα, λυσαν	λυσαντ-
Perfecto	λελυκως	πας	λελυκως, λελυκυια, λελυκος	λελυκοτ-
Medio				
Presente	ῥυομενος	ἀγαθος		
Aoristo	ῥυσαμενος	ἀγαθος		
Perfecto	ῥερυμενος	ἀγαθος		
Pasivo				
Presente	λυομενος	ἀγαθος		
Aoristo	λυθεις	πας	λυθεις, λυθεισα, λυθεν	λυθεντ-
Perfecto	λελυμενος	ἀγαθος		

		Presente Activo			Aoristo Activo		
		Masc.	Fem.	Neutro	Masc.	Fem.	Neutro
Sg	Nom.	λυων	λυουσα	λυον	λυσας	λυσασα	λυσαν
	Ac.	λυοντα	λυουσαν	λυον	λυσαντα	λυσασαν	λυσαν
	Gen.	λυοντος	λυουσης	λυοντος	λυσαντος	λυσασης	λυσαντος
	Dat.	λυοντι	λυουσῃ	λυοντι	λυσαντι	λυσασῃ	λυσαντι
Pl	Nom.	λυοντες	λυουσαι	λυοντα	λυσαντες	λυσασαι	λυσαντα
	Ac.	λυοντας	λυουσας	λυοντα	λυσαντας	λυσασας	λυσαντα
	Gen.	λυοντων	λυουσων	λυοντων	λυσαντων	λυσασων	λυσαντων
	Dat.	λυουσι(ν)	λυουσαις	λυουσι(ν)	λυσασι(ν)	λυσασαις	λυσασι(ν)

		Aoristo Pasivo			Perfecto Activo		
		Masc.	Fem.	Neutro	Masc.	Fem.	Neutro
Sg	Nom.	λυθεις	λυθεισα	λυθεν	λελυκως	λελυκυια	λελυκος
	Ac.	λυθεντα	λυθεισαν	λυθεν	λελυκοτα	λελυκυιαν	λελυκος
	Gen.	λυθεντος	λυθεισης	λυθεντος	λελυκοτος	λελυκυιας	λελυκοτος
	Dat.	λυθεντι	λυθειση	λυθεντι	λελυκοτι	λελυκυια	λελυκοτι
Pl	Nom.	λυθεντες	λυθεισαι	λυθεντα	λελυκοτες	λελυκυιαι	λελυκοτα
	Ac.	λυθεντας	λυθεισας	λυθεντα	λελυκοτας	λελυκυιας	λελυκοτα
	Gen.	λυθεντων	λυθεισων	λυθεντων	λελυκοτων	λελυκυιων	λελυκοτων
	Dat.	λυθεισι(ν)	λυθεισαις	λυθεισι(ν)	λελυκοσι(ν)	λελυκυιαις	λελυκοσι(ν)

Verbos que se contraen

Verbos en -εω

Hay contracciones en el Presente y el Imperfecto

ε + ε → ει

ε + ο → ου

ε + diptongo o vocal larga: la ε desaparece.

Indicativo			
Presente Activo	Imperfecto Activo	Presente Medio/Pasivo	Imperfecto Medio/Pasivo
φιλω	ἐφιλουν	φιλουμαι	ἐφιλουμην
φιλεις	ἐφιλεις	φιλῃ	ἐφιλου
φιλει	ἐφιλει	φιλειται	ἐφιλειτο
φιλουμεν	ἐφιλουμεν	φιλουμεθα	ἐφιλουμεθα
φιλειτε	ἐφιλειτε	φιλεισθε	ἐφιλεισθε
φιλουσι(ν)	ἐφιλουν	φιλουνται	ἐφιλουντο

	Imperativo		Subjuntivo	
	Presente Activo	Presente Medio/Pasivo	Presente Activo	Presente Medio/Pasivo
			φιλω	φιλωμαι
	φιλει	φιλου	φιλῃς	φιλῃ
	φιλειτω	φιλεισθω	φιλῃ	φιληται
			φιλωμεν	φιλωμεθα
	φιλειτε	φιλεισθε	φιλητε	φιλησθε
	φιλειτωσαν	φιλεισθωσαν	φιλωσιν	φιλωνται

	Presente Activo	Presente Medio/Pasivo
Infinitivo	φιλειν	φιλεισθαι
Participio	φιλων, φιλουσα, φιλουν (Raíz Masc/Neut: φιλουντ-)	φιλουμενος

Otros tiempos como λυω con la raíz φιλη-

Nota: Algunos verbos en -εω retienen la ε corta al final de la raíz, p.ej. καλεσω.

Verbos en -αω
Hay contracciones en el Presente y el Imperfecto

α + ε o η → α
α + cualquier o → ω
α + cualquier ι → ᾳ

Indicativo			
Presente Activo	Imperfecto Activo	Presente Medio/Pasivo	Imperfecto Medio/Pasivo
τιμω	ἐτιμων	τιμωμαι	ἐτιμωμην
τιμᾳς	ἐτιμας	τιμᾳ	ἐτιμω
τιμᾳ	ἐτιμα	τιμαται	ἐτιματο
τιμωμεν	ἐτιμωμεν	τιμωμεθα	ἐτιμωμεθα
τιματε	ἐτιματε	τιμασθε	ἐτιμασθε
τιμωσι(ν)	ἐτιμων	τιμωνται	ἐτιμωντο

	Imperativo		Subjuntivo	
	Presente Activo	Presente Medio/Pasivo	Presente Activo	Presente Medio/Pasivo
			τιμω	τιμωμαι
	τιμα	τιμω	τιμας	τιμα
	τιματω	τιμασθω	τιμα	τιμαται
			τιμωμεν	τιμωμεθα
	τιματε	τιμασθε	τιματε	τιμασθε
	τιματωσαν	τιμασθωσαν	τιμωσιν	τιμωνται

	Presente Activo	Presente Medio/Pasivo
Infinitivo	τιμαν	τιμασθαι
Participio	τιμων, τιμωσα, τιμων (Raíz Masc/Neut: τιμωντ-)	τιμωμενος

Otros tiempos como λυω con la raíz τιμη-

Nota: El Presente Indicativo de ζαω es:. ζω, ζης, ζη, ζωμεν, ζητε, ζωσιν
El Presente Infinitivo es: ζην

Verbos en -οω
Hay contracciones en el Presente y el Imperfecto
  ο + vocal corta ο ου → ου
  ο + vocal larga → ω
  ο + cualquier ι → οι

	Indicativo			
	Presente Activo	Imperfecto Activo	Presente Medio/Pasivo	Imperfecto Medio/Pasivo
πληρω	ἐπληρουν	πληρουμαι	ἐπληρουμην
πληροις	ἐπληρους	πληροι	ἐπληρου
πληροι	ἐπληρου	πληρουται	ἐπληρουτο
πληρουμεν	ἐπληρουμεν	πληρουμεθα	ἐπληρουμεθα
πληρουτε	ἐπληρουτε	πληρουσθε	ἐπληρουσθε
πληρουσι(ν)	ἐπληρουν	πληρουνται	ἐπληρουντο

	Imperativo		Subjuntivo	
Presente Activo	Presente Medio/Pasivo	Presente Activo	Presente Medio/Pasivo	
		πληρω	πληρωμαι
πληρου	πληρου	πληροις	πληροι
πληρουτω	πληρουσθω	πληροι	πληρωται
		πληρωμεν	πληρωμεθα
πληρουτε	πληρουσθε	πληρωτε	πληρωσθε
πληρουτωσαν	πληρουσθωσαν	πληρωσιν	πληρωνται

	Presente Activo	Presente Medio/Pasivo
Infinitivo	πληρουν	πληρουσθαι
Participio	πληρων, πληρουσα, πληρουν (Raíz Masc/Neut: πληρουντ-)	πληρουμενος

Otros tiempos como λυω con la raíz πληρω-

Verbos en -μι

Presente Activo

Indicativo			Subjuntivo		
τιθημι	ἱστημι	διδωμι	τιθω	ἱστω	διδω
τιθης	ἱστης	διδως	τιθης	ἱστης	διδῳς
τιθησι(ν)	ἱστησι(ν)	διδωσι(ν)	τιθη	ἱστη	διδῳ
τιθεμεν	ἱσταμεν	διδομεν	τιθωμεν	ἱστωμεν	διδωμεν
τιθετε	ἱστατε	διδοτε	τιθητε	ἱστητε	διδωτε
τιθεασι(ν)	ἱστασι(ν)	διδοασι(ν)	τιθωσι(ν)	ἱστωσι(ν)	διδωσι(ν)

	Imperativo			Infinitivo		
2ª sing. 3ª sing.	τιθει τιθετω	ἱστη ἱστατω	διδου διδοτω	τιθεναι	ἱσταναι	διδοναι
				Participio		
2ª pl. 3ª pl.	τιθετε τιθετωσαν	ἱστατε ἱστατωσαν	διδοτε διδοτωσαν	τιθεις -εισα -εν; raíz τιθεντ-	ἱστας -ασα, -αν; raíz ἱσταντ-	διδους -ουσα -ον; raíz διδοντ-

Presente Medio/Pasivo

Indicativo			Subjuntivo		
τιθεμαι	ἱσταμαι	διδομαι	τιθωμαι	ἱστωμαι	διδωμαι
τιθεσαι	ἱστασαι	διδοσαι	τιθῃ	ἱστῃ	διδῳ
τιθεται	ἱσταται	διδοται	τιθηται	ἱστηται	διδωται
τιθεμεθα	ἱσταμεθα	διδομεθα	τιθωμεθα	ἱστωμεθα	διδωμεθα
τιθεσθε	ἱστασθε	διδοσθε	τιθησθε	ἱστησθε	διδωσθε
τιθενται	ἱστανται	διδονται	τιθωνται	ἱστωνται	διδωνται

	Imperativo			Infinitivo		
2ª sing.	τιθεσο	ἱστασο	διδοσο	τιθεσθαι	ἱστασθαι	διδοσθαι
3ª sing.	τιθεσθω	ἱστασθω	διδοσθω	Participio		
2ª pl.	τιθεσθε	ἱστασθε	διδοσθε	τιθεμενος	ἱσταμενος	διδομενος
3ª pl.	τιθεσθωσαν	ἱστασθωσαν	διδοσθωσαν			

Imperfecto

Indicativo Activo			Indicativo Medio/Pasivo		
ἐτιθην	ἱστην	ἐδιδουν	ἐτιθεμην	ἱσταμην	ἐδιδομην
ἐτιθεις	ἱστης	ἐδιδους	ἐτιθεσο	ἱστασο	ἐδιδοσο
ἐτιθει	ἱστη	ἐδιδου	ἐτιθετο	ἱστατο	ἐδιδοτο
ἐτιθεμεν	ἱσταμεν	ἐδιδομεν	ἐτιθεμεθα	ἱσταμεθα	ἐδιδομεθα
ἐτιθετε	ἱστατε	ἐδιδοτε	ἐτιθεσθε	ἱστασθε	ἐδιδοσθε
ἐτιθεσαν	ἱστασαν	ἐδιδοσαν	ἐτιθεντο	ἱσταντο	ἐδιδοντο

Futuro Activo/Medio/Pasivo

Formados directamente de las partes principales, siguiendo el patrón de λυω.

Aoristo Activo de διδωμι y τιθημι

Indicativo
ἐθηκα y ἐδωκα siguiendo el patrón de λυω

Imperativo		Infinitivo	
θες	δος	θειναι	δουναι
θετω	δοτω		
θετε	δοτε		
θετωσαν	δοτωσαν		

El Subjuntivo y el Participio
Como en el presente, pero empleando las raíces verbales (θ no τιθ, δ no διδ).

Aoristo Activo ἱστημι

1ᵉʳ Aoristo (Transitivo)
Se forman todos los modos de ἐστησα siguiendo el patrón de λυω.

2º Aoristo (Intransitivo)
Indicativo: ἐστην, ἐστης, ἐστη, ἐστημεν, ἐστητε, ἐστησαν
Imperativo: στηθι, στητω, στητε, στητωσαν
Infinitivo: στηναι

Subjuntivo y Participio
Como en el Presente, pero empleando la raíz verbal (στ no ἱστ).

Aoristo Medio

Indicative			Imperative		
ἐθεμην	ἐσταμην	ἐδομην			
ἐθου	ἐστω	ἐδου	θου	στω	δου
ἐθετο	ἐστατο	ἐδοτο	θεσθω	στασθω	δοσθω
ἐθεμεθα	ἐσταμεθα	ἐδομεθα			
ἐθεσθε	ἐστασθε	ἐδοσθε	θεσθε	στασθε	δοσθε
ἐθεντο	ἐσταντο	ἐδοντο	θεσθωσαν	στασθωσαν	δοσθωσαν

Infinitivo, Subjuntivo y Participio
Como en el presente, pero empleando las raíces verbales (θ no τιθ, δ no διδ, στ no ἱστ).

Aoristo Pasivo
Formado directamente de las partes principales, siguiendo el patrón de λυω.

Perfecto Activo/Medio/Pasivo
Formados directamente de las partes principales, siguiendo el patrón de λυω.
(ἱστημι emplea tanto ἐστηκως como ἐστως para el participio perfecto activo)

El significado de ἱστημι

Significado		Forma	
Transitivo:			
Presente	Sostengo en pie	Presente Activo	ἱστημι
Imperfecto	(Yo) Sostenía en pie	Imperfecto Activo	ἱστην †
Futuro	Sostendré en pie	Futuro Activo	στησω †
Aoristo	Sostuve en pie	1er Aoristo Activo	ἐστησα †
Perfecto	He sostenido en pie	Perfecto Activo	ἑστηκα †
Intransitivo			
Presente	Estoy de pie	Perfecto Activo	ἑστηκα †
Imperfecto	(Yo) Estaba de pie	Pluscuamperfecto Activo	εἱστηκειν †
Futuro	Estaré de pie	Futuro Medio	στησομαι †
Pasado	Estuve de pie	2º Aoristo Activo o Aoristo Pasivo	ἐστην / ἐσταθην †
Perfecto	He estado de pie	Perfecto Medio/Pasivo	ἑσταμαι †

† se conjugan de forma idéntica con la parte correspondiente de λυω.

Verbos en -υμι

Presente Activo Indicativo: δεικνυμι, δεικνυεις, δεικνυσι(ν), δεικνυμεν, δεικνυτε, δεικνυασιν.

Todas las otras formas del Presente: Como διδωμι pero δεικνυ reemplaza διδο / διδου

Las formas de todos los demás tiempos: Formadas directamente de las partes principales, siguiendo el patrón de λυω.

ἱημι
Como τιθημι con ἱε como raíz para el Presente y ἑ como raíz verbal.

φημι
Esto ocurre únicamente en las formas siguientes:
Presente Indicativo Activo: φημι, digo; φησιν, dice; φασιν, dicen.
Imperfecto Indicativo Activo: ἐφη, dijo.

εἰμι

	Indicativo		Imperativo	Subjuntivo
Presente	Futuro	Imperfecto		
εἰμι	ἐσομαι	ἠμην		ὠ
εἶ	ἐσῃ	ἠς (o ἠσθα)	ἰσθι	ἠς
ἐστι(ν)	ἐσται	ἠν	ἐστω	ἠ
ἐσμεν	ἐσομεθα	ἠμεν (o ἠμεθα)		ὠμεν
ἐστε	ἐσεσθε	ἠτε	ἐστε	ἠτε
εἰσι(ν)	ἐσονται	ἠσαν	ἐστωσαν	ὠσιν

Presente Infinitivo	εἰναι
Participio Presente	ὠν, οὐσα, ὀν (Raíz Masc/Neut: ὀντ-)

Nota: Por regla general se emplea el imperativo de γινομαι en vez del imperativo de εἰμι.

PATRONES DE CAMBIOS DE LETRAS

La adición de σ
En General (Verbos y Sustantivos)

$$\begin{matrix} \kappa, \gamma, \chi, \sigma\sigma \\ \pi, \beta, \varphi \\ \tau, \delta, \theta, \zeta \end{matrix} \quad + \quad \sigma \quad \rightarrow \quad \begin{matrix} \xi \\ \psi \\ \sigma \end{matrix}$$

Más, para el dativo plural de los sustantivos/adjetivos/participios de la 3ª declinación

$$\varepsilon\nu\tau + \sigma\iota\nu \rightarrow \varepsilon\iota\sigma\iota\nu \qquad \text{ο}\nu\tau + \sigma\iota\nu \rightarrow \text{ου}\sigma\iota\nu$$

Nota: El futuro de κραζω es κραξω y el aoristo es ἐκραξα.
El dativo plural de ἀνηρ es ἀνδρασιν y el dativo plural de χειρ es χερσιν.

Los Aumentos

	α	se convierte en	η
ἐ más	ε	se convierte en	η
	ο	se convierte en	ω
	η, ι, υ *u* ω	queda solamente la	η, ι, υ *u* ω

Curso de griego bíblico

VERBOS CORRIENTES QUE TIENEN UN 2° AORISTO

2° Aoristo[1]	Presente		Presente[2]	2° Aoristo	
ἀπεθανον	ἀποθνησκω	muero	ἀγω	ἠγαγον	dirijo
ἐβαλον	βαλλω	arrojo	ἁμαρτανω	ἡμαρτον	peco
ἐβην	βαινω	voy	ἀποθνησκω	ἀπεθανον	muero
ἐγενομην	γινομαι	llego a ser	βαινω	ἐβην	voy
ἐγνων	γινωσκω	sé	βαλλω	ἐβαλον	arrojo
εἰδον	ὁραω	veo	γινομαι	ἐγενομην	llego a ser
εἰπον	λεγω	digo	γινωσκω	ἐγνων	sé
ἐλαβον	λαμβανω	tomo	ἐρχομαι	ἠλθον	vengo
ἐμαθον	μανθανω	aprendo	ἐσθιω	ἐφαγον	como
ἐπαθον	πασχω	sufro	εὑρισκω	εὑρον	encuentro
ἐπεσον	πιπτω	caigo	ἐχω	ἐσχον	tengo
ἐπιον	πινω	bebo	καταλειπω	κατελιπον	dejo atrás
ἐσχον	ἐχω	tengo	λαμβανω	ἐλαβον	tomo
εὑρον	εὑρισκω	encuentro	λεγω	εἰπον	digo
ἐφαγον	ἐσθιω	como	μανθανω	ἐμαθον	aprendo
ἐφυγον	φευγω	huyo	ὁραω	εἰδον	veo
ἠγαγον	ἀγω	dirijo	πασχω	ἐπαθον	sufro
ἠλθον	ἐρχομαι	vengo	πινω	ἐπιον	bebo
ἡμαρτον	ἁμαρτανω	peco	πιπτω	ἐπεσον	caigo
ἠνεγκον	φερω	llevo	φερω	ἠνεγκον	llevo
κατελιπον	καταλειπω	dejo atrás	φευγω	ἐφυγον	huyo

Participios 2° Aoristos (Masc. Nom. Sing.)[3]	Presente	Participios 2° Aoristos (Masc. Nom. Sing.)[3]	Presente
ἀγαγων	ἀγω	ἰδων	ὁραω
ἁμαρτων	ἁμαρτανω	καταλιπων	καταλειπω
ἀποθανων	ἀποθνησκω	λαβων	λαμβανω
βαλων	βαλλω	μαθων	μανθανω
βας	βαινω	παθων	πασχω
γενομενος	γινομαι	πεσων	πιπτω
γνους	γινωσκω	πιων	πινω
εἰπων	λεγω	σχων	ἐχω
ἐλθων	ἐρχομαι	φαγων	ἐσθιω
ἐνεγκων	φερω	φυγων	φευγω
εὑρων	εὑρισκω		

---

1. En esta mitad de la tabla los verbos están en orden alfabético del Aoristo griego.
2. En esta mitad de la tabla los mismos verbos están en orden alfabético del Presente griego
3. Dados para demostrar las formas sin el aumento.

LAS PREPOSICIONES

Nota: *Estas listas incluyen algunas preposiciones que no fueron dadas en el Capítulo 4. Algunas ocurren en otra parte del libro. Algunas no son lo suficientemente corrientes como para ocurrir en las listas de vocabulario, pero se dan aquí para que sea la lista completa.*

Las preposiciones griegas con su significado en los diferentes casos

	+ acusativo	+ genitivo	+ dativo
ἀνα	arriba, de nuevo, otra vez		
ἀντι		en vez de	
ἀπο		(procedente) de, desde	
ἀχρι		hasta	
δια	por causa de, debido a	a través de	
εἰς	a, (entrando) en		
ἐκ		(saliendo) de	
ἐμπροσθεν		delante de	
ἐν			en (o raras veces 'por/con')
ἐνεκα		a causa de	
ἐνωπιον		delante de, ante	
ἐξω		fuera de	
ἐπι	(movimiento hacia) encima de	(posición) encima de, en tiempo de	(posición) en/dentro de, a base de
ἑως		hasta	
κατα	según	contra	
μετα	después de	con	
ὀπισω		detrás de, después de (sitio)	
παρα	(movimiento) al lado de	desde al lado de (una persona)	(posición) al lado de
περαν		al otro lado de	
περι	aproximadamente, alrededor de	acerca de	
προ		antes de	
προς	a, hacia, contra		
συν			con
ὑπερ	encima de	de parte de, por, en lugar de, a favor de	
ὑπο	debajo de, bajo	por (acción de)	
χωρις		aparte (de)	

Curso de griego bíblico

Expresiones de Tiempo

Normalmente, las expresiones de tiempo no emplean las preposiciones.

Palabra indicando tiempo +

acusativo:	Tiempo total que dura/duró	δυο ἡμερας	por dos días
genitivo:	Tiempo durante el cual ocurre	της νυκτος	durante la noche
dativo:	El momento cuando ocurrió	ἐκεινῃ τῃ ἡμερᾳ	en aquel día

Notas

- En la práctica en el Nuevo Testamento se emplea a menudo ἐν junto con el dativo con el significado 'el momento cuando ocurrió – ἐν ἐκεινῃ τῃ ἡμερᾳ – en aquel día.

- Generalmente cuando ocurren palabras tales como 'durante', 'mientras' 'cuando' o 'después de' en castellano, se comunica esta idea en griego por el tiempo correcto del participio ('durante' y 'mientras' – Presente; 'cuando' y 'después de' – Aoristo).

Las preposiciones españolas con sus equivalentes en griego

a	*complemento indirecto* – habló a Jesús – dativo
a base de	ἐπι + dat.
a través de	δια + gen.
acerca de	περι + gen.
al lado de	*posición* – andando al lado del mar – παρα + dat.
	movimiento – sentado al lado del mar – παρα + ac.
	de una persona – desde al lado del rey – παρα + gen.
al otro lado de	περαν + gen.
alrededor de	περι + ac.
antes de	προ + gen.
aparte de	χωρις + gen.
aproximadamente	περι + ac.
(hacia) arriba	ἀνα + ac.
con	*instrumento (inanimado)* – con una palabra – dativo (raras veces ἐν + dat.)
con	*acompañando a* – con él – μετα + gen. o συν + dat.
contra	κατα + gen.
de, desde	*alejándose de* – alejándose del mar – ἀπο + gen.
(saliendo) de	– lo que sale del corazón – ἐκ + gen.
de al lado de (una persona)	– de al lado del rey – παρα + gen.
de nuevo	ἀνα + ac.
de parte de	ὑπερ + gen.
debajo de	ὑπο + ac.
debido a	δια + ac.
delante de	ἐμπροσθεν + gen.; ἐνωπιον + gen.
(posición) dentro de	ἐπι + dat.
desde al lado de (una persona)	– de al lado del rey – παρα + gen.

después de	μετα + ac.
detrás de	ὀπισω + gen.
durante	*tiempo 'durante el cual'* – durante la noche – genitivo
en	ἐν + dat. (raras veces ἐπι + dat.)
en (encima de)	*posición* – en la tierra – ἐπι + gen.; ἐπι + dat.
en (un momento dado)	*tiempo 'cuando ocurrió'* – en aquel día – dativo; ἐν + dat.
(entrando) en	*movimiento hacia dentro* – entró en el mar – εἰς + ac.
(posición) en	ἐπι + dat.
en tiempo de	ἐπι + gen.
en vez de	ἀντι + gen.
encima de	ὑπερ + ac.
(movimiento hacia) encima de	ἐπι + acc.
fuera de	ἐξω + gen.
hacia	προς + ac.
hacia	*movimiento hacia* – fue hacia el mar – προς + ac.
hasta	ἀχρι + gen. o ἑως + gen.
otra vez	ἀνα + ac.
por (acción de)	*agente (ser viviente)* – por un mensajero – ὑπο + gen.
por	*complemento indirecto* – trabajo por el Señor – dativo
	de parte de – murió por nosotros – ὑπερ + gen.
	a causa de – por la justicia – ἑνεκα + gen.
	el tiempo total que duró – (por) cuarenta días – acusativo
por causa de	δια + ac.
según	κατα + ac.

PALABRAS DISTINGUIDAS POR ACENTOS

1. εἰ (página 57)
sin acento (εἰ) = si; con acento circunflejo (εἶ) = (tú) eres
2. ἀλλα (página 103)
acento en la primera sílaba (ἄλλα) = neutro nom./ac. pl. de ἄλλος (otras cosas)
acento en la segunda sílaba (ἀλλά) = pero
3. ἡ, ὁ, οἱ, αἱ (página 113)
sin acento (p.ej. ὁ) = artículo (definido) de ὁ, ἡ, το con el significado 'el/la';
con acento (p.ej. ὅ) = viene de la palabra ὅς (pronombre relativo) con el significado 'quien/que'
4. **Verbos líquidos** (páginas 129-31)
con circunflejo (p.ej. μενεῖς) = futuro (permanecerás);
sin circunflejo (p.ej. μένεις) = presente (permaneces)
5. τις **en todas sus formas** (páginas 140-1)
acento en la primera sílaba (p.ej.) τίς = interrogativo (¿quién?)
sin acento, o con acento en la segunda sílaba (p.ej. τις, τινὰς) = indefinido (alguien)

OTRAS PALABRAS QUE SON FÁCILES DE CONFUNDIR

ἀρα / ἀρ-	por consiguiente, así pues / Aoristo (líquido) de αἱρω
ἀρτι / ἀχρι	ahora (mismo) / hasta
γενν- / γεν- / γν-	de γενναω (engendro) / 2° Aoristo de γινομαι / 2° Aoristo de γινωσκω
δε / δει	pero / es necesario
δια / διο / δυο	por causa de, a través de / por lo cual / dos
εἰδον / εἰπον / ἐπιον	2° Aoristo de ὁραω / 2° Aoristo de λεγω / 2° Aoristo de πινω
εἰδον / εἰδως	2° Aoristo de ὁραω / participio de οἰδα
εἰς / εἱς	(entrando) en / uno
ἐξ / ἑξ	fuera de (delante de una vocal) / seis
ἐν / ἑν	en / uno
ἐπει / ἐπι	puesto que, ya que / encima de
καθως / καλως	como / bien
ὁτε / ὁτι	cuando / que, porque, " o – (marcando el principio de una cita)
οὐ / οὑ / οὑ	no / donde / cuyo, de quien
ποτε / τοτε	alguna vez, en algún momento / entonces
σημειον / σημερον	señal, milagro / hoy
ὑπερ / ὑπο	encima de, de parte de / debajo de, por
ὡς / ὡσπερ / ὡστε	como / tal como / de modo que (con el resultado de que)

Respuestas a las preguntas para practicar y a los ejercicios, sección A

CAPÍTULO 1

1.1

A.

α	β	γ	δ	ε	ζ	η	θ	ι	κ	λ	μ	ν	ξ	ο	π	ρ	σ	τ	υ	φ	χ	ψ	ω
a	b	g	d	e	z[1]	ē	c o z[2]	i	k	l	m	n	x	o	p	r	s	t	u	f o ph	j	ps	ō

B.

a	b	c	d	e	f	g	h	i	j	k	l	m	n	ñ	o	p	q	r	s	t	u	v	w	x	y	z
α	β	θ ο κ[3]	δ	ε	φ	γ	˙	ι	˙	κ	λ	μ	ν		ο	π		ρ	σ ο ς	τ	υ			ξ	ι	θ

C. 1. baptisma – bautismo 2. zronos – trono 3. kosmos – cosmos, mundo 4. megas – grande 5. mikros – pequeño 6. mustērion – misterio 7. parabolē – parábola 8. paralutikos – paralítico 9. sabbaton - sábado

D. 1. βλασφημη – blasfemia 2. καρδια – corazón 3. λογικος – racional 4. μητηρ – madre 5. πατηρ – padre 6. πνευματικος – espiritual 7. προφητης – profeta 8. πυρ – fuego 9. φωνη - voz

1.2

Hay errores en: 1 (debería de ser ἀγω), 2 (debería de ser βλεπω), 4 (debería de ser λεγω).

1.3 y 1.4

A. 1. Paulos (Pablo) 2. Maria (María) 3. Abraam (Abraham) 4. Iosef o Iōsēf (José) 5. Simon o Simōn (Simón) 6. Herodes[4] o Hērōdēs (Herodes) 7. Ierusalem o Ierusalēm (Jerusalén) 8. Kaisar (César)

---

1. Esto es un sonido sonoro, algo como la 's' en mismo.
2. Esto es el sonido en cero o zapato, pronunciado con un acento castellano estándar (sin seseo).
3. Según la posición de la 'c' en la palabra española: en el caso como cero sería θ; en un caso como casa sería κ.
4. Recuerde que esta "H" representa un sonido ("jota suave") que se tiene que pronunciar en griego.

B. 1. Βαρναβας 2. Πετρος 3. Φιλιππος 4. Πιλατος 5. Τιμοθεος 6. Ἰουδαια 7. Σατανας 8. Φαρισαιος.

C. Pater hēmōn ho en tois ouranois / hagiascētō to onoma sou / elcētō hē basileia sou / guenēcētō to celēma sou / hōs en ouranō(i) kai epi guēs

1.5

Hay respiraciones suaves en 2 (ἀγω) y 5 (ἰωτα)

1.6

1 y 4 son preguntas.

Ejercicios

1. ¹ en arjē(i) ēn ho logos, kai ho logos ēn pros ton ceon, kai ceos ēn ho logos. ² houtos ēn en arjē(i) pros ton ceon. ³ panta di' autou egueneto, kai jōris autou egueneto oude hen. ho guegonen ⁴ en autō(i) zōē ēn, kai hē zōē ēn to fōs tōn anzrōpōn; ⁵ kai to fōs en tē(i) skotia(i) fainei, kai hē skotia auto ou katelaben. ⁶ egueneto anzrōpos apestalmenos para ceou, onoma autō(i) Iōannēs; ⁷ houtos ēlcen eis marturian, hina marturēsē(i) peri tou fōtos, hina pantes pisteusōsin di' autou. ⁸ ouk ēn ekeinos to fōs, all' hina marturēsē(i) peri tou fōtos. ⁹ ēn to fōs to alēcinon, ho fōtizei panta anzrōpon, erjomenon eis ton kosmon. ¹⁰ en tō(i) kosmō(i) ēn, kai ho kosmos di' autou egueneto, kai ho kosmos auton ouk egnō. ¹¹ eis ta idia ēlcen, kai hoi idioi auton ou parelabon. ¹² hosoi de elabon auton, edōken autois exousian tekna ceou gueneszai tois pisteuousin eis to onoma autou, ¹³ hoi ouk ex haimatōn oude ek celēmatos sarkos oude ek celēmatos andros all' ek ceou eguennēcēsan. ¹⁴ kai ho logos sarx egueneto kai eskēnōsen en hēmin, kai eceasameza tēn doxan autou, doxan hōs monoguenous para patros, plērēs jaritos ka alēceias.

2. ¹⁵ Ἰωαννης μαρτυρει περι αὐτου και κεκραγεν λεγων, Οὑτος ἠν ὁν εἰπον, Ὁ ὀπισω μου ἐρχομενος ἐμπροσθεν μου γεγονεν, ὁτι πρωτος μου ἠν. ¹⁶ ὁτι ἐκ του πληρωματος αὐτου ἡμεις παντες ἐλαβομεν και χαριν ἀντι χαριτος· ¹⁷ ὁτι ὁ νομος δια Μωϋσεως ἐδοθη, ἡ χαρις και ἡ ἀληθεια δια Ἰησου Χριστου ἐγενετο. ¹⁸ θεον οὐδεις ἑωρακεν πωποτε· μονογενης θεος ὁ ὠν εἰς τον κολπον του πατρος ἐκεινος ἐξηγησατο.

¹⁹ και αὑτη ἐστιν ἡ μαρτυρια του Ἰωαννου, ὁτε ἀπεστειλαν προς αὐτον οἱ Ἰουδαιοι ἐξ Ἱεροσολυμων ἱερεις και Λευιτας ἱνα ἐρωτησωσιν αὐτον, Συ τις εἰ; ²⁰ και ὡμολογησεν και οὐκ ἠρνησατο, και ὡμολογησεν ὁτι Ἐγω οὐκ εἰμι ὁ Χριστος. ²¹ και ἠρωτησαν αὐτον, Τι οὐν; Ζυ Ἠλιας εἰ; και λεγει, Οὐκ εἰμι. Ὁ προφητης εἰ συ; και ἀπεκριθη, Οὐ. ²² εἰπαν οὐν αὐτω, Τις εἰ; ἱνα ἀποκρισιν δωμεν τοις πεμψασιν ἡμας· τι λεγεις περι σεαυτου; ²³ ἐφη, Ἐγω φωνη βοωντος ἐν τη ἐρημω, Εὐθυνατε την ὁδον κυριου, καθως εἰπεν Ἡσαϊας ὁ προφητης.

CAPÍTULO 2

2.1

1. (él o ella) toma o está tomando (recibe o está recibiendo). 2. enseñamos o estamos enseñando 3. oyen o están oyendo 4. tenéis (ustedes tienen) 5. veo 6. desatas (usted desata) 7. βαλλει 8. ἐχουσιν (o ἐχουσι) 9. ἀγομεν.

2.2

1. aman 2. hacéis o estáis haciendo (ustedes hacen o ustedes están haciendo) 3. está llamando o llama 4. estamos guardando o guardamos 5. estoy buscando o busco 6. estás hablando o usted está hablando 7. λαλουσιν (o λαλουσι) 8. ποιει 9. ζητειτε.

2.3.1

1. acusativo singular 2. nominativo plural 3. acusativo plural 4. nominativo plural 5. nominativo singular 6. acusativo plural 7. nominativo plural 8. acusativo singular.

2.3.3

1. Un hermano está enseñando a las multitudes. 2. Estamos buscando pan. 3. Estás desatando a esclavos. 4. Un señor dice una palabra. 5. La gente llama o está llamando. 6. (Unos) ángeles están guardando leyes. 7. ἀδελφος βλεπει οἰκον. 8. ἀνθρωποι βλεπουσιν. 9. φιλουμεν κοσμον. 10. θεος ἀγει.

2.4 y 2.5

1. Los hijos tienen una casa. 2. Llamáis (ustedes llaman) al hermano. 3. Dios hace los cielos. 4. Un ángel dirige (está dirigiendo) a multitudes. 5. El señor escucha o está escuchando. 6. ζητουμεν τον Χριστον. 7. οἱ υἱοι λαλουσιν (o λεγουσιν) λογους. 8. ὁ λαος φιλει τον θεον (o οἱ ἀνθρωποι φιλουσιν τον θεον).

Ejercicio Sección A

1. Tengo un hijo. 2. La persona llama a un esclavo. 3. Amas (usted ama) la ley. 4. Amén, amén, digo (o estoy diciendo)… (o En verdad, en verdad, digo…). 5. El Mesías está enseñando a la multitud (o Cristo enseña a la multitud). 6. Dios hace el mundo y el cielo. 7. José recibe a los hermanos. 8. Oímos (o Estamos escuchando) la palabra/el mensaje. 9. ὁ Χριστος λεγει τους λογους. 10. ὁ ὀχλος ἀκουει τον νομον. 11. λυεις τους δουλους. 12. (οἱ) ἀνθρωποι ποιουσιν (τον) ἀρτον.

CAPÍTULO 3

3.1

1. Acusativo 2. Genitivo 3. Dativo 4. Nominativo 5. Genitivo 6. Dativo 7. Acusativo 8. Nominativo 9. Genitivo Singular 10. Dativo Plural 11. Acusativo Plural 12. Dativo Singular 13. Genitivo Plural 14. Genitivo Singular 15. Nominativo Plural 16. Acusativo Singular.

3.2

1. Oigo al Señor. 2. Ve al ángel de Dios. 3. Tenemos fe en el Mesías (Creemos en Cristo). 4. Oís (ustedes oyen) las palabras. 5. ἀκουουσιν του θεου. 6. πιστευω τῳ κυριῳ.

Práctica a mitad de camino

1. Tenemos la ley de Dios. 2. Los esclavos están hablando al Señor. 3. Estoy buscando la casa de Cristo. 4. Estáis (ustedes están) haciendo pan para los hermanos. 5. La multitud oye la palabra del Señor. 6. Está viendo al ángel y escuchando (oyendo) al ángel. 7. Cree (tiene fe) en el hijo de Dios. 8. El hermano desata a un esclavo para el Señor. 9. διδασκω τον λογον του θεου. 10. ἀκουουσιν του υἱου. 11. τηρουμεν τον νομον (του) οὐρανου. 12. λεγεις τῳ ὀχλῳ.

3.3.2

1. Acusativo Singular 2. Dativo Singular 3. Nominativo o acusativo Plural 4. Genitivo Singular 5. Dativo Plural 6. Genitivo Plural 7. Nominativo Singular 8. Genitivo Singular.

3.3.3

1. τον 2. τῃ 3. των 4. ἡ 5. τα 6. τοις 7. την 8. τα.

3.3.4 y 3.3.5

1. Nominativo o Acusativo Plural 2. Genitivo Plural 3. Genitivo Singular 4. Dativo Singular Masculino o Neutro 5. Dativo Plural 6. Acusativo Singular Femenino 7. Dativo Singular 8. Dativo Plural 9. Acusativo Singular 10. No 11. Sí 12. Sí 13. Sí 14. No 15. No 16. No 17. Sí 18. No.

3.4

2, 4 y 5 podrían ser vocativos (1 es acusativo y 3 es nominativo).

3.6

1. Le amo (a él). 2. (Él/ella) está enseñando sus palabras (de él). 3. Lo tienen. 4. Oigo la voz de ella. 5. Pablo les (los) está llamando. 6. βλεπουσιν τον δουλον. 7. τηρει το τεκνον αὐτου. 8. ὁ Ἰησους φιλει τα τεκνα αὐτων.

Ejercicio Sección A

1. La hermana dice (está diciendo) a Jesús, 'Señor, creo'. 2. Estoy haciendo las obras de Dios. 3. Dios ama al hijo y le habla. 4. Recibimos y guardamos sus libros (los libros de él). 5. La multitud está diciendo a Jesús, 'Tienes un demonio'. 6. Pedro, estás enseñando el (instruyendo acerca del) reino de Dios. 7. Las hermanas y los hermanos están guardando las leyes y el sábado. 8. ¿Guarda el hijo del hombre el sábado? 9. ἡ ἐκκλησια αὐτων ζητει την δοξαν του θεου. 10. ὁ Παυλος διδασκει την οἰκιαν του κυριου. 11. ἀδελφοι και ἀδελφαι, λαμβανετε την ἀγαπην του θεου. 12. τα τεκνα βαλλει γην.

CAPÍTULO 4

4.1

1. en el mundo 2. (entrando) en los cielos 3. hacia los barcos 4. fuera de la casa 5. (procedente) del templo 6. en la iglesia (la asamblea) 7. ἐκ της καρδιας 8. εἰς τους ὀχλους 9. ἀπο αὐτου.

4.2

1. con ellos 2. por causa de la ley 3. contra Dios 4. para beneficio del señor (a favor del señor) 5. de Dios 6. a través de Cristo 7. περι (της) ἀγαπης 8. ἐκ της θαλασσης 9. ὑπο την γην.

Práctica a mitad de camino

1. Creo por causa de (debido a) la palabra del Señor. 2. Jesús conduce a los hermanos hacia los barcos. 3. Le están hablando (a él) acerca del templo. 4. El dueño de la casa habla de parte del niño (a favor del niño). 5. El hijo lleva el pan consigo. 6. Dios ama las obras (las acciones) conformes a la ley. 7. Pablo habla al pueblo en contra del Mesías de Dios. 8. Conducen a los niños hacia dentro de la casa. 9. βλεπω αὐτο ἐν τῃ καρδιᾳ αὐτης. 10. ὁ

Ἰησους διδασκει τον ὀχλον ἐξω του ἱερου. 11. ὁ θεος φιλει τους λαους ὑπο (τον) οὐρανον. 12. ὁ θεος λεγει τον νομον δια ἀγγελων (δι' ἀγγελων).

4.3

Habría dativos instrumentales en los números 2 y 4. En 1 'con' = 'acompañado por', por lo cual, se emplearía μετα + gen. En 3 siendo 'ella' una persona y no un objeto inanimado, se clasifica como un agente y no un instrumento, por lo cual, se emplearía ὑπο + gen.

4.5 y 4.6

1. ¿Oye Dios? 2. Dios no oye. 3. ¿Cómo habla Dios? 4. No le creo (a él). 5. ¿Adónde llevas (conduces) a la multitud? 6. ¿Guardáis la ley? (¿Guardan ustedes la ley?).

Ejercicio Sección A

1. No recibo gloria de la gente (de las personas). 2. ¿Crees en el hijo del hombre? (el hijo de la humanidad). 3. El Señor les está diciendo (les dice), '¿Adónde los estáis llevando?' (¿Adónde los están llevando ustedes? / ¿Adónde los lleváis? / ¿Adónde los llevan ustedes?) 4. Pedro les está enseñando (les enseña) acerca del reino al lado de los barcos. 5. Estamos mirando para arriba en el cielo delante del templo. 6. Jesús echa los demonios fuera de la persona con una palabra. 7. Vivimos bajo pecado y contra la ley de Dios. 8. Pedro reúne a la iglesia en la casa de la hermana de Jacobo. 9. ὑπαγομεν προς την θαλασσαν 10. παρακαλειτε τους ἀδελφους ἐν κυριῳ[5]. 11. τηρεις το σαββατον δια τον νομον; 12. οἱ ἀνθρωποι ἐν τῳ πλοιῳ προσκυνουσιν τῳ κυριῳ.

CAPÍTULO 5

5.1

1. Masc. Nom. Pl. 2. Masc./Fem./Neut. Gen. Pl. 3. Masc. Ac. Sing. *o* Neut. Nom./Ac. Sing. 4. Fem. Nom. Sing. 5. Fem. Dat. Pl. 6. Fem. Ac. Sing. 7. Fem. Nom. Sing *o* Neut. Nom./Ac. Pl. 8. Masc. Dat. Pl.

5.2

1. Guardamos la buena ley. 2. El hermano santo está escuchando (escucha). 3. Tiene un esclavo ciego. 4. Un pueblo santo ama a Dios. 5. El señor no tiene un hijo bueno. 6. Echa fuera los demonios malignos (malvados). 7. Llamáis (ustedes llaman) a las hermanas buenas. 8. ζητω πονηραν ζωην. 9. πιστευει τῃ ἰδιᾳ καρδιᾳ. 10. ὁ ὀχλος ζητει τον μονον θεον.

---

5. Es interesante que en el Nuevo Testamento se emplea ἐν κυριῳ con mucha más frecuencia que ἐν τῳ κυριῳ (cuarenta y ocho veces, comparadas con una sola para ἐν τῳ κυριῳ).

5.3

1. sois (ustedes son) / estáis (ustedes están) 2. soy / estoy 3. son / están 4. eres / estás 5. es / está

5.4

1. ¿Sois buenos? (¿Son buenos ustedes?) 2. La ley de Dios es santa. 3. Los niños son judíos. 4. ¿Está muerta la hermana ciega? 5. ¿Es eterna la santa Jerusalén? 6. ἀγαθον ἠ πονηρον (ἐστιν) το εὐαγγελιον; 7. ὁ θεος ὁ μονος (ἐστιν) ἐν τῳ οὐρανῳ (ο τοις οὐρανοις). 8. ἐσμεν ἐν τῃ συναγθγῃ.

Práctica a mitad de camino

1. Pedro ama al niño muerto. 2. El hijo ciego ve a Cristo (al Mesías). 3. Al Señor le llaman santo. 4. Lo arroja dentro de la tierra buena. 5. No creemos (en) otro evangelio. 6. El esclavo de Dios es dichoso. 7. ¿Es santo el reino de Jesús? 8. El hermano bueno no está solo. 9. πονηρος ὀχλος ζητει σημεια. 10. ὁ θοες (ἐστιν) νεκρος; 11. ὑπαγομεν εἰς (ο προς) τους ἰδιους οἰκους (ο τας ἰδιας οἰκιας). 12. ἡ ἀδελφη ἡ Ἰουδαια (ἐστιν) ἀγαθη.

5.5

1. Dios ama a los judíos. 2. Las personas buenas (o los hombres buenos) enseñan/están enseñando. 3. Pablo habla a las personas santas. 4. El ciego se va.

5.6

1. πολλαι 2. πολλα 3. πολλων 4. πολλην 5. πολλοις 6. μεγαν 7. μεγαλων 8. μεγαλην 9. μεγαλη 10. μεγα.

5.7 y 5.8

1. ¿Hay un Dios en el cielo? 2. El hijo de Abraham es una señal. 3. Hay muchos judíos santos. 4. La palabra de Jesús es una buena noticia.

Ejercicio Sección A

1. Jesús le está diciendo a ella, 'Yo soy la vida y la paz'. 2. Y Pedro le está diciendo a él, 'Tú eres el Mesías, el hijo de Dios'. 3. Recibo el reino de Dios como un niño. 4. No es (un) Dios de los muertos. 5. El demonio está diciendo, 'Jesús, eres el santo de Dios'. 6. Ve el nuevo cielo y la nueva tierra de Dios. 7. Amados, no enseño una ley diferente, sino la del

principio. 8. La gran voz de los cielos (del cielo) dice, 'Eres mi hijo amado'. 9. αἱ ἡμεραι πονηραι εἰσιν και (οἱ ἀνθρωποι) οἱ πονηροι τα πονηρα ποιουσιν. 10. δικαιος (ἐστιν) ὁ νομος, ἀλλα ἐστιν ὁ καιρος του εὐαγγελιου. 11. ἐκαστος ἐχει τον ἰδιον οἰκον. 12. ὁ Χριστος (ἐστιν) κεφαλη της ἐκκλησιας.

CAPÍTULO 6

6.2

1. Futuro 2. Imperfecto 3. Aoristo 4. Imperfecto 5. Futuro 6. Presente

6.3

1. Futuro 2. Imperfecto 3. Imperfecto 4. Presente 5. Aoristo 6. Presente 7. oiré 8. tomo 9. (yo) enviaba 10. (yo) bautizaba 11. creí 12. tengo.

6.4

1. echábamos 2. desatamos (pasado) 3. oiréis (ustedes oirán) 4. echas fuera (usted echa fuera) 5. creyeron 6. librarán 7. γραφομεν 8. πιστευσουσιν 9. ἐλαμβανετε

Práctica a mitad de camino

1. Estaba enseñando a la multitud. 2. Dios le oirá. 3. Las personas santas (los santos) tienen la ley. 4. Desataremos el barco. 5. ¿Creísteis (Creyeron ustedes) debido a la palabra? 6. Hablaba yo/hablaban ellos acerca del reino. 7. ¿Cómo la divorciarás (librarás)? 8. Los hermanos no creyeron. 9. ἐλαμβανομεν το πλοιον. 10. ἐπιστευσαν τῳ θεῳ. 11. ὁ ἀγαθος κυριος ἀπολυσει τους δουλους. 12. ἐλεγον ἀλλα νυν ἀκουσω.

6.5

1. ἠγον 2. ὑπηγον 3. ἐβλεπον 4. ἀνεβλεπον 5. παρελαμβανον 6. ἀπεκαλυπτον 7. ἠνοιγον 8. ἐδιδασκον

6.6

1. ἐβαπτισα 2. ἐπεμψα 3. ἠκουσα 4. ἀπελυσα 5. ἐκηρυξα 6. ἀνεβλεψα 7. ἀπεκαλυψα 8. ἐδοξασα

6.7

1. Imperfecto 2. Aoristo 3. Futuro 4. Aoristo 5. Imperfecto 6. Imperfecto 7. Futuro 8. Aoristo

6.8

1. hicieron 2. amará 3. adorábamos 4. pedirán 5. guardó 6. (yo) buscaba/ (ellos) buscaban 7. disteis gracias (ustedes dieron gracias) 8. Construyeron.

Ejercicio Sección A

1. En otra ocasión bauticé, pero ahora bautizará él. 2. Una voz desde el cielo proclamó, 'Lo glorifiqué y (lo) glorificaré de nuevo'. 3. Y echaba él fuera muchos demonios en cada sitio. 4. Los llamó y los salvó; entonces le adoraron. 5. Jesús recibía a los niños y los niños escucharon a Jesús. 6. El ángel santo abría los cielos. 7. Y llamarás al niño 'Jesús': salvará a su pueblo de sus pecados (de los pecados de ellos). 8. Y hablaron la palabra (el mensaje) del Señor a los hermanos fieles en su casa (en la casa de él). 9. νυν εὐλογησομεν τον κυριον. 10. ἠδη ἐγραψα αὐτοις, ἀλλα νυν παλιν γραψω. 11. ἀπεκαλυψεν την ἀγαπην αὐτου ὁτε ἐγραψεν αὐτη. 12. ἠτησαν σημεια και ἐκραξαν φωνῃ μεγαλῃ τῳ Ἰησου.

CAPÍTULO 7

7.2

1. ¡Echa fuera! (continuamente) 2. ¡Arrepiéntete! (valor por defecto) 3. ¡Guardad (Guarden ustedes) la ley! (continuamente) (o 'Estáis (Ustedes están) guardando la ley.') 4. ¡Escríbele a ella! (¡Escríbale a ella!) (valor por defecto) 5. ¡Escuchad (Escuchen ustedes) la voz/el sonido! (continuamente) (o 'Estáis (Ustedes están) escuchando la voz/el sonido) 6. ¡Buscad (Busquen ustedes) a Dios! (valor por defecto) 7. Buscaréis (Ustedes buscarán) a Dios. 8. ἀνοιξον τους οὐρανους. 9. διδασκετε αὐτην. 10. λυσατε τα τεκνα.

7.3

1. ¿Quieres (Quiere usted) ver? 2. Intentábamos (queríamos) oír 3. Es necesario andar (vivir) 4. Estabais (Estaban ustedes) a punto de escribir 5. θελετε μετανοησαι; 6. δει φιλειν τον θεον.

Práctica a mitad de camino

1. ¡Bautizad (¡Bauticen ustedes) a los hermanos! (o 'Estáis (Ustedes están) bautizando a los hermanos'). 2. ¡Escúchale! (¡Escúchele usted!). 3. ¿Está permitido hablar? 4. Es necesario hablar a Timoteo. 5. ¡Adorad (¡Adoren ustedes) al Dios santo! (o 'Estáis (Ustedes están) adorando al Dios santo. 6. ¡Escuchadle! (¡Escúchenle ustedes!). 7. Quiero enviar a un mensajero. 8. No busques (intentes) divorciarte. 9. θελετε εὐχαριστησαι; 10. ζητειτε το εὐαγγελιον. 11. μη περιπατει ἐν τῳ ἱερῳ. 12. μελλουσιν κραξαι· Ἀμην.

7.4.1

Nota: todos están en el masculino nominativo 1. Presente Plural 2. Aoristo Singular 3. Aoristo Plural 4. Aoristo Singular 5. Presente Singular 6. Presente Singular 7. Presente Plural 8. Aoristo Singular.

7.4.2

1. Cuando miraron se marchaban. 2. Gritó, diciendo… 3. Cuando le vio (a él) le dice (a él). 4. Vivían guardando la ley. 5. Después de que oí el mensaje, glorifiqué a Dios. 6. Cuando creyeron, se arrepintieron.

7.4.3

1. Después de que hubieron abierto los ojos, vieron el mar. 2. Mientras hablaba a la multitud, el apóstol miraba al cielo. 3. Cuando hubo escrito el libro, lo envió Pedro a la iglesia. 4. κηρυξαντες τον λογον προσεκυνησαν τῳ θεῳ.

7.5

1. El que le envió salva. 2. Bendito es el que ve a Dios. 3. Los que dan testimonio (o 'los testigos') predicarán. 4. El creyente (o 'el que cree') habla la paz.

Ejercicio Sección A

1. Y dice a los fariseos, '¿Es lícito los sábados hacer el bien o hacer el mal, salvar una vida o no salvarla?' 2. Amén amén digo (o 'De cierto, de cierto digo), el que cree tiene vida eterna. 3. Su mandamiento es vida eterna .4. Y las ovejas oyen su voz y sus propias ovejas le siguen (o 'siguen detrás de él). 5. La hermana fiel gritaba a Jesús, '¡Sé misericordioso (o 'Ten piedad'), Señor, hijo de David!'. 6. Y Jesús proclamó diciendo, 'Arrepentíos (Arrepiéntanse) y creed (crean) en el evangelio (o 'la buena noticia')'. 7. Dice a la multitud con sus apóstoles, 'Si quieres seguir al (o 'detrás del') Señor, es necesario tener valor. 8. Soy un hombre bajo autoridad, y digo a un esclavo, 'Hazlo', lo hace. 9. ἐλεγεν παραβολην περι (της) χαρας. 10. Μη ἀναγετε τυφλα θηρια εἰς το ἱερον. 11. θεωρειτε το μνημειον; 12. ὁ Ἰησους ἐλεγεν ἐν παραβολαις ἀλλα κατ' ἐξουσιαν.

CAPÍTULO 8

8.1.1

Todos los verbos son deponentes.
1. Presente Indicativo 3ª persona del Plural 2. Imperfecto Indicativo 3ª persona del Singular 3. Imperfecto Indicativo 1ª persona del Singular 4. Participio Aoristo Singular (masculino nominativo) 5. Futuro Indicativo 3ª persona del Singular 6. Imperativo Presente

2ª persona del Singular 7. Participio Presente Plural (masculino nominativo) 8. Participio Presente Singular (masculino nominativo) 9. Presente Indicativo 2ª persona del Plural *o* Imperativo Presente 2ª persona del Plural

8.1.3

1. βλεπουσιν 2. ἐρχεται 3. ἐδεχεσθε 4. ἀρξαμενοι 5. γραψομεν 6. ἐξερχεσθε 7. ἐλογισαντο 8. πειθων 9. προσευχεσθαι 10. ἠρνουντο (A ἀρνεομαι se le aplican las mismas contracciones que a φιλεω, así que, lo que debería de ser ἠρνεοντο se convierte en ἠρνο̲υ̲ντο [ε + ο = ου]).

Práctica a mitad de camino

1. Están entrando en el templo. 2. Quiero rescatarle (a él). 3. Estáis (ustedes están) recibiendo la palabra. (*o* '¡Recibid (¡Reciban ustedes) la palabra!'). 4. Después de haber oído, empezaron a ir. 5. Mientras se iba (él), estaba glorificando a Dios. 6. Estoy a punto de orar, diciendo: 7. Los judíos están saliendo de la sinagoga. 8. ¡No prediquéis (¡No prediquen ustedes) las buenas nuevas! 9. οἱ Φαρισαιοι ἠρξαντο ἐργασασθαι (ἐργαζεσθαι). 10. ἠσπαζοντο τους πονηρους. 11. ἀρνησομαι τηρειν τον νομον. 12. δει εἰσερχεσθαι εἰς το ἱερον.

8.2

1. Los mandamientos eran santos. 2. David era (fue) grande. 3. Quiero estar con ellos. 4. El que ama (*o* ame) a Dios será bienaventurado. 5. Siendo santo, oraba. 6. τα τεκνα ἠν μονα. 7. νεκροι ἐσονται οἱ δουλοι. 8. Ἰουδαιοι ὀντες θελομεν εἰσερχεσθαι εἰς την συναγωγην.

8.3

1. Sus discípulos van/vienen. 2. Él hablaba a Judas. 3. El hermano recibirá a Juan. 4. Muchos soldados se acercaban. 5. ὁ Ἰησους ἐκηρυσσεν την ὁδον. 6. οἱ προφηται οὐκ ἠσαν ἁγιοι.

Ejercicio Sección A

1. Jesús viene y toma el pan. 2. Y la multitud iba otra vez a él al lado del mar y él les enseñaba. 3. Desde entonces empezó Jesús a predicar y a decir, '¡Arrepentíos! (¡Arrepiéntanse!) El reino de los cielos se acerca. 4. Les decía en una parábola: 'Es necesario orar en todo tiempo'. 5. Y la multitud intentaba tocarle: señales de autoridad salían de él. 6. Juan será grande delante del Señor, como Elías; pero Herodes (es, será) malvado. 7. El hijo del hombre está a punto de venir en la gloria de Dios con sus ángeles, y entonces cada

uno recibirá según su vida. 8. Él decía a los discípulos, 'Si deseáis (desean ustedes) venir en pos del hijo del hombre, negad (nieguen ustedes) a Satanás y seguid (sigan ustedes) al Señor cada día'. 9. ὁ οἰκος (του) Ἰουδα προσηυξατο· Κυριε, ῥυσαι τον Ἰσραηλ ἐκ της Αἰγυπτου. 10. ὁ Ἡλιας ἠν μεγας προφητης. 11. ἀπηρχοντο ἀπο της συναγωγης ὁτε εἰσηρχομεθα. 12. ὁ Βαρναβας και ὁ Παυλος εὐηγγελιζοντο ἐν τη ὁδῳ ἀπο Ἱεροσολυμων μετα των πιστων μαθητων (συν τοις πιστοις μαθηταις).

CAPÍTULO 9

9.1.1

1. Femenino Nominativo Plural 2. Masculino o Neutro Genitivo Singular 3. Neutro Nominativo o Acusativo Plural 4. Neutro Nominativo o Acusativo Plural 5. Masculino Nominativo Plural (de αὐτος) 6. Masculino Nominativo Plural 7. Neutro Nominativo o Acusativo Singular 8. Femenino Nominativo Singular.

9.1.2

1. Este era el sitio. 2. Las ovejas de aquellas personas están muertas. 3. La multitud entera escuchaba. 4. Está hablando en aquellas parábolas o Está contando aquellas (esas) parábolas. 5. Sus profetas vienen. 5. Estos discípulos están (o son) ciegos.

Práctica a mitad de camino

1. Se niegan a sí mismos. 2. Amo a aquel discípulo. 3. Está reuniendo estas ovejas. 4. Solía enseñar/Enseñaba (en) otras parábolas. 5. En el mismo día vio María al Señor. 6. Debido a estas cosas decía la multitud los unos a los otros... 7. Jesús mismo oraba. 8. Era un servidor de este templo. 9 προσευχομεθα τῳ αὐτῳ θεῳ. 10. αὐτος ὁ Πετρος ἠρνησατο τον Ἰησουν. 11. μετα τουτο ἠρξαντο ἀκουσαι (o solamente ἠκουον). 12. ἐκεινα τα δαιμονια (ἠν) πονηρα.

9.3

1. Tu ley salva. 2. Dios te salva. 3. Nosotros creímos, pero tú no escuchaste. 4. Tú te salvarás a ti mismo (misma), pero yo a otros. 5. σωσον σεαυτον. 6. κηρυξω τα ἐργα ὑμων.

9.4

1. Muchos creyeron, porque los discípulos proclamaban las buenas noticias. 2. Dios envió a los profetas, pero el pueblo estaba ciego. 3. ¿Ama Dios incluso a los malvados? 4. José le está hablando, pero él (el otro) no escuchará. 5. Algunos se están acercando, otros se van hacia sus casas. 6. ζητησομεν οὐν τον κυριον.

Ejercicio Sección A

1. Pero Jesús mismo no se fiaba de ellos. 2. Y les decía, 'Vosotros sois (ustedes son) de este mundo; yo no soy de este mundo'. 3. Y con muchas parábolas semejantes les decía la palabra. 4. Van otra vez a Jerusalén. Y Jesús anda dentro del templo y los judíos vienen a él. 5. Por lo tanto, se decían los judíos los unos a los otros, '¿Adónde está a punto de ir este hombre?'. 6. Somos de Dios y el mundo entero está en el (bajo el poder del) maligno. 7. Y les decía, 'A vosotros (ustedes) enseño el misterio del reino de Dios; pero a los de fuera digo estas cosas en parábolas'. 8. Porque decía Juan a Herodes, 'No te está permitido tener a la mujer de tu hermano'. 9. αὐτη ἐστιν ἡ ἐντολη μου (ο ἡ ἐμη ἐντολη), Ἐχετε ἀγαπην ἀλληλοις διοτι ἐστε οἱ μαθηται μου (ο οἱ ἐμοι μαθηται). 10. ἐγω εἰμι ὁ ἀρτος της ζωης. 11. ὁ Ἰησους λεγει αὐτοις· Οὐκ (ἐγω) λεγω ὑμιν ἐν ποιᾳ ἐξουσιᾳ ταυτα ποιω. 12. ἀναβλεψας ἐλεγεν· Βλεπω ἀνθρωπους ἀλλα ὡς δενδρα περιπατουσιν.

CAPÍTULO 10

10.1.1

Los antecedentes están subrayados.

1. Jesús echó fuera al <u>demonio</u>. El demonio estaba en el hombre. 2. Yo soy el <u>hombre</u>. Buscas al hombre. 3. Ella comió la <u>comida</u>. El rey envió la comida. 4. El profeta ofreció el <u>sacrificio</u>. La lluvia vino debido al sacrificio. 5. ¿Es este el <u>Mesías</u>? Estamos esperando al Mesías. 6. El gobernador envió a los <u>soldados</u>. Los soldados detuvieron a Jesús.

10.1.2

1. Neutro nominativo o acusativo singular 2. Masculino acusativo singular 3. Masculino o neutro genitivo singular 4. Femenino dativo singular 5. Femenino nominativo plural 6. Femenino nominativo plural (del artículo) 7. Masculino acusativo plural 8. Femenino acusativo singular (del artículo) 9. Masculino, femenino o neutro genitivo plural 10. Masculino o neutro dativo plural.

Práctica a mitad de camino

1. Veo al esclavo que él llamó. 2. Márchate de la casa en la cual estás. 3. ¿Dónde están las copas que amamos? 4. Pues creyeron la buena noticia que los apóstoles predicaban. 5. Saludad (Saluden ustedes) a los que vienen a vosotros (ustedes). 6. Este es el Señor a través de quien oraremos. 7. Lo que oí, esto digo (/estoy diciendo) a vosotros (ustedes). 8. Saludad (Saluden ustedes) a Timoteo, a favor de quien está orando la iglesia. 9. Τηρει τον ἀρτον ὁν ἐποιησεν. 10. δει φιλειν τον θεον ὁς σωζει ἡμας. 11. πιστευεις τῳ εὐαγγελιῳ ὁ ἠκουσας; 12. ὁ μαθητης ὁς ἠρνησατο τον Ἰησουν μετενοησεν;

10.2

1. Seguramente no verás, ¿verdad? *o* No ves, ¿verdad? 2. Me amas, ¿verdad? *o* Seguro que me amas, ¿verdad? 3. Yo no te amo. 4. ¿Acaso seré yo? *o* No seré yo, ¿verdad?.

10.3

1. Indirecta – Presente 2. Directa 3. Indirecta – Imperfecto 4. Indirecta – Aoristo 5. Directa 6. Indirecta – Presente.

10.4

1. Dativo 2. Acusativo 3. Genitivo 4. Acusativo 5. Dativo 6. Genitivo.

Ejercicio Sección A

1. ¿No soy un apóstol? ¿No vi a Jesús nuestro Señor? Escuchad (escuchen) lo que os (les) digo 2. Algunos de los fariseos oyeron estas cosas y estaban asombrados, diciéndole, 'Seguramente no somos también nosotros ciegos, ¿verdad?' 3. Y no solamente (eso), sino que nos acercamos a Dios a través de nuestro Señor Jesucristo, a través de quien (por quien) ahora recibimos la paz con Dios 4. Otros decían, 'Éste es el Mesías,' pero otros decían, '¿Acaso viene el Mesías de Galilea?' 5. Y David dice: Bienaventurada es la persona a quien Dios atribuye justicia aparte de obras 6. Durante muchos días estuvo el pueblo en Egipto, tal como le había dicho Dios a Abraham 7. Negó el soldado, diciendo, 'Yo no soy un judío, ¿verdad?' 8. Y estamos en el verdadero, en su hijo Jesucristo. Este es el verdadero Dios y vida eterna 9. λεγει αὐτῳ ὁ Ἰησους· Ἐγω εἰμι ἡ ὁδος και ἡ ἀληθεια και ἡ ζωη 10. ὁ Πιλατος ἐκαθευδεν περαν της θαλασσης της Γαλιλαιας 11. ἅ δε ἐγραψα ὑμιν, ἐνωπιον του θεου μαρτυρω 12. μη θαυμαζετε δια τουτο, ὁτι ἐρχεται ὡρα ἐν ᾗ οἱ νεκροι ἀκουσουσιν την θωνην αὐτου.

CAPÍTULO 11

11.1.4

1. Caímos 2. Tomé/tomaron 3. Estabais (ustedes estaban) arrojando 4. Dijo 5. Ocurrió (Aconteció) 6. Vine/vinieron 7. Huía / estaba huyendo 8. Viste.

11.1.5

1. Infinitivo Aoristo 2. Participio Aoristo Masc. Nom. Singular 3. Infinitivo Presente 4. Imperativo Aoristo Singular 5. Participio Aoristo Masc. Nom. Plural 6. Participio Aoristo Masc. Nom. Singular 7. Imperativo Aoristo Plural 8. Infinitivo Aoristo.

11.1.6

1. habiendo bajado 2. subió 3. vinieron 4. supisteis (supieron ustedes) / conocisteis (conocieron ustedes) 5. habiendo sabido / conocido.

Práctica a mitad de camino

1. Muchos murieron. 2. Lo llevaba yo / lo llevaban ellos. 3. Comí el pan / Comieron el pan. 4. Cuando vinieron, le vieron 5. ¡Mira el camino! 6. Es necesario ir a Jerusalén. 7. Habiendo dicho estas cosas, se marchó Jesús. 8. Cuando hubo subido al templo se murió. 9. οἱ προφηται εἰπον. 10. τον υἱον ἐφιλησα (ο ἐφιλουν si uno quiere hacer resaltar que era continuo). 11. θελω ἰδειν (βλεψαι) την θαλασσαν. 12. εὑρων ἐλαβον αὐτο.

11.2.2

1. Permanecieron. 2. Anunciaremos. 3. Él levantó (en realidad, ἠγειρεν podría también ser imperfecto – él levantaba). 4. Mataron. 5. Él juzgará al mundo. 6. Habiendo enviado, salió. 7. Quiero sembrar. 8. Habiendo levantado (después de levantar), trajeron. 9. ἀπαγγελουσιν. 10. βαλειτε. 11. ἐγειρον τον νεκρον. 12. ἀπεκτεινεν αὐτην.

Ejercicio Sección A

1. Los discípulos vinieron a él, diciendo, 'El lugar es desierto, y la hora ya pasó; despide a las multitudes'. 2. Y vino una voz del cielo (de los cielos), 'Tú eres mi Hijo amado'. 3. Y cuando dejó (dejando) a la multitud (y) entró en la casa, sus discípulos le encontraron y le hablaron acerca de la parábola. 4. Porque os (les) anuncié lo que también recibí, que Cristo murió por nuestros pecados conforme al evangelio. 5. Porque por la ley he muerto a la ley. 6. Por lo tanto, dice al apóstol: 'No seas siempre ciego en tu corazón, sino creyente'. 7. Estaba en el mundo, y el mundo por él fue hecho, y el mundo no le conoció. 8. Señor justo, el mundo no te ha conocido (conoció), pero yo te conocí y, estos han conocido que tú me enviaste. 9. και ἀνεβη εἰς το πλοιον μετ' αὐτων και ἐφυγον. 10. Μετα τουτο κατεβη εἰς την Γαλιλαιαν και ἡ Μαρια και οἱ ἀδελφοι αὐτου και οἱ μαθηται αὐτου, και ἐκει ἐμειναν οὐ πολλας ἡμερας. 11. ἰδου ὁ υἱος του ἀνθρωπου ἀποστελει τους ἀγγελους αὐτου. 12. ἐκεινος ὁ λογος ὁν εἰπον κρινεῖ αὐτον ἐν τῃ ἡμερᾳ του κυριου.

CAPÍTULO 12

12.2

1. (Masculino) Genitivo Singular 2. (Masculino) Nominativo Plural 3. (Femenino) Dativo Singular 4. (Femenino) Genitivo Plural 5. (Femenino) Acusativo Singular 6. (Femenino) Genitivo Singular 7. (Femenino) Dativo Plural 8. (Masculino) Acusativo Singular 9. ἀνδρων 10. γυναιξιν 11. ποδα 12. χειρας 13. σαρκι 14. χαριτος 15. θυγατερες 16. αἰωσιν.

12.3

1. (Neutro) Dativo Singular 2. (Neutro) Genitivo Singular 3. (Neutro) Nominativo o Acusativo Plural 4. (Neutro) Genitivo Plural 5. αἱμα 6. πνευματων 7. σωμασιν 8. ὀνοματα.

Práctica a mitad de camino

1. ¿Es Jesús el salvador? 2. El hijo del padre huyó. 3. Tengo una madre buena. 4. Vieron a sus padres. 5. Bautiza con agua. 6. Los hombres se fueron o salieron. 7. Cristo murió por los hombres y las mujeres. 8. Haced (hagan ustedes) la voluntad de Dios. 9. φιλει δυο γυναικας. 10. το πνευμα οὐ φιλει την σαρκα. 11. ἐχω μεγαλους ποδας. 12. εἰδον το φως.

12.4

1. Más soldados vienen. 2. Tienes la cabeza más grande que yo. 3. ¿Tenía Jesús más discípulos que Juan? 4. Soy un profeta de un templo mayor.

12.5

1. ¿Quién viene? 2. Quiero algún pan / algo de pan. 3. ¿Por qué amáis (aman ustedes) a Cristo? 4. ¿Acerca de qué (o quiénes [ambos plurales]) habló? 5. Algunos padres son malvados. 6. ¿A quiénes buscáis (buscan ustedes)? 7. τί προσευχῃ; 8. τίνι εἰπετε; 9. προφηται τινες καλουσιν. 10. τίνα νομον τηρειτε;

Ejercicio Sección A

1. Padre, glorifica tu nombre. 2. Yo os (les) bauticé con agua, pero él os (les) bautizará en (el) Espíritu Santo. 3. Pero él le dijo (a ella), 'Hija, tu fe te salvó; ve en paz'. 4. En él estaba la vida, y la vida era la luz de la humanidad. 5. Y el verbo se hizo carne. 6. La mujer le dijo, 'No tengo marido'. Jesús le dijo (a ella), 'Bien dijiste, "No tengo marido"'. 7. Jesús les dijo, 'Yo os (se) lo dije y no creéis (creen); estas obras que hago en el nombre de mi padre, ellas dan testimonio acerca de mí'. 8. Simón Pedro le dijo, 'Señor, ¿a quién seguiremos?

Tú tienes palabras de vida eterna'. 9. εἰπον αὐτῳ οἱ Φαρισαιοι· Τί οἱ μαθηται σου οὐ καλως χερσιν ἐσθιουσιν; 10. ἀλλ' ἐν κυριῳ οὐτε γυνη χωρις ἀνδρος οὐτε ἀνηρ χωρις γυναικος. 11. χαρις ὑμιν και εἰρηνη ἀπο (του) θεου πατρος ἡμων και (του) κυριου Ἰησου Χριστου του σωτερος ἡμων. 12. καθως ἐλαλησεν δια στοματος των ἁγιων προφητων αὐτου, τουτο ποιησει.

CAPÍTULO 13

13.1

1. Nominativo o Acusativo Plural 2. Acusativo Singular 3. Genitivo Plural 4. Acusativo Singular 5. Dativo Plural 6. Nominativo Singular 7. ἱερεις 8. ἀναστασεως 9. γραμματευσιν 10. πιστιν

13.2

1. Dativo Singular 2. Nominativo o Acusativo Plural 3. Genitivo Singular 4. Nominativo o Acusativo Plural Masculino o Femenino 5. Genitivo Plural 6. Nominativo o Acusativo Singular 7. πληθη 8. ἀσθενει 9. σκευων 10. ἐθνεσιν

Práctica a mitad de camino

1. ¡Id (Vayan ustedes) a los gentiles / a las naciones! 2. En aquel año se murió el rey. 3. Los escribas hablaron en contra de Jesús. 4. Pedro no presta atención al sumo sacerdote. 5. Los verdaderos discípulos están en la ciudad. 6. Por fe tenemos esperanza de gloria. 7. Tengo una parte del reino o una participación en el reino. 8. El que busca la verdad recibe también poder. 9. ὁ πατηρ του βασιλεως εἰπεν τῳ ἀρχιερει. 10. δια το ἐλεος αὐτου ὁ θεος ῥυεται ἡμας. 11. περιεπατουμεν ποτε ὑπο κρισιν. 12. (ἡ) πιστις εὑρεν το ἀληθες τελος αὐτης.

13.3

1. Masculino Nominativo Plural 2. Femenino Dativo Plural 3. Masculino o Neutro Genitivo Singular 4. Femenino Acusativo Singular 5. Neutro Nominativo o Acusativo Singular 6. Masculino o Neutro Dativo Singular 7. Todos los padres murieron 8. Predicaré la buena noticia en todas las naciones 9. Todo el mundo se maravilló por (debido a) todas las cosas que hacía él 10. El salvador de todos está orando.

13.4

1. ¿No es bueno nadie? 2. Vi/vieron *una* ciudad. 3. ¿No encontraste nada? 4. No digas nada a nadie. 5. Dijo que hay (*o* había) *un* Señor y *una* iglesia. 6. Tengo *una* oveja.

Ejercicio Sección A

1. Entonces decían los principales sacerdotes de los judíos a Pilato, 'No escribas "El Rey de los Judíos," sino que aquel dijo, "Soy el Rey de los Judíos"'. 2. Pero Jesús le dijo, '¿Por qué me llamas bueno?' (o '¿Por qué dices que soy bueno?') No hay nadie bueno, sino uno, Dios. 3. La gracia del Señor Jesucristo y el amor de Dios y la comunión del Espíritu Santo (sean) con todos vosotros (ustedes). 4. No llaméis (no llamen ustedes) a alguien (o nadie) 'Rabí', porque tenéis (tienen ustedes) un maestro y vosotros sois (ustedes son) todos hermanos. 5. Y Pedro dice (dijo) a Jesús, 'Rabí, es bueno para nosotros estar aquí y construiremos tres tiendas de campaña para vosotros (ustedes), una para ti, y una para Moisés y una para Elías. 6. Y serán los dos una carne; así que, ya no son dos sino una carne. 7. Y toda la multitud procuraba tocarle, porque poder salía de él y él los sanaba a todos. 8. Y los discípulos salieron y entraron en la ciudad y encontraron como les había dicho. 9. και προσελθων εις (εκ) των γραμματεων ειπεν αυτω· Ραββι, ακολουθησω σοι. 10. και βασιλευς εσται επι τον οικον (του) Ιακωβ εις τους αιωνας (εις τον αιωνα) και της βασιλειας αυτου ουκ εσται τελος. 11. εν τουτω τω κοσμω θλιψιν εχετε, αλλα εν εμοι ειρηνην εχετε. 12. οι μεν εξερχονται εις αναστασιν ζωης, οι δε εις αναστασιν κρισεως.

CAPÍTULO 14

14.1

1. γραψας 2. ποιουντες 3. ερχομενος 4. φιλησαντες 5. λογισαμενος 6. προσευχομενοι

14.2

Todos son participios.

1. Presente Activo Masculino Nominativo Plural 2. Aoristo Activo Masculino Nominativo Singular 3. Presente Deponente (Medio) Femenino Dativo Plural 4. Aoristo Activo Neutro Nominativo o Acusativo Singular 5. Aoristo Activo Masculino o Neutro Dativo Singular 6. Aoristo Activo Masculino o Neutro Genitivo Plural 7. Presente Activo Femenino Acusativo Singular 8. Aoristo Activo Masculino Acusativo Plural 9. Presente Deponente (Medio) Masculino Nominativo Plural 10. ανοιγουσας 11. ποιησας 12. κηρυξαντων 13. απτομενω 14. ελθοντα 15. πιστευσασας

Práctica a mitad de camino

1. Cuando él hubo venido, le sanó a él. 2. Mientras subía vio al espíritu. 3. Cuando huyeron, entraron en el templo. 4. Él bautizaba a las personas malas que se habían arrepentido.

5. Hablamos con los niños mientras venían (o a medida que venían). 6. ¿Visteis (¿Vieron ustedes?) a los escribas que habían entrado en el templo? 7. Estoy buscando el reino (reinado) venidero. 8. Después de haberse marchado, ella vio a su padre hablando. 9. ὁ Ἰησους ἠσπασατο τον προσερχομενον ὀχλον. 10. ἰδουσα ἐπιστευσεν. 11. ὁ Φαρισαιος ἐδιδαξεν τους ἀκουοντας Ἰουδαιους. 12. ἀκουσας τουτο ὁ βασιλευς ἀπεστειλεν [ἐπεμψεν] τους στρατιωτας αὐτου εὑρειν το τεκνον (παιδιον).

14.4

1. Amad (Amen ustedes) a los que os (les) odian (u odien). 2. Por ser Moisés santo hablaba con Dios. 3. Quiero entrar en la sinagoga y escuchar al rabí. 4. Se hablaban los unos a los otros acerca de lo ocurrido (o lo que había ocurrido). 5. εἰδον τους φεροντας τον ἀσθενη. 6. Singular: ὑπαγαγων κηρυξον το εὐαγγελιον. Plural: ὑπαγαγοντες κηρυξατε το εὐαγγελιον.[6]

Ejercicio Sección A

1. El que ama su vida no la salvará, y el que odia su vida en este mundo la guardará para la vida eterna. 2. Y cuando salió vio una multitud grande y tuvo misericordia de ellos, porque eran como ovejas sin un pastor, y empezó a enseñarles muchas cosas. 3. Amén, amén (de veras, de veras) os (les) digo, que el que oye mi palabra y cree al que me envió tiene vida eterna y no viene a juicio. 4. Todo el que ve al hijo y cree en él tiene vida eterna. 5. Entonces los judíos hablaban entre ellos acerca de él porque dijo (había dicho), 'Yo soy el pan que bajó del cielo'. 6. Porque esta es la palabra por Isaías el profeta, que dijo, 'Una voz (de alguien) gritando en el desierto, "¡Preparad (preparen) el camino del Señor!"'. 7. Y él les dijo, 'Hombres de Israel, mirad por vosotros (miren por ustedes mismos) lo que vais (van) a hacer con estos hombres (estas personas)'. 8. Y Satanás estaba en el desierto muchos días tentándole, y Jesús estaba con las fieras, y los ángeles le servían. 9. ὁ γαρ πατηρ παντα ὑπεταξεν ὑπο τους ποδας του υἱου. 10. τεκνα (παιδια) ἀγαπητα, φυλασσετε ἑαυτα ἀπο των μισουντων την ψυχην ὑμων. (ὀ παιδες ἀγαπητες, φυλασσετε ἑαυτους ...) 11. ἐκεινος ὁ λιθος ἐχει την εἰκονα του Καισαρος, οὐτε Ἑλληνος τινος. 12. τί οὐν ποιησει ὁ κυριος του ἀμπελωνος;

---

[6]. O podría uno preferir el Imperativo Presente de κηρυσσω si lo considera como estableciendo una orden general y continua – κηρυσσε (sg.) o κηρυσσετε (pl.); o sería posible emplear εὐαγγελιζομαι para traducir 'predique(n) el evangelio', dando, en el singular ὑπαγαγων εὐαγγελισαμενος / εὐαγγελιζομενος y en el plural ὑπαγαγοντες εὐαγγελισαμενοι / εὐαγγελιζομενοι.

CAPÍTULO 15

15.3

1. Aoristo Pasivo Indicativo 2. Futuro Activo Indicativo *o* Aoristo Activo Otro Modo (la terminación indica que es el Aoristo Activo Imperativo) 3. Imperfecto Activo Indicativo 4. Futuro Medio Indicativo *o* Aoristo Medio Otro Modo (la terminación indica que es el Futuro Medio Indicativo) 5. Futuro Pasivo Indicativo 6. Futuro Medio Indicativo *o* Aoristo Medio Otro Modo (la terminación indica que es el Aoristo Medio Infinitivo) 7. Aoristo Pasivo Otro Modo (la terminación indica que es el Imperativo) 8. Aoristo Activo Indicativo

15.5.1 y 15.5.2

1. Imperfecto Medio/<u>Pasivo</u> Indicativo 3ª pers. Singular 2. Futuro Pasivo Indicativo 1ª pers. Singular 3. Participio Aoristo Pasivo Masculino Singular Nominativo 4. Presente Medio/<u>Pasivo</u> Indicativo 3ª pers. Plural 5. Presente <u>Medio</u>/Pasivo Indicativo 3ª pers. Plural 6. Aoristo Pasivo Indicativo 3ª pers. Singular.

15.5.3

1. Aoristo Pasivo Indicativo 1ª pers. Plural 2. Aoristo Pasivo Indicativo 3ª pers. singular 3. Futuro Pasivo Indicativo 3ª pers. Singular 4. Participio Pasivo Aoristo Masculino Nominativo Singular 5. Aoristo Pasivo Indicativo 3ª pers. Singular 6. Aoristo Pasivo Indicativo 3ª pers. Plural.

Práctica a mitad de camino

1. Fue dicho por los profetas. 2. Después de que fue librado el esclavo dio gracias a Dios. 3. Dios es visto por ángeles. 4. Pedro entraba en la sinagoga. 5. A pesar de que soy tentado, no caigo. 6. Los apóstoles serán enviados. 7. Cuando vieron las cosas malvadas que habían sido hechas, huyeron. 8. En aquel día Dios será visto. 9. ὁ νομος γραφησεται. 10. ἡ πρεσβυτερα (γυνη) ἠνεχθη ὑπο των υἱων αὐτης. 11. κρατηθεις ὁ Ἰησους (οὐκ) εἰπεν οὐδεν. 12. καλησαντες[7]· Κυριε, κυριε, ἐσωθησαν.

15.7

1. Quisimos ver a Jesús. 2. ¿En aquel día tendréis (tendrán ustedes) miedo? 3. Es necesario entrar en el templo. 4. No contestéis (no contesten ustedes) nada (*o* No deis (den ustedes) ninguna contestación).

---

7. A pesar de las reglas normales para los verbos que terminan en –εω, el participio aoristo activo de καλεω suele escribirse con una vocal corta, ε, no la vocal larga, η, que sería de esperar: καλεσαντες. (Ver Hechos 4:18)

Ejercicio Sección A

1. Y empezó a enseñarles que era necesario sufrir muchas cosas y ser perseguido por los ancianos y los principales sacerdotes y los escribas y ser matado (muerto). 2. Ahora es el juicio de este mundo, ahora el gobernante de este mundo será echado fuera. 3. Jesús les dijo, 'La copa que bebo, beberéis (beberán ustedes), y con el bautismo con el que soy bautizado, seréis (serán ustedes) bautizados'. 4. Bienaventurados los misericordiosos, porque ellos recibirán misericordia. 5. Bienaventurados los que hacen la paz, porque serán llamados hijos de Dios. 6. Y contestándoles dijo, '¿Quién es mi madre y (quiénes son) mis hermanos?'. 7. Y uno de la multitud le contestó, 'Maestro, traje mi hijo a ti porque tiene un espíritu malo'. 8. Empezaron a entristecerse y a decirle uno tras otro, 'No seré yo, ¿verdad?' (o ¿Acaso seré yo?). 9. καὶ ἐφοβηθησαν φοβον μεγαν καὶ εἶπον ἀλλήλοις (πρὸς ἀλλήλους)· Τίς ἀρα οὗτος ἐστιν; 10. καὶ εἰσελθὼν εἶπεν αὐτοῖς· Τί φοβεῖσθε καὶ κλαίετε; τὸ παιδίον οὐκ ἀπέθανεν. 11. ἐφοβήθη καὶ ἀπεκρίθη τῳ ἀρχιερεῖ ὅτι Ὑπεστρεψαν πρὸς τον ναον. 12. ὁ γαρ ἀνηρ μη ἐχων πιστιν ἁγιαζεται ἐν τῃ γυναικι και ἡ γυνη μη ἐχουσα πιστιν ἁγιαζεται ἐν τῳ ἀνδρι.

CAPÍTULO 16

16.2

1. Perfecto Activo Indicativo 3ª pers. Singular 2. Participio Perfecto Medio/<u>Pasivo</u> Masculino Plural Acusativo 3. Perfecto Medio/<u>Pasivo</u> Indicativo 3ª pers. Singular 4. Perfecto Activo Indicativo 3ª pers. Plural 5. Perfecto Medio/<u>Pasivo</u> Indicativo 3ª pers. Singular 6. Participio Perfecto Medio/<u>Pasivo</u> Femenino Singular Acusativo.

Práctica a mitad de camino

1. Los esclavos han sido liberados. 2. He dado testimonio a la verdad. 3. ¿Qué has hecho? 4. He sido tentado durante muchos años. 5. No adoramos en un templo que ha (haya) sido construido por los hombres (los seres humanos). 6. Ha sido sometido a un amo malvado. 7. Hemos sido salvados (salvos) por el amor de Dios. 8. Los soldados han detenido a Pedro. 9. ἡ ἀσθενης τεθεραπευται. 10. ὁ λογος πεπεμπται εἰς τον κοσμον (o ἐν τῳ κοσμῳ o sencillamente τῳ κοσμῳ). 11. πεποιηκαμεν τα ἀγαθα. 12. μη πεπιστευκας τῳ Ἰησου;

16.3

1. Perfecto 2. Aoristo 3. Perfecto 4. Presente 5. Aoristo

16.4

1. No (Participio Aoristo) 2. No (una declaración indirecta empleando el Perfecto) 3. Sí. 4. No (Participio Aoristo) 5. No (una declaración indirecta empleando el Perfecto).

Ejercicio Sección A

1. Y les dice, 'Escrito está, "Mi casa será llamada una casa de oración"'. 2. Y yo he visto y he dado testimonio que este es el hijo de Dios. 3. El que cree en él no es juzgado; el que no cree ha sido juzgado ya, porque no ha creído en el nombre del único hijo de Dios. 4. Juan ha dado testimonio de la verdad: estas cosas os (les) ha dicho. 5. Y hemos creído y hemos llegado a saber que tú eres el santo de Dios. 6. Le dice, 'Sí, Señor, he creído que tú eres el Cristo, el hijo de Dios, el que entra en el mundo'. 7. Nadie ha visto al Padre excepto el que es de Dios, este ha visto al Padre. 8. Y entonces aparecerá la señal del Hijo del Hombre en el cielo, y verán al Hijo del Hombre viniendo sobre las nubes del cielo con poder y mucha gloria; así será la venida del Hijo del Hombre. 9. οἱ δε εἰπον· Κυριε, ἰδου μαχαιραι ὡδε δυο. 10. εὐθυς ἐξηλθεν ἡ ἀκοη αὐτου εἰς ὁλην την χωραν της Γαλιλαιας. 11. οἱ δωδεκα την διδαχην αὐτου ἀκηκοασιν και ἑωρακαν την θυσιαν αὐτου. 12. ὁ μαθητης πεφιληκεν τους ἁγιους (τους) ἐν ταις ἑπτα ἐκκλησιαις.

CAPÍTULO 17

17.2

1. Presente Activo Subjuntivo 1ª pers. Plural 2. Aoristo Activo Subjuntivo 3ª pers. Plural 3. Presente Activo Subjuntivo 3ª pers. Singular 4. Presente <u>Medio</u>/Pasivo Subjuntivo 3ª pers. Plural 5. Aoristo Pasivo Subjuntivo 2ª pers. Singular 6. Aoristo Activo Subjuntivo 3ª pers. Plural 7. Aoristo Medio Subjuntivo 1ª pers. Singular 8. Presente Medio/<u>Pasivo</u> Subjuntivo 3ª pers. Singular 9. Presente Activo Subjuntivo 3ª pers. Singular 10. Aoristo Activo Subjuntivo 2ª pers. Plural 11. Aoristo Activo Subjuntivo 1ª pers. Plural 12. Presente Activo Indicativo 1ª pers. Plural.

Práctica a mitad de camino

1. ¿Viniste para oír? 2. Los profetas fueron enviados para que hablasen (hablaran) de parte de Dios. 3. Quien me vea, ve al Padre. 4. Detuvieron a Pablo para que no huyera. 5. Cuando sea que vayáis (vayan ustedes), tengo miedo. 6. ¿Adónde van? 7. El apóstol os (les) escribió, para que creyeseis (para que creyeran ustedes) / para que empezaseis (empezasen ustedes) a creer. 8. A cualquier sitio que fuera Jesús, se juntó una multitud grande. 9. ὁ Ἰησους ἐξεβαλεν τα δαιμονια ἱνα σωθῃ. 10. ὁς ἀν εἰσελθῃ την πολιν ἀπεθανεν. 11. ἐκαλεσα αὐτῃ ἱνα ἀκουσῃ. 12. ὁταν βλεπω τα ὀρη βλεπω.

17.3.3 – 17.3.7

1. ¿Adónde debería yo ir? 2. ¡No os vayáis! (¡No se vayan!) o ¡No salgáis! (¡No salgan ustedes!) 3. No se marcharán nunca. 4. Glorifiquemos al Señor del mundo. 5. ¿Por qué deberíamos escuchar al maestro? 6. Busquemos una vida santa.

Ejercicio Sección A

1. Porque Dios no envió al Hijo al mundo para que juzgara al mundo, sino para que el mundo fuese salvado (salvo) por él. 2. Y contestándole Jesús dijo, '¿Qué quieres que haga por ti?' Y el ciego le dijo, 'Rabí, que recobre mi vista'. 3. Y les dijo aquel día, 'Crucemos al otro lado'. 4. Pero el soldado, habiendo visto que las puertas de la cárcel habían sido abiertas, estaba a punto de matarse con una espada, pensando que los discípulos habían huido. 5. Cualquiera que haga (o hace) la voluntad de Dios, este es mi hermano y mi hermana y mi madre. 6. Y habiendo salido (o después de haber salido), dijo a su madre, '¿Qué debo pedir?' Y ella (su madre) dijo, 'La cabeza de Juan el que bautiza'. 7. Este vino como testigo, para que diera testimonio acerca de la luz, para que todos creyesen (o creyeran) por él. Aquél no era la luz, sino (vino) para que testificara acerca de la luz. 8. Estos son los juntos al camino donde se siembra la palabra, y cuandoquiera que oigan (o cuando oyen), en seguida viene Satanás y quita la palabra que había sido sembrada en ellos. 9. Και ἐξελθοντες εἰς τους ἀγρους ἐκηρυξαν ἱνα (οἱ ἀνθρωποι) μετανοησωσιν. 10. το ἐλεος αὐτου εἰς γενεας και γενεας τοις φοβουμενοις αὐτον. 11. κατα τας γραφας ἐσονται σημεια ἐν ἡλιῳ και ἀστερσιν, και ἐπι τῃ γῃ θλιψις και χρεια ἐθνων. 12. Και προσεφερον αὐτῳ παιδια ἱνα αὐτων ἀψηται.

CAPÍTULO 18

18.1

1. 3ª pers. Plural Presente Medio Indicativo 2. Participio Presente Medio, Masculino/Neutro Dativo Plural 3. Infinitivo Presente Medio 4. 3ª pers. Singular Imperfecto Medio Indicativo 5. 2ª pers. Plural Presente Activo Indicativo (de οἰδα) 6. 1ª pers. Singular Imperfecto Activo Indicativo (de οἰδα) 7. Aoristo Activo Infinitivo (de ὁραω) 8. Participio Aoristo Activo, Masculino Nominativo Singular (de ὁραω) 9. Participio Presente Activo, Masculino Nominativo Singular (de οἰδα).

18.2.2 y 18.2.3

1. Quiero que se case él conmigo. 2. Un maestro tiene que enseñar. 3. Se acercó él, así que, se fueron ellos. 4. ¿Podéis (¿Pueden ustedes) comer pan en el templo? 5. Amo la sabiduría, así que, escucho a mi maestro (profesor).

Práctica a mitad de camino

1. Podíamos hablar con él. 2. Quiero conocer a Dios. 3. Después de orar dejé/dejaron la sinagoga. 4. La viuda era pobre, así que, no tenía mucho. 5. Vi/vieron que era necesario que se muriera ella. 6. ¿Conocéis (¿Conocen ustedes) las promesas eternas? 7. ¿Viniste para adorar a Dios (con el propósito de adorar a Dios)? 8. Los discípulos huyeron, así que,

los soldados no encontraron a nadie. 9. ᾔδεις αὐτον; 10. προ του καθησθαι εὐχαριστησαν. 11. (οὑτως) ἐθαυμαζον ὡστε προσκυνησαι αὐτῳ. 12. δει σε δουλευειν (*o* δει σε εἰναι δουλον).

18.3

1. Que no hable al hombre malvado. 2. ¡Que venga tu reino! 3. El reino debe venir. 4. Adoremos a Dios. 5. Ellos deberían adorar a Dios. 6. Los demonios deberían ser echados fuera.

18.4

1. Fueron quitados (tomados). 2. Hemos recibido muchas cosas. 3. Oí lo que fue dicho. 4. ¿Salvarás al hombre que tiene un demonio? 5. Los principales sacerdotes han tomado (*o* recibido) las escrituras. 6. Vi el cielo abierto.

Ejercicio Sección A

1. Que baje el Cristo el Rey de Israel ahora de la cruz, para que veamos y creamos. 2. Y decían, '¿No es este Jesús el hijo de José, cuyo padre y madre conocemos? ¿Cómo dice ahora "He bajado del cielo"?' 3. Jesús les dijo, 'No sabéis (No saben ustedes) lo que pedís (piden). ¿Podéis (Pueden ustedes) beber la copa que yo bebo o ser bautizados con el bautismo con el cual yo estoy bautizado?' 4. El que habla de sí mismo busca su propia gloria. Pero él que busca la gloria del que le envió, este es verdadero y no hay injusticia en él. 5. Entonces dijo Jesús a sus discípulos, 'Si alguien quiere venir en pos de mí, que se niegue a sí mismo y tome su cruz y me siga. 6. Y María ve a dos ángeles en blanco sentados, uno a la cabecera y uno a los pies, donde había yacido (*o* había estado tendido *o* puesto) el cuerpo de Jesús. 7. Hablando con una gran voz dijeron, 'Digno es el cordero sentado en el trono a la derecha de Dios de recibir el poder y (la) sabiduría y (la) honra y (la) gloria'. 8. Entonces el Señor Jesús, después de hablar con ellos, subió al cielo y se sentó a la derecha de Dios. 9. μακαριοι οἱ καθαροι τῃ καρδιᾳ, ὁτι αὐτοι τον θεον ὀψονται. 10. δυναμις θεου ἠν ἐκει εἰς (*o* προς) το θεραπευειν τους ἀσθενεις και καθαριζειν τους ἐχοντας πνευματα ἀκαθαρτα. 11. ἐργαζομεθα νυν ἱνα ἀναγινωσκωμεν (*o* εἰς/προς το ἀναγινωσκειν) την καινην διαθηκην. 12. ἡ γνωσις ἡμων αὐξανει ὡστε ἡμας δυνασθαι μανθανειν ἀπο των γραφων· πρωτον (ἀπο) του εὐαγγελιου κατα Μαρκον.

CAPÍTULO 19

19.1.2

1. Aoristo (Activo Indicativo 3ª pers. Singular) 2. Imperfecto (Activo Indicativo 3ª pers. Singular) 3. Perfecto (Pasivo Indicativo 3ª pers. Singular) 4. Presente (Activo Indicativo 1ª pers. Plural) 5. Futuro (Pasivo Indicativo 3ª pers. Singular) 6. Presente (Activo Indicativo 3ª pers. Singular) 7. Aoristo (Activo Subjuntivo 1ª pers. Plural) 8. Aoristo (Participio

Activo Masculino Plural Acusativo) 9. Presente (Activo Indicativo 3ª pers. Singular) 10. Futuro (Pasivo Indicativo 3ª pers. Plural) 11. Aoristo (Activo Imperativo 2ª pers. Plural) 12. Aoristo (Activo Indicativo 2ª pers. Plural).

Práctica a mitad de camino

1. Les están dando (o dan) su paga a los soldados. 2. Jesús resucitó al muerto. 3. Estuvimos (de pie) con el Señor en el monte. 4. Cuando se hubieron ido no volvieron para atrás. 5. Él dijo que estaba (de pie) allí. 6. ... hasta que ponga tus enemigos debajo de tus pies 7. Dame el pan de la vida. 8. Habiéndose puesto de pie, el apóstol empezó a predicar a la multitud. 9. παρεδωκαν την διδαχην τοις πρεσβυτεροις. 10. ἐστησεν τον ἀσθενη ἐν τη συναγωγη. 11. ἀφεισα τον ὀχλον προσηυχετο (o ἠρξατο προσευχεσθαι). 12. διδους τον οἰνον αὐτοις ἐδιδαξεν (αὐτους).

19.2

1. Presente Medio/Pasivo Indicativo 3ª pers. Singular 2. Participio Perfecto Medio/Pasivo Masculino Nominativo Singular 3. Presente Activo Indicativo 1ª pers. Singular 4. Imperfecto Activo Indicativo 3ª pers. Plural o 1ª pers. Singular 5. Futuro Activo Indicativo 2ª pers. Singular 6. Infinitivo Presente Activo 7. Aoristo Activo Indicativo 3ª pers. Plural 8. Futuro Activo Indicativo 3ª pers. Plural 9. Aoristo Activo Indicativo 3ª pers. Singular 10. Presente Activo Indicativo 2ª pers. Singular 11. Presente Medio/Pasivo Indicativo 3ª pers. Singular 12. Presente Activo Indicativo 3ª pers. Singular.

Ejercicio Sección A

1. Y habiendo dejado (o Y después de haber dejado) a su padre Zebedeo en el barco con los otros, se marcharon detrás de él. 2. Les contestó diciendo, 'Dadles vosotros (Denles ustedes) de comer'. 3. Bienaventurados los que tienen hambre y sed de justicia. 4. El que hace la verdad viene a la luz, para que sean reveladas sus obras. 5. ... para que todos honren al Hijo tal como honran al Padre. El que no honra al Hijo no honra al Padre que le envió. 6. Jesús les dijo, 'Yo soy el pan de la vida. El que viene a mí nunca tendrá hambre, y el que cree en mí nunca tendrá sed'. 7. Esta es la voluntad del que me envió, que no pierda yo nada de todo lo que me ha dado, sino que le resucite en el postrer día. 8. Cuando este oyó que Jesús había venido de Judea a Galilea, fue a él y le pidió que bajara y sanara su hijo, porque estaba a punto de morir. 9. μετα το ἀπολεσθαι (o ὁ ἀπολομενος) ἀνεστη παλιν. 10. ὁ ἰσχυρος νικησει· κοπια και ζη νικαν. 11. ἠρωτησεν ὁπου ἐγεννηθη. 12. πεπλανηκαμεν αὐτους ἀπο της ὁδου· τίς δυναται ἡμας δικαιουν;

CAPÍTULO 20

20.1

1. Si amas a Dios, eres sabio. 2. Si él hubiera oído, no habría (*o* hubiera) muerto. 3. Si el rey sale, los esclavos serán librados. 4. Si el evangelio se predica, ¡regocijaos! (¡regocíjense ustedes!). 5. Si estuviéramos inmundos, entonces no nos sentaríamos en el templo. 6. Si yo te doy, ¿darás entonces a otros?

Práctica a mitad de camino

1. Cuando Jesús vino, los maestros se maravillaban. 2. Porque si vieran creerían. 3. Después de que se murió (*o* se muriera) el rey, entraron en Galilea. 4. Cuando vino (ocurrió) el día, él hablaba (*o* empezó a hablar) a la multitud. 5. Si los demonios son echados fuera nos regocijaremos. 6. Porque mientras se predicaba la palabra, los que escuchaban creyeron. 7. Puesto que él era santo, todos tenían miedo. 8. Si no hubiera sido dada la ley, no hubieran (*o* habrían) conocido el pecado. 9. αὐτης εἰσερχομενης, ὁ ἀγγελος εἰπεν αὐτῃ·… 10. ἐαν ἡ ἁγιος προσκυνησει τῳ θεῳ. 11. εἰ ἡμερα ἠν οὐκ ἀν ἐφοβουμεθα. 12. αὐτου ἐγερθεντος παντες ἐθαυμαζον.

20.3

1. El maestro estaba sentado con ellos. 2. Está escrito en el profeta (Participio Perfecto: está escrito *o* ha sido escrito). 3. Y José llevaba puesto un manto bello. 4. El profeta será honrado.

20.4

1. Adverbio superlativo *o* Adjetivo Neutro Nominativo *o* Acusativo Plural 2. Adjetivo superlativo Neutro *o* Masculino Dativo Plural 3. Adjetivo comparativo Neutro *o* Masculino Genitivo Singular 4. Adjetivo superlativo Masculino Nominativo Plural 5. Adjetivo comparativo Masculino Acusativo Singular *o* Neutro Nominativo *o* Acusativo Plural 6. Adverbio.

Ejercicio Sección A

1. Y si alguien os (les) dijera, 'Mirad (miren), aquí está el Cristo', o 'Mirad (miren), allí,' no lo creáis (no lo crean ustedes). 2. Y habiendo ido un poco adelante, cayó en la tierra y oró que, si fuese posible, la hora pasara de él. 3. Jesús contestó, 'Amén, amén, te digo, si alguien no es nacido de agua y del espíritu, no puede entrar en el reino de Dios'. 4. Después de estas cosas, Jesús le encuentra en el templo y le dijo, 'Mira, has llegado a ser sano. No peques más, para que no te ocurra algo peor'. 5. Porque el Padre ama al Hijo y le

enseña todo lo que él mismo está haciendo, y le enseñará mayores obras que estas, para que os maravilléis (para que se maravillen ustedes). 6. Pero tengo yo un testimonio mayor que Juan, porque las obras que me ha dado el Padre para que las completara, las obras mismas que hago dan testimonio acerca de mí que el Padre me ha enviado. 7. Y estaban maravillados más todavía por su enseñanza, porque estaba enseñando como teniendo autoridad y no como los escribas 8. Y cuando hubo venido el sábado, empezó a enseñar en la sinagoga, y muchos de los que escuchaban se maravillaban diciendo, '¿De dónde (tiene) este estas cosas?' y '¿Qué es esta sabiduría y tales milagros que ocurren a través de sus manos?' 9. μιμνησκωμεθα του ποιμενος των ψυχων ἡμων. 10. ἐαν οὐν ὁ υἱος ὑμας ἐλευθερους ποιηση, ὀντως ἐλευθεροι ἐσεσθε. 11. διδασκων ἠν αὐτους περι της ἀγαπης τῳ ἐλαχιστῳ των ἀδελφων και πασιν ζῳοις. 12. σταυρωσω παλιν τον ἐμε ἀπο της ἁμαρτιας νιψαντα; μη γενοιτο.

Diccionario Griego - Español

Nota: El número entre paréntesis después de cada palabra griega indica el número de veces que ocurre en el Nuevo Testamento. El número que sigue a la palabra española indica el capítulo en el cual se introduce la palabra.

A α
Ἀβρααμ (73) – Abraham 1
ἀγαγ- – *parte del 2° Aoristo de* ἀγω
*ἀγαθος (102) – bueno 5
*ἀγαπαω (143) – amo (*vb*) 19
*ἀγαπη (116) – amor 3
ἀγαπητος (61) – amado 5
ἀγγελλω (1) – anuncio 11
*ἀγγελος (175) – mensajero, ángel 2
*ἁγιαζω (28) – santifico 15
*ἁγιος (233) – santo (sagrado) 5
ἀγοραζω (30) – compro 14
*ἀγρος (36) – campo 17
*ἀγω (67) – conduzco, llevo, dirijo 2
*ἀδελφη (26) – hermana 3
*ἀδελφος (343) – hermano 2
*ἀδικεω (28) – hago injusticia, hago algo malo 18
ἀδικια (25) – injusticia, iniquidad, acción mala 18
Αἰγυπτος, ἡ (25) – Egipto 8
*αἱμα, αἱματος, το (97) – sangre 12
*αἱρω (101) – tomo, quito, levanto 11
*αἰτεω (70) – pido (+ ac. de la persona a la que se pide, + ac. de lo que se pide) 6
*αἰων, αἰωνος, ὁ (122) – tiempo largo, siglo 12
*αἰωνιος (71) – eterno 5
*ἀκαθαρτος (32) – impuro 18

ἀκηκοα – *perfecto activo de* ἀκουω
ἀκοη (24) – fama, noticia 16
*ἀκολουθεω (90) + dat. – sigo 7
*ἀκουω (428) – oigo, escucho (+ ac. de cosa oída, + gen. persona oída) 2
*ἀληθεια (109) – verdad 10
*ἀληθης, ἀληθους (26) – veraz, verdadero, genuino 13
ἀληθινος (28) – verdadero, genuino 10
*ἀληθως (18) – verdaderamente 20
*ἀλλα (638) – pero, sino 5
*ἀλληλος (100) – uno a otro, mutuamente 9
*ἀλλος (155) – otro 9
ἁμαρτανω (43) – peco, hago algo malo 11
*ἁμαρτια (173) – pecado 3
ἁμαρτ- – *parte del 2° Aoristo de* ἁμαρτανω
*ἁμαρτωλος (47) – pecador 14
ἀμην (129) – amén, en verdad 1
*ἀμπελων, ἀμπελωνος, ὁ (23) – viña 14
*ἀν (166) – *partícula condicional* 17
*ἀναβαινω (82) – subo 11
ἀνεβην – *2° Aoristo de* ἀναβαινω
ἀναβλεπω (25) – levanto la vista, recobro la vista 4
ἀναγινωσκω (32) – leo 11
ἀναγω (23) – conduzco, hago subir, restauro 7
*ἀναιρεω (24) – mato, quito 17

ἀναστασις, ἀναστασεως, ἡ (42) – resurrección 13
ἀνεμος (31) – viento 17
*ἀνηρ, ἀνδρος, ὁ (216) – varón, esposo, hombre 12
*ἀνθρωπος (550) – ser humano, persona 2
*ἀνιστημι (108) – levanto, resucito 19
*ἀνοιγω (77) – abro 6
ἀξιος (41) – digno, merecedor 18
ἀπαγγελλω (45) – informo, anuncio 11
ἀπας (34) – todo, cada 13
ἀπεθανον – *2° Aoristo de* ἀποθνησκω
*ἀπερχομαι (117) – me voy 8
ἀπιστος (23) – incrédulo, infiel 18
*ἀπο (646) + gen. – procedente de, desde, alejándose de 4
ἀποδιδωμι (48) – doy (a otra persona) 19
ἀποθαν- – *parte del 2° Aoristo de* ἀποθνησκω
*ἀποθνησκω (111) – muero 11
ἀποκαλυπτω (26) – revelo, descubro 6
*ἀποκρινομαι (231) – respondo, contesto 15
ἀποκτεινω (74) – mato 11
ἀπολλυμαι (90) – perezco (voz media de ἀπολλυμι) 19
*ἀπολλυμι (90) – destruyo, arruino (*media* ἀπολλυμαι – perezco) 19
*ἀπολυω (66) – dejo libre, (me) divorcio, despido, libero 4
*ἀποστελλω (132) – envío 11
*ἀποστολος (80) – apóstol 7
ἀπτομαι (39) + gen. – toco 8
ἀρα (49) – por consiguiente, así pues (*pospositiva*) 9
*ἀρνεομαι (33) – rehuso, niego 8
*ἀρνιον (30) – cordero, oveja 9
ἀρτι (36) – ahora (mismo) 6
*ἀρτος (97) – pan 2
ἀρχη (55) – principio 3
*ἀρχιερευς, ἀρχιερεως, ὁ (122) – sumo sacerdote, sacerdote principal 13
*ἀρχομαι (86) – comienzo 8
ἀρχων, ἀρχοντος, ὁ (37) – jefe, gobernante 12

ἀσθενεια (24) – debilidad, enfermedad 16
*ἀσθενεω (33) – estoy enfermo, soy débil 15
*ἀσθενης, ἀσθενους (26) – débil, enfermo 13
*ἀσπαζομαι (59) – saludo (*vb*) 8
ἀστηρ, ἀστερος, ὁ (24) – estrella 12
αὐξανω (23) – crezco 18
*αὑτη οὑτος τουτο (1387) – esta, este, esto 9
*αὑτος αὑτη αὑτο (5597) – él, ella, ello, ellos, ellas 3; mismo; él mismo, ella misma, ellos mismos, ellas mismas (enfático) 9
*ἀφιημι (143) – abandono, perdono, permito, despido 19
ἀχρι (49) + gen. – hasta 17

Β β
*βαλλω (122) – echo, arrojo, lanzo 2
βαλ- – *parte del 2° Aoristo de* βαλλω
*βαπτιζω (77) – bautizo, lavo 6
Βαρναβας, ὁ (28) – Bernabé 8
*βασιλεια (162) – reino, reinado, imperio 3
*βασιλευς, βασιλεως, ὁ (115) – rey 13
*βασταζω (27) – llevo, cargo (*vb*) 15
βιβλιον (34) – libro, rollo (escrito) 3
βλασφημεω (34) – blasfemo, injurio 14
*βλεπω (133) – veo, miro 2
*βουλομαι (37) – quiero, deseo 15

Γ γ
Γαλιλαια (61) – Galilea 5
*γαμεω (28) – me caso 15
*γαρ (1041) – pues, porque (*pospositiva*) 9
γε (25) – por cierto (*partícula para dar énfasis*) 9
*γενεα (43) – familia, generación 17
*γενναω (97) – engendro (*voz pasiva*: nazco) 19
γεν- – *parte del 2° Aoristo de* γινομαι
*γη (250) – tierra, terreno, suelo 3
*γινομαι (669) – llega a ser, ocurre, acontece 11

*γινωσκω (222) – conozco, sé 11
*γλωσσα (50) – lengua, idioma 17
γν- – *parte del 2° Aoristo de* γινωσκω
γνωριζω (25) – doy a conocer 15
γνωσις, γνωσεως, ἡ (29) –
　conocimiento 13
γραμματευς, γραμματεως, ὁ (63) – escriba,
　letrado 13
*γραφη (50) – escritura, Escritura (sa-
　grada) 17
*γραφω (191) – escribo 6
*γυνη, γυναικος, ἡ (215) – mujer,
　esposa 12

Δ δ
*δαιμονιον (63) – demonio 3
Δαυιδ (59) – David 1
*δε (2792) – pero (*pospositiva*) 9
*δει (101) – es necesario 7
δεικνυμι (33) – muestro, señalo 19
δεκα (25) – diez 16
δενδρον (25) – árbol 9
*δεξιος (54) – derecho (a mano derecha)
　18
*δευτερος (43) – segundo 16
*δεχομαι (56) – recibo (*vb*) 8
δεω (43) – ato, amarro 7
*δια (667) + ac. – por causa de, debido a 4
　+ gen. – a través de 4
διαβολος (37) – el calumniador, el
　diablo 15
διαθηκη (33) – alianza, testamento 17
*διακονεω (37) + dat. – sirvo 14
διακονια (34) – servicio, ministerio 17
*διακονος (29) – servidor 17
διαλογιζομαι (16) – considero,
　expongo 14
*διδασκαλος (59) – maestro 14
*διδασκω (97) – enseño (instruyo) 2
*διδαχη (30) – enseñanza, instrucción (el
　hecho de hacerlo y el contenido) 16
*διδωμι (415) – doy 19
διερχομαι (43) – atravieso 8
δικαιος (79) – justo, recto 5
*δικαιοσυνη (92) – justicia 7

δικαιοω (39) – justifico 19
*διο (53) – por eso, por lo cual 9
διοτι (23) – porque 9
διψαω (16) – tengo sed (de) 19
διωκω (45) – persigo, procuro, busco 6
*δοκεω (62) – pienso, parezco 7
*δοξα (166) – esplendor, gloria 3
*δοξαζω (61) – alabo, glorifico 6
δουλευω (25) – soy esclavo 15
*δουλος (124) – esclavo 2
*δυναμαι (210) – puedo 18
*δυναμις, δυναμεως, ἡ (119) – poder,
　milagro 13
*δυνατος (32) – poderoso, capaz 18
*δυο (135) – dos 6
*δωδεκα (75) – doce 16

Ε ε
*ἐαν (351) + subj. – si (*equivale a* ἀν) 17
*ἑαυτος (319) – uno(/a) mismo(/a), sí
　mismo(s), sí misma(s) 9
ἐβαλον – *2° Aoristo de* βαλλω
*ἐγγιζω (42) + dat. – me acerco 10
ἐγγυς (31) – cerca 10
*ἐγειρω (144) – levanto, despierto 11
ἐγενομην – *2° Aoristo de* γινομαι
ἐγνων – *2° Aoristo de* γινωσκω
*ἐγω (1802) – yo 9
*ἐθνος, ἐθνους, το (162) – nación
　(pl. gentiles, paganos) 13
εἰ (502) – si (condicional) 5
εἰδον – *2° Aoristo de* ὁραω
εἰκων, εἰκονος, ἡ (23) – imagen 14
*εἰμι (2462) – soy, estoy 5
εἰπον – *2° Aoristo de* λεγω
*εἰρηνη (92) – paz 5
*εἰς (1767) + ac. – a, (entrando) en 4
*εἱς μια ἑν (345) – uno, uno solo 13
*εἰσερχομαι (194) – entro 8
*εἰτε (65) – si, bien sea 9
εἰτε ... εἰτε – ya ... ya, bien sea ...
　o bien 9
*ἐκ (914) + gen. – (saliendo) fuera de 4
ἑκαστος (82) – cada uno, cada 5
ἑκατον (17) – cien(to) 16

*ἐκβαλλω (81) – expulso, hago salir, echo fuera 4
*ἐκει (105) – allí, allá 10
ἐκειθεν (37) – de allí 10
*ἐκεινος (265) – aquel, ese 9
*ἐκκλησια (114) – asamblea (*posteriormente* 'iglesia') 3
ἐκπορευομαι (33) – salgo 15
ἐκχεω (27) – derramo 15
ἐλαβον – 2° *Aoristo de* λαμβανω
*ἐλαχιστος (14) – el más pequeño 20
ἐλεεω (29) – soy misericordioso, tengo compasión de 7
*ἐλεος, ἐλεους, το (27) – misericordia 13
ἐλευθερος (23) – libre 18
ἐλθ- – *parte del* 2° *Aoristo de* ἐρχομαι
Ἑλλην, Ἑλληνος, ὁ (25) – griego 14
ἐλπιζω (31) – espero, tengo esperanza 14
*ἐλπις, ἐλπιδος, ἡ (53) – esperanza 12
ἐμαθον – 2° *Aoristo de* μανθανω
ἐμαυτος (37) – mí mismo 9
ἐμος (76) – mi, mío 9
*ἐμπροσθεν (48) + gen. – delante de 10
*ἐν (2752) + dat. – en (raras veces, 'por' o 'con') 4
*ἑν (εἱς μια ἑν) (345) – uno, uno solo 13
*ἐνδυω (27) – (me) visto 15
ἐνεγκ- – *parte del* 2° *Aoristo de* φερω
ἑνεκα (26) + gen. – a causa de 10
ἐννεα (5) – nueve 16
*ἐντολη (67) – mandamiento 7
ἐνωπιον (94) + gen. – delante de, en presencia de 4
ἑξ (13) – seis 16
*ἐξερχομαι (218) – salgo, me voy 8
ἐξεστιν (31) – está permitido 7
*ἐξουσια (102) – autoridad 7
ἐξω (63) + gen. – fuera (de), afuera 4
ἑορτη (25) – fiesta 16
*ἐπαγγελια (52) – promesa 17
ἐπαθον – 2° *Aoristo de* πασχω
ἐπει (26) – puesto que, ya que 9
ἐπερωταω (56) – pido (+ ac. de la persona a la que se pide, + ac. de lo que se pide) 19

ἐπεσον – 2° *Aoristo de* πιπτω
*ἐπι (890)   + ac. – (movimiento hacia) encima de, sobre 4
   + gen. – (posición) en/encima de, en tiempo de 4
   + dat. – (posición) en/dentro de, a base de 4
ἐπιγινωσκω (44) – reconozco 11
ἐπιθυμια (38) – deseo 17
ἐπικαλεω (30) – invoco, apelo, nombro 4
ἐπιον – 2° *Aoristo de* πινω
ἐπιστολη (24) – carta 16
*ἐπιστρεφω (36) – vuelvo (atrás), me convierto 15
ἐπιτιθημι (39) – pongo sobre/encima de 19
ἐπιτιμαω (29) – reprendo 19
*ἑπτα (88) – siete 16
*ἐργαζομαι (41) – trabajo (*vb*), obro 8
*ἐργον (169) – obra, acción 3
*ἐρημος, ἡ (48) – desierto (*sustantivo*) 8
*ἐρχομαι (634) – vengo, voy 8
*ἐρωταω (63) – pido, pregunto (+ ac. de la persona a la que se pide, + ac. de lo que se pide) 19
*ἐσθιω (158) – como (*vb*) 11
*ἐσχατος (52) – último, el más insignificante 18
ἐσχον – 2° *Aoristo de* ἐχω
*ἑτερος (98) – otro, diferente 5
*ἐτι (93) – aún, todavía 6
*ἑτοιμαζω (40) – preparo 14
*ἐτος, ἐτους, το (49) – año 13
εὐ (5) – bien 20
*εὐαγγελιζομαι (54) – anuncio buenas noticias 8
*εὐαγγελιζω (54) – anuncio buenas noticias 8
*εὐαγγελιον (76) – buena noticia, evangelio 3
*εὐθυς (51) – en seguida 10
*εὐλογεω (42) – bendigo, alabo, hablo bien de 6
*εὑρισκω (176) – encuentro, hallo 11
*εὑρον – 2° *Aoristo de* εὑρισκω

*εὐχαριστεω (38) – doy gracias 6
ἐφαγον – 2° Aoristo de ἐσθιω
ἐφυγον – 2° Aoristo de φευγω
*ἐχθρος (32) – enemigo 17
*ἐχω (708) – tengo, poseo 2
ἑωρακα – perfecto activo de ὁραω
ἑως (146) + gen. – hasta 4

Z ζ
*ζαω (140) – vivo 19
*ζητεω (117) – busco, intento 2
*ζωη (135) – vida 3
*ζῳον (23) – ser viviente 20

H η
ἠ (343) – o 5
*ἡ ὁ το (19867) – el, la, lo 2
ἠγαγον – 2° Aoristo de ἀγω
ἡγεομαι (28) – gobierno (vb) 10
*ἠδη (61) – ya 6
ἡκω (26) – he venido, estoy presente 15
ἠλθον – 2° Aoristo de m ἐρχομαι
*Ἠλιας, ὁ (29) – Elías 8
ἡλιος (32) – sol 17
ἡμαρτον – 2° Aoristo de ἁμαρτανω
*ἡμεις (866) – nosotros, nosotras 9
*ἡμερα (389) – día 3
ἠνεγκον – 2° Aoristo de φερω
Ἡρῳδης, ὁ (43) – Herodes 8

Θ θ
*θαλασσα (91) – mar, lago 3
*θανατος (120) – muerte 7
*θαυμαζω (43) – me asombro, me maravillo 10
θεαομαι (22) – veo, miro 20
*θελημα, θεληματος, το (62) – voluntad 12
*θελω (208) – deseo, quiero 7
*θεος (1317) – Dios, dios 2
*θεραπευω (43) – sano, curo 10
*θεωρεω (58) – miro 7
*θηριον (46) – animal (salvaje), fiera 7
*θλιψις, θλιψεως, ἡ (45) – sufrimiento, aflicción 13
*θρονος (62) – trono 14

θυγατηρ, θυγατρος, ἡ (28) – hija 12
θυρα (39) – puerta 17
*θυσια (28) – ofrenda, sacrificio 16
*θυσιαστηριον (23) – altar 20

I ι
Ἰακωβ (27) – Jacob 1
Ἰακωβος (42) – Jacobo, Santiago 14
ἰαομαι (26) – sano (vb) 19
*ἰδιος (114) – suyo propio 5
ἰδ- – parte del 2° Aoristo de ὁραω
*ἰδου (200) – ¡Mira!, ¡He aquí! 11
ἱερευς, ἱερεως, ὁ (31) – sacerdote 13
*ἱερον (71) – templo 3
*Ἱεροσολυμα, τα (77) – Jerusalén 5
*Ἱερουσαλημ, ἡ (63) – Jerusalén 5
*Ἰησους (917) – Jesús 3
*ἱκανος (39) – suficiente 18
*ἱματιον (60) – vestido, prenda (de ropa), manto 7
*ἱνα + subj. (663) – para que 17
*Ἰουδαιος (195) – judío (adj), un judío 5
Ἰουδαια (43) – Judea 17
*Ἰουδας, ὁ (44) – Judá, Judas 8
Ἰσραηλ (68) – Israel 1
*ἱστημι (155) – sostengo en pie 19
ἰσχυρος (29) – fuerte, poderoso 18
*ἰσχυω (28) – soy fuerte 15
ἰχθυς (20) - pez, pescado 13
*Ἰωαννης ο Ἰωανης, ὁ (135) – Juan 8
Ἰωσηφ (35) – José 1

K κ
*κἀγω (84) – y yo 9
καθαριζω (31) – purifico, declaro puro 18
*καθαρος (27) – limpio, puro 18
*καθευδω (22) – duermo 10
*καθημαι (91) – me siento, estoy sentado 18
*καθιζω (46) – hago sentar 18
*καθως (182) – tal como, según 10
*και (9161) – y 1; también, incluso 9
καινος (42) – nuevo 5
καιρος (85) – tiempo oportuno, momento, ocasión, estación del año 5

*Καισαρ, Καισαρος, ὁ (29) – César 14
κακος (50) – malo 5
*καλεω (148) – llamo 2
*καλος (100) – bello, bueno 5
καλως (37) – bien 10
*καρδια (156) – corazón 3
*καρπος (66) – fruto 15
*κατα (473) + ac. – según 4
    + gen. – contra 4
*καταβαινω (81) – bajo, desciendo 11
καταλειπω (24) – dejo (atrás) 11
καταργεω (27) – dejo sin valor, hago ineficaz, invalido 7
κατεβην – 2° Aoristo de καταβαινω
κατελιπον – 2° Aoristo de καταλειπω
κατηγορεω (23) – acuso 17
κατοικεω (44) – habito, vivo (en un sitio) 4
*καυχαομαι (37) – me jacto, me glorío 20
κειμαι (24) – estoy recostado, acostado 18
κελευω (25) – mando, ordeno 15
*κεφαλη (75) – cabeza 5
*κηρυσσω (61) – proclamo, predico 6
*κλαιω (40) – lloro 15
κοπιαω (23) – trabajo arduamente 19
*κοσμος (186) – mundo 2
*κραζω (56) – grito 6
*κρατεω (47) – agarro, apreso, detengo 14
*κρεισσων (19) – mejor 20
*κριμα, ατος, το (27) – juicio 14
*κρινω (114) – juzgo, decido 11
*κρισις, κρισεως, ἡ (47) – juicio 13
*κυριος (717) – señor, amo, patrón 2
κωλυω (23) – impido 15
*κωμη (27) – aldea, pueblo 16

Λ λ
λαβ- – parte del 2° Aoristo de λαμβανω
*λαλεω (296) – hablo, digo 2
*λαμβανω (258) – tomo, recibo 2
*λαος (142) – pueblo (personas), nación 2
*λεγω (2354) – digo, hablo 2
λευκος (25) – blanco, resplandeciente 18
*λιθος (59) – piedra 14
λογιζομαι (40) – considero, calculo 8
*λογος (330) – palabra, mensaje 2
*λοιπος (55) – (lo/los) demás, restante 18
λυπεω (26) – lamento, (me) entristezco 15
*λυω (42) – desato, libero 2

Μ μ
*μαθητης, ὁ (261) – discípulo 8
μαθ- – parte del 2° Aoristo de μανθανω
*μακαριος (50) – dichoso, feliz, bienaventurado 5
μαλιστα (12) – sobre todo, en especial 20
*μαλλον (81) – más, más bien 20
μανθανω (25) – aprendo 11
Μαρια o Μαριαμ (27) – María 3
*μαρτυρεω (76) – doy testimonio, testifico 7
*μαρτυρια (37) – testimonio 17
*μαρτυς, μαρτυρος, ὁ (35) – testigo 18
*μαχαιρα (29) – espada 16
*μεγας μεγαλη μεγα (243) – gran, grande 5
μειζων (48) – más grande, más importante, mayor 12
*μελλω (109) – estoy a punto de, tengo la intención de 7
μελος, μελους, το (34) – miembro, parte del cuerpo 13
*μεν (179) – por una parte (pospositiva) 9
*μενω (118) – permanezco, me quedo 11
*μερος, μερους, το (42) – parte, porción 13
*μεσος (58) – (en) medio (de) 18
*μετα (469)   + ac. – después de, detrás de 4
    + gen. – con 4
*μετανοεω (34) – me arrepiento 7
*μη (1042) – no 7
*μηδε (56) – ni 7
μηδεις (90) – nadie, nada 13
μηκετι (22) – ya no, no más 7
μηποτε (25) – nunca 9
μητε (34) – ni 7
*μητηρ, μητρος, ἡ (83) – madre 12
μια (εἱς, μια, ἑν) (345) – uno, uno solo 13
*μικρον (16) – un poco, poco tiempo 20

*μικρος (46) – pequeño, poco 20
*μιμνῃσκομαι (23) + gen. – recuerdo, me acuerdo 20
*μισεω (40) – odio 14
*μισθος (29) – paga, salario 18
μνημειον (40) – tumba, monumento, sepulcro 7
*μονος (114) – único, solo 5
μυστηριον (28) – misterio, secreto 9
*Μωϋσης, Μωϋσεως, ὁ (80) – Moisés 13

N ν
ναι (33) – sí, ciertamente 10
*ναος (45) – santuario, templo 15
*νεκρος (128) – muerto 5
νεος (23) – nuevo, joven 18
νεφελη (25) – nube 16
νικαω (28) – venzo 19
νιπτω (17) – lavo 20
*νομος (194) – ley 2
νους, νοος, ὁ (24) – mente 13
*νυν (147) – ahora 6
νυξ, νυκτος, ἡ (61) – noche 12

Ξ ξ
(ninguna)

O o
*ὁ ἡ το (19867) – el, la, lo 2
*ὁδος, ἡ (101) – camino, carretera 8
*οἰδα (318) – sé, conozco 18
*οἰκια (93) – casa, familia 3
*οἰκοδομεω (40) – edifico 6
*οἰκος (114) – casa, familia 2
*οἰνος (34) – vino 17
ὀκτω (8) – ocho 16
*ὀλιγος (40) – poco, pequeño 18
*ὁλος (109) – entero, completo 9
ὀμνυω (26) – juro, hago un juramento 15
ὁμοιος (45) – semejante, parecido 10
*ὁμοιως (30) – igualmente, así también 10
ὁμολογεω (26) – confieso, prometo 17
*ὀνομα, ατος, το (231) – nombre 12
*ὀπισω (35) + gen. – detrás de, después de (*sitio, posición*) 7
*ὁπου (82) – donde 10
ὁπως + subj. (53) – para que 17
*ὁραω (454) – veo 11
ὀργη (36) – ira, furor 17
*ὁρος, ὁρους, το (63) – montaña, colina 13
*ὁς ἡ ὁ (1398) – el/la/lo cual, el/la/lo que 10
*ὁσος (110) – cuanto, cuan grande 5
ὁστις (153) – quienquiera que, el que 12
ὁταν + subj. (123) – cuando(quiera) 17
*ὁτε (103) – cuando 6
*ὁτι (1296) – que, porque, ' *o* – (marcando el principio de una cita) 10
οὑ (24) – donde 10
*οὐ οὐκ οὐχ (1606) – no 4
*οὐαι (46) – ¡ay! 16
*οὐδε (143) – tampoco 10
*οὐδεις (234) – nadie, nada 13
οὐκετι (47) – ya no 6
*οὐν (499) – entonces, por consiguiente (*pospositiva*) 9
οὐπω (26) – todavía no 6
*οὐρανος (273) – cielo 2
*οὑς, ὠτος, το (36) – oído, oreja 14
*οὐτε (87) – ni 10
  οὐτε ... οὐτε – ni ... ni 10
*οὑτος αὑτη τουτο (1387) – este, esta, esto 9
*οὑτως (208) – de esta manera, así 10
*οὐχι (54) – no 10
ὀφειλω (35) – debo (tengo deudas, estoy obligado a) 11
*ὀφθαλμος (100) – ojo 7
*ὀχλος (175) – multitud 2

Π π
παθ- – *parte del 2° Aoristo de* πασχω
*παιδιον (52) – niño 14
*παις, παιδος, ὁ (24) – niño, siervo 14
*παλιν (141) – de nuevo, otra vez 6
παντοτε (41) – siempre 6
*παρα (194)   + ac. – al lado de 4
  + gen. – de al lado de, de 4
  + dat. – junto a, al lado de 4
*παραβολη (50) – parábola 7
παραγγελλω (32) + dat. – mando, ordeno, doy instrucciones 11

παραγινομαι (37) – llego, me presento, me pongo de parte de 11
*παραδιδωμι (119) – entrego 19
*παρακαλεω (109) – ruego, pido, consuelo, animo, exhorto 4
παρακλησις, παρακλησεως, ἡ (29) – ánimo 13
παραλαμβανω (49) – tomo, recibo 4
παρειμι (24) – estoy presente 18
παρερχομαι (29) – paso, dejo a un lado 8
παριστημι (41) – pongo al lado de 19
παρουσια (24) – venida, presencia 16
παρρησια (31) – franqueza, valor, audacia 7
*πας (1243) – todo, cada, entero 13
*πασχα (29) – Pascua 14
πασχω (42) – sufro, padezco 11
*πατηρ, πατρος, ὁ (413) – padre, antepasado 12
*Παυλος (158) – Pablo 3
πειθω (52) – convenzo, persuado 6
πειναω (23) – tengo hambre 19
*πειραζω (38) – tiento, pongo a prueba 14
*πεμπω (79) – envío 6
πεντε (38) – cinco 16
περαν (23) + gen. – al otro lado de 10
*περι (333)   + ac. – alrededor de, aproximadamente 4
+ gen. – acerca de 4
*περιπατεω (95) – ando, sigo una conducta (vivo) 4
*περισσευω (39) – tengo de sobra 15
*περιτομη (36) – circuncisión 16
πεσ- – *parte del 2° Aoristo de* πιπτω
*Πετρος (156) – Pedro 3
*Πιλατος (55) – Pilato 10
πιμπλημι (24) – cumplo 19
*πινω (73) – bebo 11
πι- – *parte del 2° Aoristo de* πινω
*πιπτω (90) – (me) caigo 11
*πιστευω (241) + dat – creo (en), confío, tengo fe en 3
*πιστις, πιστεως, ἡ (243) – fe 13
πιστος (67) – fiel, creyente 5

*πλαναω (39) – engaño, extravío (a alguien) 19
*πλειων (55) – más 12
πληθος, πληθους, το (31) – multitud, cantidad grande 13
πλην (31) – sin embargo 10
*πληροω (86) – cumplo, lleno (*vb*), completo (*vb*) 19
*πλοιον (68) – barco, barca 3
πλουσιος (28) – rico 18
*πνευμα, πνευματος, το (379) – espíritu, viento 12
πνευματικος (26) – espiritual 18
ποθεν; (29) – ¿de dónde?, ¿cómo? 10
*ποιεω (568) – hago, fabrico 2
ποιμην, ποιμενος, ὁ (18) – pastor 20
ποιος; (33) – ¿de qué clase? 9
*πολις, πολεως, ἡ (162) – ciudad, población 13
*πολυς πολλη πολυ (416) – mucho, muchos 5
*πονηρος (78) – maligno, malvado, malo 5
*πορευομαι (153) – me voy, me marcho 15
πορνεια (25) – inmoralidad sexual 16
ποσος; (37) – ¿cómo de grande? ¿cuánto? 9
*ποτε (29) – alguna vez, en algún momento (*pospositiva*) 6
*ποτηριον (31) – copa 9
που; (48) – ¿dónde?, ¿adónde? 4
*πους, ποδος, ὁ (93) – pie 12
*πρασσω (39) – hago, practico 14
*πρεσβυτερος (66) – anciano 14
προ (47) + gen. – antes de 4
*προβατον (39) – oveja 7
*προς (700) + ac. – a, hacia 4
*προσερχομαι (86) – me acerco 8
*προσευχη (36) – oración 16
*προσευχομαι (85) – oro (*vb*) 8
*προσεχω (24) + dat. – atiendo a, presto atención a 6
προσκαλεομαι (29) – llamo, invito 8
*προσκυνεω (60) + dat. – adoro 4
προσφερω (47) – traigo, ofrezco 11
*προσωπον (76) – cara 3

προφητευω (28) – profetizo 14
*προφητης, ὁ (144) – profeta 8
*πρωτος (155) – primero 16
*πτωχος (34) – pobre 17
πυρ, πυρος, το (71) – fuego 12
*πως; (103) – ¿cómo? 4

Ρ ρ
ῥαββι (15) – rabí 1
ῥημα, ατος, το (68) – palabra, dicho (*sustantivo*), refrán 12
*ῥυομαι (17) – rescato, libro (*vb*) 8

Σ σ
σαββατον (68) – sábado 3
*σαρξ, σαρκος, ἡ (147) – carne, naturaleza humana 12
Σατανας, ὁ (36) – Satanás 8
*σεαυτος (43) – ti mismo 9
*σημειον (77) – señal, milagro 3
σημερον (41) – hoy 6
Σιμων, Σιμωνος, ὁ (75) – Simón 12
σκανδαλιζω (29) – induzco a pecar/caer 14
σκευος, σκευους, το (23) – utensilio, recipiente (*pl.* propiedad) 13
σκοτος, σκοτους, το (31) – oscuridad, tinieblas 13
σος (27) – tuyo 9
*σοφια (51) – sabiduría 17
σπειρω (52) – siembro 11
*σπερμα, ατος, το (43) – semilla, descendencia 14
*σταυρος (27) – cruz 18
*σταυροω (46) – crucifico 19
στομα, στοματος, το (78) – boca 12
*στρατιωτης, ὁ (26) – soldado 8
*συ (1067) – tú 9
συν (128) + dat. – con, junto con 4
*συναγω (59) – reúno, recojo, congrego 4
*συναγωγη (56) – sinagoga 5
συνειδησις, συνειδησεως, ἡ (30) – conciencia 13
συνερχομαι (30) – me reúno 8
συνιημι (26) – entiendo, comprendo 19

σχ- – *parte del 2° Aoristo de ἐχω*
*σωζω (106) – salvo, libro (*vb*), sano 6
*σωμα, σωματος, το (142) – cuerpo, cadáver 12
*σωτηρ, σωτηρος, ὁ (24) – salvador 12
*σωτηρια (46) – salvación 17

Τ τ
*τε (215) – y (*pospositiva*) 9
  τε … και – y … y, tanto … como
*τεκνον (99) – hijo, niño 3
τελειοω (23) – termino (un trabajo), completo (*vb*) 19
*τελεω (28) – termino, cumplo 15
*τελος, τελους, το (40) – fin, propósito 13
*τεσσαρες (41) – cuatro (τεσσαρα *con sustantivos neutros*) 16
*τηρεω (70) – guardo 2
*τιθημι (100) – pongo, coloco 19
*τιμαω (21) – honro, aprecio 19
τιμη (41) – precio, valor, honor, honra 17
*Τιμοθεος (24) – Timoteo 6
*τί; (556) – ¿por qué? 12
*τις τι (525) – alguien, algo 12
*τίς; τί; (556) – ¿quién?, ¿cuál?, ¿qué? 12
*το ὁ ἡ (19867) – el, la, lo 2
τοιουτος (57) – tal, de tal manera, semejante 9
*τοπος (94) – lugar 6
*τοτε (160) – entonces 6
*τουτο αὑτη οὑτος (1387) – esto, esta, este 9
*τρεις (68) – tres (τρια *con sustantivos neutros*) 16
*τριτος (56) – tercero 16
*τυφλος (50) – ciego 5

Υ υ
*ὑδωρ, ὑδατος, το (76) – agua 12
*υἱος (377) – hijo 2
*ὑμεις (1841) – vosotros, vosotras, ustedes 9
ὑπαγω (79) – (me) voy, me marcho 4
ὑπαρχω (60) – existo, soy, estoy 6
*ὑπερ (150)   + ac. – sobre, encima de 4

+ gen. – en lugar de, a favor de, por, de parte de, para beneficio de 4
ὑπηρετης, ὁ (20) – sirviente, servidor 8
*ὑπο (220)   + ac. – bajo, debajo de 4
   + gen. – por, por acción de 4
*ὑπομονη (32) – paciencia 16
*ὑποστρεφω (35) – regreso, vuelvo (atrás), 15
*ὑποτασσω (38) – someto 14

Φ φ

φαγ- – *parte del 2° Aoristo de* ἐσθιω
*φαινω (31) – brillo, aparezco 15
*φανεροω (49) – revelo, doy a conocer 19
*Φαρισαιος (98) – fariseo 7
*φερω (66) – llevo, cargo (*vb*) 11
*φευγω (29) – huyo 11
φημι (66) – digo 19
*φιλεω (25) – amo, me gusta 2
Φιλιππος (36) – Felipe 15
*φιλος (29) – amigo, amigable, amado 18
*φοβεομαι (95) – temo, tengo miedo 15
*φοβος (47) – miedo, reverencia 15
φρονεω (26) – pienso, reflexiono 15
φυγ- – *parte del 2° Aoristo de* φευγω
*φυλακη (47) – cárcel, vigilia (guardias) 17
φυλασσω (31) – vigilo, estoy de guardia 14
*φυλη (31) – tribu, raza 16
*φωνεω (43) – grito (*vb*) 14
*φωνη (139) – sonido, voz 3
*φως, φωτος, το (73) – luz 12

Χ χ

*χαιρω (74) – me alegro, me regocijo (*en el imperativo* – '¡Saludos!') 11
χαρα (59) – gozo 7
χαριζομαι (23) – regalo (*vb*), doy gratuitamente 14
*χαρις, χαριτος, ἡ (155) – gracia 12
*χειρ, χειρος, ἡ (177) – mano 12
χειρων (11) – peor 20
*χηρα (26) – viuda 16
χιλιας (23) – mil 16
*χρεια (49) – necesidad 17
*Χριστος (529) – Cristo, Mesías 2
*χρονος (54) –tiempo 15
*χωρα (28) – región, país 16
*χωρις (41) + gen. – aparte de 10

Ψ ψ

ψυχη (103) – alma, sí mismo 3

Ω ω

*ὡδε (61) – aquí 10
ὡρα (106) – hora, ocasión 3
ὡσπερ (36) – (tal) como (*comparativo*) 12
*ὡστε + infinitivo (83) – de modo que, por eso 18
*ὡς (504) – como (*comparativo*) 5
*ὠτος (οὐς, ὠτος, το) (36) – oído, oreja 14

Diccionario Español - Griego

Nota: El número entre paréntesis después de cada palabra griega indica el número de veces que ocurre en el Nuevo Testamento. El número siguiente, sin paréntesis, indica el capítulo en el cual se introduce la palabra.

A a
a (entrando en) – *εἰς (1767) + ac. 4
a (hacia) – *προς (700) + ac. 4
a causa de – ἑνεκα (26) + gen. 10
a punto: estoy a punto de (tengo la intención de) – *μελλω (109) 7
a través de (por causa de, debido a) – *δια (667) + gen. 4
abandono (perdono, permito, despido) – *ἀφιημι (143) 19
Abraham – Ἀβρααμ (73) 1
abro – *ἀνοιγω (77) 6
acción (obra) – *ἐργον (169) 3
acción mala (injusticia, iniquidad) – ἀδικια (25) 18
acción: por acción de (por) – *ὑπο + gen. 4
acerca de – *περι + gen. 4
acerco: me acerco – *ἐγγιζω (42) + dat. 10
acerco: me acerco – *προσερχομαι (86) 8
acontece (llega a ser, ocurre) – *γινομαι (669) 11
acostado (estoy recostado) – κειμαι (24) 18
acuerdo: me acuerdo (recuerdo) – *μιμνησκομαι (23) + gen. 20
acuso – κατηγορεω (23) 17
¿adónde? (¿dónde?) – που; (48) 4
adoro – *προσκυνεω (60) + dat. 4
aflicción (sufrimiento) – *θλιψις, θλιψεως, ἡ (45) 13

afuera (fuera de) – ἐξω (63) + gen. 4
agarro (apreso, detengo) – *κρατεω (47) 14
agua – *ὑδωρ, ὑδατος, το (76) 12
ahora – *νυν (147) 6
ahora, ahora mismo – ἀρτι (36) 6
al lado de – *παρα (194) + ac. 4
al lado de (junto a) – *παρα + dat. 4
al otro lado de – περαν (23) + gen. 10
alabo (bendigo, hablo bien de) – *εὐλογεω (42) 6
alabo (glorifico) – *δοξαζω (61) 6
aldea (pueblo) – *κωμη (27) 16
alegro: me alegro (me regocijo, ¡Saludos!) – *χαιρω (74) 11
alejándose de (procedente de, desde) – *ἀπο (646) + gen. 4
algo (alguien) – *τις τι (525) 12
alguien (algo) – *τις τι (525) 12
alguna vez (en algún momento) – *ποτε (29) (*pospositiva*) 6
alianza (testamento) – διαθηκη (33) 17
allá (allí) – *ἐκει (105) 10
allí (allá) – *ἐκει (105) 10
allí: de allí – ἐκειθεν (37) 10
alma (sí mismo) – ψυχη (103) 3
alrededor de (aproximadamente) – *περι (333) + ac. 4
altar – *θυσιαστηριον (23) 20
amado – ἀγαπητος (61) 5

amado (amigo, amigable) – *φιλος (29) 18
amarro (ato) – δεω (43) 7
amén (en verdad) – ἀμην (129) 1
amigable (amigo, amado) – *φιλος (29) 18
amigo (amigable, amado) – *φιλος (29) 18
amo (*sustantivo*) (señor, patrón) – *κυριος (717) 2
amo (*vb*) – *ἀγαπαω (143) 19
amo (*vb*) (me gusta) – *φιλεω (25) 2
amor – *ἀγαπη (116) 3
anciano – *πρεσβυτερος (66) 14
ando (sigo una conducta, vivo) – *περιπατεω (95) 4
ángel (mensajero) – *ἀγγελος (175) 2
animal salvaje (fiera) – *θηριον (46) 7
ánimo – παρακλησις, παρακλησεως, ἡ (29) 13
animo (ruego, pido, consuelo, exhorto) – *παρακαλεω (109) 4
antepasado (padre) – *πατηρ, πατρος, ὁ (413) 12
antes de – προ (47) + gen. 4
anuncio – ἀγγελλω (1) 11
anuncio (informo) – ἀπαγγελλω (45) 11
anuncio buenas noticias – *εὐαγγελιζομαι (54) 8
anuncio buenas noticias – *εὐαγγελιζω (54) 8
año – *ἐτος, ἐτους, το (49) 13
aparezco (brillo) – *φαινω (31) 15
aparte de – *χωρις (41) + gen. 10
apelo (invoco, nombro) – ἐπικαλεω (30) 4
apóstol – *ἀποστολος (80) 7
aprecio (honro) – *τιμαω (21) 19
aprendo – μανθανω (25) 11
apreso (agarro, detengo) – *κρατεω (47) 14
aproximadamente (alrededor de) – *περι (333) + ac. 4
aquel (ese) – *ἐκεινος (265) 9
aquí – *ὡδε (61) 10
árbol – δενδρον (25) 9
arrepiento: me arrepiento – *μετανοεω (34) 7
arrojo (echo, lanzo) – *βαλλω (122) 2

arruino (destruyo) – *ἀπολλυμι (90) (*media* ἀπολλυμαι – perezco) 19
asamblea (iglesia) – *ἐκκλησια (114) 3
así (de esta manera) – *οὑτως (208) 10
así pues (por consiguiente) – ἀρα (49) (*pospositiva*) 9
así también (igualmente) – *ὁμοιως (30) 10
asombro: me asombro (me maravillo) – *θαυμαζω (43) 10
atención: presto atención a (atiendo a) – *προσεχω (24) + dat. 6
atiendo a (presto atención a) – *προσεχω (24) + dat. 6
ato (amarro) – δεω (43) 7
atravieso – διερχομαι (43) 8
audacia (franqueza, valor) – παρρησια (31) 7
aún (todavía) – *ἐτι (93) 6
autoridad – *ἐξουσια (102) 7
ay – *οὐαι (46) 16

B b
bajo (debajo de) – *ὑπο (220) + ac. 4
bajo (*vb*) (desciendo) – *καταβαινω (81) 11
barca (barco) – *πλοιον (68) 3
barco (barca) – *πλοιον (68) 3
base: a base de (en, dentro) – *ἐπι + dat. (posición) 4
bautizo (lavo) – *βαπτιζω (77) 6
bebo – *πινω (73) 11
bello (bueno) – *καλος (100) 5
bendigo (alabo, hablo bien de) – *εὐλογεω (42) 6
beneficio: para beneficio de (en lugar de, a favor de, por, de parte de) – *ὑπερ + gen. 4
Bernabé – Βαρναβας, ὁ (28) 8
bien – εὐ (5) 20
bien – καλως (37) 10
bien sea (si) – *εἰτε (65) 9
bien sea ... o bien (ya ... ya) – εἰτε ... εἰτε 9
bienaventurado (dichoso, feliz) – *μακαριος (50) 5

blanco (resplandeciente) – λευκος (25) 18
blasfemo (injurio) – βλασφημεω (34) 14
boca – στομα, στοματος, το (78) 12
brillo (aparezco) – *φαινω (31) 15
buena noticia (evangelio) – *εὐαγγελιον (76) 3
bueno – *ἀγαθος (102) 5
bueno (bello) – *καλος (100) 5
busco (intento) – *ζητεω (117) 2
busco (persigo, procuro) – διωκω (45) 6

C c

cabeza – *κεφαλη (75) 5
cada (cada uno) – ἑκαστος (82) 5
cada (todo) – ἁπας (34) 13
cada (todo, entero) – *πας (1243) 13
cada uno (cada) – ἑκαστος (82) 5
cadáver (cuerpo) – *σωμα, σωματος, το (142) 12
caigo: (me) caigo – *πιπτω (90) 11
calculo (considero) – λογιζομαι (40) 8
calumniador (diablo) – διαβολος (37) 15
camino (carretera) – *ὁδος, ἡ (101) 8
campo – *ἀγρος (36) 17
cantidad grande (multitud) – πληθος, πληθους, το (31) 13
capaz (poderoso) – *δυνατος (32) 18
cara – *προσωπον (76) 3
cárcel (vigilia, guardias) – *φυλακη (47) 17
cargo (vb) (llevo) – *βασταζω (27) 15
cargo (vb) (llevo) – *φερω (66) 11
carne (naturaleza humana) – *σαρξ, σαρκος, ἡ (147) 12
carretera (camino) – *ὁδος, ἡ (101) 8
carta – ἐπιστολη (24) 16
casa (familia) – *οἰκια (93) 3
casa (familia) – *οἰκος (114) 2
caso: me caso – *γαμεω (28) 15
cerca – ἐγγυς (31) 10
César – *Καισαρ, Καισαρος, ὁ (29) 14
ciego – *τυφλος (50) 5
cielo – *οὐρανος (273) 2
cien(to) – ἑκατον (17) 16
ciertamente (sí) – ναι (33) 10

cierto: por cierto – γε (25) (partícula para dar énfasis) 9
cinco – πεντε (38) 16
circuncisión – *περιτομη (36) 16
ciudad (población) – *πολις, πολεως, ἡ (162) 13
colina (montaña) – *ὀρος, ὀρους, το (63) 13
coloco (pongo) – *τιθημι (100) 19
comienzo – *ἀρχομαι (86) 8
como (comparativo) – *ὡς (504) 5
como (comparativo) (tal como) – ὡσπερ (36) 12
como (vb) – *ἐσθιω (158) 11
¿cómo de grande? (¿cuánto?) – ποσος; (37) 9
¿cómo? – *πως; (103) 4
¿cómo? (¿de dónde?) – ποθεν; (29) 10
compasión: tengo compasión de (soy misericordioso) – ἐλεεω (29) 7
completo (entero) – *ὁλος (109) 9
completo (vb) (cumplo, lleno (vb)) – *πληροω (86) 19
completo (vb) (termino (un trabajo)) – τελειοω (23) 19
comprendo (entiendo) – συνιημι (26) 19
compro – ἀγοραζω (30) 14
con – *μετα + gen. 4
con (junto con) – συν (128) + dat. 4
conciencia – συνειδησις, συνειδησεως, ἡ (30) 13
conduzco (hago subir, restauro) – ἀναγω (23) 7
conduzco (llevo, dirijo) – *ἀγω (67) 2
confieso (prometo) – ὁμολογεω (26) 17
confío (creo (en), tengo fe en) – *πιστευω (241) + dat 3
congrego (reúno, recojo) – *συναγω (59) 4
conocimiento – γνωσις, γνωσεως, ἡ (29) 13
conozco (sé) – *γινωσκω (222) 11
conozco (sé) – *οἰδα (318) 18
considero (calculo) – λογιζομαι (40) 8
considero (expongo) – διαλογιζομαι (16) 14
consuelo (ruego, pido, animo, exhorto) – *παρακαλεω (109) 4

contesto (respondo) – *ἀποκρινομαι (231) 15
contra – *κατα + gen. 4
convenzo (persuado) – πειθω (52) 6
convierto: me convierto (vuelvo atrás) – *ἐπιστρεφω (36) 15
copa – *ποτηριον (31) 9
corazón – *καρδια (156) 3
cordero (oveja) – *ἀρνιον (30) 9
creo (en) (confío, tengo fe en) – *πιστευω (241) + dat 3
creyente (fiel) – πιστος (67) 5
crezco – αὐξανω (23) 18
Cristo (Mesías) – *Χριστος (529) 2
crucifico – *σταυροω (46) 19
cruz – *σταυρος (27) 18
¿cuál? (¿quién?, ¿qué?) – *τίς; τί; (556) 12
cuán grande (cuanto) – *ὁσος (110) 5
cuando – *ὁτε (103) 6
cuando(quiera) – ὁταν + subj. (123) 17
¿cuánto (¿cómo de grande?) – ποσος; (37) 9
cuanto (cuán grande) – *ὁσος (110) 5
cuatro – *τεσσαρες (41) (τεσσαρα con sustantivos neutros) 16
cuerpo (cadáver) – *σωμα, σωματος, το (142) 12
cumplo – πιμπλημι (24) 19
cumplo (lleno (vb), completo (vb)) – *πληροω (86) 19
cumplo (termino) – *τελεω (28) 15
curo (sano) – *θεραπευω (43) 10

D d
David – Δαυιδ (59) 1
de (de al lado de) – *παρα + gen. 4
de al lado de (de) – *παρα + gen. 4
¿de dónde? (¿cómo?) – ποθεν; (29) 10
de nuevo (otra vez) – *παλιν (141) 6
de parte de (en lugar de, a favor de, por, para beneficio de) – *ὑπερ + gen. 4
¿de qué clase? – ποιος; (33) – ¿de qué clase? 9
debajo de (bajo (preposición)) – *ὑπο (220) + ac. 4

debido a (por causa de, a través de) – *δια (667) + ac. 4
débil (enfermo) – *ἀσθενης, ἀσθενους (26) 13
débil: soy débil (estoy enfermo) – *ἀσθενεω (33) 15
debilidad (enfermedad) – ἀσθενεια (24) 16
debo (tengo deudas, estoy obligado a) – ὀφειλω (35) 11
decido (juzgo) – *κρινω (114) 11
dejo (atrás) – καταλειπω (24) 11
dejo a un lado (paso) – παρερχομαι (29) 8
dejo libre ((me) divorcio, despido, libero) – *ἀπολυω (66) 4
dejo sin valor (hago ineficaz, invalido) – καταργεω (27) 7
delante de – *ἐμπροσθεν (48) + gen. 10
delante de (en presencia de) – ἐνωπιον (94) + gen. 4
demás: lo(s) demás (restante) – *λοιπος (55) 18
demonio – *δαιμονιον (63) 3
dentro (a base de) – *ἐπι + dat. (posición) 4
derecho (a mano derecha) – *δεξιος (54) 18
derramo – ἐκχεω (27) 15
desato (libero) – *λυω (42) 2
descendencia (semilla) – *σπερμα, ατος, το (43) 14
desciendo (bajo (vb)) – *καταβαινω (81) 11
descubro (revelo) – ἀποκαλυπτω (26) 6
desde (procedente de, alejándose de) – *ἀπο (646) + gen. 4
deseo – ἐπιθυμια (38) 17
deseo (quiero) – *βουλομαι (37) 15
deseo (quiero) – *θελω (208) 7
desierto (sustantivo) – *ἐρημος, ἡ (48) 8
despido (abandono, perdono, permito) – *ἀφιημι (143) 19
despido (dejo libre, (me) divorcio, libero) – *ἀπολυω (66) 4
despierto (levanto) – *ἐγειρω (144) 11
después de (detrás de) – *μετα (469) + ac. 4

después de (detrás de) – *ὀπισω (35) + gen. (*sitio, posición*) 7
destruyo (arruino) – *ἀπολλυμι (90) (*media* ἀπολλυμαι – perezco) 19
detengo (agarro, apreso) – *κρατεω (47) 14
detrás de (después de) – *μετα (469) + ac. 4
detrás de (después de) – *ὀπισω (35) + gen. (*sitio*) 7
día – ἡμερα (389) 3
diablo (calumniador) – διαβολος (37) 15
dicho (*sustantivo*) (palabra, refrán) – ῥημα, ατος, το (68) 12
dichoso (feliz, bienaventurado) – *μακαριος (50) 5
diez – δεκα (25) 16
diferente (otro) – *ἑτερος (98) 5
digno (merecedor) – ἀξιος (41) 18
digo – φημι (66) 19
digo (hablo) – *λαλεω (296) 2
digo (hablo) – *λεγω (2354) 2
Dios, dios – θεος (1317) 2
dirijo (conduzco, llevo) – *ἀγω (67) 2
discípulo – *μαθητης, ὁ (261) 8
divorcio: (me) divorcio (dejo libre, despido, libero) – *ἀπολυω (66) 4
doce – *δωδεκα (75) 16
donde – *ὁπου (82) 10
donde – οὑ (24) 10
¿dónde? (¿adónde?) – που; (48) 4
dos – *δυο (135) 6
doy – *διδωμι (415) 19
doy (a otra persona) – ἀποδιδωμι (48) 19
doy a conocer – γνωριζω (25) 15
doy a conocer (revelo) – *φανεροω (49) 19
doy gratuitamente (regalo (*vb*)) – χαριζομαι (23) 14
duermo – *καθευδω (22) 10

E e

echo (arrojo, lanzo) – *βαλλω (122) 2
echo fuera (expulso, hago salir) – *ἐκβαλλω (81) 4
edifico – *οἰκοδομεω (40) 6

Egipto – Αἰγυπτος, ἡ (25) 8
el (la, lo) – *το ὁ ἡ (19867) 2
el cual, la cual *etc.* – *ὁς ἡ ὁ (1398) 10
él mismo (enfático) – *αὐτος αὐτη αὐτο (5597) 9
el que (quienquiera) – ὁστις (153) 12
él, ella, ello, ellos, ellas – *αὐτος αὐτη αὐτο (5597) 9
Elías – *Ἠλιας, ὁ (29) 8
en – *ἐν (2752) + dat. 4
en (a base de) – *ἐπι + dat. (posición) 4
en algún momento (alguna vez) – *ποτε (29) (*pospositiva*) 6
en lugar de (a favor de, por, de parte de, para beneficio de) – *ὑπερ + gen. 4
en presencia de (delante de) – ἐνωπιον (94) + gen. 4
en: (entrando) en (a) – *εἰς (1767) + ac. 4
encima de (en tiempo de) – *ἐπι + gen. (*posición*) 4
encima de (sobre) – *ἐπι (890) + ac. (*movimiento hacia*) 4
encima de (sobre) – *ὑπερ (150) + ac. 4
encuentro (hallo) – *εὑρισκω (176) 11
enemigo – *ἐχθρος (32) 17
enfermedad (debilidad) – ἀσθενεια (24) 16
enfermo (débil) – *ἀσθενης, ἀσθενους (26) 13
enfermo: estoy enfermo (soy débil) – *ἀσθενεω (33) 15
engaño (*vb*) (extravío (a alguien)) – *πλαναω (39) 19
engendro (nazco) – *γενναω (97) (*voz pasiva*: nazco) 19
enseñanza (instrucción) – *διδαχη (30) 16
enseño (instruyo) – *διδασκω (97) 2
entero (completo) – *ὁλος (109) 9
entero (todo, cada) – *πας (1243) 13
entiendo (comprendo) – συνιημι (26) 19
entonces – *τοτε (160) 6
entonces (por consiguiente) – *οὐν (499) (*pospositiva*) 9
entrego – *παραδιδωμι (119) 19

entristezco: (me) entristezco (lamento) – λυπεω (26) 15
entro – *εἰσερχομαι (194) 8
envío – *ἀποστελλω (132) 11
envío – *πεμπω (79) 6
esclavo – *δουλος (124) 2
esclavo: soy esclavo – δουλευω (25) 15
escriba (letrado) – γραμματευς, γραμματεως, ὁ (63) 13
escribo – *γραφω (191) 6
escritura, Escritura (sagrada) – *γραφη (50) 17
escucho (oigo) – *ἀκουω (428) (+ ac. de cosa oída, + gen. persona oída) 2
ese (aquel) – *ἐκεινος (265) 9
espada – *μαχαιρα (29) 16
especial: en especial (sobre todo) – μαλιστα (12) 20
esperanza – *ἐλπις, ἐλπιδος, ἡ (53) 12
esperanza: tengo esperanza (espero) – ἐλπιζω (31) 14
espero (tengo esperanza) – ἐλπιζω (31) 14
espíritu (viento) – *πνευμα, πνευματος, το (379) 12
espiritual – πνευματικος (26) 18
esplendor (gloria) – *δοξα (166) 3
esposa (mujer) – *γυνη, γυναικος, ἡ (215) 12
esposo (varón, hombre) – *ἀνηρ, ἀνδρος, ὁ (216) 12
estación del año (tiempo oportuno, momento, ocasión) – καιρος (85) 5
este, esta, esto – *οὑτος αὑτη τουτο (1387) 9
estoy (existo, soy) – ὑπαρχω (60) 6
estoy (soy) – *εἰμι (2462) 5
estrella – ἀστηρ, ἀστερος, ὁ (24) 12
eterno – *αἰωνιος (71) 5
evangelio (buena noticia) – *εὐαγγελιον (76) 3
exhorto (ruego, pido, consuelo, animo) – *παρακαλεω (109) 4
existo (soy, estoy) – ὑπαρχω (60) 6
expongo (considero) – διαλογιζομαι (16) 14
expulso (hago salir, echo fuera) – *ἐκβαλλω (81) 4
extravío (a alguien) (engaño (vb)) – *πλαναω (39) 19

F f
fabrico (hago) – *ποιεω (568) 2
fama (noticia) – ἀκοη (24) 16
familia (casa) – *οἰκια (93) 3
familia (casa) – *οἰκος (114) 2
familia (generación) – *γενεα (43) 17
fariseo – *Φαρισαιος (98) 7
favor: a favor de (en lugar de, por, de parte de, para beneficio de) – *ὑπερ + gen. 4
fe – *πιστις, πιστεως, ἡ (243) 13
Felipe – Φιλιππος (36) 15
feliz (dichoso, bienaventurado) – *μακαριος (50) 5
fiel (creyente) – πιστος (67) 5
fiera (animal salvaje) – *θηριον (46) 7
fiesta – ἑορτη (25) 16
fin (propósito) – *τελος, τελους, το (40) 13
franqueza (valor, audacia) – παρρησια (31) 7
fruto – *καρπος (66) 15
fuego – πυρ, πυρος, το (71) 12
fuera de (afuera) – ἐξω (63) + gen. 4
fuera de: (saliendo) fuera de – *ἐκ (914) + gen. 4
fuerte (poderoso) – ἰσχυρος (29) 18
fuerte: soy fuerte – *ἰσχυω (28) 15
furor (ira) – ὀργη (36) 17

G g
Galilea – Γαλιλαια (61) 5
generación (familia) – *γενεα (43) 17
gentiles (nación, paganos) – *ἐθνος, ἐθνους, το (162) 13
genuino (veraz, verdadero) – *ἀληθης, ἀληθους (26) 13
genuino (verdadero) – ἀληθινος (28) 10
gloria (esplendor) – *δοξα (166) 3
glorifico (alabo) – *δοξαζω (61) 6
glorío: me glorío (me jacto) – *καυχαομαι (37) 20

gobernante (jefe) – ἀρχων, ἀρχοντος, ὁ (37) 12
gobierno (vb) – ἡγεομαι (28) 10
gozo – χαρα (59) 7
gracia – *χαρις, χαριτος, ἡ (155) 12
gracias: doy gracias – *εὐχαριστεω (38) 6
gran, grande – *μεγας μεγαλη μεγα (243) 5
grande: más grande (más importante, mayor) – μειζων (48) 12
griego – Ἑλλην, Ἑλληνος, ὁ (25) 14
grito (vb) – *κραζω (56) 6
grito (vb) – *φωνεω (43) 14
guardia: estoy de guardia (vigilo) – φυλασσω (31) 14
guardias (vigilia, cárcel) – *φυλακη (47) 17
guardo – *τηρεω (70) 2
gusta: me gusta (amo (vb)) – *φιλεω (25) 2

H h
habito (vivo) – κατοικεω (44) 4
hablo (digo) – *λαλεω (296) 2
hablo (digo) – *λεγω 2354) 2
hablo bien de (alabo, bendigo) – *εὐλογεω (42) 6
hacia (a) – *προς (700) + ac. 4
hago (fabrico) – *ποιεω (568) 2
hago (practico) – *πρασσω (39) 14
hago algo malo (peco) – ἁμαρτανω (43) 11
hago salir (expulso, echo fuera) – *ἐκβαλλω (81) 4
hago subir (conduzco, restauro) – ἀναγω (23) 7
hallo (encuentro) – *εὑρισκω (176) 11
hambre: tengo hambre – πειναω (23) 19
hasta – ἀχρι (49) + gen. 17
hasta – ἑως (146) + gen. 4
¡He aquí (¡Mira!) – *ἰδου (200) 11
hermana – *ἀδελφη (26) 3
hermano – *ἀδελφος (343) 2
Herodes – Ἡρῳδης, ὁ (43) 8
hija – θυγατηρ, θυγατρος, ἡ (28) 12
hijo – *υἱος (377) 2
hijo (niño) – *τεκνον (99) 3

hombre (varón, esposo) – *ἀνηρ, ἀνδρος, ὁ (216) 12
honor (precio, valor, honra) – τιμη (41) 17
honra (precio, valor, honor) – τιμη (41) 17
honro (aprecio) – *τιμαω (21) 19
hora (ocasión) – ὡρα (106) 3
hoy – σημερον (41) 6
huyo – *φευγω (29) 11

I i
idioma (lengua) – *γλωσσα (50) 17
iglesia (asamblea) – *ἐκκλησια (114) 3
igualmente (así también) – *ὁμοιως (30) 10
imagen – εἰκων, εἰκονος, ἡ (23) 14
imperio (reino, reinado) – *βασιλεια (162) 3
impido – κωλυω (23) 15
importante: más importante (más grande, mayor) – μειζων (48) 12
impuro – *ἀκαθαρτος (32) 18
incluso (y, también) – *και (9161) 9
incrédulo (infiel) – ἀπιστος (23) 18
induzco a pecar/caer) – σκανδαλιζω (29) 14
ineficaz: hago ineficaz (dejo sin valor, invalido) – καταργεω (27) 7
infiel (incrédulo) – ἀπιστος (23) 18
informo (anuncio) – ἀπαγγελλω (45) 11
iniquidad (injusticia, acción mala) – ἀδικια (25) 18
injurio (blasfemo) – βλασφημεω 34) 14
injusticia (iniquidad, acción mala) – ἀδικια (25) 18
hago injusticia (hago algo malo) – *ἀδικεω (28) 18
inmoralidad sexual – πορνεια (25) 16
insignificante: el más insignificante (último) – *ἐσχατος (52) 18
instrucción (enseñanza) – *διδαχη (30) 16
instrucciones: doy instrucciones (mando, ordeno) – παραγγελλω (32) + dat. 11
instruyo (enseño) – *διδασκω (97) 2
intención: tengo la intención de (estoy a punto de) – *μελλω (109) 7

intento (*vb*) (busco) – *ζητεω (117) 2
invalido (dejo sin valor, hago ineficaz) – καταργεω (27) 7
invito (llamo) – προσκαλεομαι (29) 8
invoco (apelo, nombro) – ἐπικαλεω (30) 4
ira (furor) – ὀργη (36) 17
Israel – Ἰσραηλ (68) 1

J j
Jacob – Ἰακωβ (27) 1
Jacobo (Santiago) – Ἰακωβος (42) 14
jacto: me jacto (me glorío) – *καυχαομαι (37) 20
jefe (gobernante) – ἀρχων, ἀρχοντος, ὁ (37) 12
Jerusalén – *Ἱεροσολυμα, τα (77) 5; – *Ἱερουσαλημ, ἡ (63) 5
Jesús – *Ἰησους (917) 3
José – Ἰωσηφ (35) 1
joven (nuevo) – νεος (23) 18
Juan – *Ἰωαννης ο Ἰωανης, ὁ (135) 8
Judá (Judas) – *Ἰουδας, ὁ (44) 8
Judas (Judá) – *Ἰουδας, ὁ (44) 8
Judea – Ἰουδαια (43) 17
judío (*adjetivo y sustantivo*) – *Ἰουδαιος (195) 5
juicio – *κριμα, ατος, το (27) 14
juicio – *κρισις, κρισεως, ἡ (47) 13
junto a (al lado de) – *παρα + dat. 4
junto con (con) – συν (128) + dat. 4
juramento: hago un juramento (juro) – ὀμνυω (26) 15
juro (hago un juramento) – ὀμνυω (26) 15
justicia – *δικαιοσυνη (92) 7
justifico – δικαιοω (39) 19
justo (recto) – δικαιος (79) 5
juzgo (decido) – *κρινω (114) 11

L l
lago (mar) – *θαλασσα (91) 3
lamento ((me) entristezco) – λυπεω (26) 15
lanzo (arrojo, echo) – *βαλλω (122) 2
lavo – νιπτω (17) 20
lavo (bautizo) – *βαπτιζω (77) 6

lengua (idioma) – *γλωσσα (50) 17
leo – ἀναγινωσκω (32) – leo 11
letrado (escriba) – γραμματευς, γραμματεως, ὁ (63) 13
levanto (despierto) – *ἐγειρω (144) 11
levanto (resucito) – *ἀνιστημι (108) 19
levanto (tomo, quito) – *αἰρω (101) 11
levanto la vista (recobro la vista) – ἀναβλεπω (25) 4
ley – *νομος (194) 2
libero (dejo libre, (me) divorcio, despido) – *ἀπολυω (66) 4
libero (desato) – *λυω (42) 2
libre – ἐλευθερος (23) 18
libro (rollo (escrito)) – βιβλιον (34) 3
libro (*vb*) (rescato) – *ῥυομαι (17) 8
libro (*vb*) (salvo, sano) – *σωζω (106) 6
limpio (puro) – *καθαρος (27) 18
lugar – *τοπος (94) 6
luz – *φως, φωτος, το (73) 12

Ll ll
llamo – *καλεω (148) 2
llamo (invito) – προσκαλεομαι (29) 8
llega a ser (ocurre, acontece) – *γινομαι (669) 11
llego (me presento, me pongo de parte de) – παραγινομαι (37) 11
lleno (*vb*) (cumplo, completo (*vb*)) – *πληροω (86) 19
llevo (cargo (vb)) – *βασταζω (27) 15
llevo (cargo (*vb*)) – *φερω 66) 11
llevo (conduzco, dirijo) – *ἀγω 67) 2
lloro – *κλαιω (40) 15

M m
madre – *μητηρ, μητρος, ἡ (83) 12
maestro – *διδασκαλος (59) 14
maligno (malvado, malo) – *πονηρος (78) 5
malo – κακος (50) 5
malo (maligno, malvado) – *πονηρος 78) 5
  hago algo malo (hago injusticia) – *ἀδικεω (28) 18
malvado (maligno, malo) – *πονηρος 78) 5

mandamiento – *ἐντολη (67) 7
mando (ordeno) – κελευω 25) 15
mando (ordeno, doy instrucciones) – παραγγελλω (32) + dat. 11
manera: de esta manera (así) – *οὑτως (208) 10
manera: de tal manera (tal, semejante) – τοιουτος (57) 9
mano – *χειρ, χειρος, ἡ (177) 12
manto (prenda de ropa, vestido) – *ἱματιον (60) 7
mar (lago) – *θαλασσα (91) 3
maravillo: me maravillo (me asombro) – *θαυμαζω (43) 10
marcho: me marcho (me voy) – *πορευομαι (153) 15
marcho: me marcho (me voy) – ὑπαγω (79) 4
María – Μαρια o Μαριαμ (27) 3
más – *πλειων (55) 12
más (más bien) – *μαλλον (81) 20
mato – ἀποκτεινω (74) 11
mato (quito) – *ἀναιρεω (24) 17
mayor (más grande, más importante) – μειζων (48) 12
medio: en medio de – *μεσος (58) 18
mejor – *κρεισσων (19) 20
mensaje (palabra) – *λογος (330) 2
mensajero (ángel) – *ἀγγελος 175) 2
mente – νους, νοος, ὁ (24) 13
merecedor (digno) – ἀξιος (41) 18
Mesías (Cristo) – *Χριστος (529) 2
mi (mío) – ἐμος (76) 9
mí mismo – ἐμαυτος (37) 9
miedo (reverencia) – *φοβος (47) 15
miedo: tengo miedo (temo) – *φοβεομαι (95) 15
miembro (parte del cuerpo) – μελος, μελους, το (34) 13
mil – χιλιας (23) 16
milagro (poder) – *δυναμις, δυναμεως, ἡ (119) 13
milagro (señal) – *σημειον (77) 3
ministerio (servicio) – διακονια (34) 17

mío (mi) – ἐμος (76) 9
¡Mira (¡He aquí!) – *ἰδου (200) 11
miro – *θεωρεω (58) 7
miro (veo) – *βλεπω 133) 2
miro (veo) – θεαομαι (22) 20
misericordia – *ἐλεος, ἐλεους, το (27) 13
misericordioso: soy misericordioso (tengo compasión de) – ἐλεεω (29) 7
mismo – *αὐτος αὐτη αὐτο (5597) 9
mismo: uno mismo, sí mismo – *ἑαυτος (319) 9
misterio (secreto) – μυστηριον (28) 9
modo: de modo que (por eso) – *ὡστε + infinitivo (83) 18
Moisés – *Μωϋσης, Μωϋσεως, ὁ (80) 13
momento (tiempo oportuno, ocasión, estación del año) – καιρος (85) 5
montaña (colina) – *ὁρος, ὁρους, το (63) 13
monumento (tumba, sepulcro) – μνημειον (40) 7
mucho(s) – *πολυς πολλη πολυ (416) 5
muero – *ἀποθνῃσκω (111) 11
muerte – *θανατος (120) 7
muerto – *νεκρος (128) 5
muestro (señalo) – δεικνυμι (33) 19
mujer (esposa) – *γυνη, γυναικος, ἡ (215) 12
multitud – *ὀχλος (175) 2
multitud (cantidad grande) – πληθος, πληθους, το 31) 13
mundo – *κοσμος (186) 2
mutuamente (uno a otro) – *ἀλληλος (100) 9

N n
nación (gentiles, paganos) – *ἐθνος, ἐθνους, το (162) 13
nación (pueblo (*personas*)) – *λαος 142) 2
nada (nadie) – μηδεις (90) 13
nada (nadie) – *οὐδεις (234) 13
nadie (nada) – μηδεις 90) 13
nadie (nada) – *οὐδεις 234) 13
naturaleza humana (carne) – *σαρξ, σαρκος, ἡ 147) 12

nazco (engendro) – *γενναω (97) (*voz pasiva*: nazco) 19
necesario: es necesario – *δει (101) 7
necesidad – *χρεια (49) d 17
ni – *μηδε 56) 7
ni – μητε (34) 7
ni – *οὐτε 87) 10
ni .. ni – οὐτε ... οὐτε 10
niego (rehuso) – *ἀρνεομαι (33) 8
niño – *παιδιον (52) 14
niño (hijo) – *τεκνον (99) 3
niño (siervo) – *παις, παιδος, ὁ (24) 14
no – *μη 1042) 7
no – *οὐ οὐκ οὐχ (1606) 4
no – *οὐχι (54) 10
no más (ya no) – μηκετι 22) 7
noche – νυξ, νυκτος, ἡ (61) 12
nombre – *ὀνομα, ατος, το (231) 12
nombro (invoco, apelo) – ἐπικαλεω (30) 4
nosotros/as – *ἡμεις (866) 9
noticia (fama) – ἀκοη (24) 16
nube – νεφελη (25) 16
nueve – ἐννεα (5) 16
nuevo – καινος (42) 5
nuevo (joven) – νεος (23) 18
nunca – μηποτε (25) 9

O o
o – ἠ (343) 5
obra (acción) – *ἐργον (169) 3
obro (trabajo) – *ἐργαζομαι (41) 8
ocasión (hora) – ὡρα (106) 3
ocasión (tiempo oportuno, momento, estación del año) – καιρος (85) 5
ocho – ὀκτω (8) 16
ocurre (llega a ser, acontece) – *γινομαι (669) 11
odio – *μισεω (40) 14
ofrenda (sacrificio) – *θυσια (28) 16
ofrezco (traigo) – προσφερω (47) 11
oído (oreja) – *οὐς, ὠτος, το (36) 14
oigo (escucho) – *ἀκουω (428) (+ ac. de cosa oída, + gen. persona oída) 2
ojo – *ὀφθαλμος (100) 7
oración – *προσευχη (36) 16

ordeno (mando) – κελευω 25) 15
ordeno (mando, doy instrucciones) – παραγγελλω (32) + dat. 11
oreja (oído) – *οὐς, ὠτος, το (36) 14
oro (*vb*) – *προσευχομαι (85) 8
oscuridad (tinieblas) – σκοτος, σκοτους, το (31) 13
otra vez (de nuevo) – *παλιν (141) 6
otro – *ἀλλος (155) 9
otro (diferente) – *ἑτερος 98) 5
oveja – *προβατον 39) 7
oveja (cordero) – *ἀρνιον (30) 9

P p
Pablo – *Παυλος (158) 3
paciencia – *ὑπομονη (32) 16
padezco (sufro) – πασχω (42) 11
padre (antepasado) – *πατηρ, πατρος, ὁ (413) 12
paga (salario) – *μισθος (29) 18
paganos (nación, gentiles) – *ἐθνος, ἐθνους, το (162) 13
país (región) – *χωρα (28) 16
palabra (dicho, refrán) – ῥημα, ατος, το (68) 12
palabra (mensaje) – *λογος 330) 2
pan – *ἀρτος (97) 2
para que – *ἱνα + subj. (663) – 17
para que – ὁπως + subj. (53) 17
parábola – *παραβολη (50) 7
parecido (semejante) – ὁμοιος (45) 10
parezco (pienso) – *δοκεω (62) 7
parte (porción) – *μερος, μερους, το (42) 13
parte del cuerpo (miembro) – μελος, μελους, το (34) 13
parte: me pongo de parte de (llego, me presento) – παραγινομαι (37) 11
Pascua – *πασχα (29) 14
paso (dejo a un lado) – παρερχομαι (29) 8
pastor – ποιμην, ποιμενος, ὁ (18) 20
patrón (amo, señor) – *κυριος (717) 2
paz – *εἰρηνη (92) 5
pecado – *ἁμαρτια (173) 3
pecador – *ἁμαρτωλος (47) 14

peco (hago algo malo) – ἁμαρτανω (43) 11
Pedro – *Πετρος (156) 3
peor – χειρων (11) 20
pequeño (poco) – *μικρος (46) 20
pequeño (poco) – *ὀλιγος 40) 18
pequeño: el más pequeño – *ἐλαχιστος (14) 20
perdono (abandono, despido, permito) – *ἀφιημι (143) 19
perezco – ἀπολλυμαι (90) (voz media de ἀπολλυμι) 19
permanezco (me quedo) – *μενω (118) 11
permitido: está permitido – ἐξεστιν (31) 7
permito (abandono, despido, perdono) – *ἀφιημι (143) 19
pero – *δε (2792) (*pospositiva*) 9
pero (sino) – *ἀλλα (638) 5
persigo (procuro, busco) – διωκω (45) 6
persona (ser humano) – *ἀνθρωπος (550) 2
persuado (convenzo) – πειθω (52) 6
pescado (pez) – ἰχθυς (20) 13
pez (pescado) – ἰχθυς (20) 13
pido – *αἰτεω (70) (+ ac. de la persona a la que se pide, + ac. de lo que se pide) 6
pido – ἐπερωταω (56) (+ ac. de la persona a la que se pide, + ac. de lo que se pide) 19
pido (pregunto) – *ἐρωταω 63) (+ ac. de la persona a la que se pide, + ac. de lo que se pide) 19
pido (ruego, consuelo, animo, exhorto) – *παρακαλεω (109) 4
pie – *πους, ποδος, ὁ (93) 12
piedra – *λιθος (59) 14
pienso (parezco) – *δοκεω (62) 7
pienso (reflexiono) – φρονεω (26) 15
Pilato – *Πιλατος (55) 10
población (ciudad) – *πολις, πολεως, ἡ (162) 13
pobre – *πτωχος (34) 17
poco (pequeño) – *μικρος (46) 20
poco (pequeño) – *ὀλιγος (40) 18
poco tiempo (un poco) – *μικρον (16) 20
poco: un poco (poco tiempo) – *μικρον (16) 20

poder (milagro) – *δυναμις, δυναμεως, ἡ (119) 13
poderoso (capaz) – *δυνατος 32) 18
poderoso (fuerte) – ἰσχυρος (29) 18
pongo (coloco) – *τιθημι 100) 19
pongo al lado de – παριστημι (41) 19
pongo sobre/encima de – ἐπιτιθημι (39) 19
por (en lugar de, a favor de, de parte de, para beneficio de) – *ὑπερ + gen. 4
por (por acción de) – *ὑπο + gen. 4
por causa de (debido a, a través de) – *δια (667) + ac. 4
por consiguiente (así pues) – ἀρα (49) (*pospositiva*) 9
por consiguiente (entonces) – *οὐν (499) (*pospositiva*) 9
por eso (de modo que) – *ὡστε + infinitivo (83) 18
por eso (por lo cual) – *διο (53) 9
¿por qué? – *τί; (556) 12
por una parte – *μεν (179) (*pospositiva*) 9
porción (parte) – *μερος, μερους, το (42) 13
porque – διοτι (23) 9
porque (pues) – *γαρ (1041) (*pospositiva*) 9
porque (que, *principio de cita*) – *ὁτι (1296) 10
poseo (tengo) – *ἐχω (708) 2
practico (hago) – *πρασσω (39) 14
precio (valor, honor, honra) – τιμη (41) 17
predico (proclamo) – *κηρυσσω (61) 6
pregunto (pido) – *ἐρωταω (63) (+ ac. de la persona a la que se pide, + ac. de lo que se pide) 19
prenda de ropa (vestido, manto) – *ἱματιον (60) 7
preparo – *ἑτοιμαζω (40) 14
presencia (venida) – παρουσια (24) 16
presente: estoy presente – παρειμι 24) 18
presente: estoy presente (he venido) – ἡκω (26) 15
presento: me presento (llego, me pongo de parte de) – παραγινομαι 37) 11
primero – *πρωτος (155) 16

principio – ἀρχη (55) 3
principio de una cita (que, porque) – *ὁτι (1296) 10
procedente de (desde, alejándose de) – *ἀπο (646) + gen. 4
proclamo (predico) – *κηρυσσω 61) 6
procuro (persigo, busco) – διωκω (45) 6
profeta – *προφητης, ὁ (144) 8
profetizo – προφητευω (28) 14
promesa – *ἐπαγγελια (52) 17
prometo (confieso) – ὁμολογεω (26) 17
propiedad (utensilio, recipiente) – σκευος, σκευους, το (23) (*pl*) 13
propósito (fin) – *τελος, τελους, το (40) 13
prueba: pongo a prueba (tiento) – *πειραζω (38) 14
pueblo (aldea) – *κωμη (27) 16
pueblo (*personas*) (nación) – *λαος (142) 2
puedo – *δυναμαι (210) 18
puerta – θυρα (39) 17
pues (porque) – *γαρ (1041) (*pospositiva*) 9
puesto que (ya que) – ἐπει (26) 9
purifico (declaro puro) – καθαριζω (31) 18
puro (limpio) – *καθαρος (27) 18
puro: declaro puro (purifico) – καθαριζω (31) 18

Q q
que (porque, *principio de cita*) – *ὁτι (1296) 10
¿qué? (¿quién?, ¿cuál?) – *τίς; τί; (556) 12
quedo: me quedo (permanezco) – *μενω (118) 11
¿quién? (¿cuál?, ¿qué?) – *τίς; τί; (556) 12
quienquiera (el que) – ὁστις (153) 12
quiero (deseo) – *βουλομαι 37) 15
quiero (deseo) – *θελω 208) 7
quito (mato) – *ἀναιρεω (24) 17
quito (tomo, levanto) – *αἰρω (101) 11

R r
rabí – ῥαββι (15) 1
raza (tribu) – *φυλη (31) 16
recibo (tomo) – *λαμβανω (258) 2
recibo (tomo) – παραλαμβανω 49) 4
recibo (vb) – *δεχομαι (56) 8
recipiente (utensilio, propiedad) – σκευος, σκευους, το (23) 13
recobro la vista (levanto la vista) – ἀναβλεπω (25) 4
recojo (reúno, congrego) – *συναγω (59) 4
reconozco – ἐπιγινωσκω (44) 11
recostado: estoy recostado (acostado) – κειμαι (24) 18
recto (justo) – δικαιος (79) 5
recuerdo (me acuerdo) – *μιμνῃσκομαι (23) + gen. 20
reflexiono (pienso) – φρονεω (26) 15
refrán (palabra, dicho) – ῥημα, ατος, το (68) 12
regalo (*vb*) (doy gratuitamente) – χαριζομαι (23) 14
región (país) – *χωρα (28) 16
regocijo: me regocijo (me alegro, ¡Saludos!) – *χαιρω (74) 11
regreso (vuelvo atrás) – *ὑποστρεφω (35) 15
rehuso (niego) – *ἀρνεομαι (33) 8
reinado (reino, imperio) – *βασιλεια (162) 3
reino (reinado, imperio) – *βασιλεια (162) 3
reprendo – ἐπιτιμαω (29) 19
rescato (libro (*vb*)) – *ῥυομαι (17) 8
resplandeciente (blanco) – λευκος (25) 18
respondo (contesto) – *ἀποκρινομαι (231) 15
restante (lo(s) demás) – *λοιπος (55) 18
restauro (conduzco, hago subir) – ἀναγω (23) 7
resucito (levanto) – *ἀνιστημι (108) 19
resurrección – ἀναστασις, ἀναστασεως, ἡ (42) 13
reúno (recojo, congrego) – *συναγω (59) 4
reúno: me reúno – συνερχομαι (30) 8
revelo (descubro) – ἀποκαλυπτω (26) 6
revelo (doy a conocer) – *φανεροω 49) 19
reverencia (miedo) – *φοβος (47) 15
rey – *βασιλευς, βασιλεως, ὁ (115) 13
rico – πλουσιος (28) 18

rollo escrito (libro) – βιβλιον (34) 3
ruego (pido, consuelo, animo, exhorto) –
   *παρακαλεω (109) 4

S s
sábado – σαββατον (68) 3
sabiduría – *σοφια (51) 17
sacerdote – ἱερευς, ἱερεως, ὁ (31) 13
sacerdote principal (sumo sacerdote) –
   *ἀρχιερευς, ἀρχιερεως, ὁ (122) 13
sacrificio (ofrenda) – *θυσια (28) 16
sagrado (santo) – *ἁγιος (233) 5
salario (paga) – *μισθος (29) 18
salgo – ἐκπορευομαι (33) 15
salgo (me voy) – *ἐξερχομαι (218) 8
saludo (vb) – *ἀσπαζομαι (59) (vb) 8
¡Saludos! (me alegro, me regocijo) –
   *χαιρω (74) (imperativo) 11
salvación – *σωτηρια (46) 17
salvador – *σωτηρ, σωτηρος, ὁ (24) 12
salvo (libro (vb), sano) – *σωζω (106) 6
sangre – *αἱμα, αἱματος, το (97) 12
sano (curo) – *θεραπευω (43) 10
sano (libro (vb), salvo) – *σωζω (106) 6
sano (vb) – ἰαομαι 26) 19
Santiago (Jacobo) – Ἰακωβος (42) 14
santifico – *ἁγιαζω (28) 15
santo (sagrado) – *ἁγιος (233) 5
santuario (templo) – *ναος (45) 15
Satanás – Σατανας, ὁ (36) 8
sé (conozco) – *γινωσκω (222) 11
sé (conozco) – *οἰδα 318) 18
secreto (misterio) – μυστηριον (28) 9
sed: tengo sed (de) – διψαω (16) 19
seguida: en seguida – *εὐθυς (51) 10
según – *κατα 473) + ac. 4
según (tal como) – *καθως (182) 10
segundo – *δευτερος (43) 16
seis – ἑξ (13) 16
semejante (parecido) – ὁμοιος (45) 10
semejante (tal, de tal manera) – τοιουτος
   (57) 9
semilla (descendencia) – *σπερμα, ατος,
   το (43) 14
señal (milagro) – *σημειον (77) 3

señalo (muestro) – δεικνυμι (33) 19
señor (amo, patrón) – *κυριος (717) 2
sentado: estoy sentado (me siento) –
   *καθημαι (91) 18
sentar: hago sentar – *καθιζω (46) 18
sepulcro (tumba, monumento) – μνημειον
   (40) 7
ser humano (persona) – *ἀνθρωπος (550) 2
ser viviente – *ζῳον (23) 20
servicio (ministerio) – διακονια (34) 17
servidor – *διακονος (29) 17
servidor (sirviente) – ὑπηρετης, ὁ (20) 8
si – *ἐαν (351) + subj. (equivale a ἀν) 17
si – εἰ (502) 5
si (bien sea) – *εἰτε (65) 9
sí (ciertamente) – ναι (33) 10
sí mismo – *ἑαυτος (319) 9
sí mismo (alma) – ψυχη (103) 3
siembro – σπειρω (52) 11
siempre – παντοτε (41) 6
siento: me siento (estoy sentado) –
   *καθημαι (91) 18
siervo (niño) – *παις, παιδος, ὁ (24) 14
siete – *ἑπτα (88) 16
siglo (tiempo largo) – *αἰων, αἰωνος, ὁ
   (122) 12
sigo – *ἀκολουθεω (90) + dat. – sigo 7
sigo una conducta (ando, vivo) –
   *περιπατεω (95) 4
Simón – Σιμων, Σιμωνος, ὁ (75) 12
sin embargo – πλην (31) 10
sinagoga – *συναγωγη (56) 5
sino (pero) – *ἀλλα (638) 5
sirviente (servidor) – ὑπηρετης, ὁ (20) 8
sirvo – *διακονεω (37) + dat. 14
sobra: tengo de sobra – *περισσευω
   (39) 15
sobre (encima de) – *ἐπι (890) + ac.
   (movimiento hacia) 4
sobre (encima de) – *ὑπερ 150) + ac. 4
sobre todo (en especial) – μαλιστα (12) 20
sol – ἡλιος (32) 17
soldado – *στρατιωτης, ὁ (26) 8
solo (único) – *μονος (114) 5
someto – *ὑποτασσω (38) 14

sonido (voz) – *φωνη (139) 3
sostengo en pie – *ἱστημι (155) 19
soy (estoy) – *εἰμι (2462) 5
soy (existo, estoy) – ὑπαρχω (60) 6
subo – *ἀναβαινω (82) 11
suelo (tierra, terreno) – *γη (250) 3
suficiente – *ἱκανος (39) 18
sufrimiento (aflicción) – *θλιψις, θλιψεως, ἡ (45) 13
sufro (padezco) – πασχω (42) 11
sumo sacerdote (sacerdote principal) – *ἀρχιερευς, ἀρχιερεως, ὁ (122) 13
suyo propio – *ἰδιος (114) 5

T t

tal (de tal manera, semejante) – τοιουτος (57) 9
tal como (*comparativo*) (como) – ὡσπερ (36) 12
tal como (según) – *καθως (182) 10
también (y, incluso) – *και (9161) 9
tampoco – *οὐδε (143) 10
tanto … como (y … y) – τε … και
temo (tengo miedo) – *φοβεομαι (95) 15
templo – *ἱερον (71) 3
templo (santuario) – *ναος (45) 15
tengo (poseo) – *ἐχω (708) 2
tengo fe en (creo (en), confío) – *πιστευω (241) + dat 3
tercero – *τριτος (56) 16
termino (cumplo) – *τελεω (28) 15
termino (un trabajo) (completo (*vb*)) – τελειοω (23) 19
terreno (tierra, suelo) – *γη (250) 3
testamento (alianza) – διαθηκη (33) 17
testifico (doy testimonio) – *μαρτυρεω (76) 7
testigo – *μαρτυς, μαρτυρος, ὁ (35) 18
testimonio – *μαρτυρια (37) 17
testimonio: doy testimonio (testifico) – *μαρτυρεω (76) 7
ti mismo – *σεαυτος (43) 9
tiempo – *χρονος (54) 15
tiempo largo (siglo) – *αἰων, αἰωνος, ὁ (122) 12
tiempo oportuno (momento, ocasión, estación del año) – καιρος (85) 5
tiempo: en tiempo de (encima de) – *ἐπι + gen. (posición) 4
tiento (pongo a prueba) – *πειραζω 38) 14
tierra (terreno, suelo) – *γη (250) 3
Timoteo – *Τιμοθεος (24) 6
tinieblas (oscuridad) – σκοτος, σκοτους, το (31) 13
toco – ἁπτομαι (39) + gen. 8
todavía (aún) – *ἐτι (93) 6
todavía no – οὐπω (26) 6
todo (cada) – ἁπας (34) 13
todo (cada, entero) – *πας (1243) 13
tomo (quito, levanto) – *αἰρω (101) 11
tomo (recibo) – *λαμβανω (258) 2
tomo (recibo) – παραλαμβανω (49) 4
trabajo (*vb*) (obro) – *ἐργαζομαι (41) 8
trabajo arduamente – κοπιαω (23) 19
traigo (ofrezco) – προσφερω (47) 11
tres – *τρεις (68) (τρια *con sustantivos neutros*) 16
tribu (raza) – *φυλη (31) 16
trono – *θρονος (62) 14
tú – *συ (1067) 9
tumba (monumento, sepulcro) – μνημειον (40) 7
tuyo – σος (27) 9

U u

último (el más insignificante) – *ἐσχατος (52) 18
único (solo) – *μονος (114) 5
uno a otro (mutuamente) – *ἀλληλος (100) 9
uno mismo – *ἑαυτος (319) 9
uno, uno solo – *εἱς μια ἑν (345) 13
ustedes (vosotros/as) – *ὑμεις (1841) 9
utensilio (recipiente, propiedad) – σκευος, σκευους, το (23) 13

V v

valor (franqueza, audacia) – παρρησια (31) 7
valor (precio, honor, honra) – τιμη (41) 17

varón (esposo, hombre) – *ἀνηρ, ἀνδρος, ὁ (216) 12
vengo (voy) – *ἐρχομαι (634) 8
venida (presencia) – παρουσια (24) 16
venido: he venido (estoy presente) – ἡκω (26) 15
venzo – νικαω (28) 19
veo – *ὁραω 454) 11
veo (miro) – *βλεπω (133) 2
veo (miro) – θεαομαι (22) 20
veraz (verdadero, genuino) – *ἀληθης, ἀληθους (26) 13
verdad – *ἀληθεια (109) 10
verdad: en verdad (amén) – ἀμην (129) 1
verdaderamente – *ἀληθως (18) 20
verdadero (genuino) – ἀληθινος (28) 10
verdadero (veraz, genuino) – *ἀληθης, ἀληθους (26) 13
vestido (prenda de ropa, manto) – *ἱματιον (60) 7
vida – *ζωη (135) 3
viento – ἀνεμος (31) 17
viento (espíritu) – *πνευμα, πνευματος, το (379) 12
vigilia (guardias, cárcel) – *φυλακη (47) 17
vigilo (estoy de guardia) – φυλασσω (31) 14
viña – *ἀμπελων, ἀμπελωνος, ὁ (23) 14
vino (*sustantivo*) – *οἰνος (34) 17
visto, me visto – *ἐνδυω (27) 15
viuda – *χηρα (26) 16

vivo – *ζαω (140) 19
vivo (en un sitio) (habito) – κατοικεω (44) 4
vivo (sigo una conducta, ando) – *περιπατεω (95) 4
voluntad – *θελημα, θεληματος, το (62) 12
vosotros/as (ustedes) – *ὑμεις (1841) 9
voy (vengo) – *ἐρχομαι (634) 8
voy: me voy – *ἀπερχομαι (117) 8
voy: me voy (me marcho) – *πορευομαι (153) 15
voy: me voy (me marcho) – ὑπαγω (79) 4
voy: me voy (salgo) – *ἐξερχομαι (218) 8
voz (sonido) – *φωνη (139) 3
vuelvo atrás (me convierto) – *ἐπιστρεφω (36) 15
vuelvo atrás (regreso) – *ὑποστρεφω (35) 15

Y y

y – *τε (215) (*pospositiva*) 9
y (también, incluso) – *και (9161) 1
y … y (tanto … como) – τε … και
y yo – *κἀγω (84) 9
ya – *ἠδη (61) 6
ya … ya (bien sea … o bien) – εἰτε … εἰτε 9
ya no – οὐκετι (47) 6
ya no (no más) – μηκετι (22) 7
ya que (puesto que) – ἐπει (26) 9
yo – *ἐγω (1802) 9

Índice de los versículos empleados para las oraciones en los ejercicios

Como se explicó en las primeras páginas, hubo que buscar un equilibrio al escribir las oraciones para los ejercicios al final de cada capítulo. Por un lado, su propósito es el de ensayar la gramática y el vocabulario aprendido en el capítulo correspondiente. Por otro lado, es deseable que las oraciones sean tomadas del Nuevo Testamento, por dos razones. Primero, esto le ayuda al estudiante a ver que el objetivo de leer el Nuevo Testamento en griego se está alcanzando. Segundo, porque le es necesario desarrollar su capacidad de leer griego auténtico, no oraciones inventadas. No ha sido siempre fácil mantener el equilibrio entre estos dos objetivos por un lado y, por otro lado, el cumplimiento de la promesa de no exigirle al estudiante que haga frente a griego que todavía no le haya sido explicado.

El principio que se ha seguido ha sido que, en el límite de lo posible, las oraciones han sido basadas en el Nuevo Testamento, pero han sido cambiadas conforme a lo que se está aprendiendo en cada momento. El listado a continuación remite –de las oraciones en los ejercicios al final de cada capítulo– a los pasajes bíblicos en los cuales están basadas. Esto le ayudará a hacer una comparación con las frases originales, lo cual le acostumbrará a emplear el Nuevo Testamento griego. Así entenderá por qué a veces las oraciones griegas no parecen seguir todas las reglas.

	3A		**4B**	9	Efes 5.16	8	Hechos 16.32		**7B**
1	Juan 9.38	1	2 Cor 1.14 +	12	Efes 5.23			1	Mat 3.9
2	Juan 10.37		1 Cor 13.12				**6B**	8	Lucas 13.16
3	Juan 5.20	2	Juan 9.36		**5B**	3	Lucas 7.22		
4	1 Juan 3.22	4	Mar 6.45	1	Juan 18.36				**8A**
5	Juan 7.20	5	Efes 5.2	2	Juan 14.2		**7A**	1	Juan 21.13
				3	Rom. 5.5	1	Mar 3.4	2	Mar 2.13
	3B		**5A**	5	1 Juan 4.16	2	Juan 6.47	3	Mat 4.17
1	Juan 13.10	1	Juan 11.25	7	Juan 7.7	3	Juan 12.50	4	Lucas 18.1
5	Mat 5.3	2	Mar 14.61	8	Juan 9.13	4	Juan 10.3	5	Lucas 6.19
		3	Lucas 18.17			5	Mat 15.22	6	Lucas 1.15
	4A	4	Mar 12.27		**6A**	6	Mar 1.15	7	Mat 16.27
1	Juan 5.41	5	Mar 1.24	1	Mar 1.8	7	Mar 8.34	8	Lucas 9.23
2	Juan 9.35	6	Apoc 21.1	2	Juan 12.28	8	Mat 8.9		
12	Mat 14.33	7	1 Juan 2.7	3	Mar 6.13				**8B**
		8	Mar 1.11	7	Mat 1.21			1	Mat 15.19

2	Juan 4.4	4	Mar 10.52	6	Mar 9.22	8	Mar 14.19	9	Mar 6.12
3	Rom. 13.10	5	Mat 10.7	7	Mat 2.2	9	Mar 4.41	10	Lucas 1.50
4	Rom. 16.21	6	Lucas 6.31	8	Juan 4.1	10	Mar 5.39	11	Lucas 21.25
5	Lucas 1.34	7	Lucas 21.31	10	1 Cor. 13.13	12	1 Cor. 7.14	12	Mar 10.13
6	1 Cor. 13.11	8	Juan 9.9	11	1 Cor. 7.4				
7	Juan 4.23			12	Mat 18.1		**15B**		**17B**
8	Rom. 7.24		**11A**			1	Lucas 8.27	1	Mar 9.37
		1	Mat 14.15		**13A**	2	Mat 8.18	2	Juan 2.5
	9A	2	Mar 1. 11	1	Juan 19.21	3	Mar 9.39	3	Lucas 22.71
1	Juan 2.24	3	Mar 7.17	2	Mar 10.18	4	Juan 5.7	4	Mar 8.26
2	Juan 8.23	4	1 Cor. 15.3	3	2 Cor. 13.13	5	Hechos 17.20	5	Mar 1.38
3	Mar 4.33	5	Gál 2.19	4	Mat 23.8	6	Mar 6.17	6	Juan 3.36
4	Mar 11.27	6	Juan 20.27	5	Mar 9.5	7	Lucas 9.17	7	Mar 14.21
5	Juan 7.35	7	Juan 1.10	6	Mar 10.8	8	Rom. 5.5	8	Juan 5.34
6	1 Juan 5.19	8	Juan 17.25	7	Lucas 6.19	9	Mat 21.34	12	Lucas 18.41
7	Mar 4.11	10	Juan 2.12	8	Mar 14.16	11	Mar 14.13		
8	Mar 6.18	11	Mat 13.41	10	Lucas 1.33	12	Gál 1.11		**18A**
9	Juan 13.35	12	Juan 12.48	12	Juan 5.29			1	Mar 15.32
	+ 15.12						**16A**	2	Juan 6.42
10	Juan 6.48		**11B**		**13B**	1	Mat 21.13	3	Mar 10.38
11	Mat 21.27	1	Juan 17.3	1	Mar 5.22	2	Juan 1.34	4	Juan 7.18
12	Mar 8.24	2	Mar 12.5	8	Lucas 9.2	3	Juan 3.18	5	Mat 16.24
		3	Mar 4.13			4	Juan 5.33	6	Juan 20.12
	9B	4	Mar 9.20		**14A**	5	Juan 6.69	7	Apoc 5.12
1	Juan 11.56	5	Mar 4.3-8	1	Juan 12.25	6	Juan 11.27	8	Mar 16.19
2	Rom. 1.12	6	Juan 19.20	2	Mar 6.34	7	Juan 6.46	9	Mat 5.8
3	Hechos 23.8	7	Mar 2.11	3	Juan 5.24	8	Mat 24.30		
4	Mat 16.18	8	Mar 5.14	4	Juan 6.40		+ 24.37		**18B**
5	Apoc. 5.12	9	Mar 6.29	5	Juan 6.41	9	Lucas 22.38	1	Mat 9.13
6	Mar 14.36	10	Mar 12.8	6	Mat 3.3	10	Mar 1.28		Mar 8.31
7	1 Cor. 8.5			7	Hechos 5.35			2	Mar 4.1
8	Mat 18.32		**12A**	8	Mar 1.13		**16B**	3	Hechos 2.22
9	Juan 8.13	1	Juan 12.28	9	1 Cor. 15.27	1	2 Tim 4.7	4	Juan 4.36
11	Mat 12.28	2	Mar 1.8	12	Mar 12.9	2	Heb 10.5 +	5	Efes 6.11
		3	Mar 5.34				Mat 9.13	6	Mar 14.55
	10A	4	Juan 1.4		**14B**	3	Juan 11.4	7	Mat 27.12
1	1 Cor. 9.1	5	Juan 1.14	1	2 Juan 13-14	4	Heb. 2.8	8	Lucas 23.8
2	Juan 9.40	6	Juan 4.17	2	Juan 9.39	5	Mar 12.20	11	1 Cor. 11.22
3	Rom. 5.11	7	Juan 10.25	4	Mar 1.31	6	Mar 6.38		
4	Juan 7.41	8	Juan 6.68	5	Mar 11.15	7	1 Juan 1.1		**19A**
5	Rom. 4.6	9	Mar 7.5	6	Lucas 18.11	8	Mat 19.28	1	Mar 1.20
6	Hechos 7.17	10	1 Cor. 11.11	8	Lucas 3.8	10	Mat 9.22	2	Mar 6.37
7	Juan 18.35	11	1 Cor. 1.3	10	1 Pedro 4.17			3	Mat 5.6
8	1 Juan 5.20	12	Lucas 1.70				**17A**	4	Juan 3.21
9	Juan 14.6				**15A**	1	Juan 3.17	5	Juan 5.23
11	Gál 1.20		**12B**	1	Mar 8.31	2	Mar 10.51	6	Juan 6.35
12	Juan 5.25	1	Lucas 5.5	2	Juan 12.31	3	Mar 4.35	7	Juan 6.39
		2	Lucas 8.41	3	Mar 10.39	4	Hechos 16.27	8	Juan 4.47
	10B	3	Efes 5.23	4	Mat 5.7	5	Mar 3.35		
1	Mar 10.29	4	1 Tim. 1.1	5	Mat 5.9	6	Mar 6.24		
2	1 Cor. 11.11	5	Juan 1.13	6	Mar 3.33	7	Juan 1.7-8		
3	Mar 12.37			7	Mar 9.17	8	Mar 4.15		

Índice de los versículos empleados

	19B								
1	1 Juan 4.7	6	Lucas 18.16	2	Mar 14.35	8	Mar 6.2	2	Juan 5.31
2	Juan 19.28	7	Juan 13.34	3	Juan 3.5	9	1 Pedro 2.25	3	Juan 10.14
3	Mat 27.31	8	Lucas 24.36	4	Juan 5.14	10	Juan 8.36	4	Juan 1.14
4	Mar 10.37			5	Juan 5.20			5	Lucas 11.31
5	Mar 12.9		**20A**	6	Juan 5.36		**20B**	6	Lucas 3.21
		1	Mar 13.21	7	Mar 1.22	1	Mar 2.6	7	Mar 14.41
								8	Mat 5.23

Índice de temas

n = nota

acentos xi, 17, 42, 54n
    acentos y el énfasis 17-8
    acentos con el futuro de los verbos líquidos
    130-1
    palabras distinguidas por acentos 57, 274
    acentos y los pronombres relativos 113n
    τίς 141
aclaraciones 4
acusativo 24-28, 32, 45n3, 240
    como 'sujeto' de un infinitivo 203
    para expresiones de tiempo 119
    ver también casos
adjetivos 55-61, 242-3, 245-6
    adjetivos atributivos 56-7
    como sustantivos 59-60
    comparaciones 139, 232, 258
    adjetivos compuestos 211n
    forma híbrida 258
    género y concordancia 96-7
    οὗτος y ἐκεινος 101-2
    participios adjetivales 161n4
    adjetivos posesivos 105
    adjetivos predicativos 58-9
    segunda declinación 257
    tercera declinación 139, 147, 258
adverbios 243
    comparaciones 232-3, 259
afirmaciones indirectas 117, 118, 184-5
agentes 49, 166

alfabeto 9, 11-16, 19-20
análisis morfológico 37n3, 250-2
antecedentes y pronombres relativos 112-115
Aoristo 66-74, 251
Aoristo Activo, Subjuntivo 190-1
    imperativos 80-1
    inexistente con εἰμι 95
    Infinitivo 82
    Aoristo Medio, Subjuntivo 191
    y modo 79
    participios 182-3
    participio Aoristo 156, 157-9, 160-1
    pasivo Aoristo 168, 170-1, 191
    segundo Aoristo 123-8, 270
    Segundo Aoristo Indicativo 123-6
    Subjuntivo Aoristo 191-2, 195, 196
    sufijos 73-4
    verbos que terminan en -εω 75-6
    verbos líquidos 129-30
    y tiempo 227n
artículo definido 27-8, 243, 256
    con sustantivos abstractos 28
    con adjetivos 56-7
    empleo con οὗτος y ἐκεινος 102
    femenino 35, 36
    género 96-7
    con el genitivo de αὐτος 39
    masculino 27-8
    neutro 35
    repetición 62n4
artículo indefinido 26, 27, 243

aspecto, expresiones verbales 68, 209-11
aspiraciones (respiraciones, espíritus) 15, 16, 18, 48n, 113
aumentos 72, 127, 181, 251, 269
    segundo Aoristo 127
    y tiempo 211

casos 24-28, 31-33
    ver también acusativo; dativo; genitivo, nominativo
causa indicada por participios 162
cláusulas 243, 244
    cláusulas indefinidas, empleo del Subjuntivo 192
    cláusulas temporales 184
comparaciones 232-3
complementos 245-6, 25-6, 240, 245
    complementos indirectos 31, 32-3
    sustantivos como 62-3
    ver también acusativo
concesiones, empleo de participios 162
concordancia de verbos 26
condiciones cumplidas 227
condiciones incumplidas 228
condiciones indefinidas 226, 228
    y el subjuntivo 196, 227-8
conjugaciones 22
conjunciones 105-7, 243
consonantes
    cambios en la raíz con los tiempos Perfectos 181
    y reduplicación 180
    y los sufijos 73-4
contracciones
    adición de σ 73-4, 269
    adición de σιν 136, 269
    aumentos 71-2, 269
    Futuro de verbos líquidos 129-131
    raíces de 3ª declinación con ε 146-7
    verbos que terminan en -αω y -οω 220-1, 263-5
    verbos que terminan en -εω 23-4, 75-6, 262-3
construcciones 'bocadillo' 61-2
crasis 108n10

dativo 31-3
    ver también casos
    empleo sin preposiciones 44
    en expresiones de tiempo 119
    plurales, raíz de sustantivos de 3ª declinación 136
    relacionado con posición 45n3
    sustantivos, como instrumentos 49
declaraciones indirectas 117, 118, 184-5
declinaciones 25
    participios 156-7
deliberación (uso del subjuntivo) 194-5
dentales 74
deponente, verbos deponentes 91-4, 167
    Voz Media 172-4
diccionarios 8
diéresis 16n3
diptongos 16, 72
doble acusativo 76n7, 222n5

ejercicios y prácticas 4-5
elisión 19, 72, 73
    dativo plural de sustantivos de la 3ª declinación 136-7
    de preposiciones 48, 51
énfasis
    acentos y el énfasis 17-8
español
    gramática española 240-9
espíritos (respiraciones, aspiraciones) 15, 16, 18, 48n, 113
'estar' en formas perifrásticas 247n5
estilo directo 117
estilo indirecto 117, 118, 184-5
exhortaciones 194

femenino, sustantivos de la 3ª declinación con raíces que terminan con una consonante 135-7
flexiones 24-5, 246-7
frases preposicionales 243
Futuro 66-70
    Futuro Pasivo 168, 169-171
    sufijos 73
    verbos en -εω 75-6
    verbos líquidos 129-30

genérico
    sesgo genérico en la traducción 161n5
género 34, 249
    masculino 59-60
    sustantivos de la 3ª declinación 135n1, 135-8
    genitivo 31-33
    ver también casos
genitivo absoluto 228-30
    dos significados 45n3
    para expresiones de tiempo 119
    y las preposiciones 62
    uso para indicar raíces de la
    3ª declinación 135
gramática
    gramática esencial 4
    gramática española 4, 240-9
    principio fundamental de la selección 3
    tablas de gramática para referencia 8, 255-274
griego: explicación de palabras griegas
    ἀγαθος 55, 257
    ἀγγελος 6-8, 12
    ἀγρος 7
    αἱ 274
    αἰωνιος 64
    ἀληθης 147, 258
    ἀλλα 103n3, 107, 274
    ἀλληλος 103
    ἀλλος 103
    ἀν 192, 193, 226, 227
    ἀνα 52n10
    ἀπο 43-5, 47, 48
    ἀποκριθεις 176n10
    ἀρα 106
    ἀρχη 34-7, 255
    ἀστηρ 136, 255
    αὐτος 39, 102-3, 256
    βαλλω 126, 208, 209
    βασιλευς 145, 255
    βλεπω 22, 26
    γαρ 106
    γινωσκω 128
    δε 106-7

δει 202-3
δια 46, 48, 205
διδωμι 214, 215, 218, 265-7
δικαιος 258
δικαιως 259
δοξα 36, 255
δυναμαι 200-1
ἐαν 192, 193, 226, 227
ἑαυτος 103
ἐγω 104, 256
ἐθνος 146, 255
εἰ 227
εἰμι 57-8, 62-3, 94-5, 191, 219, 269
εἰς 43-5, 47, 205
εἱς 150, 259, 274
ἐκ 43-45, 47-8
ἐκεινος 100-2, 256
ἐν 43-45, 47, 49n6, 52n9, 119, 205, 272
ἐνωπιον 47
ἐξεστιν 202-3
ἐξω 47-8
ἐπι 46, 48
ἐργον 34-36, 255
ἐρχομαι 98
ἐχω 75
ἑως 47
ἡ 35, 274
ἡμερα 36, 255
θεος 28, 164n7
ἰδου 201n3
Ἰεροσολυμα 64
Ἰερουσαλημ 64
ἰημι 219
Ἰησους 38
ἰνα 193
Ἰουδας 95-6, 255
ἱστημι 214, 215, 217, 218, 265-8
ἰχθυς 146
και 107
καθημαι 200-1
κατα 46, 48
καταβαινω 128
κειμαι 200-1
κρινω 130
λεγω 22, 117

λογος 25, 31, 36, 255
λυθεις 169n2
λυσας 157, 159
λυω 21-3, 92, 159, 169, 190, 206-7, 208, 259, 260-2
λυων 157, 159
Μαριαμ 40
μεγας 60-1, 257
μεν 106
μενω 130
μετα 45-6, 48, 49-50, 205
μη 79, 116, 150, 193, 195-6
μηδεις 150
μητι 116, 116n4
μια 7
ὁ 256, 274
οἱ 274
οιδα 200-1
ὁλος 102
ὁπου 192
ὁπως 193
ὁς 111, 113, 140n8, 192, 256
ὁτε 192
ὁτι 117-8
οὐ 51, 79, 116, 150, 196n5
οὐ μη 196
οὐδεις 150
οὐκ / οὐχ 79
οὐν 106
οὑτος 101-2, 256
οὐχι 116
παρα 46, 48
πας 148, 157, 258
πατηρ 137, 255
περι 46, 48
πλειων 139, 258
πληροω 264-5
πολις 145, 255
πολυς 60-1, 257
που 51
προ 47, 48, 205
προς 43-5, 47, 54n13
προφητης 95-6, 255
πως 51
ῥαββι 19
ῥυομαι 91-2, 159, 167
ῥυομενος 159
ῥυσαμενος 159
ῥυσομαι 259
σοφος 232, 258
σοφως 232, 259
συ 104, 256
συν 47, 49
σωμα 138, 255
τε 106, 107
τιθημι 214, 215, 218, 265-7
τιμαω 263-4
τις 140-1, 256, 274
ὑπερ 45, 46
ὑπο 47-9, 166
φημι 219
φιλεω 24, 76, 262-3
ὡστε 204
griego koiné 9-10

Imperativo 79-80, 251
    uso de participios 162
    3ª persona del Imperativo 80n2, 206-7
Imperfecto 66-70, 72
    y el tiempo 227n5
    verbos en -εω 75-6
    Voz Pasiva en el Imperfecto 169
Indicativo 79
    Pasivo Indicativo 169
    Segundo Aoristo Indicativo 123-6
    y el tiempo 210
Infinitivo 3, 251
    Aoristo 82
    el Infinitivo con el Artículo 205
    el empleo de los Infinitivos 202-6
    el empleo de los participios 162
    el Infinitivo Presente 82
instrumento 49
    empleo de participios 162
interjecciones 243
interrogación
    signo de interrogación 18, 51n8
iota suscrita 16, 32n1
labiales 74
lectura del Nuevo Testamento griego 1-2

masculino, sustantivos de la 3ª declinación con
    raíces que terminan con
    una consonante 135-7
mayúsculas 12, 16
Modo Infinitivo 79, 82
modos 21n1, 210, 248-9

negativos 51, 79, 150-1
    futuro negativo enfático 196
    oraciones negativas 150-1
nombres y artículos definidos 27-8
nominativo 24-28, 240
    ver también casos
Nuevo Testamento, lectura en griego 1-2
    citas del Nuevo Testamento 4-5
número 25, 27-8, 246

optativo 234
oraciones 244
    oraciones condicionales 225-8
    ejercicios 4-5
    formación 26-7
    oraciones negativas 150-1
las partes de la oración 241-4
orden de las palabras 26-7
    adjetivos 56-7, 58-9
    en oraciones 61-2
    orden predicativo con οὗτος y ἐκεινος 102

palabras distinguidas por acentos 57, 274
palabras extranjeras, indeclinables 29n4
palabras 'tímidas' (pospositivas) 77n8, 105-6
participios
    participios xii, 83-7, 148-9, 154-62, 249
    empleo para indicar instrumento 162
    análisis morfológico 251, 252
    Aoristo 84, 85
    participios como sustantivos 87, 161-2
    en construcciones perifrásticas 231
    con el genitivo absoluto 228-30
    modo 79
    otros usos 161-2
    participios Perfectos y Aoristos 182-3
    Presente 84-5
    presente 156-7, 159, 160
    significado 160, 210-11
Pasiva 3, 49n7, 166-7, 248, 251
    significado 168
    terminaciones 169-71
    Pasivo Indicativo 169
Perfecto 178-84
    participios 182-3
Perfecto español 183n3
perifrasis 231
persona 21, 246
Pluscuamperfecto 179n1, 184-5
posesivos
    adjetivos posesivos 105
pospositivos 77n8, 105-6
prácticas 4-5
Prácticas a mitad de camino 4
predicativos
    orden predicativo de adjetivos 102
prefijos 74-5
    el prefijo ἐ 71-2
preguntas 18, 51n8
    preguntas retóricas 116
    signo de interrogación 18, 51n8
preposiciones 43-50, 243, 271-3
    elisión 48, 51
    con el genitivo 62n4
    con el infinitivo con el artículo 205
    y la reduplicación 180-1
Presente 66-70, 251
    Presente Activo, Subjuntivo 190
    Presente histórico 78n9
    Imperativos 80-1
    Presente Indicativo Activo 21-4
    Presente Medio, Subjuntivo 191
    y modo 79
    participios 156-7, 159, 160
    Presente Pasivo 169-70
    empleos de Presente Subjuntivo 191-2
Pretérito español 183n3
prohibiciones y el Subjuntivo 195
pronombres 39, 100-102, 242, 245, 249, 256

concordancia (género) 96-7
flexión (declinación) en castellano 246-7
primera y segunda persona 104-5
pronombres reflexivos 105
pronombres relativos 111-115
tercera persona 102-3
τις y τίς 140-1, 274
propósito 192-3, 205, 205n8
puntuación 18

raíces 22, 24-5, 246
formas del Perfecto 181
segundo Aoristo 124-5
sustantivos con ι o ευ en la raíz 145-6
sustantivos de la 3ª declinación que terminan con una consonante 135-8
y verbos líquidos 129
reduplicación 180-1
Pluscuamperfecto 184
con verbos en -μι 215
respiraciones (espíritus) 15, 16, 18, 48n, 113
resultado
cláusulas que indican resultado, con Infinitivos 204

Segundo Aoristo Indicativo 123-8, 270
sesgo genérico en la traducción 161n5
sigma 13
y el dativo plural de sustantivos de la 3ª declinación 136
y Futuro/Aoristo 73-4
y verbos líquidos 129
Subjuntivo 79, 189-96
uso para deliberación 194-5
en condiciones 226
sufijos 74-5
con consonantes 73-4
en el Futuro Pasivo y el Aoristo Pasivo 170
sufijo σ 73-5
con tiempos de los verbos 67, 70
sugerencias 4
sujetos 240, 245

con Infinitivos 203
ver también nominativo
superlativos 232-3
sustantivos 241-2, 245
sustantivos abstractos 28
empleo de adjetivos como 59-60
análisis morfológico (diagrama de flujo) 252
casos 24-26, 31-38, 43-7
como complementos 62-3
declinación en castellano 246
femeninos 34-7
género 95-7, 251
neutros 34-6, 137-8
participios como sustantivos 87, 161-2
primera declinación 134, 255
segunda declinación 134, 255
tercera declinación 134-8, 145-6, 148-51, 255
terminaciones 22, 24-5
tiempo 119, 209-10
cláusulas temporales 185
expresiones de tiempo 119, 272
expresiones verbales 67-9
tiempos de los verbos 21n1, 167-8, 179, 247
aspecto 209-10
cómo distinguir 167-8
empleo del Aoristo e Imperfecto 227n5
en estilo indirecto 118
tímidas
pospositivos (palabras "tímidas") 77n8, 105-6

velares 74
verbos
análisis morfológico 250-2
Aoristo Activo 253-4
Aoristo Pasivo 253-4
auxiliares 247
compuestos 50, 72-3
concordancia con sujeto 26
conjugación en castellano 246
verbos conjugados 248
contracciones 23-4, 262-5

verbos en -αω 263-4
verbos en -εω 262-3
verbos en -οω 264-5
deponentes 91-4, 167, 201, 251
intransitivos 93
participios 156
segundo Aoristo 125, 125n3
deponentes en Voz Pasiva 174
Futuro 70, 253-4
Imperativo 80-1, 260
Indicativo 79, 251, 259-60
Infinitivo 82-3, 248, 260
verbos intransitivos 245
verbos líquidos 129-31, 274
modo 79-87
negativos 51
partes principales 207-9, 253-4
participios 79, 83-7, 261-2
Perfecto Activo 178-84, 253-4
Perfecto Pasivo 253-4
Presente 21-4, 91-2, 253-4
Presente Activo Indicativo 21-4
raíces 207

Subjuntivo 189-96, 260
terminaciones 207
en -αω 126n5, 220-1, 263-4
en -εω 23-4, 72n3, 75-6, 80, 82, 84, 89n7, 181, 191, 220, 253
en -μι 91, 214-9, 254, 265-9
en -οω 220-1
en -υμι 219
tiempos de los verbos 66-76
verbos transitivos 245
verlo en castellano 4
vocabulario 3, 6-8
vocales 12
  elisión 18
  respiraciones o espíritus 15
  y reduplicación 180
vocativo 37-8, 96, 135n4
voces 21n1, 166-70, 247-8
  Voz Activa y los verbos deponentes 93
  Voz Media y los verbos deponentes 93
  Voz Activa 21n, 166, 167, 247-8
  Voz Media 167, 172-4, 251
  y Voz Pasiva 169-70

Índice de citas del Nuevo Testamento

El primer número es la referencia bíblica. El segundo número es la página donde se encuentra. n = nota

Mateo
1:19, 162
3:10, 166
4:7, 219
4:18, 85
5:2, 69
5:10, 182
6:6, 192
6:9-10, 17
6:9-13, 213
7:1, 193
7:17, 149
8:7, 160n2
9:21, 228
10:5, 196
10:24, 45
11:2-5, 177
12:2, 203
12:16-17, 221
12:18, 216
12:35, 65
14:1, 100
14:4, 204
15:30-1, 204
16:13-18, 109-10
16:17, 134
17:4, 19n8
17:15, 38
20:18, 216
20:32, 218
21:1, 130
21:11, 100
23:1, 31
23:8, 19n8
25:19, 176n11
25:33, 217
26:21, 230
26: 32, 206
26:35, 196
27:42, 81
27:60, 214
28:6, 202
28:18-20, 153

Marcos
1:1, 42
1:2, 178
1:4, 47
1:7, 162
1:7-10, 165
1:9, 166
1:16, 155-6, 229
1:20, 183
1:26, 61
1:31, 164n6
1:32, 233
1:34, 61
1:38, 189
2:18, 231
2:24, 141
2:28, 63, 107
3:10, 106
3:14-15, 82, 205
3:24-30, 224
3:32-35, 144
3:35, 192
4:1, 212n11
4:4, 206
4:11, 216
4:14, 87
4:18, 87
4:20, 209
4:23, 207
4:35, 194
4:36, 103
4:41, 103
5:23, 233
5:25-34, 187-8
5:34, 183
6:3-6, 122
6:10, 189, 192
6:16, 85
6:24, 189
6:34, 24
6:37-8, 107
6:50, 149
8:29, 141
8:31, 203
9:5, 19n8
9:28, 230n6
9:36, 217
11:4, 21
11:25, 141
12:26, 183
12:41, 43
13:30, 196
13:31, 34
13:32, 150
14:17, 228-9
14:53, 149
14:60, 151
14:66, 230
15:5, 204

Lucas
1:38, 234
2:4, 166
2:8, 174
3:10, 195
4:9, 123
4:22, 116
5:21, 219
6:19, 98n2
6:46, 111
7:9, 154
7:27, 111
7:39, 227n4
9:33, 19n8
11:4, 196
11:19, 227
11:49, 129
12:15, 174
13:15, 21
18: 22, 154
23:27, 227

Juan
1:1, 63
1:1-4, 54
1:1-14, 20
1:3, 149
1:11, 123
1:15-23, 20
1:38, 19n8
2:10, 216
3:2, 19n8
3:10-21, 118
4:11, 38
4:29, 116n4
4:34, 193n3
4:50, 66
5:41, 53n11
5:46, 228
6:2, 115
6:24, 24
6:28-30, 199
6:37, 196
6:67, 116
7:5, 66
7:25, 116
8:22, 116
8:24, 118
8:59, 193
9:13-21, 78
9:18, 118
10:26, 105
11:20, 118
11:48, 66
12:27, 104
12:45, 161
14:1, 66
14:14, 228
15:10, 130
15:23, 161
16:12, 82
18:28, 43
19:19, 216
19:30, 178
20:3, 95
20:16, 19n8
20:28, 105
21:13, 91
21:17, 104

Hechos
　1:1, 107, 174
　2:17, 134
　2:34, 202
　10:44, 162
　14:4, 106
　16:31, 80
　16:34, 182
　18:8, 83
　20:35, 214

Romanos
　1:21, 162
　3:23, 210
　5:1, 166
　5:13, 230
　6:1-2, 234
　6:11, 106
　6:12, 207
　6:15, 195
　7:12, 58-9
　8:9, 134
　9:18, 115
　10:6, 196
　11:26, 166
　12:1, 38
　14:19, 194
　16:5, 111
　16:19, 203

1 Corintios
　1:12, 106
　1:17, 129
　2:8, 228
　7:1, 115n2
　7:40, 233
　8:3, 227
　11:27, 189
　13:1-3, 236
　14:14, 228
　15:3, 45
　15:3-4, 184

2 Corintios
　1:4, 206
　1:24, 218
　4:14, 202
　13:13, 65

Gálatas
　2:12, 206
　2:20, 221
　3:29, 227
　4:21, 203
　5:2, 104
　5:18, 225

Efesios
　1:22, 216

　2:5, 231
　6:2, 221

Filipenses
　1:9, 193

Colosenses
　3:23, 192
　4:13, 61

1 Tesalonicenses
　2:20, 106

2 Tesalonicenses
　2:1, 221

1 Timoteo
　1:1, 4
　3:16, 221
　4:16, 162

2 Timoteo
　1:11, 216

Tito
　3:12, 189

Filemón
　4:5, 83

Hebreos
　8:4, 228
　10:22, 194
　10:35, 189
　11:32, 195

Santiago
　2:14, 201
　2:18, 219
　4:2, 205

1 Pedro
　3:18, 189
　4:17, 165n8

2 Pedro
　3:15, 217

1 Juan
　1:10, 23

　2:1, 189
　2:15, 228
　3:4-10, 89-90
　5:1, 149
　5:10, 178

2 Juan
　12, 231

3 Juan
　12, 202

Judas
　14-5, 205

Apocalipsis
　1:1-19, 133
　1:19, 202
　2:4, 219
　3:20, 214
　4:2, 202
　7:2, 155
　14:4, 192
　18:21, 189
　19:1, 31
　21:1-2, 55

www.ingramcontent.com/pod-product-compliance
Lightning Source LLC
Chambersburg PA
CBHW060310240426
43661CB00059B/2710